Ihno Schneevoigt
Kontinuität und Wandel
25 Jahre Personalarbeit

Ihno Schneevoigt
Kontinuität und Wandel
25 Jahre Personalarbeit

November 2003
© 2003 Ihno Schneevoigt
Konzept und Gestaltung: Karin Büchner, München
Satz: Buch&media GmbH, München
Herstellung und Verlag: Books on Demand GmbH, Norderstedt
ISBN 3-8334-0225-3

Inhalt

7 Vorwort

1990–2002   **9 Personalmanagement**
- 10 Zukünftige Schwerpunkte der Personalarbeit
- 20 Anforderungen an das Personalmanagement im multinationalen Konzern
- 28 Schwindet der Einfluß des Personalwesens?
- 43 Personalvorstände – schwindet ihr Einfluß?
- 44 Strategische Anforderungen an den HR-Bereich der Zukunft

1992–2002   **59 Führung und Motivation**
- 60 Führung und Motivation in einem innovativen Umfeld
- 82 Eigene Erfolge schaffen Motivation
- 86 The Dimensions of Successful Management Today
- 92 Führungskräfte und Geführte eine Schwerpunktverlagerung in der betrieblichen Personalpolitik
- 105 Entwicklungen im Human-Resources-Management
- 120 Führungskräfteentwicklung in der globalen Wirtschaft

1974–2000   **131 Mitarbeiterauswahl und Mitarbeiterentwicklung**
- 132 Unternehmensspiele als Hilfsmittel bei der Führungskräfteentwicklung
- 155 Keine Gleichberechtigung: Was ändern Frauen – ändern sich Männer?
- 160 Neue Technologien – Veränderungen für Unternehmensorganisationen, Management und Mitarbeiter
- 171 Das Mitarbeitergespräch
- 178 Chancengleichheit bei IBM: Fortschritte und Ausblicke
- 192 Zielorientierte Selbstkontrolle der Mitarbeiter
- 199 »Die Männer halten die Tür zu«
- 205 Veränderungsbereitschaft
- 207 Der neue Ansatz für den Mitarbeiter
- 209 Personalauswahl
- 245 Auf dem Weg zum Team

- 246 Change-Management
- 251 Dezentrale Personalentwicklung im internationalen Umfeld
- 259 Ist Mitarbeiterzufriedenheit ein Asset?
- 276 Knowledge-Management
- 278 The future for learning organisations

1986–1988 **283 Arbeit und Arbeitsplätze**
- 284 Neue Arbeitsplätze durch Innovation, Technik und Qualifizierung
- 293 Unsere Arbeitswelt im Jahre 2010 aus Sicht der IBM
- 304 Aspekte qualitativen Personalmanagements

1995–2001 **331 Altersversorgung**
- 332 Wir brauchen eine betriebliche Altersversorgung!
- 334 Betriebliche Altersversorgung
- 335 Ruhestand mit 60
- 337 Plädoyer für eine betriebliche Altersversorgung

Vorwort

Das reguläre Ende eines Arbeitslebens kommt oft überraschend, manchmal für den Betroffenen, meist für die Umwelt. Es ist in der Regel Anlaß, Rückschau zu halten und nachzudenken. Wir wollen mit dieser Publikation aber nicht das ganze Arbeitsleben von Ihno Schneevoigt betrachten, sondern »nur« jene 25 Jahre, die er in leitender Funktion das Personalwesen zweier großer deutscher Unternehmen entscheidend mitbestimmte – das der IBM Deutschland und das der Allianz Deutschland.

Hier soll auch nicht all das betrachtet werden, was er veranlaßt oder wozu er beigetragen hat, sondern es werden seine wichtigsten Reden und Artikel zusammengestellt, die er zum Themenbereich *Personal* in »offizieller Mission« in der Öffentlichkeit hielt oder publizierte. So entstand praktisch ein Fazit jener Themenbereiche, mit denen er sich in all den Jahren immer wieder beschäftigt hat.

Der erste Schritt hierzu – die Sammlung der Veröffentlichungen – war mit der mühsamste, denn diese Materialien lagen zum Teil bei ihm zu Hause, zum Teil waren sie im Büro vorhanden, zum Teil mußten sie in älteren Publikationen recherchiert werden. Nachdem die Sammlung vollständig war, stellte sich die Frage einer inhaltlichen Ordnung. Beim Sichten des Materials ergab sich zur Überraschung aller Beteiligten, auch der von Ihno Schneevoigt, daß es letztlich fünf große Themenblöcke waren, um die sich alle Veröffentlichungen drehten. Sie stellen die Kapitel dieses Buches dar, die so angeordnet wurden, daß sie von übergreifenden zu spezifischen Themen überleiten. Konkret: den Anfang machen Themen des Personalmanagements, das Ende bilden Erörterungen zur betrieblichen Altersversorgung.

Alle Reden und Beiträge wurden in einem bestimmten historischen Kontext verfaßt. So bestimmt das jeweilige gesellschaftliche Umfeld in Teilen ebenso die Argumentationslinie wie das wirtschaftliche Umfeld, in welchem die Rede oder der Beitrag einen Kommentar aus der Sicht der Unternehmung darstellt. Um es den Lesern so angenehm wie möglich zu machen und ihnen gleichzeitig eine Möglichkeit zu geben, die Veränderungen eines Themas über die Zeit hin zu verfolgen, wurden die einzelnen Beiträge innerhalb der Kapitel chronologisch angeordnet.

Natürlich ist es für einen Vorstand praktisch unmöglich, neben seinen Hauptaufgaben ohne jede Unterstützung auch noch Veröffentlichungen zu verfassen. So verhielt es sich auch bei den Beiträgen dieses Buches. Sie beruhen auf der Zusammenarbeit Ihno Schneevoigts mit vielen seiner Mitarbeiter, bei der IBM wie auch bei der Allianz. Die Beiträge sind Ergebnisse intensiver Diskussionen, zum Teil sind ehemalige oder heutige Mitarbeiter von Ihno Schneevoigt auch Ko-Autoren. Um nur einige zu nennen: bei IBM arbeitete er bei einer Reihe der Artikel sehr eng mit Kurt Limbourg und Wilhelm Scheuten zusammen, in den letzten Jahren bei der Allianz u.a. mit Daniel Dirks, Erich Götz und Reiner Wolf. In dieser Hinsicht ist das vorliegende Buch das Ergebnis jahrzehntelanger Teamarbeit, bei der die Ziele, die Argumentationslinien wie auch die Hauptakzente vom Autor gesetzt oder mindestens wesentlich beeinflußt wurden.

Ein für einen engen Mitarbeiter von Ihno Schneevoigt artfremdes Unterfangen wie die Erstellung eines Buches, seine Gestaltung und Produktion wäre ohne externe Hilfe nie gelungen. Während des Sammelns halfen verschiedene Verlage, Artikel zu beschaffen, und alle Verlage stellten bereitwillig das Copyright zur Verfügung. Bei der eigentlichen Arbeit am vorliegenden Buch war in allen Arbeitsphasen Karin Büchner eine unschätzbare Hilfe, deren Expertise und Einsatz das vorliegende Ergebnis erst möglich machten.

München, im September 2003

Peter Jung

Personalmanagement 1990-2002

Zukünftige Schwerpunkte der Personalarbeit

»Personalpolitik ist die Entwicklung der wichtigsten Kraftquellen des Unternehmens.« MARTIN BOWER: The Will to Manage

Neue Anforderungen an die Personalarbeit

Heute ändern sich wichtige Rahmenbedingungen der Personalarbeit, so daß sie in weiten Teilen ihres Tätigkeitsgebiets gedrängt wird, neue Wege zu gehen. Solche Veränderungen des Umfeldes sind vor allem

Veränderungen der Märkte: Internationalisierung, verschärfter Wettbewerb, Individualisierung der Kundenwünsche, Trend zum hochqualifizierten Service bei generell raschem Veränderungstempo, Nachfrage nach Komplettlösungen;

Veränderungen der Technik: eine raschere Folge technischer Neuerungen, eine neue Generation von anspruchsvollen Hochtechnologien, vor allem Verbreitung der modernen Informations- und Kommunikationstechnik am Arbeitsplatz;

Veränderungen der Mitarbeiter: höhere Qualifikation, neue und differenzierte Einstellungen zu Arbeit und Autorität, Vordringen von Frauen in qualifizierte Fach- und Führungspositionen, Veränderungen der Altersstruktur, unausgeglichener Arbeitsmarkt.

Diese Entwicklungen erfordern eine offensive, aktiv gestaltende Personalpolitik. Auch gerade die Erfahrungen in der DDR zeigen uns, daß das Fehlen einer dezidierten und unternehmensstrategischen Personalarbeit mitentscheidende Nachteile im Wettbewerb zur Folge haben muß. Für die Unternehmen der modernen Industriewirtschaft werden motivierte und qualifizierte Mitarbeiter immer stärker zum entscheidenden Erfolgsfaktor. Damit gewinnt die Personalpolitik eine zunehmende Bedeutung innerhalb der unterstrategischen Teilbereiche.

Bei allen Veränderungen, die von außen erzwungen werden oder die aus Gründen des inneren Strukturwandels notwendig sind, ist die Kontinuität der Grundideen und Programme der Personalführung und -betreuung von großer Bedeutung für die Kultur und damit die mentale Gesundheit des Unternehmens. Deshalb benötigen auch neue Entwicklungen immer Verankerungen im Fundamentalen.

Qualifizierung

Die beschleunigten Veränderungen der Markt- und Technikfaktoren, die zusätzlich durch geoökonomische Aspekte wie die Integration der deutschen Wirtschaft, die Weiterentwicklung des europäischen Marktes und den Wettbewerb mit den Asiaten und Amerikanern beschwert werden, lassen sich nur durch eine hohe persönliche und fachliche Qualität des Managements und der Mitarbeiterschaft bewältigen. Die Schaffung und Erhaltung der Qualifikationen sind weiterhin Schlüsselaufgaben der Personalpolitik.

Konkrete Bedeutung gewinnt dabei vor allem die Lösung der Probleme des späten Eintritts der Hochqualifizierten in den produktiven Prozeß. Die Internationalisierung der Arbeitsmärkte wird mittelfristig den Wettbewerb der öffentlichen Ausbildungssysteme fördern. Die Verallgemeinerung der englischen Sprache in der Wirtschaft, die langfristig die nationalen zu lokalen Sprachen werden läßt, wird diese Entwicklung erleichtern. Die Profilierung der Unternehmen an den Arbeitsmärkten, um die Attraktivität auf potentielle Bewerber der gewünschten Qualifikation zu entwickeln, bekommt einen hohen praktischen Stellenwert. Die Auswahl der Bestgeeigneten, ihre Eingliederung in die bereits erfahrene Mitarbeiterschaft und dann vor allem die systematische Weiterbildung innerhalb von und für mehr als 30 Jahre Berufsleben erfordern größte Aufmerksamkeit.

Die *Halbwertszeiten* des beruflichen Wissens für verschiedene Tätigkeiten nähern sich einem Zeitraum von zwei bis drei Jahren. Diese Veränderungsgeschwindigkeit erfordert in der Tat ein berufslebenslanges Weiterbildungskonzept. Sie erfordert ein Konzept für die hochqualifizierten Techniker und Wirtschaftler zum Beispiel in Zusammenarbeit mit den Universitäten, sie erfordert Anpassungsausbildung für die Qualifizierten und schließlich Qualifizierungsausbildung für Aufstiegswillige. Hinzu wird in vielen Fällen eine grundsätzliche Umschulung auf Grund des Strukturwandels kommen, wie es in den nächsten Jahren in der DDR am deutlichsten exerziert werden muß. Das Unternehmen muß eine offene Lernstatt werden, ein System des Lernens und Lehrens, offen nach außen, z. B. zum Kunden, offen im inneren Bereich: Führungskräfte und Qualifizierte sind an der Weitergabe und am Empfang neuen Wissens als Teil ihrer regulären Aufgabe interessiert.

Die gemeinsame Verpflichtung von Unternehmen und Mitarbeitern ist wesentlich: Das Unternehmen schafft Angebote und Infrastruktur des Lehrens, der Mitarbeiter sorgt in Selbstverantwortung für das Lernen, auch wenn Teile in die Freizeit fallen. Das muß zumutbar sein, denn die Vorstellung, daß ein Mitarbeiter sich nur etwa 1.600 Stunden im Jahr um Tätigkeit und Beruf zu kümmern hat, ist abwegig. Der Wettbewerb wird sonst den derzeitigen Vorsprung im Lebensstandard nicht mehr zulassen.

Ein Management der Bildung ist erforderlich, das Bedarfsplanung nach strategischer Unternehmensplanung (mittels *Skill-Board*), individuelle Kenntnis- und Fähigkeitsplanung (mittels *Skill-Planer*) und Fortschrittskontrolle umfaßt. Grundfragen der Kosteneffizienz und der Erwachsenendidaktik müssen vervollkommnet werden. Geführte Ausbildung (Klassenraum) und Selbstschulung (z. B. computerbasierte Programme, Fernausbildung durch »Distance-Learning«) müssen unter Akzeptanz- und Effizienzgesichtspunkten angewandt werden.

Vor allem wird es wichtig, nicht nur Fachkompetenz, sondern auch Methoden- und Sozialkompetenz zu unterrichten. In der komplexen Lösungs- und Dienstleistungsindustrie hat nur der Mitarbeiter auf Dauer Beschäftigungssicherheit, dessen Leistungen sich beim Kunden vermarkten lassen. Das erfordert andauernde Investitionen in die Bildung.

Bezahlung und soziale Sicherung

Allen *Neue-Werte*-Diskussionen zum Trotz ist die Grundmotivation des Arbeitens unverändert der finanzielle Erlös, also die Bezahlung. Auch die Generation der Erbenden wird, wie Erfahrungen in Nachbarländern zeigen, dieses Ingredient unserer sozialen und wirtschaftlichen Ordnung nicht außer Kraft setzen.

Es ist hinreichend bekannt, daß die Leistungsfähigkeit der Wirtschaft zu einem vergleichsweise hohen Lohn- und Gehaltsstandard geführt hat. Auch die gehaltsorientierten Systeme müssen in Zukunft so aufgesetzt werden, daß die motivationalen Bedingungen für Leistungsfreude und Einsatzwilligkeit erhalten bleiben, um die Leistungsfähigkeit der Unternehmen zu sichern und damit Verteilungsspielraum zu schaffen.

Die Verteilungsfrage von Löhnen und Gehältern wird deshalb auch weiterhin eine der schwierigen und für den Erfolg des Unternehmens wichtigen Aufgaben der Personalpolitik sein. Durch den Modus der Verteilung kann das Unternehmen das gewünschte Verhalten seines Managements und seiner Mitarbeiter beeinflussen: unternehmerisches Denken gegenüber Risikoscheu, Eigenständigkeit gegenüber Passivität, Verpflichtung zu einer Lösung für den Kunden gegenüber Dienst nach Vorschrift etc.

Gewiss hat das System der branchenorientierten Tarife zu bekannten Nivellierungen und Einschränkungen geführt. Bei den häufigen Klagen wird oft übersehen, daß dieses System einer vereinheitlichten Grundbezahlung, daß Mitarbeiter gleicher Qualifikation in einer Branche im wesentlichen unabhängig von Ort und Firmengröße vergleichbare Grundeinkommen beziehen, einen wichtigen Aspekt der subjektiv empfundenen, relativen Verteilungsgerechtigkeit und damit der Grundmotivation darstellt. Im Grundstandard kann sich niemand benachteiligt fühlen. Es gibt Anzeichen, daß gegenteilige Entwicklungen zu mehr Differenzierung in der Basis in anderen Ländern zur Demotivation von Teilgruppen und damit zu Qualitäts- und Produktivitätshemmnissen geführt haben.

Bei der Differenzierung nach der Leistungsfähigkeit des Unternehmens können neue Wege der Bonusbezahlung weitergeführt werden. Bonuszahlungen können variabel von Geschäftsergebnissen abhängig gemacht werden und damit die Flexibilität der Entscheidung verbessern. Vorschläge zur Tarifierung dürften allerdings die Entscheidungsfreude eher hemmen, wie überhaupt der Festschreibungs- und kollektive Absicherungsdrang die Einführung innovativer Programme eher behindert. Man tut lieber nichts, als das Risiko einzugehen, etwas immer tun zu müssen.

Leistungsboni können unmittelbar an das Ergebnisverhalten, bezogen auf wichtige Zielsetzungen wie Kundenlösungen, Qualität, Produktivität, Zusammenarbeit, gekoppelt werden und damit gezielte und unmittelbare Anerkennung für Erfolg zum Ausdruck bringen. Die Grundlagen des Managements by Objectives müssen wiederbelebt werden.

Die objektive Messung von Leistungen wird mit zunehmender Komplexität von Technik und Organisation, mit zunehmender Qualifikation und wachsendem Selbstbewußtsein der Mitarbeiter immer schwieriger. Aber es besteht kein Zweifel, daß erstens Differenzierung als Ausdruck der Anerkennung vom Mitarbeiter verlangt wird und zweitens Leistungsunterschiede deutlich vorhanden sind. Es sind verschiedene Verfahrensweisen zur Leistungserfassung etabliert. Aber es sind weniger diese als vielmehr die Fähigkeiten des Managements, die Unterschiede zu erkennen und akzeptabel zu verdeutlichen, die im argen liegen. Die Bewertung von Leistungen ist die Schlüsselaufgabe der Personalführung. Sie ist schwierig und ungeliebt, weil das Management oft nicht genügend ausgebildet ist. Hier liegt eine wichtige Aufgabe der Führungskräfteschulung.

Auch in der Sozialpolitik der Unternehmen wird sich einiges bewegen müssen. Dabei geht es im wesentlichen um drei Felder: Viele Unternehmen fühlen sich verpflichtet, in Ergänzung zur staatlichen Sozialversicherung ihre Mitarbeiter im Falle von Alter, Krankheit oder Unfall zu unterstützen. Diese Sicherungssysteme stammen größtenteils aus Zeiten, in denen die Einkommen und Vermögen der Mitarbeiter weitaus geringer waren als gegenwärtig. Heute müssen wir darauf achten, daß die Fürsorgesysteme von Staat und Unternehmen nicht dem mündigen Menschen jede Sorge für sich selbst abnehmen. Diese Fürsorgesysteme müssen dort erhalten werden, wo sie aus sozialen Gründen notwendig sind, aber sie müssen umgebaut werden zur Eigenvorsorge überall dort, wo der materielle Standard es zuläßt.

Die Veränderungen der Altersstruktur haben zu einem sehr hohen Anteil älterer Erwerbstätiger geführt, die demnächst immer stärker ins Pensionsalter kommen. Auf den Staat und auf die Unternehmen kommt eine Pensionierungswelle zu, die erhebliche zusätzliche Kosten verursachen wird. Das wird zum einen Frühpensionierungen immer schwieriger machen, zum anderen drängen diese Entwicklungen auf neue Wege des Überganges vom traditionellen Erwerbsleben in andere Formen als den konventionellen »Ruhestand«. Vom Hinausschieben der Pensionsgrenze bis zur Teilzeitarbeit für ältere Mitarbeiter und zu neuen Formen der Mitarbeit oder Zusammenarbeit (als freie Mitarbeiter, Subunternehmer oder Spinoff-Unternehmen zum Beispiel) gilt es, neue Möglichkeiten zu überlegen und auszuprobieren. Die neuen Lösungen sollten finanziell realisierbar sein, sollten den leistungsfähigen älteren Mitarbeitern die Chance geben, sich weiter am Arbeitsleben zu beteiligen, und sie sollten den zunehmenden Mangel an qualifizierten Arbeitskräften vermindern helfen.

Die Struktur der Versorgungswerke, die auf lange Dienstzeiten und spätes Ausscheiden der Mitarbeiter angelegt sind, gilt es zu überdenken. In der Vergangenheit sind aus langfristigen Kostengründen Kürzungen zu vereinbaren gewesen, jetzt muß geprüft werden, ob nicht die Versorgungswerke zum Beispiel durch Eigenbeteiligung die faktische Verzögerung der Pensionierung durch die öffentliche Altersversorgung ausgleichen sollen.

Für Fach- und Führungskräfte bleiben Bezahlung, soziale Sicherung und Aufstieg nach wie vor wichtig, aber für viele sind immaterielle Motivationsfaktoren, wie Entscheidungsfreiheit in der Arbeit und der Arbeitsgestaltung, interessante Arbeitsaufgaben, kooperative Führung, gute Zusammenarbeit und Möglichkeiten der Weiterbildung, inzwischen vergleichbar wichtig. Bei unseren Überlegungen zu neuen Formen der Arbeitsgestaltung, der Führung und Organisation müssen wir dies berücksichtigen.

Neue Informationstechnik und Arbeit

Die menschliche Arbeit in den Unternehmen wird von der Informations- und Kommunikationstechnik in allen Feldern immer stärker durchdrungen werden. Dabei geht es nicht um die konventionelle EDV, die im wesentlichen standardisierte Massenarbeiten automatisiert hat. Ihre Auswirkung auf die Arbeitswelt war im wesentlichen eine Abschaffung menschlicher Routinearbeit. Sie hat damit gewirkt wie die typische Maschine des industriellen Zeitalters, nur daß sie statt menschlicher oder tierischer Muskelarbeit menschliche Informationsarbeit übernommen hat, und das mit höchster Effizienz.

Die moderne Informationstechnik am Arbeitsplatz dagegen gewinnt ihren neuartigen Charakter aus der Zugänglichkeit für jedermann und aus der Verbindung von Computer und Telekommunikation. Sie wird weniger Automation als vielmehr Unterstützung menschlicher Informationsarbeit bewirken und damit nicht der typischen Maschine ähneln, sondern Kulturtechniken wie dem Buchdruck oder der Schrift. Sie stellt damit entsprechende Anforderungen an die Qualifikation der Menschen, die mit ihr arbeiten: höhere Fähigkeiten in der Kommunikation und im Umgang mit Informationen.

In ihren Wirkungen auf die Arbeitswelt wird moderne Informationstechnik zum Beispiel weit besseren Zugang zu Informationen ermöglichen, und zwar auch für die Arbeitsebene (wenn man diese Chance nutzt) und für alle zur gleichen Zeit; sie wird damit Information als Privileg höherer Hierarchiestufen in Frage stellen.

Sie wird Kommunikation zwischen Menschen erleichtern, u. a. zwischen Partnern, die nicht zur gleichen Zeit an der gleichen Leitung sind; auch die Kommunikation über Hierarchiestufen und Bereichsgrenzen hinweg wird leichter. Sie wird größere Unabhängigkeit der Tätigkeit von Ort und Zeit herbeiführen können, als wirksame organisatorische Hilfe für flexiblere Arbeitszeitgestaltung und für flexible Formen der Telearbeit.

Damit ergeben sich vielfältige neue Möglichkeiten der Arbeitsgestaltung. Ohne erhebliche Veränderungen in Führung und Organisation wird man den vollen Nutzen der neuen Informationstechnik nicht realisieren können. Aber glücklicherweise gehen die neuen Anforderungen der Märkte und die neuen Mitarbeiterbedürfnisse in eine ähnliche Richtung. Alle drei Tendenzen verknüpfen sich zum Zukunftsbild des *informations-* und *marktorientierten* Unternehmens.

Neue Strukturen der Arbeit

Die Strukturen der Arbeit in den hochentwickelten Industriewirtschaften ändern sich an vielen Stellen zugleich. Internationalisierung der Märkte und zunehmender Wettbewerb zusammen mit den wiederholten Arbeitszeitverkürzungen, vor allem in der Bundesrepublik Deutschland, erzwingen deutliche Schritte in der Flexibilisierung der Arbeitszeit. Die These »Je kürzer die Menschen arbeiten, desto länger müssen die Maschinen laufen« wird in den 90er Jahren an Bedeutung gewinnen. Persönliche Arbeitszeit und Betriebsnutzungszeit müssen deshalb voneinander abgekoppelt werden. Wir müssen uns auch flexibel anpassen an die Wünsche unserer Kunden, z. B. nach längeren Servicezeiten. Drittens gehen die Bedürfnisse der Mitarbeiter stärker in Richtung auf größere persönliche Entscheidungsfreiheit hinsichtlich der Verteilung und Menge von Erwerbsarbeitszeit und Freizeit. Diese Einflüsse kommen zusammen mit den neuen Organisationsmöglichkeiten durch die Informationstechnik.

Die neue Informationstechnik eröffnet auch zunehmend die Möglichkeit *flexibler Telearbeit*, ganz oder teilweise zu Hause oder in anderen Büros statt ausschließlich am angestammten Arbeitsplatz zu arbeiten. Hier kommen neue technische Möglichkeiten und Mitarbeiterwünsche zusammen mit Verkehrsproblemen und Umweltanforderungen.

Über die technischen Neuerungen und aktuellen Tarifabschlüsse vergißt man leicht die langfristigen Entwicklungen. Die Lebensmuster der deutschen Erwerbstätigen haben sich erheblich verändert: Während unsere Großeltern noch 20 % ihrer gesamten Lebenszeit (in Stunden) arbeiteten, macht die Arbeitszeit heute noch 9 % aus – unter anderem, weil rund 90 % der Arbeitnehmer in den letzten Jahren vor Erreichen des 60. Lebensjahres pensioniert wurden und weil viel mehr junge Menschen viel länger in der Ausbildung bleiben.

Darüber hinaus verändert sich das gewohnte Muster lebenslanger, ununterbrochener, ganztägiger Berufstätigkeit. Heute treten immer mehr junge Menschen *ratenweise* ins Berufsleben ein, indem sie sich zunächst Teilzeitarbeit suchen oder indem sie zwischen Berufstätigkeit und Studium abwechseln. Ältere suchen immer stärker den gleitenden Übergang in die dritte, heute ebenfalls aktive Lebensphase – oder, wie in den USA weitgehend üblich, den Übergang in eine *second career*. Dazwischen suchen junge Eltern Unterbrechungen zur Kindererziehung, und Weiterbildungswillige fragen nach Beurlaubung für einen weiteren Studienabschluß.

Das *Normalarbeitsverhältnis* weicht in Randbereichen einer Vielfalt neuer oder bisher unüblicher Formen der Zusammenarbeit: freie Mitarbeit, Spinoffs, Management-Buyouts, Subunternehmer, Berater, Kooperationsverhältnisse. Auf lange Sicht werden die Unternehmen immer stärker zu flexiblen »offenen Systemen« mit einem festen organisatorischen Kern – an Stelle von Burgen, die sich gegenüber der Umwelt abschließen. Aufgabe der Personalpolitik ist es, die Angst der Mitarbeiter vor diesen neuen Arbeitsformen abzubauen, damit beide Seiten, das Unternehmen und die Mitarbeiter, die mögliche Flexibilität zu ihrem Vorteil nutzen können. Andererseits muß über mögliche Modelle der Risikoteilung und ein Mindestmaß an Beschäftigungssicherheit bei diesen neuen Formen der Zusammenarbeit nachgedacht werden.

Neue Formen der Organisation

Die erwähnten Veränderungen verdichten sich zu neuen Anforderungen an die Organisation, die unter verschiedenen Bezeichnungen geführt werden.
- *Informationsorientierte* und *wissensbasierte* Organisation
- Kunden- und marktorientierte Organisation
- Die an qualifizierten Mitarbeitern orientierte Organisation

Eine *Personalpolitik für Qualifizierte* pflegt die wichtigste Erfolgsquelle des Unternehmens. Dazu gehört,
- die Arbeitsorganisation so zu gestalten, daß motivierte und qualifizierte Mitarbeiter interessante Aufgaben wahrnehmen und selbständig arbeiten können,
- eine kooperative Führung, die »Wissensarbeiter« als Partner begreift, nicht als *Erfüllungsgehilfen*,
- eine *lernende Organisation*, in der Weiterentwicklung der Mitarbeiter, der Organisation und der eigenen Leistung im Vordergrund steht.

Eine *kundenorientierte Organisation* ist nicht in erster Linie unter internen Gesichtspunkten nach Zuständigkeitsbereichen gegliedert, sondern in erster Priorität nach externen Gesichtspunkten des Value-added für den Kunden, nach *Value-added-Ketten* oder *Geschäftsprozessen*. Kundenorientierung heißt auch Kundennähe und damit Dezentralisierung, räumlich und hinsichtlich des Response, der Reaktionsmöglichkeit; diese setzt ausreichende Entscheidungsvollmacht, Information und Hilfsmittel bei den dezentralen Einheiten voraus.

Die *informationsorientierte Organisation* stellt sowohl die Informationsströme in den Vordergrund, die sich nach Geschäftsprozessen und Marktanforderungen richten, als auch die *Wissensarbeiter* und ihre Know-how-Schätze als wertvolle Ressource.

Die *kunden- und mitarbeiterorientierte* Organisation ist weitgehend auf die Nutzung moderner Informationstechnik angewiesen: um die steigende Kommunikationslast zu bewältigen, um flexible Organisation und Reaktion zu ermöglichen und um den wachsenden Umfang an Wissen zu verarbeiten.

Zu einer modernen Organisation unter diesen Vorzeichen gehört unter anderem:
- *Ein Zurückbilden der Arbeitsteilung* und Bemühen um ganzheitliche, vielseitige Tätigkeiten
- *Zusammenführen von Denken und Tun*, z. B. durch Zusammenarbeit von Ingenieuren und Arbeitern in der Fertigungslinie
- Zusammenführen von Durchführung und *Kontrolle der eigenen Arbeit* statt *Fremdkontrolle*
- Eine flache Hierarchie und die Bildung kleiner selbständiger Einheiten mit weitgehender Selbstverantwortung
- *Zusammenarbeit im Netzwerk*, nicht nach Hierarchie oder Bereich, sondern nach den Anforderungen von Kunden oder Projekten
- *Ermächtigen der Mitarbeiter* zu professioneller und selbständiger Arbeit durch Qualifizierung, durch weitreichende Information, entsprechende Ausstattung und Delegation von ausreichender Vollmacht
- *Eine sinnvolle Form von Mitwirkung* an Entscheidungen, die z. B. Arbeitsplatz oder Arbeitsinhalte betreffen
- Entwickeln einer *lernenden Organisation*, in der Wissen und Können, Hinzulernen und Bessermachen hohe und anerkannte Werte sind
- *Werthaltungen und Zukunftsvorstellungen*, welche im Prozeß von Kommunikation und Konsens im Unternehmen Leistung und Verhalten beschreiben, als strenge Leitlinien für eine Organisation, deren Einheiten sich in der Ausführung selbständig steuern.

Auch hier wird Vielfalt je nach den Anforderungen von Technik, Märkten und Mitarbeitern das Bild prägen – es wird weniger als bisher Einheitsrezepte für die Organisation geben.

Peter Drucker sagt darüber ganz offen: »... *the job of actually building the information-based organization is still ahead of us – it is the managerial challenge of the future.*«

Neue Rolle der Führung

Diese Entwicklungen bedeuten ein neues Rollenverständnis für die Führungskräfte:
- nicht in erster Linie sich kümmern um die Arbeitsaufgaben im Detail, alles wissen und alles besser wissen müssen, Mitarbeiter und Arbeit kontrollieren,

⇢ sondern in erster Linie Menschen führen und fördern, die Organisation von Arbeit und Zusammenarbeit weiterentwickeln, Veränderungen möglich machen, Konflikte lösen helfen, Zielvorstellungen und Zusammenhänge erklären, Hilfestellung geben.

Dazu gehört eine Führungskultur von prinzipiellem Vertrauen statt Kontrolle im Detail, von partnerschaftlicher Führung, die u.a. angemessene Mitwirkung einschließt, und von offener Information. Das persönliche Gespräch und das persönliche Vertrauensverhältnis von Mitarbeiter und Führungskraft gewinnen einen weit höheren Stellenwert.

Für die Führungskräfte der 90er Jahre und danach gibt es nach verschiedenen Studien vor allem folgende Anforderungen:
⇢ Unternehmerisches Denken und Verhalten
⇢ Innovationsfähigkeit und Kreativität
⇢ Zusammenhangswissen
⇢ Die Fähigkeit, klare Zukunftsvorstellungen zu entwickeln
⇢ Die Fähigkeit zu Kommunikation und Motivation
⇢ Die Fähigkeit zum Führen und zur Bildung von Teams
⇢ Die Fähigkeit zur Delegation und zur Motivation
⇢ Persönliche Integrität und Zuverlässigkeit
⇢ Urteilsvermögen und Entschiedenheit

Wenn man bedenkt, daß für den skizzierten Weg in die Zukunft und sein Gelingen die Führungskräfte eine entscheidende Rolle spielen, dann werden Führungskräfteauswahl und Internationalisierung der Nachfolgeplanung, interne und externe Führungskräfteschulung und die Balance von *inhouse* und externen Beförderungen ein entscheidendes Aktionsfeld moderner Personalpolitik.

Neue Rolle der Personalarbeit

Wie müßte eine Personalfunktion aussehen, welche diese Schwerpunkte der kommenden Jahre kompetent und erfolgreich bearbeitet?

Sie müßte als real integrierte Vorstandsaufgabe auf wichtigen Gebieten aktiv werden:
⇢ In der Entwicklung der neuen Arbeit von Führung und Zusammenarbeit, ihrer Verbreitung und Pflege
⇢ In der Entwicklung der neuen Formen von Arbeits- und Unternehmens-Organisation

- In der Gestaltung neuer Techniken in ihrem Einfluß auf die menschliche Arbeit
- In der Mitarbeiterentwicklung, von konventionellen Schulungsmaßnahmen bis hin zu lernfreundlichen Formen von Führung und Organisation
- In der Mitarbeiterinformation und -kommunikation, vor allem zur Erklärung von Zusammenhängen, Strategien und Zukunftsvorstellungen des Unternehmens
- Nicht zuletzt in der Pflege, Verbreitung und Weiterentwicklung der Unternehmenswerte und -grundsätze.

Dies setzt Weiterentwicklung der neuen Art des Personalservice voraus: zusätzlich zum konventionellen *technischen* oder verwaltungsorientierten Service die Dienste eines Kompetenzzentrums, das den Vorstand, die Führungskräfte und Mitarbeiter in den oben erwähnten Gebieten beraten kann, das mit Vorschlägen initiativ wird, Konzepte des Vorstandes umsetzt und ihre Durchführung begleitet.

Beitrag abgedruckt in: *Personalführung*, 10/1990, S. 643–650.

20 Anforderungen an das Personalmanagement im multinationalen Konzern

Vorbemerkung

Ein Unternehmen, das aus geschäftspolitischer Notwendigkeit und Einsicht heraus ein Entwicklungsstadium anstrebt, in dem kosmopolitisch oder regional international gedacht und geführt wird und welches das Personalmanagement effektiv und nachhaltig internationalisieren will, muß strategisch, d. h. in langfristigen Programmen denken, die auf Jahrzehnte ausgerichtet sind.

Dabei muß berücksichtigt werden, daß eine internationale Personalpolitik einen zwar wichtigen, aber eben nur einen Teilfaktor darstellt. Sie ist in hohem Maße abhängig von den Konzepten der Unternehmensstrategie. Eine weitere Abhängigkeit besteht von unternehmensexternen, international inhomogenen

Gegebenheiten wie der Rechtssituation in verschiedenen Ländern und hier insbesondere dem Vertragsrecht, welches von Land zu Land erheblich differiert.

Warum überhaupt Internationalisierung?

Für die Beantwortung dieser Frage und die Art der Internationalisierung des Personalmanagements ist unter anderem die Unternehmensorganisation ausschlaggebend; vor allem in den wichtigsten Funktionen wie der Forschung und Entwicklung, der Produktion, des Marketings und der Finanzen.

Lassen Sie mich hierfür ein Beispiel geben: Bei der Informationstechnologie handelt es sich heute um eine weltweite Technologie. Es hat, was die Forschung und Entwicklung betrifft, bestimmte Vorherrschaften auf dem amerikanischen Kontinent gegeben, die sich seit einiger Zeit in die asiatischen Länder verlagern. Es ist auch sicher nicht verkehrt zu behaupten, daß es in Deutschland keine Dominanz auf diesem Gebiet gibt. Will sich also ein deutsches Unternehmen mit der Informationstechnologie befassen, so wird es sich an jenen Ländern dieses Tätigkeitsfeldes orientieren müssen, die in der Forschung und Entwicklung dominieren. Ebenfalls ist die Art der Produkte von entscheidender Bedeutung für die Notwendigkeit und die Internationalisierungsform.

Wir haben es in diesem Markt mit weltweit einheitlichen Produkten zu tun. Andererseits wissen wir aber, daß sich die Produkte heute nur noch mit Dienstleistungen gekoppelt verkaufen lassen, wodurch ein lokaler Charakter des Paketes *Produkt/Dienstleistung* entstehen kann.

In bezug auf das Marketing sind zwar lokale Gegebenheiten und Spezifikationen von immenser Bedeutung, jedoch bevorzugen immer mehr Firmenkunden weltweit einheitliche Ansprechpartner, Konzepte und Standards, demnach eine Betreuung »aus einer Hand«.

Auch auf dem Gebiet des Finanzwesens verstärkt sich heute die Tendenz hin zur Internationalisierung.

Neben organisatorischen Gründen stellt ein internationales Personalmanagement einen notwendigen Imagefaktor dar, um in den lokalen Märkten die gewünscht qualifizierten Mitarbeiter werben zu können.

Unternehmensinterne Aspekte internationalen Personalmanagements

Internationale Unternehmenskultur

Vorstehende Entwicklungen – wir benennen sie mit »glokal« (global & lokal) – müssen mit den Mitarbeitern durchgeführt und von diesen gemeistert werden, wodurch sie erhebliche Auswirkungen auf das Personalmanagement haben.

Wie diese Auswirkungen im einzelnen aussehen, hängt wiederum stark von der Struktur des Konzerns ab.

Ein Unternehmen, das aus einer Finanzholding und – bis auf das Finanzwesen – unabhängigen Ländergesellschaften besteht, kann sich bei der Internationalisierung des Personalmanagements auf ein Topmanagement-Development und eventuell die Einführung bestimmter Geschäftsverhaltens- und sozialer Integrationsstandards beschränken.

Ein Unternehmen hingegen, welches mit einem weltweit einheitlichen Produktspektrum und einer einheitlichen Preisfindung operiert, kann einen Schritt weiter gehen und eine weltweite Unternehmenskultur aufbauen.

Eine internationale Unternehmenskultur kann – um hierfür einige Beispiele anzuführen – Gewicht legen auf Prinzipien wie:

- Achtung vor dem einzelnen
- Beförderung aus den eigenen Reihen
- Freie Äußerung von Meinung und Beschwerde
- Fürsorge und Vorsorge für die Mitarbeiter
- Betonung des Leistungsprinzips (auch im Sinne der Gleichstellung von Mann und Frau), wobei personalpolitische Instrumente zu etablieren sind, die eine Leistungsdifferenzierung ermöglichen
- Eine weltweit einheitliche Weiterbildungsstrategie
- Effektive Führung unter besonderer Berücksichtigung von Motivation und Delegation.

Außerdem können obengenannte Geschäfts-Verhaltensstandards definiert werden, mit denen weltweit einheitlich der Umgang mit Kunden und Zulieferern festgelegt wird, oder Führungs- und Kommunikationsanweisungen unter anderem die Eskalationsstufen bei Konflikten regeln. Hierbei handelt es sich um die Festlegung eines Rahmens von weltweit gültigen Grundprinzipien, während die operationale Ausführung durchaus lokal angepaßt sein kann. Es sollte beachtet werden, daß es sich um ein Konzept handelt, das unter bestimmten Voraussetzungen angemessen sein mag. Unter anderen Voraussetzungen könnte ein solches Konzept auch völlig anders aufgebaut sein.

Hieraus könnte geschlossen werden, daß eine schnellere Veränderung der Rahmenbedingungen im Zeitablauf, wie sie z. B. in der Informationstechnologie zu beobachten ist, ebenso die kurzfristige Anpassung der Unternehmenskultur notwendig macht. Ich bin jedoch der Ansicht, daß die Unternehmenskultur – besonders in einer sich rasch ändernden Geschäftswelt – als stabilisierender Faktor wirken und deshalb nicht stetig mitverändert werden sollte. Ansonsten besteht die Gefahr, daß sich ein Kulturschock entwickelt, der destruktiv wirkt, und daß die Personen, auf denen sonst Kohäsion und Geschäftserfolg beruhen, nicht mehr mit ihrer hundertprozentigen Konzentration *bei der Sache* sind.

Qualifizierte Personaleinsatzplanung

Ein Beispiel für eine mögliche Ausgestaltung eines internationalen Personalmanagements ist die qualifizierte Personaleinsatzplanung.

Grundprinzipien

Die qualifizierte Personaleinsatzplanung beruht auf dem Grundprinzip der lokalen Verantwortung für die Mitarbeiter. Diese besagt, daß in allen Ländern, in denen die Gesellschaft tätig ist, sich die jeweiligen Ländergesellschaften für ihre Mitarbeiter verantwortlich zeigen. Mit dieser Strategie, die auch die Bemühung beinhaltet, durch Qualitätseinstellungen die Integration in die lokalen Märkte zu erleichtern, kann eine Gesellschaft sehr erfolgreich sein.

Der Gedanke der *Beförderung aus eigenen Reihen* ist das zweite Prinzip, das der qualifizierten Personaleinsatzplanung zugrunde liegt. Das Wissen der Mitarbeiter um die darin begründeten Chancen dient in hohem Maße der Steigerung ihrer Motivation.

Internationale Abordnungen

Vorstehende Grundprinzipien werden ergänzt – hierin besteht die eigentliche Internationalisierung – durch internationale Abordnungen sowohl von High Potentials im Management als auch von High Professionals, also von Mitarbeitern, die in den Fachfunktionen bestimmte Schlüsselfunktionen wahrnehmen.

Die Abordnung von Führungskräften findet nicht – wie man zunächst vermuten könnte – auf höchster Ebene statt, sondern vielmehr auf einem mittleren Managementniveau. Der Zeitpunkt, der uns für den Eintritt von Mitarbeitern in ein Austauschprogramm geeignet erscheint, ist der Moment, in dem sie als *Potential* identifiziert werden, und zwar sowohl im Management als auch bei den Professionals.

Für Unternehmen, die über einen internationalen Produktionsverbund verfügen – also baugleiche Erzeugnisse in verschiedenen Ländern fertigen (Multiple-Sourcing-Konzept) – ergibt sich darüber hinaus die Notwendigkeit eines Technologie- und Effizienztransfers. Am effektivsten läßt sich dieser wiederum über den Transfer von Fachleuten organisieren. Die relevanten Kosten-Nutzen-Analysen stellen hier interessante betriebswirtschaftliche Betätigungsfelder dar.

Notwendige Voraussetzungen

Eine wichtige Voraussetzung für die erfolgreiche Internationalisierung des Personalmanagements ist die Einführung und Förderung der englischen Sprache, weil diese die dominierende Geschäftssprache der Zukunft sein wird.

Nach meiner Beobachtung zeigt sich ihre Dominanz bereits heute deutlich in den internationalen Unternehmungen und führt dazu, daß Anglo-Amerikaner zur Zeit erhebliche Positionsvorteile bei der Besetzung von Managementfunktionen haben. Dies ist auch leicht verständlich, da ein wesentliches Führungs-Auswahlkriterium, welches eine objektive Personalarbeit eigentlich ausschließen müßte und doch bis heute nicht auszuschließen ist, das Kriterium der *Darstellung* ist. Dieses Kriterium ist sehr eng an die Sprache und die Fertigkeiten im Umgang mit ihr gekoppelt. Ist sie, wie in fast allen international operierenden Unternehmen, Englisch, ergeben sich zwangsweise Vorteile für den, der diese Sprache am besten beherrscht. Für jene, die Englisch nicht als Muttersprache gelernt haben, bedeutet es, daß sie sich diesem Kriterium anpassen und die englische Sprache ebenso gut sprechen müssen wie unsere amerikanischen und englischen Freunde.

Für das konkrete Abordnungskonzept versteht es sich von selbst, daß Mehrsprachigkeit und interkulturelle Anpassungsfähigkeit wichtige Kriterien für geeignete Mitarbeiter sind.

Beim Mitarbeiter müssen ferner u. a. folgende Voraussetzungen gegeben sein, damit das Abordnungskonzept funktionieren kann: Eine wesentliche Voraussetzung ist die Mobilität, die nach unseren Erfahrungen zwischen 25 und 35

Jahren und dann wieder im Alter von über 50 Jahren groß ist. Zwischen 35 und 50 ergeben sich meist die bekannten Mobilitätsbarrieren, das Wachstum der Familie, die Integration der Kinder in ein Schulsystem und in gewissem Maß auch die Berufstätigkeit der Ehefrauen, die selbst Karrieren machen und die Mobilität des Mannes einschränken.

Ein zweiter Gesichtspunkt ist der der Motivation des Mitarbeiters, sich international versetzen zu lassen. Es bedarf gewisser Regelungen, um diese Motivation zu fördern: So sollten z. B. die Dauer der Abordnung und der verantwortliche Home-Country-Manager definiert sein. Außerdem sollte der Mitarbeiter eine Rückkehrgarantie haben, die ihm nach Ablauf seiner Abordnungszeit die Wiedereingliederung im Heimatland zusichert. Durch diese Rückkehrgarantie und die Regelung, daß die Versorgung des Mitarbeiters in die Zuständigkeit der Heimatgesellschaft fällt, bleibt eine klare Zuordnung des Mitarbeiters zum Heimatland auch während seiner Abordnung bestehen.

Operationale Aspekte

Neben allen bereits erwähnten Voraussetzungen müssen wir selbstverständlich gleichfalls eine Reihe operativer Regelungen treffen, die mitentscheidend dafür sind, ob internationale Abordnungen stattfinden können oder nicht.

Management-Development

Die klassische Aufgabe der operationalen Personalpolitik ist sicher das Management-Development, also die Nachfolgeplanung für Schlüsselpositionen, zusammen mit einer gezielten Förderungsplanung, sowohl für diejenigen, die bereits im Topmanagement sind, als auch für Potentials, denen wir dies eines Tages zutrauen.

Wir müssen dabei versuchen, bis zu 15 Jahre vorauszudenken und bereits heute Mitarbeiter zu identifizieren, denen wir das Potential zuschreiben, in diesem Zeitraum ins führende Management zu gelangen.

Ergänzend dazu sollte ein Konzept der internationalen Karrierepfade entwickelt werden. Ermöglicht wird dieses Konzept erst dadurch, daß die Systemstrukturen, die hinter den Arbeitsverträgen in den einzelnen Ländern stehen, ähnlich sind, obwohl sich die konkrete Ausgestaltung, die Werte – die beispielsweise für die Bezahlung angesetzt werden – von Land zu Land erheblich unterscheiden können.

Bezahlungsstrukturen

Die Gesellschaft sollte eine Bezahlungsstruktur im Management einführen, die nach international einheitlichen Vergleichskriterien aufgebaut ist, wie zum Beispiel Kosten- und Gewinnkriterien, Mitarbeiter- und Kundenzufriedenheit oder Market-Share. Dabei möchte ich nochmals betonen, daß lediglich das System, nicht aber die Höhe der Vergütung weltweit einheitlich ist. Die Gehaltshöhe kann sich nach lokalen Gesichtspunkten richten. Es gibt jedoch durchaus Unternehmen, die ihr Management ab einer bestimmten Hierarchiestufe einheitlich auf Dollar-Basis bezahlen. Ob lokale, weltweit einheitliche Bezahlung oder Mischkonzepte bevorzugt werden, ist von verschiedenen Führungskonzepts- und Organisationskriterien abhängig.

Auch bei der Bezahlung der Mitarbeiter kann man bestimmte Strukturen einführen, doch hier stellt sich sehr schnell die Frage nach den Mindeststandards. Nach welchen Standards soll in den Ländergesellschaften bezahlt werden, nach lokalen oder nach einem internationalen? Lokale Standards widersprechen in gewissem Maße dem Konzept einer einheitlichen Produktion, internationale Standards sind problematisch, weil die daraus resultierenden Personalkosten nicht in jedem lokalen Markt auf die Produkte überwälzbar sind. Hier erreichen wir sehr schnell Bereiche, die auch Rückwirkungen auf betriebswirtschaftliche Fragen haben.

Arbeitszeit

In diesem Zusammenhang ist ebenfalls die Arbeitszeit ein wichtiger Gesichtspunkt. Hier internationale Standards zu realisieren, scheint zumindest in der kurzen Frist praktisch unmöglich, wenn man sich nur einmal vor Augen führt, daß der durchschnittliche Amerikaner um ca. 300, der durchschnittliche Japaner sogar um ca. 500 Stunden pro Jahr mehr arbeitet als der Durchschnittsdeutsche. Die sich daraus ergebenden Standortprobleme sind hinlänglich diskutiert. Internationale Arbeitszeitpolitik im Unternehmen kann derzeit wohl nur lokal orientiert sein. Dies bedarf für Abordnungen allerdings delikater Anpassungsregelungen.

Versorgungspläne

Ein weiterer wichtiger Aspekt, dessen Bedeutung in der Personalpolitik häufig unterschätzt wird, sind die Versorgungspläne für die Mitarbeiter. Die internationale

Handhabung dieses Problemfeldes kann dadurch gelöst werden, daß bezüglich der Versorgung des Mitarbeiters auch bei Abordnungen stets die Heimatgesellschaft zuständig bleibt.

Externe Gesichtspunkte internationalen Personalmanagements

Neben den bereits ausführlich beleuchteten internen Unternehmensaspekten der Personalpolitik gibt es externe Einflußgrößen, die nicht unserem direkten Einfluß unterliegen. Weltweit handelt es sich dabei um ein Feld, das kurzfristig nicht zu synchronisieren ist. Betrachtet man allein Europa, so veranlassen die laufenden Einheitsbestrebungen natürlich auch die Unternehmen zu einer Auseinandersetzung mit dem Thema.

Es ist in der Praxis die Fragestellung untersucht worden, ob es denkbar wäre, einen european employee zu etablieren, doch die gegenwärtige gesetzliche Lage macht dies noch nicht ohne größere Umstände möglich.

Bis hin zum Ziel einer europäischen Wirtschaftsunion ist hierbei von der europäischen Kommission noch eine Menge Arbeit zu leisten. Dies gilt vor allem im Hinblick auf die Vereinheitlichung der Bedingungen in der Gemeinschaft auf den Gebieten Anerkennung der Ausbildungswege, Arbeitsverträge und -zeiten, Mutterschutz oder in dem schwierigen Feld der Sozialversicherung.

Schließlich müßten die Fragen der Mitbestimmung über die Grenzen hinweg geregelt werden, die heute unter dem Stichwort »Europäischer Betriebsrat« diskutiert werden.

Zusammenfassung

Zusammenfassend möchte ich festhalten, daß die Internationalisierung des Personalmanagements viele Facetten und viele Optionen hat. Eine internationale Personalpolitik wird stets von der Unternehmensstrategie abhängig sein, aber auch von den äußeren Bedingungen in den Ländern, in denen sie wirken soll. Es ist eine anspruchsvolle Aufgabe, ein Konzept zu entwickeln, das internationale und lokale Gesichtspunkte voneinander trennt, sie aber doch kompatibel macht. Internationalisierung bietet dabei die Chance zur Vertrauensbildung im Unternehmen, zur Kommunikations- und Entscheidungsbeschleunigung und zur Selektion von hochqualifizierten Mitarbeitern, sie beinhaltet jedoch stets auch das Risiko von Kolonie-Effekten, übermäßiger Kontrolle, Verzögerung und Bürokratisierung.

Ob ein Unternehmen wirklich international geworden ist, kann danach beurteilt werden, ob tatsächlich *internationale Menschen* im Management und in der technischen Leitung arbeiten, die ausschließlich nach Leistung und ohne Berücksichtigung der Nationalität ausgesucht wurden.

Unveröffentlichter Vortrag im Rahmen des *Ludwig Vaubel Forums*, USW, Erftstadt 1991.

Schwindet der Einfluß des Personalwesens?

Da ich vor Zuhörern in einem Philosophischen Institut sprechen darf, habe ich mir überlegt, wie ich das Thema angehen sollte und dazu in dem Buch *Sofies Welt* nachgelesen. Ich blieb bei den Vorsokratikern hängen: Soll ich es im Sinne der Kyniker angehen oder eher im Sinne der Hedoniker oder besser im Sinne der Peripatetiker? Alle Sichtweisen wären dem Thema angemessen. Unsere Frage heute lautet: »Schwindet der Einfluß des Personalwesens auf die Unternehmenspolitik?« Wenn ich mit ja antworte, stellt sich die Folgefrage: »Wird es gar überflüssig?«

Vorweg will ich betonen, daß das, was ich sage, nicht bereits in sich abgeschlossen und außerdem eine subjektive Sichtweise ist. Denn wir haben nicht alle die gleichen situativen Randbedingungen, insofern sind unterschiedliche Auffassungen bei verschiedenen nicht nur möglich, sondern wahrscheinlich. Aber trotz der Verschiedenartigkeit läßt sich Vergleichbares entdecken. Ich gebe auch zu, daß meine Auffassung mitbeeinflußt wurde durch den Vortrag, den Herr Gentz auf der *Analytik* hielt und der das Thema noch publikumswirksamer machte.

Die These lautet: Das Personalwesen befindet sich in der Krise. Als Ursachen dafür werden fünf Vorwürfe verbalisiert:

⇢ Das Personalwesen leiste keinen Beitrag zum Erreichen der Unternehmensziele. Dieser Vorwurf ist häufig von Unternehmensführern zu hören. Warum? Es ist der Eindruck entstanden, das Personalwesen habe sich abgekoppelt von den – gerade heute – erforderlichen Entscheidungen und führe ein Eigendasein, das häufig als »Reichsbedenkenträger« erlebt wird.

- Das Personalwesen sei mitverantwortlich für die heutigen Standortnachteile der deutschen Wirtschaft, weil es durch die Tarifverhandlungen und die betriebliche Personalpolitik die Nebenkosten in die heutige Höhe getrieben habe. Dieser Vorwurf ist häufig von Verbänden, Unternehmensführern und besonders vom Mittelstand zu hören.
- Das Personalwesen habe in der Vergangenheit zugelassen, daß die falschen Führungskräfte hochgekommen seien und habe nichts unternommen, um dies zu verhindern. Gleichzeitig habe es nicht die richtigen Nachwuchsleute gefördert. Dieser Vorwurf ist von Unternehmensführern und der Presse zu hören.
- Das Personalwesen sei befangen im Monopol für Mitbestimmungsfragen. Diesen Vorwurf führte auch Herr Gentz in seinem Vortrag aus, sonst ist er meist von Personalleuten selbst zu hören.
- Das Personalwesen habe den Strukturwandel eher behindert. Dies kam im Gefolge der Bemühungen um mehr Shareholder-Value durch die Finanzverantwortlichen auf und durch die von ihnen in die Unternehmen geholten Unternehmensberater.

Dies sind die üblicherweise zu hörenden Vorwürfe. Hinzu kommen noch folgende Beobachtungen:
- Personal wird als dezidiertes Vorstandsressort aufgegeben und mit anderen Aufgaben gekoppelt. Das ist nicht neu, es finden sich dafür aber in letzter Zeit zunehmend Beispiele.
- Es gibt sicher einen berechtigten Vorwurf, daß im Personalwesen in der Vergangenheit führende Manager durch eine Art Röhrenkarriere gewachsen sind. Die Zusammenlegung von Personal mit anderen Aufgaben im Vorstand hat aber dazu geführt, daß heute Personalleiter an führender Stelle tätig sind, die in diesem Fachgebiet keine profunde Ausbildung mehr haben. Sie betrachten diese Tätigkeit als wenig notwendig und delegieren sie eher nach unten. Es ist aus meiner Sicht derzeit fraglich, ob die professionelle Kompetenz im Personalwesen zugenommen hat.
- Die Akzeptanz des Personalwesens als Hauptgesprächspartner der Mitbestimmung in den Unternehmen ist im Schwinden begriffen. Das liegt ganz sicher auch an den Kollegen und Vorstandsvorsitzenden der Unternehmen, die auf diesem Sektor in der Vergangenheit entweder durch eigenen Willen oder durch selbstverursachte Maßnahmen oder durch eine Verstärkung der Mitbestimmung eine Verlagerung von Fragen der Mitbestimmung in ihre Vorstandsvorzimmer gefördert haben. Wenn man die Punkte im Zusammenhang sieht, dann werden Sie mir sicher zustimmen, daß es auf unserem

Sektor – ich unterstelle Sie sind alle in dem Personalwesen angeschlossenen Gebieten tätig – doch eine Indikation für eine Krise gibt.

Lassen Sie mich etwas zurückschauen in die Entwicklung der 60er und 70er Jahre. Ich will überhaupt nicht nur historisch sein, sondern ich bin der Ansicht, daß das, was sich in der Entwicklung des Personalwesens abzeichnet, nicht nur 1960 Gültigkeit hatte, sondern eigentlich auch weiterhin seine Teilgültigkeit behalten hat.

Herr Gentz hat in seinem Vortrag analysiert, daß die Krise des Personalwesens aus der Kokonisierung mit der Betriebsverfassungslandschaft entstanden ist. Ich denke aber, es hat nie ein richtig reales Monopol des Personalwesens für irgendeine Aufgabe im Unternehmen gegeben. Das Personalwesen war immer in vielfältiger Weise mit der Unternehmensführung und mit dem Management verbunden und verwoben.

Und wenn wir sozusagen die *erste Phase des professionellen Personalwesens* betrachten, nämlich den Übergang von der Eigentümer-Personalpolitik zu einer professionellen und delegierten Personalpolitik, so ist dieser Übergang eigentlich nie abgeschlossen worden. Ich erinnere mich noch, wie der Quasi-Inhaber der IBM, Mr. T. Watson, durch die Fabrik gegangen ist und gesagt hat: »Ich will keine Akkordarbeit mehr, ich will ein Job-Enrichment in meinem Unternehmen sehen.« Das war klassische unternehmergeprägte Personalpolitik. Seine Frau begleitete ihn bei seinen Besuchen und, ich darf das sagen, besichtigte die sanitären Anlagen, weil sie der Ansicht war, die sollten genauso sauber sein wie die der Führungskräfte. Das war, wenn Sie so wollen, einfache unternehmerbetriebene Personalpolitik. Und der soeben leider verstorbene langjährige Vorstandsvorsitzende und dann Aufsichtsratsvorsitzende der Allianz, Herr Dr. Schieren, war persönlich intensiv damit beschäftigt, die Personalentwicklung in den Unternehmungen und die Führungskräfteentwicklung zu betreiben, und war ein ausgesprochener Anhänger einer systematisierten Altersversorgung. Auch dies ein klassisches Beispiel für eine quasi unternehmerorientierte Personalpolitik. Ich will damit zum Ausdruck bringen, daß es eben kein Monopol eines Personalwesens für eine Aufgabe gab, sondern daß es immer ein Übergang war zwischen denjenigen, die an der Spitze der Unternehmen standen und denjenigen, denen eben im Laufe der Jahre und der Zeit die Wahrnehmung dieser Aufgabe delegiert wurde. Es ist auch aus ganz anderen Gründen keine Monopolstellung gewesen. Wenn Sie sich erinnern, daß viele Personalwesen heute nicht vollständig in der Verantwortung stehen, sondern daß es zwei Dinge gibt: Zum einen die Zuständigkeit für die leitenden Angestellten, meist beim Vorstandsvorsitzenden, und zum anderen für die Tarifmitarbeiter eben in den Personalabteilungen. Dann wird deutlich, daß es eine Zusammenfassung der Aufgaben in vielen Unternehmungen nicht gegeben hat.

In der *zweiten Phase*, den 60er und 70er Jahren, haben vor allen Dingen die wachsende Komplexität, die Größe und die Internationalität der Unternehmen dazu geführt, daß die Personalarbeit nicht mehr durch den Vorstandsvorsitzenden erledigt werden konnte und sollte. Dazu hatte er die Zeit nicht mehr, um es auf einen simplen Nenner zu bringen. Gleichzeitig ist die Professionalisierung vorangetragen worden, vor allem – und das muß man deutlich sagen – von den internationalen Unternehmungen. Die internationalen Unternehmen wollten in den Grundzügen eine weltweite Personalpolitik betreiben. Das drückte sich in dem amerikanischen Begriff des Human-Resources-Management aus, das sehr stark von Harvard beeinflußt war, wie viele andere Bewegungen. Die Unternehmungen, die hier eine große Rolle spielten und von denen wir alle in der deutschen Wirtschaft gelernt haben, waren die amerikanisch basierten IBM, Exxon, Procter & Gamble, Hewlett-Packard und Kodak, aber auch Unilever oder BP, um nur einige auf diesem Sektor zu nennen. In dieser Phase sind auch Prinzipien und Programme vorangetragen worden wie »Weltweite Führungspolitik«, »Leistungsorientierung in den Unternehmen« und »Systematische Personalentwicklung«.

Es ist meines Erachtens von großer Bedeutung, daß zwischen der *Betrieblichen Personalpolitik* und der *Kollektiven Personalpolitik* unterschieden wurde. D. h. daß in den Unternehmungen eine unternehmensspezifische Personalpolitik weiterentwickelt wurde, sozusagen *on top* über dem, was kollektiv in Deutschland durch die Tarifgesetzgebung geregelt wurde. Die internationalen Firmen hatten immer, das darf man nicht vergessen, einen gehörigen Respekt vor der Entwicklung der deutschen Mitbestimmung. Wir waren früher sehr intensiv darin tätig, amerikanische, englische oder auch französische Unternehmen davon zu überzeugen, daß der Weg, den die deutsche Mitbestimmung geht, nicht nachteilig für die Unternehmensinteressen war. Aus dieser Haltung heraus hatten die internationalen Unternehmen ein sehr viel größeres Interesse daran, eine betriebliche Personalpolitik zu betreiben und zur kollektiven Personalpolitik, die außerhalb der Betriebe in Tarifgremien stattfand, Abstand zu halten. Diese betrieben sie höchstens, weil sie gesetzlich dazu verpflichtet waren.

Man darf auch nicht vergessen, daß die 60er und 70er Jahre eine Aufbauphase waren. Es war der Kampf um die Mitarbeiter – das totale Gegenteil von heute –, der Kampf um die Attraktivität der Unternehmen, um die Motivation in den Unternehmen und um die Kohäsion, d. h. die Mitarbeiter in den Unternehmen zu halten. Die Aufgabe der Personalpolitik war es, die Unternehmen attraktiv zu gestalten und sie so am Arbeitsmarkt zu plazieren, daß sie an diesem engen Arbeitsmarkt aktiv teilnehmen konnten. Und wenn die Mitarbeiter schließlich in den Unternehmungen angestellt waren, sie richtig in den Arbeitsablauf zu integrieren und motiviert zu halten – und zwar mit positiven Mitteln. Wenn das nicht erfolgreich war, stimmten die Mitarbeiter mit den Füßen ab, weil sie woanders etwas besseres bekamen. Es war die Zeit der Programm- und Instrumentengestaltung in der Personalpolitik. Wie sollten die Instrumente der Führung aussehen? Der Einfluß des Scientific Managements, den es auch im Controlling und in anderen Bereichen des Unternehmens gab, wurde besonders stark. Es galt nicht mehr »Führung ist angeboren« (die alte Adolf Webersche Vorstellung vom charismatischen Führer, die übrigens heute merkwürdigerweise wieder auflebt), sondern es galt: Man mußte bestimmte Instrumente der Führung gelernt haben. Diese Instrumente mußten für die Personalführung entwickelt werden.

Das war die Zeit, in der wir Führungsanweisungen in den Unternehmungen entwickelten, um mit diesen Anweisungen eine Art logische und rationale Sicht der Führung in den Unternehmungen zu etablieren, auf die hin die Personen, die dort führen sollten, ausgebildet werden konnten. Die Systematisierung der Personalentwicklung wurde eingeführt. Es gab wenige, die das umfassend taten. Es gibt heute noch viele Unternehmen, die keine systematische Kategorisierung und Entwicklung ihres Potentials kennen, geschweige denn eine systematische Nachfolgeplanung. Damals war das ein Punkt, der intensiv vorangetragen wurde, sozusagen als ein rationales Gegenargument gegen die alte *Hof-Theorie* damaliger Entscheidungsträger. Die Hof-Theorie besagte, wenn jemand zwischen Weihnachten und Neujahr über den Hof lief, dann war er fleißig und tüchtig und mußte Führungskraft werden. Dagegen waren die systematischen Instrumente der Auswahl zu setzen; daher war es damals wichtig, den Instrumentenkasten für Potentialauswahl und -entwicklung zu erarbeiten sowie die systematische Führungskräfteschule. Wir waren der Ansicht, daß erfolgreiche Führung eben *nicht* angeboren war, sondern daß man sie aufbauen mußte. Die Unternehmen gründeten ihre systematischen Führungskräfteschulen. Siemens baute am Starnberger See, IBM in Herrenberg sowie in La Hulpe. Die Deutsche Bank und auch die anderen bauten all die schönen Schulen, die wir heute versuchen zu verkaufen oder allgemein zugänglich zu machen, weil wir sie finanziell nicht mehr unterhalten können. Es war die Zeit der systematischen Auswahlmethodik. 1970 sind wir in die USA gefahren und haben das Assessment-Center-Programm nach Deutschland geholt. Das Assessment-Center beruht nicht auf einer ursprünglich in den USA erfundenen Idee, sondern stammt aus der deutschen Militärpsychologie.

Aber die Amerikaner hatten sie nach dem Krieg weiterentwickelt. Wir haben sie in den 70er Jahren in den deutschen Firmen langsam und systematisch eingeführt. Nicht alle haben sie eingeführt, aber viele haben die Assessment-Center-Idee als eine systematische Verbesserung der Auswahl der Führungskräfte in den Unternehmungen angewandt und haben sie weiterentwickelt.

Andere Themen waren: die Systematisierung der Leistungsanreize in die Hände der Führungskräfte zu legen, das System analytischer Arbeitsbeschreibung, die Arbeitsbewertung und Stellenbeschreibungen aufzubauen, die Zielsetzung und die Leistungsbewertung einzuführen. Es war die Zeit, in der in den Unternehmungen systematische Leistungsbewertungsverfahren aufgebaut wurden. Integrierte Leistungslohnsysteme, d. h. also Systeme, in denen es einen Zusammenhang gab zwischen der Stellenbewertung, der Zielsetzung, der individuellen Leistungsbewertung und der Überführung in eine Leistungsbezahlung. Wir konnten uns das leisten, weil wir aus Arbeitsmarkt- und Ergebnisgründen etwa 20–40 % über dem Tarif lagen. Ein anderes Thema war die Systematisierung der Führungskräfte-Mitarbeiter-Kommunikation, das Beratungsgespräch, das Beförderungsgespräch oder das Zielsetzungsgespräch – die Unternehmen hatten unterschiedliche Namen für die Arten der Gespräche. Es wurde der Rahmen für das Gespräch entwickelt, mit dem die Führungskräfte ein Instrument in die Hand bekamen, mindestens einmal jährlich face to face mit dem Mitarbeiter zu besprechen, was er leistete, was er tat und wohin er befördert werden sollte. Diese Instrumente sind in dieser Zeit für die Führungskräfte konzipiert worden.

Es gab kein Monopol des Personalwesens für Personalführung, sondern diese Instrumente wurden vom Personalwesen für die Hand der Führungskräfte entwickelt, damit diese gegenüber ihren Mitarbeitern Führung ausüben sollten. Es war sicher die Zeit des Spendierens und in dieser Zeit sind auch Fehler gemacht worden. Ich darf auch einen Fehler in diesem Zusammenhang nennen. Es war die Zeit, in der wir die Altersversorgungssysteme in den Unternehmen aufgebaut haben und ich erinnere mich, daß sehr viele Altersversorgungssysteme auf der Basis von Gesamtversorgungsplänen bis zu 70–80 % der letzten Bruttobezüge entwickelt wurden. Das hat sich später verheerend ausgewirkt, denn als die gesetzlichen Altersversicherungen ihren 40–60 %-Anteil nicht mehr halten konnten, mußten die Unternehmen durch diese Gesamtversorgungspläne in die Lücke springen bzw. sie mußten letztendlich geschlossen werden. Ende der 80er Jahre gaben die Unternehmen die Gesamtversorgungspläne auf, die wir in bestem Glauben und systematischer Kenntnis, aber leider nicht mit dem entsprechenden Weitblick, in den 60er und 70er Jahren gegründet hatten. Nun kann man auch hieraus den

Vorwurf ableiten: Die Personalleute waren doch diejenigen, die die Misere des Standortes mitverursacht haben. Ich erinnere mich an eine Geschichte, die ich etwas lustig erzählen möchte, aber sie hat durchaus ihren ernsten Hintergrund. Ein Vorstandsvorsitzender dieser Zeit wollte unbedingt in die Gesamtbetriebsratssitzung mitkommen, aber sein Arbeitsdirektor wollte es nie, weil er immer der Ansicht war, er hätte wenig Erfahrung in diesem Kreis der fordernden Kollegen – und er hat es deshalb jahrelang verhindert. Aber eines Tages war es dann soweit und der Vorstandsvorsitzende bestand darauf, daß er mit in die Gesamtbetriebsratssitzung ging. Es war ein heißer Tag, die Sitzung fand in einem Werk statt und der Gesamtbetriebsrat saß dort in voller Mannschaftsstärke von über 30 Personen – es kam, was kommen mußte. Es war ja noch die Zeit, in der es wenig Kühlung gab und ein Betriebsrat sagte dann: »Lieber Herr Vorsitzender, Sie müssen doch einsehen, heute ist es so furchtbar heiß und da bringt immer einer so einen Bembel mit Apfelwein von zu Hause mit und Sie können sich doch sicher vorstellen, daß wir dazu einen Kühlschrank brauchen.« Und der Vorsitzende drehte sich zu seinem Arbeitsdirektor um und sagte: »Aber Herr Arbeitsdirektor, wir werden uns doch noch einen Kühlschrank leisten können.« Ergebnis: 2.674 Kühlschränke. Ich will nur andeuten, daß es auch hier überhaupt nicht im Entferntesten so war, daß es ein Monopol in der Personalfunktion gab für die Verteilung der *Goodies*, die die Unternehmungen damals an ihre Mitarbeiter zu geben hatten. Die Personalmarktverhältnisse erzwangen eine Verteilung und diese Verteilung der erarbeiteten Güter war u. a. ein Teilmotor der Binnenkonjunktur. Darüber kann man zwar mit manchen Volkswirten streiten, aber letztlich glaube ich, das ist etwas, wozu man durchaus stehen könnte.

Dann kam eine *dritte Phase*, die Phase der Reform des Betriebsverfassungsgesetzes von 1971 und des Mitbestimmungsgesetzes von 1976. Darüber ist viel gesagt worden. Ich will es relativ kurz machen. Es ist richtig, daß damals die Personalführung eine wichtige Pufferfunktion bekam zwischen den Vorständen, dem Vorstand (wenn Sie so wollen) und der Mitarbeiterschaft, d. h. den Repräsentanten der Mitarbeiterschaft in den entsprechenden Gremien. Die Betriebsräte wuchsen in ihrem Selbstbewußtsein, denn sie führten das Gesetz von 1971 immer kreativer aus. Schrittweise kreativer, das konnte man ablesen an der wachsenden Dicke des Fitting-Aufwarts. Wenn Sie sich erinnern – falls Sie den Fitting-Aufwart noch aufbewahrt haben –, dann war er 1971 sehr dünn und ist heute wesentlich dicker. Das zeigt, inwiefern die kreative Gesetzesinterpretation des Betriebsverfassungsgesetzes von 1971 ihren Fortschritt genommen hat. Die Einigungsstellenverfahren fingen an. Einer der gefragtesten Referenten war damals der Vorsitzende des BAG, Herr Kissl (das ist er auch heute noch). Er ist zwar heute schon längst pensioniert, aber damals war er das, weil auch Herr Kissl und sein BAG sich in der kreativen Entwicklung der Rechtspflege und der Rechtsentwicklung außerordentlich hervorgetan haben, nach eigenen Worten – ich zitiere ihn. Er war der Ansicht, daß er das mußte. Die Betriebsvereinbarung zu § 87 I 6 – Einführung von PC in den Unternehmungen. Ich weiß nicht, ob Sie sich erinnern (ich erzähle das nicht, ich betone das nochmals, aus historischen Gründen, sondern weil wir heute in vielen Punkten das gleiche Problem haben). Klassische Fragen von 1980 : »Wann ist in Deutschland die erste Million von Arbeits-PCs auf dem Tisch?« und »Was müssen wir tun, um die Arbeitsbedingungen dafür vorzubereiten?« Es war die berühmte Pausenfrage, die berühmte Ergonomiefrage, die eine Rolle spielte. Die Fragen im Zusammenhang mit der Leistungsüberwachung sind alle wieder auf dem Tisch. Nur heißen sie jetzt nicht mehr »Die erste Million PC«, sondern »Die erste Million Internet-Anwender oder Online-Anwender«. Wir kommen darauf gleich noch zu sprechen.

Da war also der § 87 I 6 und ich erinnere mich genau, wie Herr Kissl und sein Senat damals eine Datenverarbeitungsfirma besuchten, um sich erklären zu lassen, wieso und wie die Leistungsüberwachung durch ein System stattfinden kann. Die Programmierer bemühten sich, den Herren des Bundesarbeitsgerichtes darzulegen, daß das nur geht, wenn man es vorher in diese Schiene hineinprogrammiert hat. Dann wollte er wissen, wie das geht und dann mußte ein *Dump* gezogen werden, die Datenverarbeiter unter Ihnen wissen, was das ist, und man mußte ihm die Maschinenbefehle zeigen, wo das geschehen war bzw. ob das nicht geschehen war. Das ist Historie und soll nur zeigen, wie stark diese Fragen damals an Bedeutung gewannen und welche Rolle das Personalwesen dabei zugewiesen bekam, um in den Unternehmungen diese Dinge voranzutragen. Denn das konnte ja kein anderer machen. Sie mußten das tun, auch wenn ich der Ansicht bin, daß es keineswegs etwas war, was das Personalwesen monopolisiert hat. Das Personalwesen fand einen wichtigen Gesprächspartner, der fast wöchentlich an Bedeutung wuchs. Es fand selbst eine neue Rolle: Der Arbeitsdirektor – der Titel war ja 1976 in das Gesetz für alle Unternehmungen übernommen worden – wurde installiert, es kam die Teilung im Unternehmen zwischen dem, wofür der Arbeitsdirektor personalmäßig zuständig war, und dem für die leitenden Angestellten – übrigens ist das in vielen Unternehmen heute noch so. Diese Entwicklungen führten dazu, daß manche Unternehmungen sogar zwei Arbeitsdirektoren oder Personaldirektoren hatten, einen für die tariflichen Mitarbeiter, und der andere war der graue Personaldirektor, der zuständig war für die Leitenden mit all den Problemen, die das in den Unternehmen hervorgerufen hat.

Dann kam etwas, was meines Erachtens wiederum von großer Bedeutung war, es entstand nämlich das Thema *betriebliche Personalpolitik vs. Tarifpolitik*. Hier haben sich die Unternehmen in der Tat meines Erachtens gewaltig unterschieden. Es gab Unternehmen in Deutschland, die ein ganz großes Interesse hatten, daß die Mitarbeiterschaft nicht exklusiv durch die Gewerkschaften und die von ihnen abhängigen Betriebsräte repräsentiert wurden, sondern daß es eine innerbetriebliche Führungspolitik gab, in der die Führungskräfte einen Einfluß auf die Mitarbeiter behalten sollten. Das ist bei weitem nicht in allen Unternehmungen mit der gleichen intellektuellen Durchdringung und mit einer stringenten Politik betrieben worden. Viele Unternehmen haben die Alleinvertretung der Mitarbeiterschaft durch die Gewerkschaften und die von ihnen abhängigen Betriebsräte zugelassen. Manche Unternehmen haben sich gegen diese Entwicklung gewehrt und haben versucht, ihre Einflußmöglichkeiten zu erhalten. Bestimmte Entwicklungen – selbst in der Metall- und Elektroindustrie, die eine schwierige Industrie ist, was die Mitbestimmung betrifft –, z. B. in der Arbeitszeitflexibilisierung wären für manche Unternehmen nicht möglich gewesen, wenn sie hier nicht eine ganz konsequente Politik betrieben hätten, die in der Führung und in dem Kontakt zu den Mitarbeitern das Alleinvertretungsrecht nicht nur den Gewerkschaften und Betriebsräten überließ. Ich möchte mit Sicherheit sagen, daß solche Dinge wie Kontischicht bei Siemens und bei IBM und anderen Elektrounternehmen im Metalltarif nicht möglich gewesen wären, wenn dies in den Unternehmungen nicht vorher vorbereitet worden wäre. Und ich möchte wetten, daß die Ende der 80er Jahre entstandene Arbeitszeitregelung bei BMW ebenfalls nicht anders zu erklären ist, als daß hier Möglichkeiten geblieben sind, damit eine innerbetriebliche Personalpolitik betrieben werden konnte, die sich etwas unterschied von dem, was im kollektiven Bereich immer mehr festgezurrt wurde.

Dann kam die *Standortproblematik*, d. h. sie läutete sich zunächst langsam ein durch Diskussion, schließlich war sie dann nicht mehr nur Diskussion, sondern sie erfaßte die Unternehmen durch die rezessiven Elemente und Entwicklungen Ende der 80er Jahre und Anfang der 90 Jahre und es geschah das, was wir alle unter den Begriffen Restrukturierung und Downsizing kennen. Warum das so geschehen ist, dafür gibt es verschiedene Gründe. Es ist ganz sicher ein Grund, aber keineswegs der einzige, daß das Shareholder-Value-Konzept, vorangetrieben von der Wallstreet, hier seinen Einfluß hatte. Es gibt auch ganz andere Gründe dafür, wie z. B. den internationalen Wettbewerb um Arbeit, um nur einen wichtigen Faktor, der mindestens so bedeutsam ist, zu erwähnen. Aber es ist sicher so gewesen, daß dann in dieser Zeit die Berater kamen und mit Gemeinkosten-Wertanalyse und andere Instrumenten in den Unternehmungen aufgeräumt haben. Ich brauche nicht zu erklären, was Gemeinkosten-Wertanalyse ist. Und dann waren die Unternehmungen gezwungen, sich vor ihren Aufsichtsräten zu positionieren, indem sie gesagt haben: »Wir reduzieren unsere Mitarbeiterschaft um 10 % oder gar 15 %.« Und sie konnten dann Anfang der 90er Jahre bis heute lesen, wie viele Mitarbeiter auf die Straße gesetzt wurden, um zu gesunden. Das hat dazu geführt, daß die Personalpolitik in den Unternehmen schwer unter die Räder kam. Man kann sicher sagen, daß in manchen Unternehmen eine kontinuierliche Personalpolitik gar nicht mehr möglich war. Die Folgen des Downsizing für die Motivation sind praktisch überall beschrieben worden, und es ist bekannt, daß die innerbetriebliche Kündigungsrate nach oben sprang. Daß durch die unterschiedslose Frühpensionierungswelle auch hervorragende Qualifikationen aus den Unternehmungen gedrückt wurden, ist ebenfalls bekannt. Daß durch eine Inkontinuität der Einstellungspolitik ganze Generationen von Abgängern in den naturwissenschaftlichen Fächern nicht eingestellt wurden, ist bekannt. Daß, um ein Beispiel zu nennen, in München in der Physik plötzlich die Zahl der Studenten um über 40 % zurückging, weil die Kollegen einfach keine Anstellung mehr bekamen, ist bekannt. Alles das ist heute fast schon Historie und es ist meines Erachtens ein Zeichen dafür, daß wir eben in der Personalpolitik in den Unternehmungen überhaupt keine Kontinuität des Denkens mehr hatten, weil die Gewichte sich verschoben hatten. Es ist bemerkenswert, daß z. B. jetzt Siemens – trotz der Veränderungen dort – jedes Jahr 1.000 oder noch mehr Jung-Ingenieure und entsprechende Qualifikationen einstellen will. Das ist eine nachträgliche Wiedereinführung einer kontinuierlichen Personalpolitik im Rahmen der Qualitätseinstellung, die meines Erachtens in vielen Unternehmen nicht einmal für fünf oder sechs Jahre hätte unterbrochen werden dürfen. Wir werden noch feststellen, daß solche Einschnitte ihre Folgen für die Personalentwicklung und die Führungskräfteentwicklung in den Unternehmen haben werden.

Ein Punkt, den ich damit anschneide – und das ist historisch dann mein letzter, danach möchte ich dann auch noch auf ein paar Punkte kommen, die ein bißchen die Jetztzeit und deren Voraussetzungen beleuchten – ist der, daß die Krise mit entstanden ist durch eine aus meiner Sicht gravierende Fehlkonstruktion im Mitbestimmungsgesetz und in der Betriebsverfassung. Diese gravierende Fehlkonstruktion ist die, ich sage das mal ganz deutlich, daß im Mitbestimmungsgesetz zugelassen wird, daß eine Personalunion bestehen darf zwischen den Betriebsräten und den Arbeitnehmervertretern und den Aufsichtsräten, die durch ihre Verpflichtung der Bestellung der Vorstände unmittelbar Einfluß haben auf die Funktion der Vorstände und insbesondere des für das Personalwesen zuständigen Vorstandes. Das führt dazu, daß die identischen Personen, mit denen sie

Verhandlungen führen, einen anderen Hut aufsetzen und eine Dreiviertelstunde später als ihr vorgesetzter Aufsichtsrat im Aufsichtsrat sitzen und darüber entscheiden, ob ihr Vertrag als Personaldirektor verlängert werden soll oder nicht. Und jetzt kommt ein wichtiger Punkt dazu: Die Personalfunktionen führen ja nun in den meisten Fällen die Verhandlungen, auch die unangenehmen Verhandlungen, die durch die Finanzkollegen und die GWA in die Unternehmungen hineingetragen wurden, und dann auch zu den Sozialpläne- und Interessenausgleichsverhandlungen nach den §§ 111–113 praktisch mit den gleichen Betriebsratsvertretern, die dann auch im Aufsichtsrat sitzen. Das heißt, diese Personen waren ja fachlich bestens informiert und gingen dann in die Aufsichtsräte und trafen dort auf andere Aufsichtsräte, die darüber nicht informiert waren, weil sie ja nie dabei gewesen sind, und entschieden dann über die Weiterverpflichtung der Personalvorstände. Das ist ein unerträglicher Konstruktionsfehler. Man kann nur die Forderung stellen, daß in dieser Frage das Mitbestimmungsgesetz geändert werden muß – ich weiß selbst, daß dies sehr schwer ist –, aber zumindest sollte man fordern, daß keine Personalunion bestehen darf. Also: Wer in den Betriebsräten als Vorsitzender gewählt ist, darf nicht auch noch im Aufsichtsrat sitzen. Wenigstens diese Personalunion dürfte meines Erachtens nicht bestehen. In dieser Frage, glaube ich, gibt es ein Reformbedürfnis und wer von Ihnen in der Lage ist, so etwas Dritten zu erzählen, die mit unserem System nicht aufgewachsen sind, der stößt auf viel Unverständnis und ich denke, daß unter uns viele sind, die heute Nachwuchssorgen haben, weil wir auch Schwierigkeiten haben, Personen zu rekrutieren, die unter den gegebenen Umständen die Aufgaben, die anstehen, noch richtig lösen wollen.

Nun betrachten wir ein paar *Aufgaben von heute* und die Rolle des Personalwesens dabei. Denn es stellt sich ja sicher die Frage: Ist die Abwertung des Personalwesens eigentlich eine systemimmanente Notwendigkeit? Gibt es keine Aufgaben mehr? Und wenn eine große deutsche Bank das Personalwesen fast völlig auflöst, dann muß ich meinen Kollegen fragen, ob er keine Aufgaben mehr hat für die Kollegen? Wenn andere Unternehmungen Vorstände haben, die von sich aus gar nicht mehr diese Aufgabe wahrnehmen wollen, dann muß man fragen, ob die Aufgaben in den Unternehmungen nicht mehr existieren. Wenn ich bedenke, daß das größte Problem, das wir heute haben, das der Beschäftigung ist, dann ist das ein Thema, das mit Sicherheit in unser Fachgebiet, in das personalpolitische Fachgebiet hineinreicht. Ich erhebe keinen monopolistischen Anspruch. Denn in der Frage der Beschäftigung, ohne das Thema weiter aufzugreifen, gilt es, das magische Dreieck aus Staat, Gewerkschaften und Unternehmungen auszutarieren. Dabei behauptet der Staat, der zweite Lohn müsse gesenkt werden von den Unternehmungen und den Gewerkschaften, aber der erste Lohn müßte erhöht werden von den Unternehmungen. Dann aber müssen die Unternehmungen die Beschäftigung senken, was den Staat wiederum dazu bringt zu sagen, aus Umverteilungsgründen muß man dann den zweiten Lohn erhöhen. Und je nach Interessenlage möchten die Gewerkschaften den ersten und/oder zweiten Lohn erhöht sehen. Aus diesem Dreieck, in dem jeder auf jeden zeigt und sagt »Du mußt als Erster ran, dann kann ich«, müssen wir rauskommen, müssen wir ausbrechen. Und wie kann dieser Ausbruch beginnen? Letztendlich kann er nur in den Unternehmungen stattfinden, denn die sind zuständig für Beschäftigung, die anderen sind ja nur Ratgeber. Sie tun zwar alle so, als ob sie auf den Wahlplakaten die Beschäftigung schaffen, aber das ist Unsinn. Die Unternehmen schaffen die Beschäftigung und kein anderer. Und deshalb, wenn wir überhaupt in dieser Frage vorankommen wollen, ist das eine personalpolitische, wenn Sie wollen auch sozialpolitische Aufgabe, die in den Unternehmungen gelöst werden muß. Und ich muß Ihnen ehrlich sagen, da bewundere ich meinen Kollegen Herrn Hartz von Volkswagen außerordentlich, der in einer ganz schwierigen Situation eine für das Volkswagenwerk hervorragende Lösung geschaffen hat. Daß darin einige Haken sind, die wir natürlich in den Unternehmungen, aus welchen Gründen auch immer, intellektuell nicht so gerne wollen, ist eine andere Frage. Aber ohne Frage ist er einer unserer Kollegen, der in dieser Frage unternehmenspolitisch und personalpolitisch eine erstklassige Rolle gespielt hat. Und diese Rolle kommt meines Erachtens auf manche unserer Unternehmungen auch zu, denn es dürfte ja wohl keine Frage sein, daß wir mit sechs bis acht oder neun Millionen Arbeitslosen in irgendeiner Form ein Problem bekommen, das uns alle angeht. Wir leben ja nun nicht alle nur von den Luxusgütern, die die oberen 50 % kaufen, sondern möglicherweise auch von Käufern, die über diese 50 % Beschäftigten hinausgehen. Auf diesem Gebiet gibt es ganz sicher Handlungsbedarf.

Neue *Arbeitsplatzorganisation*! Wir wissen, die Kommunikationstechnik schreitet voran. Also ich verwende das auf der CEBIT nun zu Tode gerittene Wort von Internet, CBT, Online-Services. Wir wissen, daß wir die Unternehmungen anders organisieren müssen, daß nicht mehr alles darauf ausgerichtet ist, daß der Vorstandsvorsitzende die richtigen Entscheidungen trifft, sondern daß wir möglicherweise Kundennutzen optimieren müssen und daß wir Reengineering betreiben, um das anders zu forcieren. Wir kennen das Stichwort Quality-Management, d. h. daß wir unsere Qualitäten, die wir in den Unternehmungen zu erfüllen haben, an Produkten und Dienstleistungen zum Kundennutzen verbessern müssen. Wir kennen das Wort *customer satisfaction* oder auf Deutsch Kundenzufriedenheit, die organisiert werden muß. Wir kennen das Wort der Ausbildung der Führungslinien in den Unternehmen usw. Daraus ergeben sich Probleme für die Strukturorganisation der Unternehmen im alten militärischen Sinne – diese ist in Auflösung begriffen. Wir haben heute zwar noch eine Strukturorganisation, aber wenn Sie auf der anderen Seite die Organisation z. B. einer Firma wie Gore sehen, ist diese das totale Gegenteil der klassischen Militärorganisation, nach der ja die großen Unternehmen organisiert sind. Aber dazwischen entstehen heute viele Entwicklungen in den Unternehmungen, u. a. cross-funktionale Projektorganisation, und virtuelle Führung kommt noch dazu.

Die alten Systeme, über die ich gesprochen habe, unterstützten die ernannten Führungskräfte in den Unternehmungen. Deren Autorität sollten sie festigen. Die neuen Systeme müssen etwas ganz anderes stützen. Sie müssen neu definieren, was Führung ist. Warum? Wir haben große Schwierigkeiten, heute überhaupt noch zu erkennen, was der Kollege leistet. Früher, als in Handschlag und Fertigungsstücken gemessen wurde, war das anders. Je mehr wir in geistige Führung kommen, desto schwieriger ist es, das zu prüfen. Wir haben keine klassischen Arbeitszeitregelungen mehr, d. h. die Anwesenheitskontrolle in der Führung ist etwas, was verschwindet. In der Flexi-Zeit, in der es beispielsweise keine Kernarbeitszeit mehr gibt, ist die Anwesenheitskontrolle kein Führungsinstrument mehr. Wir haben keine Face-to-Face-Führung mehr. Es ist nicht mehr so in Unternehmungen, daß die Führungskraft ihren Mitarbeiter acht Stunden neben sich am Arbeitsplatz sieht, das löst sich vollkommen auf. Die Führungskraft mag morgens da sein, der Mitarbeiter ist abends da. Wir haben heute in vielen Unternehmen noch nicht einmal mehr eine klare Zuordnung zwischen der sogenannten Führungskraft und den Geführten. Wenn Sie heute beispielsweise mit unserem Kollegen Dr. Lange von Lufthansa sprechen, dann wird er Ihnen erklären, daß es in seinem Unternehmen heute sozusagen eine Schichtführung gibt und Schichtmitarbeiter, doch diese stimmen nicht immer überein, d. h. derselbe Mitarbeiter hat hintereinander möglicherweise drei Führungskräfte.

Wir haben in der Parallelität zwischen Strukturorganisation und Projektorganisation heute zwei oder drei Führungskräfte für eine Person in den Unternehmen. D. h. also, diese Problematik, die wir früher kannten, die der Aufsicht, der klaren Definition, wer führt, wer wird geführt, löst sich auf. Wir kommen über die Frage der elektronischen Leistungsüberwachung wieder in dieses Problemfeld, aber in einem sehr viel größeren Ausmaß. Ich finde es immer erstaunlich, wenn ich in der Dienstleistungswirtschaft – wir selbst beteiligen uns daran – große Bürohäuser entstehen sehe. Ich mache meinem Finanzkollegen zum Vorwurf, daß er die Häuser nur baut, weil er anschließend von mir verlangt, daß ich sie füllen soll. In Wahrheit, muß ich sagen, brauchen wir viel weniger davon, denn wenn die Telekom begreift, daß Preise etwas zu tun haben mit Mengen, dann könnte es durchaus sein, daß Telearbeit und die hausverbundenen Arbeitsplätze einen Aufschwung erleben werden. Wir haben heute in der Dienstleistungswirtschaft, ich sage das mal über uns, 20–40 % Potential an Arbeiten, zu denen die Mitarbeiter nicht mehr ins Büro müssen, zumindest nicht dauerhaft. Ich spreche nicht von einer Revolution auf einen Schlag, sondern von einem Entwicklungspotential über die Zeit. Für die produktionsorientierten Firmen ist das natürlich ein bißchen anders, das sehe ich ein, aber die Firmen, die mit Wissenspotential arbeiten, und das sind viele Dienstleister, die sehen das ganz deutlich vor sich. Und was bedeutet das für die Art und Weise, in der wir mit den Mitarbeitern dann kooperieren? Wie organisieren wir die Sozialbeziehung? Mein Kollege Richter von IBM hat meines Erachtens in diesem Sektor versucht, vorbildliche Pionierarbeit zu leisten, der wir uns anschließen müssen. Die entsprechende Betriebsvereinbarung beispielsweise bei der Telekom ist deshalb lesenswert, weil sie in eine Richtung führt, mit der sich viele Unternehmungen beschäftigen können und müssen. Denn hier sind Veränderungspotentiale, die sich über die Zeit entwickeln werden und über deren personalpolitische und sozialpolitische Grenzen wir uns werden Gedanken machen müssen.

Die Fragen der *Altersversorgung* beispielsweise sind Fragen, die wir dringend angehen müssen. Es gibt Unternehmen, die heute ihre Altersversorgung total geschlossen haben. Ich muß Ihnen ehrlich sagen, ich weiß nicht, welche Gedankengänge sich dort in den Köpfen abspielen, denn wenn wir einmal davon ausgehen, daß wir in den verschiedenen Berufszweigen Halbwertszeiten des Wissens von drei bis zehn Jahren haben, mit sich beschleunigender Tendenz, dann kann man mit Sicherheit davon ausgehen, daß man etwa mit 50, 55, 60 – wir können uns darüber streiten – nicht unbedingt physisch verbraucht ist, so als hätte man unter Tage gearbeitet und sich eine Staublunge geholt. Wenn Sie bis zu diesem Zeitpunkt Ihr berufliches Wissen sechs- oder siebenmal geändert haben, dann – das wissen Sie alle – stoßen wir in manchen Gebieten an Grenzen. Und die Altersprozesse – das wissen wir alle – fangen nicht mit einem bestimmten Punkt an, sondern völlig unterschiedlich, beim einen mit 50 und beim andern erst mit 70. Das ist auch gut so, aber wir sind in der Situation, daß wir zugunsten der Vitalität unserer Unternehmen, denn nur das macht die Standortqualität aus, stete Erneuerung betreiben müssen. Wie stellen Sie Erneuerungen in Unternehmen sicher, wenn Sie nicht vorgesorgt haben, daß die Mitarbeiter in Pension gehen können? Wir müssen uns doch nicht wundern, wenn dann der Wunsch aufkommt, daß alle das Recht bekommen, weit über 65 Jahre arbeiten zu können bzw. zu müssen. Wie sollen wir es dann schaffen, Junge in unsere Unternehmen hineinzubekommen? Das haben wir ja noch vor eineinhalb Jahren diskutiert, daß wir, als wir einen 65jährigen in Pension schicken wollten, eine dicke Abfindung zu zahlen hatten, was ja völlig widersinnig ist. Auf diesem Sektor frage ich mich deshalb, ob wir nicht zu einem Total-Compensation-System kommen müssen, in dem wir aus Wettbewerbsgründen von Anfang an festlegen: Wir können uns 100 DM Total Compensation leisten, von diesen 100 DM bekommt der Mitarbeiter 80 DM ausbezahlt, und 20 DM gehen in die Vorsorge für seine Altersversorgung. Aber wie legen wir diese Altersversorgung an?

Das ist nun eine Frage, über die kann man längere Zeit spekulieren. Ich will nur sagen: Auf diesem Sektor bedarf es einer klaren personal- und sozialpolitischen Hand in den Unternehmungen, denn dies ist eine Frage, um die man sich langfristig und systematisch kümmern muß und die nicht aus kurzfristigen Gesichtspunkten einer Shareholder-Value-Optimierung auf Vierteljahresniveau heraus gestaltet werden darf. Schon deshalb ist das für mich ein Beispiel dafür, daß wir auch in Zukunft auf diesem Sektor noch Aufgaben haben, die für die Unternehmen außerordentlich wichtig sind. Es ist doch überhaupt keine Frage, daß Führungskräfte- und Mitarbeiterentwicklung ein Sektor ist, in dem wir auch in Zukunft ein Aufgabenfeld haben, das unbedingt und systematisch betrieben werden muß. Das Wiederaufleben des charismatischen Führers kann doch nicht zu einer neuen Hof-Theorie führen. Völlig ausgeschlossen. Wir müssen auf diesem Sektor in den Unternehmungen weiter Entwicklungspolitik betreiben. Was die Komplexität der Anforderungen in den verbleibenden Führungsfunktionen betrifft – wie immer wir diese nennen: ob variate oder virtuelle Führung, spielt keine Rolle –, ist es doch überhaupt keine Frage, daß diese steigend sind und daß die Personen, die in diesen Funktionen arbeiten, entsprechend systematisch vorbereitet werden müssen. Denn schließlich können wir uns diese nicht alle im Reihumverkehr vom jeweils anderen abwerben in der Hoffnung, der hat sie vernünftig vorbereitet. Das ist sicher etwas, an dem wir arbeiten müssen.

Und deshalb bin ich der Ansicht, wir sollten unseren Bereich definieren im Sinne einer Gegenthese zu den Monopolbehauptungen. Dabei ist eine Gegengewichtsthese nötig gegen die Wiederbelebung der charismatischen Führung, und das Personalwesen hat die Aufgabe, für Systeme zu sorgen wie auch für Professionalität in seinen Bereichen. Natürlich ist dies abhängig von der Unternehmenspolitik, aber es beeinflußt die Unternehmenspolitik auch in vielen Fragen. Es soll langfristig und nicht kurzfristig denken, denn es hat Sinn- und Wertorientierung in den Unternehmungen zu fördern. Ich habe nicht gesagt, es soll einen monopolistischen Anspruch darauf haben, aber es soll dies in den Unternehmungen fördern, und es hat dafür zu sorgen, daß die Menschen in den Unternehmungen einen Sinn darin sehen, in solchen Institutionen zu arbeiten. Mit diesen Worten möchte ich – ich hoffe, ich habe Sie nicht zeitlich zu stark beansprucht – schließen und ich denke, Sie haben noch vor, Fragen zu stellen.

Unveröffentlichter Vortrag, gehalten am 20. März 1996
am *Philosophischen Institut in Wiesbaden*.

Personalvorstände – schwindet ihr Einfluß?

Die Strukturkrise der deutschen Wirtschaft hat die Kosten in den Mittelpunkt gerückt. Damit besteht die Gefahr, daß Funktionen, die Entwicklungsressourcen in Unternehmen fördern, eingeschränkt werden – auch die Human-Resources-Funktion.

Es ist bedauerlich, daß sich die Personalfunktionen in der Vergangenheit einerseits stark spezialisiert haben sowie andererseits von wirtschaftlichen Prozessen ausgeschlossen wurden. Deshalb gelingt es ihnen in Zeiten der Umstrukturierung nicht, ihren strategischen Beitrag sichtbar zu machen. Doch die Human-Resources-Funktion ist und bleibt wichtig.

Die neue Hauptaufgabe des Personal- und Sozialressorts ist es, dafür zu sorgen, bei geringeren Kosten relativ mehr Menschen zu beschäftigen. Das führt zu einem grundlegenden Wandel in der klassischen Art der Führung. Initiative und Selbstverantwortung der Mitarbeiter wachsen. Folge: Die zugehörigen Personalsysteme müssen grundlegend überdacht werden.

Insgesamt werden also die Aufgaben des Personalwesens in Zukunft sogar noch bedeutsamer. Dabei ist untergeordnet, ob das Ressort eigenständig organisiert oder mit weiteren Funktionen kombiniert wird. Vordringlich bleibt, daß sich ein Vorstand mit Sachkenntnis, aus Überzeugung und mit genügend Zeit um diese Aufgaben kümmert.

Beitrag abgedruckt in: *Manager Magazin* vom 1.4.1996.

Strategische Anforderungen an den HR-Bereich der Zukunft

Spannungsfelder des Human-Resources-Bereiches und weitere Vorgehensweise

Die Zukunft ist immer schwierig vorherzusagen. Es gibt langfristige Zukunftsvisionen, wie die von Rifkin (2000), in denen vielfältige Entwicklungsmöglichkeiten dargestellt werden. Das gegenwärtige Problem besteht eher darin, die Unternehmen zusammenzuhalten, damit das Geschäft so viel Gewinn abwirft, daß langfristig auch die großen Entwicklungen weiter finanziert werden können. Der Human-Resources-Bereich (HR-Bereich) arbeitet immer in Abhängigkeit, in verschiedenen Spannungsfeldern. Er ist nicht aus sich selbst heraus tätig.

Solche Spannungsfelder ergeben sich aus der gesellschaftlichen Umgebung und der Politik, dem Arbeitsmarkt mit seinen erheblichen demographischen Veränderungen und der Unternehmenspolitik mit den Einflüssen, die die Shareholder auf die Unternehmen in den letzten Jahren und wohl auch in Zukunft immer intensiver ausüben, und damit auch auf den Human-Resources-Bereich.

Der HR-Bereich muß überlegen, wie er in diesen Spannungsfeldern in den nächsten fünf bis sieben Jahren, die man noch einigermaßen übersehen kann, handeln muß und will. Es gibt aber einige relativ sichere Aussagen in diesen Umfeldern, welche die nächsten Jahre betreffen.

- Auf technischem Gebiet wird sich vieles ändern bzw. weiterentwickeln und das relativ schnell
- In der Sozialgesetzgebung, die besonders den HR-Bereich betrifft, werden die Änderungen etwas langsamer geschehen
- In den Einstellungen der Menschen, mit denen zusammen die Wertschöpfung erzielt wird, werden die Änderungen im Verhältnis zur technischen Entwicklung wahrscheinlich noch langsamer verlaufen.

Betrachtet man beispielsweise, wie unser aller Verhältnis zur Hierarchie sich verändert, dann ist zu vermuten, daß solche Erwartungsentwicklungen – die sich unter anderem in Karriereerwartung ausdrücken – sich innerhalb der nächsten fünf bis sieben Jahre nicht wesentlich ändern werden. Im Zusammenhang mit der Geschwindigkeit des technischen Fortschritts und der verhältnismäßig langsamen Veränderung der Einstellung der Menschen sei aus dem *Handelsblatt* (2000) etwas zitiert zu dem wohlbekannten Thema Telearbeit: »Vor zehn Jahren war die Euphorie groß, ganze Heerscharen von Büroarbeitskräften sollten, so damals die Prognose weitblickender Experten, dank Telearbeit aus den Bürotürmen der Großstädte ausziehen und ihren Wirkungskreis an den Computer im eigenen Heim legen. Heute sieht die Realität anders aus. Die räumliche Trennung des Arbeitnehmers von seinem Unternehmen hat sich bei einfachen durch Routine bestimmten Bürotätigkeiten noch kaum durchgesetzt, obwohl man glaubte, vor allen Dingen Arbeiten wie Textverarbeitung, Datenerfassung und Datenbestandsverwaltung auslagern zu können ... Die Widerstände gegen einen sozialen Wandel hin zur weitverbreiteten Telearbeit liegen also vor allem in der sozialen Besitzstandswahrung.«

In der Allianz z. B. haben wir intensiv in diese Richtung gedacht und Experimente durchgeführt. Dabei haben wir festgestellt, daß diejenigen Mitarbeiter, die diese Art der hausverbundenen Telearbeit aufnahmen, hinsichtlich Produktivität und Motivation Hervorragendes leisten und der Telearbeit positiv gegenüberstehen. Aber die Erweiterungsmöglichkeit und die Begeisterung sind sehr begrenzt, daher wir haben uns entschieden, doch weiterhin Bürogebäude zu errichten. Damit werden wir die Entwicklung, die die Technik uns bietet, vermutlich nicht in vollem Umfange nutzen können. Und so oder ähnlich wird es wohl auch anderen Unternehmen gehen.

Warum ist das so? Weil die Menschen sich in ihrem Anspruchsverhalten, ihren Erwartungshaltungen nicht so schnell ändern, wie das manchmal gedacht wird. Nach einer repräsentativen Befragung des Stuttgarter Fraunhofer-Instituts für Arbeitswissenschaft und Organisation (Handelsblatt, 1997) gibt es zur Zeit bei 3.500 Unternehmen und Behörden mehr als 800.000 Telearbeitsplätze, die sich wie folgt verteilen:

⇢ 500.000 mobile Arbeitsplätze vor allem von Außendienstmitarbeitern und Personen, die überwiegend mit Kunden und Lieferanten zu tun haben,
⇢ 350.000 alternierende Teleworker, die ihre Tätigkeit zum Teil unterwegs, zu Hause oder im Büro erledigen. In den meisten Fällen handelt es sich um Führungskräfte oder hochqualifizierte Mitarbeiter. In dieser Gruppe steigt der Anteil der Telearbeit.
⇢ Nur 22.000 Telearbeiter erbringen ihre Leistung ausschließlich von zu Hause.

Daran wird deutlich: Der HR-Bereich wird mit dieser Divergenz zwischen der Dynamik der technischen Möglichkeiten und dem Beharrungsvermögen der Menschen auch in Zukunft rechnen müssen. Basierend auf dieser Voraussetzung soll auf drei Punkte eingegangen werden.

- Die Entwicklungen im Umfeld, die auf die Human-Resources-Überlegungen in Zukunft einen erheblichen Einfluß haben werden
- Einige organisatorische Entwicklungen in den Unternehmungen und damit natürlich auf einige Programme und Projekte, die unmittelbar die Zukunft des Unternehmens betreffen
- Die Herausforderungen, die unmittelbar in Programmform oder Philosophieform auf den Human-Resources-Bereich zukommen und gehandhabt werden müssen, um mit den Unternehmen zu überleben.

Entwicklungen im Umfeld

Hier sollen nur jene absehbaren Änderungen angesprochen werden, die die Personalarbeit in den nächsten Jahren direkt oder indirekt beeinflussen werden. Insbesondere sind dies Änderungen im sozialpolitischen Umfeld, in der Tarifpolitik, dem bildungspolitischen Umfeld, der demographischen Entwicklung, bei der Vermögensbildung – auch im Zusammenhang mit Erbschaften, und nicht zuletzt technologische Entwicklungen.

Eine Entwicklung im *sozialpolitischen Umfeld*, die uns in der Zukunft beschäftigen wird, ist ganz sicher die erneute Reform der *Mitbestimmung*, die in der Diskussion ist. Sollte der Bundestag die Änderung des Mitbestimmungsgesetzes beschließen, wird das eine Menge neuer Arbeit bringen in den mitbestimmenden Gremien. Denn die Interpretation der dann geänderten Gesetzestexte wird viele neue Verhandlungen zur Mitbestimmung in Gremien eröffnen: Jede Kommasetzung und jede Veränderung der Kommasetzung wird ganz erhebliche Auswirkung auf die Arbeit haben, die in den Unternehmen geleistet wird, vor allem auf die Zusammenarbeit mit den Gremien, mit denen die Personalpolitik in den Unternehmen gemacht wird.

Die *Rentenreform* ist in Arbeit. Eine Senkung des Rentenniveaus steht an und gleichzeitig die Förderung des privaten Altersversorgungsmodells. Das ist eine sehr interessante Entwicklung, von der derzeit technisch noch niemand weiß, was sie für die Unternehmen bedeutet. Wird diese Neuentwicklung der sogenannten dritten Säule der Altersversorgung zugeordnet werden, also eine rein private Versorgungsverantwortung des Individuums werden, bei der die Unternehmen keine Aufgaben zu erfüllen haben, außer über die Gehaltsabrechnung abzurechnen? Oder bedeutet sie, daß sie zur zweiten Säule zugeordnet werden wird, zur Säule der betrieblichen Altersversorgung, in der die Unternehmen tätig werden müssen, um diese mit den entsprechenden privaten Institutionen zu organisieren?

Die *Krankenkassenreform* mit dem *Risiko-Strukturausgleich* steht an. Jedes Unternehmen, das eine betriebliche Krankenkasse unterhält, weiß, welchen Risikostrukturausgleich es heute abführt und welche Belastung das für seinen Beitragssatz bedeutet. Entwicklungen auf diesem Sektor bedingen ganz sicher Überlegungen, ob die betriebliche Krankenkasse in der Form, in der die meisten Unternehmen sie heute noch betreiben, überhaupt durchgehalten werden kann.

Das tarifpolitische Umfeld ändert sich.
Die Diskussion über den *Flächentarifvertrag* und seine Bedeutung ist allgemein bekannt, über Öffnungsklauseln, die hier stattfinden sollen, Flexibilisierungsklauseln in Tarifverträgen, Alterssicherungsklauseln etc. Es ist absolut offen, was auf diesem Gebiet entstehen wird. Die verschiedenen Überlegungen sind kontrovers. Sie sind nicht nur kontrovers zwischen denjenigen, die das Tarifvertragsgesetz überlegen oder neu überlegen müssen. Sie sind auch innerhalb des HR-Berufszweiges und innerhalb der Unternehmen kontrovers. Es gibt starke Befürworter, die den Flächentarifvertrag abschaffen wollen unter dem Gesichtspunkt, mehr unternehmerische und personalpolitische Freiheit in die Unternehmen hineinzutragen. Damit sollen die Unternehmen wieder gezwungen werden, eine Personalpolitik festzulegen, die die Unternehmensvoraussetzungen zum Ziel hat, und nicht eine Personalpolitik über die tariflichen Auseinandersetzungen zu gestalten, wie das leider in verschiedenen Bereichen in Deutschland in der Vergangenheit sehr intensiv gemacht worden ist. Das ist in der Tat ein großes Problem in verschiedenen Wirtschaftszweigen, auch im Finanzdienstleistungsbereich.

Viel zu viel Personalpolitik, die eigentlich betrieblich gelöst werden sollte, ist in die Manteltarifverträge hineingeflossen und führt heute zu Schwierigkeiten, die Unternehmen so flexibel zu führen, wie es nötig wäre. Interessant ist, was auf diesem Gebiet die Zukunft bringen wird: Wird es eine Flexibilisierung im Lohn- und Gehaltstarif geben? Insbesondere die Holzmann-Affäre hat gezeigt, welch problematische Wirkung die Forderung haben kann, auch in diesem Bereich zu flexibilisieren. Es bedeutet im Prinzip nichts anderes, als daß die gut gehenden Firmen eine einheitliche tariflich gesicherte Basis haben, und daß die schlecht gemanagten Firmen von dieser einheitlich gesicherten Basis nach unten lohn- und gehaltsmäßig abweichen dürfen. Ob dieser sogenannte Wettbewerbsvorteil ein notwendiger ist, ist außerordentlich fraglich. Er erscheint unter diesem Blickwinkel ungerechtfertigt, und das System der Kartellisierung von Mindestbeträgen als Ersatz für eine staatliche Mindestbezahlung ist in Deutschland richtig mit dem Flächentarifvertrag geregelt. Aber darüber kann in Zukunft sehr unterschiedlich diskutiert werden.

Das bildungspolitische Umfeld ändert sich.
Sicherlich gilt: Die deutschen Hochschulen wie auch das deutsche Bildungswesen haben große Verdienste. Es ist keine Frage, daß unser System, z. B. die duale Ausbildung, gegenüber manchen anderen Systemen große Meriten und auch heute noch große Vorteile aufweist. Andererseits wissen wir, daß bei verschiedenen unserer Berufsergebnisse Zweifel darüber bestehen, ob sie weiterhin wettbewerbsfähig sind. Europa und damit auch Deutschland ist Austragungsort eines Wettbewerbs geworden: in der Betriebswirtschaft beispielsweise, wo »amerikano-geleitete« Institutionen die MBA-Ausbildung einführen wollen in Konkurrenz zum Diplomkaufmann.

Diese Entwicklung wird im Augenblick durch einen simplen wirtschaftlichen Mechanismus gesteuert, nämlich durch den, daß ein MBA etwa 50.000 Dollar kostet, ein Diplomkaufmann im Prinzip aber kostenlos vergeben wird.

Das hatte zur Folge, daß die Handelsvertretung der USA unter der Clinton-Regierung im GATT versuchte, die Form der europäischen steuerunterstützten Ausbildung als wettbewerbsfeindlich hinzustellen, denn die Amerikaner sehen Ausbildung als ein Dienstleistungsinstrument an. So schätzte das Institute of International Education, daß ausländische Studenten im Studienjahr 1995/96 ca. sieben Milliarden Dollar für Studiengebühren und Unterkünfte plus ca. vier Milliarden Dollar für die Lebenshaltung ausgaben; damit lagen die Hochschulen der USA auf Platz fünf der Exportprodukte im Dienstleistungssektor (Wirtschaftswoche, 1998). Dieses Dienstleistungsinstrument wird in Deutschland und Teilen Europas behindert durch die praktisch ausschließlich staatliche Förderung der Hochschulausbildung.

Die US-orientierten dienstleistenden Institute aus dem Bildungswesen können hier nicht tätig werden, weil die steuersubventionierte Ausbildungsphilosophie in Teilen Europas, besonders in Deutschland, das verhindert. Sollten sich solche Gesichtspunkte im GATT durchsetzen, dann entstünden dadurch ein ganz anderes bildungspolitisches Umfeld und eine ganz andere Art der Reform der Hochschulen, als jetzt noch diskutiert wird.

Das demographische Umfeld ändert sich dramatisch.
Hochrechnungen des Instituts für Arbeitsmarktforschung (IAB, 1999) besagen, daß besonders in den Bereichen, aus denen die zukünftigen Mitarbeiter angeworben werden sollen, in den nächsten Jahrzehnten massive Veränderungen stattfinden werden. Dabei handelt es sich – zumindest für die nächsten 20 Jahre – nicht um Planung, sondern um Perspektiven, die durch die Reproduktionsraten festgelegt sind. Gerade jene Jahresschichten werden rapide ab-

nehmen, die in Zukunft ausgebildet werden sollen, und in die die Unternehmen investieren wollen.

Die Stärke der Schicht der 15- bis 29jährigen wird in den nächsten 20 Jahren um etwa 30 % dauerhaft abnehmen, in den nächsten 40 Jahren gar um fast 50 %. Das wird Einfluß haben auf das Verhältnis der verschiedenen Ausbildungswege und auch auf die Möglichkeit, ob die Unternehmen die Richtigen überhaupt noch anheuern können.

Diese Entwicklung wird noch besonders durch Entwicklungen im vermögens- und erbschaftsbedingten Umfeld verstärkt werden:
Nach Untersuchungen (Wirtschaftswoche, 1999) zeigt sich, daß bei einem Nettovolksvermögen (Deutsche Bundesbank, 2000) von ca. 14,5 Billionen DM im Jahre 1999 in Deutschland zwischen 2000 und 2010 ca. 4,4 Billionen DM an Nachkommen vererbt oder als Schenkung weitergereicht werden, also rund 30 % des gesamten Nettovolksvermögens von 1999. Es wird sich dabei um ca. 2 Billionen DM in Immobilien, ca. 2 Billionen DM in Geldvermögen, 229 Milliarden DM in Gebrauchsvermögen und 92 Milliarden DM in Lebensversicherungen handeln.

Diese hohen Summen werden wahrscheinlich in Zukunft durch die Vermögensbildung in den verschiedenen Bereichen noch weiter steigen. Das wird sicher einen Einfluß haben auf das Selbstverständnis der immer weniger werdenden jungen Leute und auf die Erwartungshaltungen, was sie sich von ihrer Berufskarriere eines Tages wünschen. Darauf wird in einem bestimmten Zusammenhang später bei den Programmen noch zurückzukommen sein.

Zweifellos wird sich das technologische Umfeld weiter ändern.
All das, was zusammenhängt mit der Informationsverarbeitung und der Verbindung zwischen Informationsverarbeitung, Datenübertragung und artifizieller Intelligenz wird uns über die nächsten zehn bis 15 Jahre mit großer Wahrscheinlichkeit intensiv beschäftigen, und wir stehen auf diesem Sektor wahrscheinlich in der Entwicklungskurve erst im ersten Drittel.

Die Geschwindigkeit, mit der auf diesem Sektor Änderungen eintreten werden, wird vielfältige Auswirkungen haben auf die Art und Weise, wie man Geschäfte in den Unternehmungen betreibt, wie Prozesse gestaltet werden, wie die verschiedenen Einheiten zusammenarbeiten usw. Solche Entwicklungen werden von der technischen Seite her weiterhin beeinflußt werden und wir alle werden auf diesem Sektor erhebliche Veränderungen erleben, auch solche, die man im Augenblick noch gar nicht abschätzen kann. Wir haben in der Allianz ein Investitionsprogramm zu E-Commerce in mehrstelliger Millionenhöhe beschlossen. Das Außergewöhnliche daran ist nicht, daß man ein solches Investitionsprogramm beschließt, das haben andere Unternehmen auch getan und in der Presse verkündet. Das Interessante daran ist, daß wir es taten, ohne dafür einen ins Detail gehenden Business-Case zu haben, d. h. wir wissen nicht genau, wie der Return dieser Investition in der Zukunft aussehen wird. Wir wissen nur eines: Wir müssen aus Wettbewerbsgründen – also weil die anderen es machen – wie auch aufgrund der Möglichkeiten der technischen Entwicklung mitmachen, bzw. wir müssen in unserem Feld sogar mit an der Spitze der Bewegung marschieren. Ein höchst ungewöhnlicher Fall für unser – vielleicht auch für andere Unternehmen. Dies ist eine Entwicklung, die uns in einer gewissen Art auch Sorge bereitet, aber unumgänglich ist, und es ist keineswegs so, daß das eine Ausnahme bleiben wird. Durch die Kombination aus technologischer Entwicklung, Entwicklung bei Verknüpfungen zwischen IT-Technologie und Übertragungstechnologie und artifizieller Intelligenz werden in den nächsten Jahren erhebliche Veränderungen in dieser Art auf uns zukommen, Entwicklungen, über deren Geschäftsmodell wir heute noch nicht viel wissen.

Die Auswirkungen der skizzierten Veränderungen in diesen Umfeldbereichen werden den Human-Resources-Bereich unmittelbar betreffen. Wie die künftige Konstitution der Unternehmen aussehen kann, wird in sogenannten virtuellen Unternehmen sichtbar, d. h. Unternehmen, in denen es im Prinzip nur noch einen Unternehmer gibt, der höchstens noch eine Sekretärin hat. Eigentlich könnte er auch sie im »Total-Logistiksystem« noch outsourcen. Ansonsten arbeitet er nur mit Zulieferern, outgesourcten Unternehmen und nur stellenweise mit Beschäftigten, die Zeitverträge besitzen oder Beteiligungsverträge oder zeitweilige Beteiligungsverträge. Es ist nicht abzusehen, wie sich das weiterentwickeln wird.

Im Augenblick ist für die nächsten fünf Jahre anzunehmen, daß unser Unternehmen Allianz in Deutschland 40.000 Mitarbeiter und weltweit 100.000 noch relativ eng beschäftigen muß, um die Dienstleistungen gegenüber unseren Kunden aufrechtzuerhalten.

Einfluß organisatorischer Entwicklungen

Ganz sicher ist, daß sich eine Reihe von Dingen dennoch ändern muß für alle die Unternehmen, die weltweit tätig sind.

Wir z. B. werden intensiv an einer weltweiten Identifikation arbeiten müssen. Das E-Commerce und die E-Commerce-Portale zwingen uns, darüber nachzudenken, wie wir das weltweite Branding voranbringen, d. h. also Markennamen aufbauen, die der Kundschaft bekannt sind.

Unseren Markennamen in Deutschland, *hoffentlich Allianz versichert*, kennt fast jeder, wie auch *Coca-Cola* oder *Mercedes Benz* oder ähnliches. Aber es geht künftig darum, ob dieser Name auch international bekannt ist. In diesem Bereich haben wir Aufgaben vor uns, weil wir mit vielen Markennamen arbeiten: z. B. RAS (Riunione Adriatica di Sicurtà S.p.A.) in Italien, Fireman's Fund Insurance Company in den USA, AGF (Assurances Générals de France) in Frankreich oder Cornhill Insurance PLC in England. Und das sind bei weitem nicht alle Markennamen, unter denen wir in anderen Ländern tätig sind. Fachleute sagen uns, es sei unvorstellbar, daß diese Unterschiedlichkeit im E-Commerce-Sektor Bestand haben werde. Man müsse das vereinheitlichen, um international bekannt zu werden, wenn über Markennamen verkauft werden soll. Was aber heißt das für die Menschen, die dahinter stehen? Der Cornhill-Mann in England kann sich nicht mehr mit Cornhill identifizieren, sondern er soll sich mit Allianz identifizieren, mit dem Namen der Führungsgesellschaft. Das gilt auch in allen anderen Bereichen. D. h. die Corporate Culture, die Corporate Identification wird eine Aufgabe, vor der nicht nur wir stehen. Es gibt eine Reihe von Unternehmungen in Deutschland, die global tätig sind, die sich internationalisiert haben und die auf diesem Sektor erhebliche Aufgaben vor sich haben.

Dies hängt auch damit zusammen, daß Corporate Goals, also Zielsetzungen, entwickelt werden müssen, die für alle gelten, akzeptabel sind und die alle zusammenhängen mit bestimmten Vereinheitlichungen in Führungsleitlinien etc. Um beim Beispiel der Allianz zu bleiben, erhebt sich in diesem Zusammenhang die Frage nach der Art der künftigen Business-Organisation:

⇢ Sollen wir eine horizontale Organisation weiter fortführen, wobei horizontal bedeutet, daß wir regionale Hauptverwaltungen haben, in denen wir nach Regionen organisiert sind, beispielsweise die Region England oder USA, oder
⇢ sollen wir vertikal organisieren, eine straffe Organisation aufbauen, nach bestimmten Branchen, die dann durchgehend weltweit von einem Punkt aus gemanagt wird?

Damit hängen sofort Fragen zur Identifikation der Mitarbeiterschaft mit dem Unternehmen zusammen: Kann man eine globale Personalpolitik betreiben, und wenn ja, wie weit kann man sie betreiben? Wie weit muß man Freiheiten lassen?

⇢ Wie agieren die Chefs einer horizontalen Organisation? Überlegen sie immer, ob diese horizontal geführten Einheiten selbsttätig unternehmerisch organisiert sind?

⇢ Wenn das Unternehmen vertikal organisiert ist, dann ist die unternehmerische Verantwortung im Prinzip an einer Stelle, der Kopfstelle der weltweiten Vertikalorganisation konzentriert. Das kann zur Folge haben, daß die untergeordneten Funktionen in den Ländern keine genuine unternehmerische Aufgabe mehr haben.

Welche Organisationsform wird in Zukunft für globale Unternehmen gewählt werden? Das wird auch für den HR-Bereich von großer Bedeutung sein. Dem gegenüber steht es außer Frage, daß auch für den Personalbereich der Shareholder-Value und die Zielsetzung der Börsenwertsteigerung eine Rolle spielen werden.

Derzeit denken wir alle im Prinzip sehr einfach: Wir sind in einer Bundesliga von Finanzinstitutionen, die nach einer Tabellenform gewertet werden. Diese Tabelle wird bestimmt durch den Börsenwert. Wer sich im oberen Drittel befindet, der kann bestimmen, der kann über Mergers and Acquisitions entscheiden. Wer im mittleren Feld kämpft, weiß nicht so richtig, was er darf und was er nicht darf. Und wer sich im unteren Drittel befindet, der steht vor der schwierigen Perspektive, davon ausgehen zu müssen, daß er möglicherweise irgendwann übernommen wird.

Mit dieser Problematik muß sich der HR-Bereich auseinandersetzen, und das hat Auswirkungen auf ihn. Die Berater des Human-Resources-Bereiches auf diesem Sektor, die zum Teil aus der Gruppe der Finanzanalysten kommen, sagen, der HR-Bereich müsse sozusagen die Denkungsart des Börsenwertzieles in die Köpfe der Mitarbeiter und Führungskräfte implantieren. Aber wie gelingt das, daß jeder Mitarbeiter genau die Zielsetzung hat – auf jährlicher oder noch kürzerer Basis – um das Ziel zu erreichen, das die Analysten vorgeben?

Herausforderungen im HR-Bereich

Im dritten Teil dieser Überlegungen geht es um die Herausforderungen, die unmittelbar auf den Human-Resources-Bereich zukommen, in Programmform oder in Philosophieform, um das Überleben der Unternehmen mit sicherzustellen.

Überleben heißt für die nächsten fünf bis sieben Jahre in den skizzierten Bereichen der Einflußfaktoren Folgendes zu erreichen:
⇢ Das eigene Unternehmen attraktiv zu machen auf dem Personalmarkt
⇢ Es damit zu befähigen, gute Leute in die Unternehmung hinein zu holen
⇢ Gute Leute zu erhalten, also z. B. den Weiterbildungsgrad zu erhalten in den Unternehmungen, damit sie ihr komplexer und schwieriger werdendes Geschäft beherrschen.

Wie kann es der HR-Bereich erreichen, diesen vielfältigen Anforderungen gerecht zu werden, deren wohl wichtigste sind:
- Den Bildungsstand der Menschen in den Unternehmungen auf einem hohen wettbewerbsfähigen Niveau zu halten
- In den Unternehmen eine Bezahlung und Entlohnungspolitik zu betreiben, die innere Gerechtigkeit und Markterfordernisse miteinander in Verbindung hält, und
- Es letztendlich zu erreichen, in den Unternehmen ein kreatives Klima zu erhalten oder zu fördern, das diesen Veränderungen, die durch das Umfeld und durch die eigene Entwicklung in den Unternehmungen entstehen bzw. entstehen müssen, angemessen ist und gleichzeitig dafür sorgen, daß dieses kreative Klima die gesamte Mitarbeiterschaft wie die Führungsmannschaft erfaßt?

Entwicklungen auf dem Arbeitsmarkt

Zunächst ist etwas zur Attraktivität am Arbeitsmarkt zu sagen. Wenn sich die Zahl derjenigen verringert, die die Ausbildungsinstitutionen in Zukunft – mit der entsprechenden Qualifikation versehen – verlassen, dann werden sich die Unternehmen beeilen und anstrengen müssen, sie anwerben zu können.

Kein Marktsegment hat sich in den letzten drei bis vier Jahren so stark geändert wie der Arbeitsmarkt! Vor etwa drei bis vier Jahren bekamen wir in der Allianz z. B. auf eine Anzeige in der *Zeit* oder der *Frankfurter Allgemeinen* in der Größe einer Dreiviertelseite, in der wir Diplomkaufleute oder qualifizierte Hochschulabgänger suchten, zwischen 300 und 600 Anfragen. Schalten wir heute eine ganzseitige Anzeige, versehen mit dem Bild unseres Vorstandsvorsitzenden und einer werbenden Geschichte von ihm, warum man ausgerechnet zu uns und nicht zu anderen Institutionen kommen sollte, dann können wir von Glück sagen, wenn wir 50 Anfragen initiieren.

In der früheren Situation konnten wir vielleicht 30 bis 40 Angebote machen. Aufgrund der letzten ganzseitigen Anzeige konnten wir zwei Personen gewinnen. Übersetzt in Anwerbungskosten bedeutet das: Pro qualifiziertem Mitarbeiter mußten vor etwa vier Jahren zwischen 5.000 und 12.000 DM ausgegeben werden, derzeit sind es für vergleichbare Qualifikation in Einzelfällen bis zu 30.000 DM.

Es besteht eine gewisse Wahrscheinlichkeit, daß es sich dabei nur um einen »Schweinezyklus« handelt, der auf dem Arbeitsmarkt bekannt ist. Zum Teil haben ihn die Unternehmen forciert durch den Einstellungsstop, den sie Anfang der 90er Jahre verkündet hatten, und aufgrund dessen bestimmte Studienrichtungen – vor allem in den technischen Universitäten – fast ausgetrocknet sind. Diejenigen, die diesen Einstellungsstop damals entschieden, sind heute diejenigen, die sich darüber beklagen.

Wenn man von diesen zyklischen Bewegungen absieht, dann ändert sich aber auch *the underlying force*, das langfristige Nachfragepotential, grundsätzlich und deshalb werden die Fragen der Attraktivität von Unternehmen am Arbeitsmarkt immer bedeutsamer, also die Frage: Wie werben wir an, was machen wir bei der Auslese?

Potentialwerbung

Die meisten Unternehmen sind wahrscheinlich schon im Internet vertreten und haben dann wohl die gleichen Erfahrungen gemacht: Die Kommunikation mit Bewerbern nimmt über dieses Medium sprunghaft zu. Der Anstieg des Trafficcount (sic!) ist keine Gerade, sondern eine Logarithmusfunktion. Das bereitet allen Personalbereichen erhebliche Arbeit, denn dieser Schriftwechsel per E-Mail muß in den Unternehmungen auch zeitadäquat bearbeitet werden. Interaktive Bewerbungsmethodik ist eine Frage, mit der man sich dringend beschäftigen muß.

Die alte Methodik der schriftlichen Bewerbungen, der Prüfung der vorgelegten Unterlagen, der Einladung zu einem längeren Bewerbungsgespräch, ist überholt. Vor allem, wenn dann die Fachabteilung sich auch noch vier Wochen Zeit zur Prüfung nahm und es dann weitere zwei Wochen dauerte, bis der Vertrag übergeben wurde. Zum Teil muß man heute innerhalb von 24 Stunden nach Bewerbung den fertigen Vertrag zusenden, sonst kommt die Person nicht, denn sie hat in dieser Zeit wahrscheinlich auch eine Alternative vorliegen, die sie u. U. für besser (serviert) hält.

Interaktive Bewerbung, interaktive Auslese, neue Methoden der Kontaktaufnahme wie Anwerbeforen – die Universitäten beteiligen sich daran zum Teil –, auch branchen- oder unternehmensspezifische Anwerbungsforen gewinnen an Bedeutung. Und die Unternehmungen müssen sehr viel stärker investieren, um die Vorverbindung zu qualifizierten jungen Leuten durch Vorpraktika während der Studienzeiten herzustellen.

Das ist ganz sicher ein Aspekt, der auch im Interesse der Unternehmen liegt, denn auf Basis eines Praktikums von drei bis sechs Monaten kann man einen jungen Menschen aufgrund seines Beitrages, den er erbrachte, viel besser beurteilen. Außerdem kann man ihn durch eine entsprechende Anbindung an das Unternehmen viel eher dazu motivieren, diesem Unternehmen den »Zuschlag« zu geben, wenn er fertig ist. Ist dies gelungen, dann stellt die Potentialbetreuung im

Unternehmen die nächste Stufe dar. Dabei ist der Fast-Track Management-Pool ein Instrument, mit dem der Personalbereich sich beschäftigen muß. Rechnet man einmal nach, wie lange es in großen Unternehmen dauerte, bis jemand qualifiziert war zum Einstieg in die erste Führungsposition, dann kommt man kaum auf eine Zahl unter zehn bis zwölf Jahren.

Ein solcher Zeitraum ist uninteressant für die Anwerbung, d. h. diese Entwicklungsmöglichkeit für qualifizierte junge Leute muß auf eine Größenordnung von fünf bis sieben Jahren gesenkt werden. Das bedeutet eine enorme Veränderung in der Vorbereitung solcher qualifizierter Personen. Nur ein paar Stichworte dazu, wie das bewerkstelligt werden kann: durch Mentorprogramme, durch Ausbildungsergänzung während der beruflichen Tätigkeit, aber vor allem durch die Zusammenarbeit mit bestimmten Institutionen, die für Ausbildungsergänzung sorgen. Wichtig dabei ist z. B. Ingenieure in Richtung Betriebswirtschaft weiterzubilden, Betriebswirte in Richtung Technik oder Juristen in Richtung Betriebswirtschaft. Internationale Projektgruppen in den Unternehmungen, kostenfunktionale Erweiterung, all dies sind Aufgaben, mit denen die Personalbereiche sich beschäftigen müssen.

Potentialerhaltung und Total Compensation Approach

Kostenfunktionale Erweiterung, das könnte z. B. konkret heißen, daß 50 % der Führungsnachwuchskräfte alle drei Jahre ihren Job wechseln müßten. Würde man überprüfen, ob 50 % der Potentialkandidaten im Fast-Track Management-Pool – falls das Unternehmen einen solchen hat – alle drei Jahre ihren Job wechseln, dann ist zu vermuten, daß dies bei weitem nicht der Fall ist.

Auf diesem Sektor ist aber Potentialauslese wie Potentialbetreuung unerläßlich, um in den Unternehmen sicherzustellen, daß die Qualifikationen schneller aufgebaut werden, die notwendig sind, um Einheiten zu führen. Was aber heißt heute und noch mehr in Zukunft *führen*?

Die Vorstellung, daß Führung in den Unternehmungen nur heißt, daß jemand zehn bis zwölf Leute anzuleiten hat, die vor ihm sitzen, ist überholt. Betrachtet man heute die vielen outgesourcten Unternehmensteile, dann hat sich das Bild völlig geändert. Beim Management sind häufig bis zu 50 % der Arbeitszeit nicht mehr bezogen auf Mitarbeiter des eigenen Unternehmens, sondern auf outgesourcte Unternehmen. Das bedeutet, es handelt sich um Unternehmungen, die in irgendeiner Form zuarbeiten, entweder *on premises* oder *off premises*. Auch sie brauchen Führung, denn sie arbeiten nicht von alleine. Allerdings kann man ihnen keine schriftlichen Aufträge erteilen. Sie müssen aktiv geführt werden, damit das, was sie erbringen, sich auch tatsächlich in das integrieren läßt, was das Unternehmen erzeugt. Führung ist heute also neben direkter Führung von Mitarbeitern des eigenen Unternehmens häufig auch Steuerung von outgesourcten Institutionen, die u. U. sogar Größenordnungen erreichen wie das Kernunternehmen selbst.

Potentialauswahl und systematische Förderung sind sehr wichtige Faktoren im nichtmonetären Bereich. Es gibt aber auch den finanziellen Bereich, die Frage der Vergütung der erbrachten Leistungen. Wie gestaltet der Personalbereich die Bezahlung, von welchem Modell geht er aus? Im Mittelpunkt steht der Total-Compensation-Ansatz, d. h. man geht vom Kostenaufwand aus, der insgesamt für eine Person erbracht werden muß. Und dies soll marktgerecht geschehen und in der Unternehmung vergleichsweise in relativer Gerechtigkeit. Dieser Betrag wird im Prinzip aufgeteilt auf fünf Partikel:

- Grundgehalt
- Jahresbonus
- medium-term retention plans
- equity-based long-term incentives
- Altersversorgung.

Grundgehalt und Jahresbonus, der sich auf eine Zielsetzung und Zielerreichung bezieht, erklären sich von selbst.

Unter *medium-term retention plans* versteht man Pläne, die vorsehen, daß der Mitarbeiter eine Chance hat, mehr zu verdienen, wenn er über eine bestimmte Zeit erfolgreich in einem Projekt arbeitet, allerdings auch etwas verlieren kann, wenn er das nicht tut.

Equity-based long-term incentives basieren entweder auf Stock-Purchase-Plänen oder Optionsplänen oder restriktiven Stock-Grant-Plänen. Sie stellen eine Methode dar, die in Deutschland noch nicht sehr verbreitet ist, aber mit der sich der Personalbereich auch aus Kosten- und Retentiongründen beschäftigen muß.

Der fünfte Faktor ist die *Altersversorgung*. Hier sind in den letzten Jahren viele Unternehmen zu weit gegangen, indem sie diesen Bereich geschlossen haben. Die Human-Resources-Manager müßten langfristig ein Interesse daran haben, daß ihre Mitarbeiter altersversorgt sind. Denn wenn sie es nicht sind, werden die Unternehmen Schwierigkeiten haben, sie zu einem bestimmten Zeitpunkt in die Pensionierung entlassen zu können. Der Finanzminister hat deutlich Klage darüber geführt, daß in Deutschland das durchschnittliche Pensionierungsalter unter 60 Jahren liegt und daß das doch eigentlich falsch sei, weil ein 60jähriger noch Beiträge bringen könne. Damit hat er zwar recht, aber das Problem ist die Geschwindigkeit, mit der sich die Halbwertszeit des Wissens heute ändert und die Anstrengungen, die damit verbunden sind, up to date bleiben zu müssen. Die Unternehmen haben ein großes Interesse daran, bei Mitarbeitern zwischen 55 und 65 Jahren die Freiheit zu haben, diesen entsprechend ihren Fähigkeiten variabel die Pension anzubieten. Diese Freiheit setzt voraus, daß durch betriebliche Altersvorsorge ein ausreichendes Versorgungsniveau erreicht wurde, damit das Unternehmen fairerweise Mitarbeiter in Pension schicken kann und diese das akzeptieren können. Etwas Derartiges zwangsweise zu tun, ist gesetzlich sehr schwer und belastet im Zweifelsfall die Gewinn- und Verlustrechnung durch Sozialpläne außerordentlich stark.

Diese Frage des *Total-Compensation-Ansatzes* kann man heute durch entsprechende technische Instrumente, wie das Varicomp Programm der Firma Dr. Dr. Heissmann, sehr leicht berechnen. Mit einem solchen Programm kann man die verschiedenen, genannten Faktoren leicht bewerten. Aus diesen Faktoren kann man ableiten, wie man im Total-Compensation-Wettbewerb liegt. Das muß dann kommuniziert werden, denn die Erwartungshaltung der Mitarbeiter, vor allem der jüngeren, hat sich substantiell verändert.

Der HR-Bereich als unternehmerischer Partner

Hochschulabsolventen, die vor 35 bis 40 Jahren in den Beruf einstiegen, wurden von den Unternehmungen eingekauft mit Haut und Haaren. Für ein Jahresgehalt von damals 25.000 DM, vielleicht 30.000 DM erwarteten die Unternehmen im Prinzip ein Engagement von 100 % für die Firma. Nebentätigkeiten mußte man extra anmelden. Aber im Prinzip war man 100 % seiner Zeit für dieses Gehalt mit der Firma verbunden.

Heute geht die Denkungsart bei vielen – vor allem jüngeren Leuten – in eine ganz andere Richtung, die man etwa so beschreiben kann: Wenn die Firma mit meiner Fähigkeit Geld verdienen will, dann möchte ich in ein partnerschaftliches Verhältnis eintreten und möchte an dem, was ich durch meine Fähigkeiten der Firma bringe, im Verhältnis zehn zu neunzig beteiligt sein. D. h. die jungen Leute möchten ein partnerschaftliches Bezahlungsverhältnis haben, Verträge haben, die es ihnen gestatten, an der Wertschöpfung beteiligt zu sein, die sie für das Unternehmen erbringen und die sich in irgendeiner Form messen läßt. Wenn sich dieses Verhalten verstärkt, erfordert das eine ganz erhebliche Änderung in der Art und Weise, wie man Total Compensation in den verschiedenen Faktoren organisiert, sowohl im Denken, der Meßmethodik als auch vom Ansatz her, mit dem man interne Gerechtigkeit herbeiführen will.

Was damit zum Ausdruck gebracht werden soll: Ob man diese oder wie man diese Prinzipien in eine Firma hineinbringt und damit gleichzeitig nicht nur Markt- und Erwartungsgerechtigkeit, sondern auch intern vergleichbare Gerechtigkeit erzielt, das ist eine Aufgabe, die den Personalbereich außerordentlich beschäftigen muß. Für die Zukunft ist dies von zentraler Bedeutung in Anbetracht auch der Organisationsform, die schon erwähnt wurde, wenn man als virtuelle Unternehmung verschiedene Randfirmen managen muß, die für sich in Anspruch nehmen, daß sie sich personalpolitisch nicht mehr unter eine Gesamtdenkungsart subsumieren lassen wollen, und wodurch dann Spannung im Unternehmen entsteht, die der HR-Bereich glaubt, beherrschen zu müssen.

Die Ausführungen sollten deutlich machen, daß keine Gefahr besteht, im Human-Relations-Bereich der Unternehmungen arbeitslos zu werden. Ganz im Gegenteil – es scheint von einer enormen Wichtigkeit, daß die Mitarbeiter in den Personalfunktionen, auch die jüngeren Kollegen, sich mit dem Professionalismus einbringen, der notwendig ist und der dem HR-Bereich auch das Gewicht im Unternehmen gibt, gegenüber den Mitarbeitern aus den Finanz- oder den Produktions- und Marketingbereichen zu bestehen. Nur mit einem solchen Professionalismus kann der Human-Resources-Bereich ein echter unternehmerischer Partner in der Leitung der Unternehmen werden.

Literatur

Deutsche Bundesbank, *Die gesamtwirtschaftlichen Finanzierungsströme im Jahre 1999*, Monatsbericht 06/2000, S. 15–43.
Dr. Dr. Heissmann GmbH, *Unternehmensberatung für Versorgung und Vergütung*, Wiesbaden.
Handelsblatt vom 22.10.1997.
Handelsblatt vom 6./7.10.2000.
Institut für Arbeitsmarktforschung (IAB), *Projektion des Erwerbspersonenpotentials*, Mai 1999.
RIFKIN, J., *Access. Das Verschwinden des Eigentums*, Campus Verlag, Frankfurt/M., 2000.
Wirtschaftswoche, Nr. 15 vom 2.4.1998.
Wirtschaftswoche, Nr. 49 vom 2.12.1999.

Beitrag abgedruckt in: MARR, REINER (Hrsg.), *Managing People – Perspektiven für das Personalmanagement*, Edition GfW, Neubiberg, 2002, S. 65–87.

Führung und Motivation 1992–2002

Führung und Motivation in einem innovativen Umfeld

Unternehmen, deren Umfeld von rascher Veränderung geprägt ist, benötigen motivierte, kompetente und flexible Mitarbeiter, um erfolgreich agieren zu können. Die Personalführung und die personalpolitischen Programme und Konzeptionen müssen der Unterstützung der Mitarbeiter dienen und deren Anforderungen und Bedürfnissen Rechnung tragen. Der folgende Beitrag zeigt unter anderen, wie IBM diese Probleme bewältigt.

Das Umfeld eines Hightech-Unternehmens

Das Umfeld, in dem sich die Unternehmen heute bewegen, ist in hohem Maße charakterisiert durch Innovation. Insbesondere gilt dies für diejenigen Branchen, die technologisch führend sind und in denen der technologische Fortschritt maßgeblich die Märkte, die Produkte und die Produktionstechniken beeinflußt; eine dieser Branchen ist sicherlich die der Informationstechnik. Die rasche Veränderung dieser Rahmenbedingungen hat direkte Auswirkungen auf die Personalpolitik der Unternehmen, die dadurch gezwungen wird, neue Wege zu gehen.

Veränderungen der Märkte

Der Wettbewerb wird global, da sich für Basisprodukte und -komponenten gemeinsame Standards entwickeln oder auch festgelegt werden. Transportkosten spielen heutzutage bei Hochtechnologie-Produkten nur eine untergeordnete Rolle, und regionale Nischen gehen dadurch verloren. Gleichzeitig haben viele Nationen technologisch aufgeholt und mischen im Welthandel kräftig mit. Neue Wettbewerber tauchen daher überraschend auf; sie kommen entweder von anderen Märkten her oder verbreitern von einem schmalen Marktsegment aus rasch ihre Produktpalette.

Viele Märkte wandeln sich von Verkäufer- in Käufermärkte, was zu neuen Machtstrukturen auf den Märkten führt. Die Käuferwünsche individualisieren sich, und – ein wesentliches Merkmal von Käufermärkten – diese Individualität läßt sich am Markt durchsetzen. Eine Herausforderung für die Anbieter ist dabei insbesondere die in manchen Branchen festzustellende rasche Veränderung der Käuferwünsche, die eine erhebliche Flexibilität in der Absatz-, Produkt- und Produktionsplanung verlangt.

Veränderungen der Produkte und der Produktion

Auf allen industriellen Märkten ist der technische Fortschritt ein treibender Faktor der Veränderung. Die Produkte werden technologisch immer hochwertiger, und in der Informationstechnik entwickelt sich alle zwei bis drei Jahre eine neue Produktgeneration (vgl. Abbildung unten). Aufgrund des Wettbewerbsdrucks steigen die Aufwendungen für Forschung und Entwicklung, neue Formen gemeinschaftlicher Produktentwicklung finden sich.

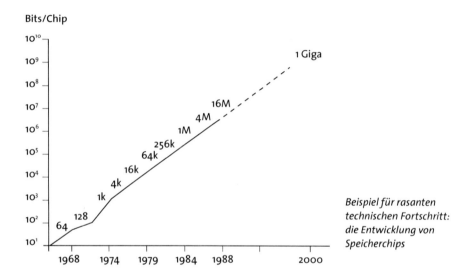

Beispiel für rasanten technischen Fortschritt: die Entwicklung von Speicherchips

Da die Produktanpassung an die Käuferwünsche und die Bereitstellung von Komplettlösungen immer bedeutsamer werden, ist das für eine bestimmte konstante Zeit angebotene Standardprodukt immer mehr die Ausnahme. Eine logische Folge dieser Entwicklung ist auch der steigende Dienstleistungsanteil im Produktangebot (vgl. Abbildung S. 62): Das reine Industrieprodukt wird begleitet von einer Fülle von Dienstleistungen, die sich von der Beratung über Finanzierungs- und Versicherungsangebote sowie Wartungsverträge bis hin zu Formen des Generalunternehmertums erstrecken.

Die Produktion ist von zwei hauptsächlichen Entwicklungen geprägt. Die erste ist der steigende Dienstleistungsanteil auch innerhalb der Produktionsbereiche selbst, das heißt ein deutliches Ansteigen der sogenannten indirekten Tätigkeiten an den typischen Fertigungsarbeitsplätzen. Die zweite ist das Anwachsen der Produktvielfalt bei den meisten Firmen. Damit einher gehen ein vom technologischen Fortschritt getriebener Wandel der eingesetzten Produktionstechniken sowie ein Anwachsen der Komplexität der Aufgaben auch am einzelnen Arbeitsplatz.

Die aufgezeigten drei Faktoren stellen die Personalpolitik sowie die konkrete Personalführung eines jeden Unternehmens, das sich in einem innovativen Umfeld bewegt, auf die Probe. In allen Unternehmensbereichen muß es darum gehen, daß die Mitarbeiter den ständigen Wandel erfolgreich bewältigen und damit die den Unternehmen abverlangte Flexibilität gewährleisten können.

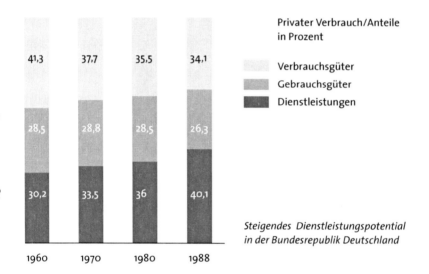

Steigendes Dienstleistungspotential in der Bundesrepublik Deutschland

Determination des Unternehmenserfolgs: Organisation und Mitarbeiter

Grundlegend für den Erfolg eines jeden Unternehmens sind seine Organisation und seine Mitarbeiter. Die Gestaltung der Unternehmensorganisation sowie die Auswahl, Förderung und Weiterentwicklung der Mitarbeiter müssen dabei mit den Anforderungen des Unternehmensumfelds im Einklang stehen. Diese Anforderungen sind deshalb von Branche zu Branche, von Unternehmen zu Unternehmen unterschiedlich: Die spezifische Antwort muß individuell gefunden werden. Generell jedoch verlangt ein innovatives Umfeld die Fähigkeit zur raschen Reaktion auf Veränderungen und zur flexiblen Anpassung. Wesentlich hierfür sind der Umgang mit Informationen sowie die Sammlung und Nutzung von Wissen im Unternehmen. Die Unternehmensorganisation muß daher wissens- und informationsorientiert sein.

Wissens- und informationsorientierte Organisation

⇢ Zurückbilden der Arbeitsteilung
⇢ Eigenkontrolle der Arbeit
⇢ flache Hierarchie
⇢ Zusammenarbeit im *Netzwerk*
⇢ *Ermächtigen* der Mitarbeiter
⇢ Mitwirken der Mitarbeiter bei Entscheidungen
⇢ *lernende* Organisation
⇢ Werthaltungen und Zukunftsvorstellungen als Leitlinie

Informationsorientiert bedeutet, daß die schnelle und ausreichende Informationsweitergabe entlang der Hierarchie von unten nach oben gewährleistet ist. Dies verlangt nicht nur den Einsatz moderner Informations- und Kommunikationstechniken, sondern auch eine entsprechende Führungskultur, die diese Weitergabe nicht unnötig erschwert. Umgekehrt muß natürlich auch gelten, daß die Führungskräfte ihre Mitarbeiter wirksam, also ausreichend und schnell informieren. Wichtig ist insbesondere, daß die Kommunikation im informellen Netzwerk möglich ist, denn sie stellt die Voraussetzung für eine effiziente bereichsübergreifende Zusammenarbeit dar.

Ausreichende und schnelle Information ist für die erfolgreiche unternehmerische Bewältigung von Veränderungen des externen Umfeldes nötig, garantiert aber noch nicht die Richtigkeit der Reaktion auf die neuen Anforderungen. Hierfür benötigt das Unternehmen einen hohen internen Wissensschatz, so daß auf umfangreiche Erfahrungen zurückgegriffen werden kann, Alternativen rasch erarbeitet werden können und Antworten auf bislang nicht gestellte Anfragen eine fundierte Basis haben.

Aus diesem Grund muß die Unternehmensorganisation in gleichem Maße auch wissensorientiert sein. Diese Ausrichtung setzt voraus, daß der hohe Wissensstand der Mitarbeiter honoriert und der Erwerb von Wissen durch genügend Freiräume gefördert werden. Neu erworbenes Wissen muß durch Dokumentation allen interessierten Mitarbeitern zugänglich gemacht werden und die Weitergabe von Wissen durch Informationsaustausch jedweder Art (von interner Schulung bis zum informellen Gespräch zwischen Kollegen) erwünscht sein.

Durch richtiges Setzen von Anreizen muß gewährleistet sein, daß sich die Informationsströme nach den Geschäftsprozessen und Marktanforderungen ausrichten. Damit wird gleichzeitig die oft gestellte Forderung nach einer kunden- und marktorientierten Organisation erfüllt, die ihre Prioritäten in der raschen Reaktion auf die Kundenwünsche und dem Value-added für die Kunden sieht. In einem anspruchsvollen Umfeld kann nur dasjenige Unternehmen solchen Erfordernissen gerecht werden, das durch sein Wissen und seine Kreativität Value-added auch wirklich geben kann und dessen Informationsabläufe eine schnelle Reaktion zulassen.

Deutlich wird in dieser Argumentation aber auch, daß letztlich die Mitarbeiter die tatsächlich entscheidende Ressource des Unternehmens sind.

- Die Mitarbeiter sind die Träger und die Anwender des Wissens
- Sie bestimmen über die tatsächliche Geschwindigkeit der Informationsweitergabe und die Angemessenheit der Informationsmenge
- Ihre Kreativität entscheidet über den Erfolg des Unternehmens bei neuen Kundenbedürfnissen
- Ihre Flexibilität ist ausschlaggebend für die Reaktionsmöglichkeiten des Unternehmens und seine Anpassungsfähigkeit an neue Umfeldgegebenheiten
- Ihre Identifikation mit dem Unternehmen bestimmt dessen Handlungs- und Wandlungsfähigkeit

Wichtig sind hierbei insbesondere die fachlichen Spezialisten (Professionals) – die herausgehobenen Wissensträger – und natürlich die Führungskräfte, denn diese tragen doppelte Verantwortung: Zum einen haben sie die fachliche Entscheidungsbefugnis, zum anderen die Aufgabe, im Rahmen der ihnen gegebenen personalpolitischen Möglichkeiten sicherzustellen, daß die anvertrauten Mitarbeiter zum Erreichen der Ziele des Unternehmens bestmöglich beitragen.

Anforderungen des Unternehmens an die Mitarbeiter

Die Bedeutung der Mitarbeiter für den Unternehmenserfolg führt zwangsläufig zur Frage, welches die konkreten Anforderungen an sie in einem Unternehmen sind, das sich im Umfeld schnell veränderlicher Rahmenbedingungen bewegt. Den jedenfalls auf längere Sicht unausweichlichen Gesetzen der Ökonomie folgend, müssen die Mitarbeiter zumindest dasjenige Arbeitsprodukt erbringen, das ihr Arbeitsplatz (einschließlich der zuzurechnenden Gemeinkosten) das Unternehmen kostet. Nur dann können der Erfolg des Unternehmens und damit die Sicherheit seiner Arbeitsplätze gewährleistet sein.

Diese Anforderungen ergeben sich aus den Eigenschaften der beschriebenen flexiblen wissensorientierten Organisation und den Bedingungen, die von außen aufgenommene Veränderungen für jeden einzelnen Arbeitsplatz bedeuten. Zwar gelten sie insbesondere für Fach- und Führungskräfte, die ja in ihrer Bedeutung für das Unternehmen besonders exponiert sind, letztlich aber sind sie für alle Mitarbeiter relevant.

Wesentlich ist die Flexibilität der Mitarbeiter. Sie umfaßt die Bereitschaft, mit den sich ändernden Bedingungen am eigenen Arbeitsplatz zurechtzukommen, sich in neue Arbeitsprozesse einzugliedern, Erweiterungen und Anreicherungen des eigenen Arbeitsplatzes erfolgreich zu meistern. In einem weiteren Sinne verlangt diese Flexibilität dann auch die Bereitschaft, einen anderen Arbeitsplatz zu übernehmen, mehr Verantwortung zu tragen oder sogar eine für die Unternehmensstrategie wichtige, aber formell unscheinbare Position zu übernehmen.

Die Qualifikationsanforderungen der Unternehmen haben sich verschoben. Früher verlangte man eine gute Allgemeinausbildung, an die sich dann eine breite Spezialausbildung anschloß. In einem innovativen Unternehmensfeld kann dies nicht mehr genügen. Es ist einerseits unklar, ob diese Spezialausbildung noch den fachlichen Bedürfnissen von morgen genügt, andererseits wird im Spezialgebiet des Mitarbeiters heute Expertenwissen verlangt.

Die fachlichen Anforderungen sind heute daher bereits auf dem ersten Niveau einer fiktiven Wissensskala, der Allgemeinbildung, deutlich breiter als früher. Darauf aufbauen muß eine gründliche und entsprechend breite berufliche Bildung, an die sich dann ein enges, aber weit in die Tiefe gehendes Expertenwissen anschließt. Dieses Expertenwissen wird ständig – entsprechend der Veränderung des Technologiewissens, das beispielsweise in der Informationstechnik bei ca. fünf Jahren liegt – veralten; aufbauend auf der geforderten breiten beruflichen Bildung muß und kann sich dann aber immer wieder neues Expertenwissen auf benachbarten Gebieten entwickeln.

In menschlicher und sozialer Hinsicht ist insbesondere die Fähigkeit zum selbständigen Handeln wichtig. Sie impliziert die Bereitschaft, Entscheidungen zu treffen und damit Verantwortung zu übernehmen und zu tragen. Sie ist unumgänglich in Zeiten reduzierter Hierarchien, zum Ausnutzen schneller Information und zur schnellen und gezielten Weitergabe eigenen Wissens an Vorgesetzte und Mitarbeiter.

Nicht nur zur effizienten Informationsnutzung wird die Fähigkeit zur Kommunikation und Kooperation wichtiger denn je. Die formale Hierarchie wird mehr und mehr ergänzt durch ein System von kommunikativen Netzwerken, in dem es erfolgreich zu agieren gilt. Gleichzeitig entwickelt sich der Arbeitsprozeß immer mehr von der »Mit-Arbeit« zur »Für-Arbeit«. Zielgerichtete Teamarbeit – ob in Projektgruppen oder Qualitätszirkeln – ist auf dem Vormarsch. Deshalb muß beim qualifizierten Mitarbeiter natürlich die Fähigkeit vorhanden sein, in einem Team zu arbeiten und von anderen zu lernen. Er muß aber darüber hinaus Beiträge für die Gruppe leisten und dabei Initiative und Verantwortung übernehmen. Dies korrespondiert mit der Anforderung, lehren zu können, das heißt eigenes Wissen und eigene Erfahrungen didaktisch effektiv weitergeben zu können, gleichwohl aber die Werthaltungen und Erfahrungen anderer dabei zu respektieren.

Diese Ansprüche an die Mitarbeiter lassen sich am einfachsten natürlich beim Einstellungsprozeß durchsetzen. Im Gegensatz zu früher ist heute nur noch selten das Fachwissen das ausschlaggebende Kriterium; andere, die Persönlichkeitsbildung des Bewerbers betreffende Eigenschaften sind genauso wichtig geworden.

Fachliche Kompetenz ist die unerläßliche Grundlage jeden Arbeitserfolgs; hierfür ist auch ein hohes Maß an Arbeitsmotivation nötig. Gefordert wird dabei auch die Bereitschaft, neue Aufgaben und Arbeitsinhalte zu übernehmen und anzugehen. Zur erfolgreichen Bewältigung des Wandels gehört weiterhin ein gesundes Selbstvertrauen bei gleichzeitig realistischer Einschätzung der eigenen Fähigkeiten und Kenntnisse. Zielstrebigkeit und Durchsetzungsvermögen sind dann Voraussetzungen für die Erfüllung ehrgeiziger Aufgaben; zusammen mit der Fähigkeit zur offenen und klaren Kommunikation gewährleisten sie, daß neue Erkenntnisse über innerbetriebliche Notwendigkeiten umgesetzt werden können.

Wichtig für die Reaktionsfähigkeit auf das Unternehmensfeld ist die Motivation der Mitarbeiter zur fachlichen Führung und zur Übernahme von Verantwortung; darauf bei Neueinstellungen zu achten, ist insbesondere dann wichtig, wenn – wie bei der IBM – der personalpolitische Grundsatz gilt, Führungskräfte nur aus den eigenen Reihen zu rekrutieren.

Die Anforderungen des Unternehmens an den Mitarbeiter können sich aber nicht nur auf Neueinstellungen beschränken. Auch den bereits im Unternehmen tätigen Mitarbeitern muß geholfen werden, die geforderten Qualifikationen zu erwerben. Es hieße sonst, einerseits eine große Ressource zu verschwenden, andererseits personalpolitisch ungerecht vorzugehen. Eine Unternehmenspolitik, die die raschen Veränderungen der heutigen Zeit bewältigen will, kann daher auf eine detaillierte Aus- und Weiterbildungsstrategie, die alle geforderten Bildungsfelder umfaßt, nicht verzichten.

Anforderungen der Mitarbeiter an das Unternehmen

Es fällt aus Unternehmenssicht leicht, den idealen Mitarbeiter zu definieren. Schwieriger wird es, wenn man sich mit den Anforderungen der Mitarbeiter auseinandersetzt. Was muß ein Unternehmen dem Mitarbeiter bieten, um ihn zu engagierter Mitarbeit zu motivieren?

In unserer heutigen Wohlstandsgesellschaft ist nur ein kleiner Teil der Arbeitnehmer, wie noch vor Jahrzehnten, gezwungen, um jeden Preis zu arbeiten, um seine physische Existenz zu bestreiten. Führungskonzepte à la Henry Ford oder Frederick Taylor sind passé und eignen sich insbesondere nicht für den wichtigsten Teil der Mitarbeiterschaft, die Fach- und Führungskräfte, das heißt die Träger des Wissens im Unternehmen. Qualifizierte Mitarbeiter sind heutzutage eine knappe Ressource auf dem Arbeitsmarkt. Sie sind nur dann zur Mitarbeit im Unternehmen zu motivieren, wenn die von ihnen geforderten Arbeitsplatz- und Unternehmensmerkmale vorliegen.

Betrachtet man zum Beispiel die Anforderungen des kaufmännischen Führungsnachwuchses – speziell die der Kandidaten mit besonders hohem »Potential« – anhand der Ergebnisse der UNIC-Studie von 1989, findet man an vorderster Stelle:
- Anspruchsvolle Tätigkeit
- Freiraum zur Verwirklichung eigener Ideen
- Eigenständiges Arbeiten
- Schnelle Übernahme von Verantwortung
- Aufstiegschancen
- Weiterbildungsmaßnahmen
- Arbeitsklima

Ähnliches stellen amerikanische Forschungen fest, in denen der Typ des Professionals, also der spezialisierten fachlichen Führungskraft, analysiert worden ist. Kennzeichnend für einen solchen Wissensarbeiter sind beispielsweise seine
- Fachliche Kompetenz
- Fähigkeit zur Eigenorganisation und zum eigenverantwortlichen Arbeiten
- Kreative Vorstellungsgabe und Verständnis
- Selbstlernfähigkeit

Die Anforderungen dieser fachlichen Spezialisten leiten sich aus den genannten Eigenschaften dann sehr einfach ab. Es sind die Freiräume zur Verwirklichung ihrer Fähigkeiten, und diese Forderungen richten sich an die Organisationsform des Unternehmens genauso wie an die direkte persönliche Führung.

Es wäre deshalb recht einfach, ein Negativbild einer Führung von Professionals zu zeichnen: kleine Kontrollspannen, hohe Arbeitsteilung, Bürokratie, langer Berichtsweg, ständige Kontrolle und Überwachung, knappe Ressourcen, fachliche Inkompetenz des Vorgesetzten etc. Die Konsequenz daraus wären frustrierte Fachspezialisten, die sich nicht in ihrer Arbeit verwirklichen können und die ihre Kenntnisse und Fähigkeiten nicht so nutzbringend, wie es ihnen eigentlich möglich wäre, für das Unternehmen einsetzen können und wollen.

Motivationsstrukturen und personalpolitische Rahmenbedingungen

Wie können die allgemeinen personalpolitischen Rahmenbedingungen eines Unternehmens den Anforderungen der Mitarbeiter, insbesondere derjenigen der Fachspezialisten und der Führungskräfte, gerecht werden? Bei allen Diskussionen über Wertewandel darf nicht übersehen werden, daß die Grundmotivation der Arbeit unverändert der finanzielle Erlös, also die Bezahlung, ist. Sie ist nicht zuletzt – und dieser Aspekt ist besonders von Bedeutung bei der Generation der »Erbenden« und auch bei finanziell eventuell bereits »saturierten« Mitarbeitern – ein ganz offenkundiger Maßstab der Wertschätzung für den einzelnen und damit in ihrer Verteilungsfrage von hoher psychologischer Bedeutung.

Der Modus der Verteilung von Gehältern und Gehaltszuwächsen setzt dann ein Unternehmen in die Lage, das gewünschte Verhalten seines Managements und seiner Mitarbeiter zu beeinflussen: unternehmerisches Denken gegenüber Risikoscheu, Eigenständigkeit gegenüber Passivität etc.

Gewiss allerdings ist die ausschließliche Fixierung des Mitarbeiters auf das Einkommen wie zu Zeiten Frederick Taylors und Henry Fords einem ganzen Bündel von personalpolitischen Rahmenbedingungen und konkreten Maßnahmen am Arbeitsplatz gewichen. Es besteht ein Trade-off zwischen verschiedenen Komponenten, die die Attraktivität eines konkreten Arbeitsverhältnisses tatsächlich definieren.

Basis für die Motivation von Fach- und Führungskräften in einem von raschem Wandel gekennzeichneten Umfeld ist ein Höchstmaß an Sicherheit, das das Unternehmen ihnen gewährleistet. Die wichtigsten Komponenten hierbei sind ein gesichertes Grundgehalt und Beschäftigungssicherheit.

Hierauf aufbauend können sie ihre Fähigkeiten und Kenntnisse entwickeln, sofern die Organisationsform dies auch erlaubt und dazu stimuliert. Hierzu gehört dann, Entscheidungsfreude und unternehmerisches Denken zu fördern und nicht zu bestrafen – also ein gewisses Maß an *trial and error* zu gestatten, da nur so das Unternehmen sich auch selbst weiterentwickeln kann. Fachliche und zeitliche Freiräume sind notwendig, um die Kreativität dieser Mitarbeiter zu erhalten. Wichtig ist Aufgeschlossenheit der Organisation gegenüber einer Kooperation im Netzwerk, um automatisch sich dann ergebende Synergieeffekte nutzbar zu machen. Letztlich muß auch die Organisationsform des Unternehmens eine hohe Flexibilität besitzen, die die zeitlich begrenzte Übernahme von Projektmanagement durch Fachspezialisten oder auch die Bildung von Spin-off-Firmen um den Unternehmenskern herum zur Lösung spezifischer Aufgaben erlaubt.

Viele Unternehmen haben eine ganze Palette von monetären wie auch nichtmonetären Anreizen für ihre Mitarbeiter geschaffen. Die Motivationsfaktoren der IBM Deutschland GmbH sind breit gestreut und versuchen, *alle* Mitarbeiter anzusprechen: An die Politik der Beschäftigungssicherheit und die Zahlung eines attraktiven Grundgehalts knüpfen sich monetäre Leistungen an, wie zum Beispiel freiwillige Gehaltszulagen, hohe Sozialleistungen, Sonderzahlungen, Prämien für außerordentliche Leistungen, aber auch nichtmonetäre Faktoren, wie festgelegte Unternehmens- und Führungsgrundsätze, gelebte Unternehmenskultur, umfangreiche interne Weiterbildungsangebote, die Möglichkeit zum Tätigkeitenwechsel usw.

Bei der monetären Differenzierung nach der Leistung der einzelnen Mitarbeiter bei gleichzeitiger Berücksichtigung der Leistungsfähigkeit des jeweiligen Unternehmens muß in der Zukunft insbesondere das System der Bonusbezahlung weiterentwickelt werden. Bonuszahlungen können abhängig von den Geschäftsergebnissen variiert werden und damit die Flexibilität der Entscheidung verbessern. Sie können unmittelbar an das Ergebnisverhalten – bezogen auf wichtige Zielsetzungen wie Kundenlösungen, Qualität, Produktivität, Zusammenarbeit – gekoppelt werden und damit gezielte und unmittelbare Anerkennung für den Erfolg zum Ausdruck bringen.

Die Grundlagen des *Management by Objectives* werden dadurch verstärkt. Wenn auch die objektive Messung von Leistung mit zunehmender Komplexität von Technik und Organisation am Arbeitsplatz jedes einzelnen Mitarbeiters schwieriger wird, so besteht dennoch kein Zweifel, daß Leistungsunterschiede zwischen den einzelnen Mitarbeitern deutlich vorhanden sind und daß die Differenzierung als Honorierung der besseren Leistung vom Mitarbeiter klar verlangt wird.

Zur Motivation der Professionals, die ja ausschließlich Fachaufgaben, aber keine Personalverantwortung wahrnehmen, muß ein gesondertes Aufstiegsschema entwickelt werden. Ein durchkonstruiertes Anreizsystem sollte bei entsprechender fachlicher Bewährung auch für die Professionals Laufbahnanreize bieten. Die IBM praktiziert deshalb bereits seit langen Jahren ein System der dualen Laufbahnentwicklung: Das folgende Schema zeigt, daß bis in hohe Führungspositionen hinein die Personal- und die Fachführungslaufbahn gleichwertig verlaufen – dies betrifft insbesondere auch die Bezahlung der Mitarbeiter. Bemerkenswert ist auch, daß der Mitarbeiter je nach Eignung und Neigung zwischen beiden Laufbahnen wechseln kann.

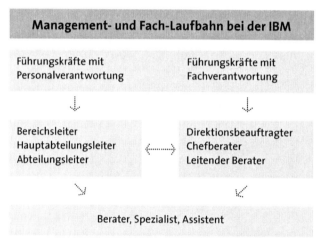

Management- und Fach-Laufbahn bei der IBM

Zeitsouveränität

Der Einsatz hochwertiger Technologien und vielfältiger Hilfsmittel macht die Arbeitsplätze zunehmend kapitalintensiver. Ihre effiziente Nutzung verlangt daher nach einer Ausweitung der Betriebszeiten. Aufgrund der wiederholten Verkürzungen der Arbeitszeit in den letzten Jahren, vor allem in der Bundesrepublik Deutschland, können die gegenläufigen Tendenzen zwischen verstärkten Wettbewerbsanforderungen an die Unternehmen und verminderter Arbeitszeit nur dann bewältigt werden, wenn die persönlichen Arbeitszeiten und die Betriebsnutzungszeiten voneinander entkoppelt werden.

Zur Ausweitung letzterer zwingen auch die Kundenwünsche: Ein gewichtiger Faktor für die Bindung der Kunden an ein Unternehmen ist dessen zeitliche Ansprechbarkeit zum Beispiel bei Service- und Beratungswünschen, für die Durchgabe eiliger Produktions- oder Lieferaufträge, für dringende Wartungsarbeiten und die schnelle Reaktion auf diese Anfragen. Ein Unternehmen ist dann am Markt erfolgreich, wenn es den Value-added, den es anzubieten hat, seinen Kunden auch während eines möglichst großen zeitlichen Rahmens liefern kann.

Schließlich besteht auch die Attraktivität einer Firma am Arbeitsmarkt, insbesondere dem für Fach- und Führungskräfte, nicht zuletzt in ihrem Angebot an Flexibilität der individuellen Arbeitszeitgestaltung. Die Bedürfnisse der Mitarbeiter gehen immer stärker in Richtung auf eine größere persönliche Entscheidungsfreiheit bezüglich der Verteilung und der Menge an Arbeits- und Freizeit. Das für die Umsetzung in die betriebliche Praxis derzeit noch visionär erscheinende Stichwort lautet dabei »Zeitsouveränität«.

Dieses Bestreben der Mitarbeiter ist verständlich, und ihm ist auch im Eigeninteresse des Unternehmens in der Ausgestaltung der personalpolitischen Regelungen so weit als möglich nachzukommen. Die Übernahme von Verantwortung durch die Mitarbeiter muß begleitet werden von der entsprechenden Freiheit in der Arbeitsgestaltung. Gleichzeitig bietet die neue Informationstechnik zunehmend die Möglichkeit flexibler Telearbeit, die ganz oder teilweise zu Hause oder in anderen Büros statt ausschließlich am angestammten Arbeitsplatz durchgeführt werden kann. Hier kommen einmal mehr technische Möglichkeiten und Mitarbeiterwünsche zusammen.

Der Wunsch nach Zeitsouveränität betrifft aber nicht nur die Frage der täglichen regelmäßigen Arbeitszeit, sondern auch das gewohnte Muster lebenslanger ununterbrochener ganztägiger Berufstätigkeit. Immer mehr junge Menschen treten »ratenweise« ins Berufsleben ein, indem sie zu ihrem Studium eine Teilzeitbeschäftigung suchen oder zwischen Berufstätigkeit und Fulltime-Weiterbildung wechseln. Ältere Mitarbeiter suchen den gleitenden Übergang in die dritte und gleichfalls aktive Lebensphase. Junge Eltern wünschen eine Unterbrechung ihres Arbeitslebens zur Kinderbetreuung; weiterbildungswillige Mitarbeiter fragen wegen der Beurlaubung für einen (weiteren) Studienabschluß an.

Der Markt für qualifizierte Mitarbeiter ist knapp; deshalb müssen die Unternehmen durch hohe personalpolitische und organisatorische Flexibilität versuchen, den gestellten Anforderungen gerecht zu werden, wenn sie nicht ihre wichtigste Ressource verlieren wollen. Zwei personalpolitische Programme der IBM Deutschland GmbH seien hierzu beispielhaft genannt:

⇢ Ein Programm zum »gleitenden Ruhestand« ermöglicht Mitarbeitern ab 55 Jahren, ohne wesentliche Einkommensverluste auf die halbe Jahresarbeitszeit zurückzugehen. Die Voraussetzung für diesen Umstieg von einer Vollzeit- auf eine Teilzeitbeschäftigung ist natürlich, daß sich der bisherige oder ein anderer Arbeitsplatz für eine Teilzeitbeschäftigung eignet.

⇢ Mitarbeiterinnen wie auch Mitarbeiter können aufgrund der Geburt eines Kindes ihr Arbeitsverhältnis bis zur Vollendung des dritten Lebensjahres des Kindes ruhen lassen oder befristet beziehungsweise auf Dauer ihre vertragliche wöchentliche Arbeitszeit reduzieren. Diese IBM-»Erziehungspause« schließt sich dem gesetzlichen »Erziehungsurlaub« an.

Wichtig für die Eingliederung in die IBM sind eigene Beiträge der pausierenden Mitarbeiter und Mitarbeiterinnen zum Erhalt und zur Anpassung ihrer beruflichen Qualifikation. Sie können deshalb die betrieblichen Bildungsmaßnahmen kostenlos nutzen oder zum Beispiel durch Urlaubsvertretungen Kontakt mit ihrem Fachgebiet halten.

Weiterbildung und Mitarbeiterentwicklung

Die beschleunigten Veränderungen der Märkte und der Technik, die zusätzlich durch gesellschaftliche und geoökonomische Faktoren angetrieben werden, lassen sich nur durch die hohe persönliche und fachliche Kompetenz der Führungskräfte und der Professionals bewältigen. Die Schaffung und Erhaltung der fachlichen Qualifikationen der Führungskräfte und Professionals sind weiterhin Schlüsselaufgaben der Personalpolitik und mit die wichtigsten Maßnahmen bei der Personalförderung.

Seit einigen Jahrzehnten beobachtet man eine Wissensexplosion. Geht man generell davon aus, daß das Fachwissen jährlich um sieben bis zehn Prozent wächst, so liegt diese Rate in innovativen Branchen wie der Informationstechnik deutlich höher. Die Halbwertszeiten des beruflichen Wissens für verschiedene Tätigkeiten in solchen Branchen liegen daher bei zwei bis drei Jahren. Diese Veränderungsgeschwindigkeit erfordert ein lebenslanges Weiterbildungskonzept.

Auch generelle personalpolitische Gründe verlangen eine permanente berufliche Weiterbildung. Nur dann ist die Entwicklung der individuellen Fähigkeiten der Mitarbeiter zu gewährleisten und die Praxis ihrer Beschäftigungssicherheit aufrechtzuerhalten. Unverzichtbar ist stetige Mitarbeiterentwicklung insbesondere dann, wenn, wie es bei IBM der Fall ist, der personalpolitische Grundsatz gilt, Führungskräfte nur aus den eigenen Reihen zu befördern.

Es entspricht sowohl den personalpolitischen Notwendigkeiten als auch dem Wunsch der Mitarbeiter an das Unternehmen, daß Weiterbildungsmaßnahmen angeboten und gefördert werden. Die Mitarbeiter wissen selbst, daß ihre persönliche Beschäftigungssicherheit nur dann gegeben ist, wenn sie von ihrem Kenntnis- und Fähigkeitsstand her positiv zum Unternehmenserfolg beitragen können und den Anforderungen ihres Arbeitsplatzes gewachsen sind – auch wenn die Arbeitsinhalte sich infolge neuer Arbeits- und Produktionstechniken oder neuer Kundenwünsche geändert haben. Weiterbildung stellt somit ein wichtiges Element der Arbeitszufriedenheit für jeden Mitarbeiter dar. Insbesondere Führungskräfte und Professionals sehen ihre berufliche Entwicklung auch als Lernprozeß, und es ist daher nicht weiter verwunderlich, daß unter den in der UNIC-Studie aufgeführten wichtigsten Anforderungen des Führungskräftenachwuchses an die Unternehmen »Weiterbildungsmaßnahmen« in vorderer Position stehen.

Wesentlich ist somit die Gemeinsamkeit des Interesses, aber auch der Verpflichtung von Unternehmen und Mitarbeitern zur beruflichen Weiterbildung. Das Unternehmen schafft Angebote und stellt die Infrastruktur des Lehrens bereit; der Mitarbeiter sorgt in Selbstverantwortung für das Lernen, auch wenn er eventuell Teile seiner Freizeit investiert.

Ein unternehmensweites Management der Weiterbildung ist erforderlich, das die Bedarfsplanung entsprechend der strategischen Unternehmensplanung, die individuelle Kenntnis- und Fähigkeitsplanung sowie die Fortschrittskontrolle in sich integriert. Dabei muß das Problem der Erwachsenendidaktik sehr sorgfältig berücksichtigt werden: Gefordert sind praxisnahe, sofort anwendbare oder doch als notwendiges Basiswissen akzeptierte Lehrstoffe sowie erwachsenengerechte Lehrmethoden, die das Lernen im Team und das persönliche Anwenden der Wissensinhalte betonen. Auch die heutzutage zur Verfügung stehenden vielfältigen Lernmedien müssen optimal eingesetzt werden – von der geführten Klassenraum-Ausbildung bis zur modernen Selbstschulung, zum Beispiel durch computerbasierte Programme und Fernausbildung sowie die neue Möglichkeit des Distance-Learning. Nicht übersehen werden darf dabei, daß viele Fachspezialisten großen Wert auf eigene Formen des Selbstlernens legen – jedes Vorschreiben der Lernmethode erregt bei ihnen nur Aversionen gegen den guten Zweck an sich. Letztlich sind aber auch die Effizienzgesichtspunkte zu berücksichtigen, das heißt die konkrete Frage: Was soll erreicht werden und wie kann es am einfachsten erreicht werden?

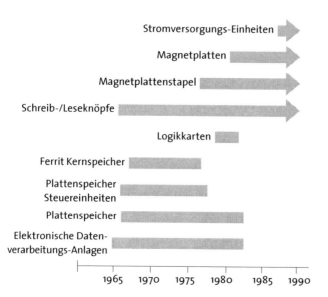

Sich ändernde Fertigungsprogramme bedeuten häufig einen völligen Wandel der Tätigkeitsbilder der Mitarbeiter – am Beispiel IBM-Werk Mainz

Wie schnell berufliches Fachwissen obsolet werden kann, zeigt die Abbildung S. 74. Wenn neue Produkte in einem Werk gefertigt werden sollen, verlangt dies von den Mitarbeitern nicht nur die Beherrschung zusätzlicher Arbeitstechniken, sondern neue erforderliche Produktionstechniken bedeuten häufig auch einen völligen Wandel der bisherigen Tätigkeitsbilder. Mit dem Fortschreiten der Produkt- und Produktionstechnik werden manche Fertigungsberufe immer weniger benötigt, während neue Berufsbilder entstehen. Dies verlangt eine fachliche Weiterentwicklung der Mitarbeiter, zum Beispiel von der Mechanik oder Elektrik hin zur Verfahrenstechnik oder Elektronik. Der Tätigkeitswandel hin zu den Dienstleistungen bringt es für manche Mitarbeiter mit sich, daß er den vertrauten Fertigungsbereich sogar ganz verläßt, und für viele direkte Produktionsmitarbeiter, daß sie nun ebenso indirekte Tätigkeiten wahrnehmen.

Auch in den Verwaltungs- und Vertriebsbereichen findet eine deutliche Verschiebung der Tätigkeitsgebiete statt. Sie wird insbesondere durch neue Bürotechniken ermöglicht. So hat sich beispielsweise das Berufsbild der Sekretärin stark verändert: War ihr Arbeitstag vor einigen Jahren noch hauptsächlich mit Schreibarbeiten, Telefonaten und Administration angefüllt, fallen heute immer mehr dispositive Tätigkeiten an: Terminüberwachung und -planung, Koordinierungen, fachliche

Abklärungen usw. Analoge Veränderungen können auch auf der Ebene der Sachbearbeiter und Fachspezialisten festgestellt werden; sie können mit dem Bild des Zusammenführens von Denken und Tun treffend charakterisiert werden.

Heutzutage ist es in vielen Berufen und Tätigkeiten unabdingbar, daß der Mitarbeiter die von der modernen individuellen Datenverarbeitung angebotenen Hilfsmittel beherrscht. Hierzu nötig ist eine Grundausbildung in Informationstechnik, die ein Verständnis der Hardware, der Programmlogik, typischer Anwendungen, der informationstechnischen Möglichkeiten und Grenzen vermittelt. Innerhalb der berufsspezifischen Bildung müssen dann der Einsatz und Gebrauch der Informationstechnik als Werkzeug am Arbeitsplatz in der Fabrik oder im Büro gelehrt werden. Genauso wichtig ist aber auch die Fähigkeit, mit Informationen an sich umzugehen.

Die fachliche Weiterbildung stellt daher weiterhin eine dominante Säule des innerbetrieblichen Schulungsangebots dar. Sie muß die Mitarbeiter jeder Ebene in der Bewältigung der neuen geforderten Arbeitsinhalte unterstützen, und, wo nötig, müssen auch externe Bildungsinstitutionen hinzugezogen werden.

Berufliche Weiterbildung kann aber nicht nur dem Zweck dienen, den Spezialisten auf dem Stand seines Faches zu halten oder die Mitarbeiter mit neuen Sachgebieten vertraut zu machen. Sie muß auch in hinreichendem Maße die Mitarbeiter bezüglich ihrer Sozialkompetenz trainieren und ihnen Methodenkompetenz vermitteln. Letztere beinhaltet die Fähigkeit zur Abstraktion von gelösten Aufgabenstellungen sowie den richtigen Einsatz theoretischer Modelle bei neuen Problemen, das heißt die Anwendung erlernten Wissens und vertrauter Lösungswege auf neuartige Fragestellungen und Anforderungen. Darüber hinaus bedeutet sie, daß der Mitarbeiter die zur Erfüllung seiner Aufgaben notwendigen Werkzeuge und Hilfsmittel selbst beschaffen und einsetzen kann – dies impliziert die Fähigkeit zum selbständigen Lernen.

Das innerbetriebliche Bildungswesen der IBM Deutschland GmbH versucht, in seiner inhaltlichen Gestaltung den geschilderten Bedürfnissen gerecht zu werden:

Aus- und Weiterbildung der Mitarbeiter bei der IBM Deutschland GmbH
(Inhalte des Schulungsangebots)

Sozialkompetenz
⇢ Kommunikation
⇢ Zusammenarbeit
⇢ Motivation
⇢ Konflikt-Management etc.

Methodenkompetenz
- Zeitmanagement
- Projektmanagement
- Entscheidungstechniken
- Qualitätskontrolle etc.

Fachkompetenz
- Naturwissenschaften
- Fertigungstechnik
- Betriebswirtschaft
- Informatik.

Die permanente Weiterbildung der Mitarbeiter legt einem Unternehmen erhebliche Lasten auf – nicht nur organisatorisch (Aufbau eines Weiterbildungssystems inklusive seiner Infrastruktur, Freistellung der Mitarbeiter zu Schulungszwecken, führungsgemäße Betreuung der Mitarbeiter bei Langzeitschulungen usw.), sondern auch finanziell. Die IBM Deutschland GmbH verzeichnete im Jahre 1989 beispielsweise 385.000 Teilnehmertage an betrieblichen Weiterbildungsmaßnahmen. (Dabei ist die Teilnahme der Mitarbeiter an den vielfältigen Kursen und Veranstaltungen der »IBM Fachschulung und Sprachenschulung in der Freizeit« nicht mit einbegriffen.) Dies bedeutete einen zeitlichen Schulungsaufwand von über 13 Tagen pro Mitarbeiter und Jahr. Der finanzielle Aufwand hierfür war beträchtlich: Ohne die Gehälter der Schulungsteilnehmer einzubeziehen, beliefen sich die Kosten der Mitarbeiterweiterbildung auf circa 219 Millionen DM – mehr als sieben Prozent der Lohn- und Gehaltssumme der IBM Deutschland GmbH.

Jedoch ist dieser Aufwand als eine Investition in die Zukunft zu sehen. Nur so können Veränderungen der gesamtwirtschaftlichen Rahmenbedingungen vom Unternehmen erfolgreich gemeistert werden. Ein Beispiel hierfür ist die gelungene Umstrukturierung des IBM-Werks Hannover in ein Software- und Servicezentrum: Drei Viertel der Hardware-Techniker des ehemaligen Werks können nun aufgrund ihrer Flexibilität, Motivation und gelungener Umschulungsmaßnahmen im Software- und Servicezentrum Hannover als »Kaufleute« oder »Software-Spezialisten« neuen zukunftsträchtigen Aufgaben nachgehen.

Personalführung im innovativen Umfeld

Auch die moderne Personalführung muß selbstverständlich ausgerichtet sein auf das Erreichen vorgegebener Abteilungsziele und vereinbarter Arbeitsergebnisse. Jedoch verlangen die aufgezeigten Entwicklungen ein neues Rollenverständnis von den Führungskräften und damit verbunden eine neue Führungskultur.

A priori sind die Einstellungen von Managern und Fachführungskräften miteinander inkompatibel, ihre Ansichten über Arbeitsziele und -methoden miteinander nur schwer vereinbar. J. A. Raelin nennt sein Buch über diese Thematik denn auch äußerst zutreffend *The Clash of Cultures*. Da es aber letztlich die Manager sind, die konkret am Erreichen der Abteilungs- oder Bereichsziele gemessen werden und die für den optimalen Einsatz sowie die Arbeitsergebnisse der unterstellten Mitarbeiter Verantwortung tragen, sind sie gefordert, sich den neuen Gegebenheiten anzupassen und weiteren Veränderungen aufgeschlossen gegenüberzustehen.

Wandel wird am einfachsten dann bewältigt, wenn genügend Ressourcen zur Verfügung stehen (Schmidtchen, 1986), und zwar Unternehmensressourcen im Sinne von gutem menschlichem Klima durch die Führung und die Organisation; natürlich überdies ausreichende persönliche Ressourcen wie Gesundheit, hinreichende Bildung und eine positive Einstellung gegenüber Veränderungen. In den meisten der aufgezählten Punkte ist die Führungskraft direkt gefordert.

Dies beinhaltet die Fähigkeit zur situativen Führung und die Orientierung an der Individualität des einzelnen. Sicherlich gleicht die Führungsaufgabe überall dort, wo in der Gruppe Mitarbeiter unterschiedlichen Ausbildungsniveaus, verschiedener Einstellung gegenüber traditionellen Werten und differenzierter psychologischer Grundhaltung bezüglich Innovationschancen und -risiken sind, häufig genug der Quadratur des Kreises. Auszurichten ist die Personalführung aber insbesondere an den Wissensarbeitern, ohne deren qualifizierte und engagierte Arbeit die Zukunft des Unternehmens gefährdet ist. Ihren Anforderungen ist zu entsprechen durch kooperative Führung, Führen nach Zielen, Delegation von Verantwortung und Entscheidungsspielraum.

Wichtige, aber schwierige Aufgabe der Führungskraft ist es, fachlicher Ansprechpartner und Ratgeber für die Fachspezialisten zu sein. Die Führungskraft kann aus zeitlichen Gründen nicht so tief in die sachlichen Zusammenhänge eines bestimmten Themas eindringen wie der damit beschäftigte Wissensarbeiter, muß aber gleichzeitig in der Lage sein, die Leistungen und Anstrengungen der Mitarbeiter gerecht beurteilen zu können.

Es ist für den Mitarbeiter demotivierend, wenn er für etwas nicht gelobt und belohnt wird, bezüglich dessen er glaubt, sehr erfolgreich und verantwortlich gewesen zu sein. Es ist ihm zumindest befremdlich, wenn er für etwas gelobt und belohnt wird, für dessen erfolgreichen Ausgang er nichts kann, weil ein anderer die Verantwortung trägt. Wirklich peinlich ist es ihm aber dann, wenn er von einem Menschen gelobt und belohnt wird, der von der Sache nichts versteht.

Von den Führungskräften wird daher verlangt, auf der Basis eines fundierten Fach- und Führungswissens neue Wege zu gehen. Dies bedeutet einen neuen Führungsstil:

⇢ sich nicht in erster Linie um Detailfragen in den Arbeitsaufgaben zu kümmern, alles besser zu wissen und zu meinen, alles besser wissen zu müssen, sowie ständig die Mitarbeiter und deren Arbeitsfortschritte zu kontrollieren,

⇢ sondern in erster Linie die anvertrauten Menschen zu führen und zu fördern, die Organisation der Arbeit und der Zusammenarbeit weiterzuentwickeln, Veränderungen möglich zu machen und zu begleiten, Konflikte lösen zu helfen, Zielvorstellungen und Zusammenhänge zu erklären sowie Hilfestellung zu geben.

Dazu gehört die Ausbildung einer Führungskultur im gesamten Unternehmen, die gekennzeichnet ist von prinzipiellem Vertrauen in die Fähigkeiten und den Willen des Mitarbeiters und von partnerschaftlicher Führung statt detaillierter Kontrolle. Dieses schließt die angemessene Mitwirkung der Mitarbeiter in der Vorbereitung und der letztlichen Entscheidung ein, sie verlangt offene Information der Mitarbeiter und verbietet das systematische Pflegen von *Herrschaftswissen*. Das persönliche Gespräch und das persönliche Vertrauensverhältnis von Mitarbeiter und Führungskraft gewinnen einen entscheidenden Stellenwert.

Häufig wird bereits der Führungsstil der kommenden Jahre charakterisiert durch den Slogan *Management by Talking*. Die direkte Kommunikation wird zu einem ausschlaggebenden Motivationsfaktor; sie gibt dem in vielen Betrieben schon praktizierten *Management by Walking around*, also dem »Sichtbar-«, »Anfassbarsein« der Führungskräfte für die Mitarbeiter, eine zusätzliche Qualität. Das Gespräch mit dem Mitarbeiter gewinnt für die Führungskräfte – gleichgültig welche Ebene – immer mehr Bedeutung.

Nur das direkte Gespräch kann nämlich in der zwischenmenschlichen Kommunikation alle Symbole einer Botschaft vermitteln: verbale und nichtverbale Inhalte, rationale und emotionale. Es dient dabei der sachlogischen Koordination, die die organisatorischen, wirtschaftlichen und technischen Notwendigkeiten einer jeden Zusammenarbeit betrifft, und der zwischenmenschlichen Kooperation, die gegenseitiges Vertrauen, Identifikation mit gleichen Zielen und Motivation schaffen kann. Das Gespräch am Kaffeeautomaten, das gemeinsame Abteilungsessen oder -picknick sind in ihrer vertrauensbildenden und kooperationsfördernden Wirkung nicht zu unterschätzen.

In unserer Gesellschaft stehen dem oft persönliche Reserviertheiten und unterschiedliche Lebensformen gegenüber, die dann diese informellen Kontakte erschweren. Umso wichtiger ist es deshalb, daß ein umfassendes Gespräch mit dem Mitarbeiter institutionalisiert ist. Dies verpflichtet die Führungskraft, zu bestimmten Anlässen und Zeitpunkten persönliche Gespräche mit dem Mitarbeiter zu führen, die sonst aus Gründen des Zeitdrucks oder der Scheu vor Konflikten unterbleiben würden.

Die IBM hat in ihrer Personalpolitik das Instrument der »Zweiweg-Kommunikation« verankert. Neben verschiedenen Beschwerdewegen, die den Mitarbeitern jederzeit offenstehen, gehören hierzu vor allem das Beratungs- und Förderungsgespräch sowie die Meinungsumfrage einschließlich der sich an sie anschließenden Gespräche und Aktionen.

Die Meinungsumfrage wird jährlich durchgeführt und ihre Ergebnisse werden von der die Umfrage erhebenden Funktion bis auf (etwa) Abteilungsebene heruntergebrochen. Zwischen der Führungskraft und ihren Mitarbeitern findet dann ein Gespräch über die Ergebnisse als Abteilungsbesprechung statt.

Dabei sollen sowohl die positiven als auch die kritischen Punkte zur Sprache kommen, die sich aus der Umfrage zum Beispiel bezüglich der Zusammenarbeit, der Arbeitsaufgaben und der Arbeitsbedingungen sowie zu den Zielen und Wünschen der Mitarbeiter ergeben. Wenn es erforderlich scheint, wird ein Aktionsplan aufgestellt mit klaren Terminen und Verantwortlichkeiten zur Abstellung der kritisierten Punkte. Die Zielsetzung dieses personalpolitischen Instruments ist es, sowohl die Zufriedenheit der Mitarbeiter als auch die Effektivität und Qualität der Arbeit sicherzustellen.

Das jährliche Beratungs- und Förderungsgespräch ist ein weiterer essentieller Bestandteil der IBM-Personalpolitik. Es findet unter vier Augen zwischen Führungskraft und Mitarbeiter statt und dient mehreren Zwecken.

- Der Besprechung des Leistungsverhaltens des Mitarbeiters im vergangenen Jahr
- Der gemeinsamen Festlegung der Arbeitsziele für das kommende Jahr
- Der Besprechung der persönlichen Entwicklung des Mitarbeiters, das heißt der Arbeit an seinen Leistungsschwächen sowie der Weiterentwicklung seiner Stärken und der geplanten Fördermaßnahmen durch Schulungen und entsprechende Arbeitsaufgaben
- Der Besprechung der Laufbahnaussichten des Mitarbeiters

⇢ Der Erörterung aller Themen, die aus beider Sicht für die Zusammenarbeit und die effiziente Bewältigung der Arbeitsaufgaben wichtig sind.

Das Beratungs- und Förderungsgespräch kann durchaus in seinen verschiedenen Komponenten zu unterschiedlichen Terminen im Laufe des Jahres durchgeführt werden. Wichtig ist dabei, daß die gemeinsam festgelegten Ziele und Übereinkünfte schriftlich festgehalten und der nächsthöheren Führungskraft zur Kenntnisnahme gebracht werden.

Dieses an sich bewährte und erfolgreiche personalpolitische Instrument ist in den letzten Monaten nochmals überarbeitet worden, um in seiner Ablaufgestaltung und in den Leistungsbewertungskriterien noch stärker den Wünschen der Mitarbeiter nach mehr Einflußnahme und mehr Selbststeuerung nachzukommen.

Unternehmensweit wiederbelebt wurde in den letzten Jahren die Führungsstrategie des *Zuhörens und Erklärens*. Allzuleicht ist insbesondere die Führungskraft unter dem Druck der täglichen Termine geneigt, sich lediglich an den vorgegebenen Abteilungsaufgaben zu orientieren, kurzfristig erreichbare Erfolge anzustreben, Arbeitsschritte ohne Einbindung des Mitarbeiters zu delegieren. Die Strategie des Zuhörens und Erklärens versucht demgegenüber, die langfristige Zieleinbindung der Mitarbeiter zu stärken, die Gesamtzusammenhänge weiterzugeben und die Erläuterung des Zweckes einzelner Arbeitsschritte zu forcieren. In betontem Maße sind auch die fachlichen Vorschläge sowie persönlichen Interessen und Probleme der Mitarbeiter zu berücksichtigen und einzubeziehen.

Generell ist dies ein Bestreben, dem in der IBM-Führungsphilosophie seit jeher verankerten Grundsatz einer *besonderen Beziehung* zwischen Mitarbeiter und Führungskraft, die insbesondere durch persönliche Kommunikation gepflegt werden muß, weiteren Raum trotz steigenden Termindrucks und fachlicher Beanspruchungen zu schaffen. Diese enge Beziehung zwischen Führungskraft und Mitarbeiter darf sich nicht nur auf die Kompetenzen der Führungskraft in puncto fachlicher Weisungsbefugnis und Personalverantwortung gründen, sondern sie muß ihr Pendant in der vertrauensvollen Zusammenarbeit, dem Kennen und Verstehen der persönlichen und beruflichen Wünsche und Ziele des anderen finden.

Die IBM versucht damit auch, das in einem sich schnell verändernden Unternehmensumfeld so wichtige *employee involvement*, das heißt das Engagement der Mitarbeiter in der Arbeit der Abteilung und des Unternehmens sowie ihre Identifikation mit den Abteilungs- und Unternehmenszielen, nachhaltig zu

fördern. Sie geht damit gleichzeitig einen weiteren Schritt hin zur *partizipativen Führung*, die nicht nur die volle Information der Mitarbeiter über zu fällende Entscheidungen beinhaltet, sondern eine konkrete Beteiligung an der Entscheidung und damit gleichzeitig Verantwortungsübernahme vorsieht.

Letztendliches Ziel in einem innovativen Umfeld muß sein, daß die Mitarbeiter von sich aus tun, was dem Unternehmen und den Kunden nützt. Dies setzt aber nicht nur ein entsprechendes Können der Mitarbeiter voraus, also einen ausreichend hohen Kenntnis- und Fähigkeitsgrad, sondern auch das nötige Wollen – somit ein kybernetisches Regelkreissystem im Unternehmen, das durch seine Anreizstrukturen und -parameter automatisch die dem Unternehmenszweck kurz- und langfristig dienenden Aktionen und Reaktionen der Mitarbeiter sicherstellt.

Die Wandlung der Personalfunktion

Angesichts der vielfältigen Anforderungen an die Führung und die Organisation der Unternehmen hat auch die Rolle der Personalfunktion sich erheblich gewandelt. Die Personalarbeit kann sich nicht mehr beschränken auf das reaktive Abarbeiten gesetzlicher und tariflicher Notwendigkeiten sowie die festgelegten Aktivitäten im eng definierten Rahmen innerbetrieblicher Personalprogramme. Sie muß vielmehr als real definierte Vorstandsaufgabe auf wichtigen Gebieten aktiv werden:

⇢ In der Verbreitung und Pflege der neuen Art von Führung und Zusammenarbeit
⇢ In der Weiterentwicklung der neuen Formen von Arbeits- und Unternehmensorganisation
⇢ In der Ausgestaltung des Einflusses neuer Techniken auf die menschliche Arbeit
⇢ In der Erklärung von Zusammenhängen, Strategien und Visionen des Unternehmens durch Mitarbeiterinformation und -kommunikation
⇢ Nicht zuletzt in der Pflege, Weiterentwicklung und Vermittlung der Unternehmenswerte und -grundsätze.

Zur konventionellen verwaltungsorientierten, quasi »technischen« Dienstleistung der Personalfunktion kommt also eine entschieden anspruchsvollere Aufgabe hinzu: Der Service eines diesbezüglichen Kompetenzzentrums, das den Vorstand, die Führungskräfte und die Mitarbeiter berät, das mit eigenen unternehmensstrategischen Vorschlägen initiativ wird, die Konzepte des Vorstands umsetzt und deren Durchführung begleitet.

Literatur

REALIN, J., *The Clash of Cultures*, Boston/Mass., 1985.
SCHMIDTCHEN, G., *Menschen im Wandel der Technik*, Köln, 1986.
UNIC-Studie 1989, *Strategisches Personalmarketing beim kaufmännischen Führungsnachwuchs*, Institut für Management und Marketing GmbH, Bonn, 1989.

Beitrag abgedruckt in: MATHEIS, RICHARD (Hrsg.), *Erfolgsmanagement 2000*, Gabler Verlag, Wiesbaden, 1992, S. 243–271.

Eigene Erfolge schaffen Motivation

Unter welchen Umständen sind Mitarbeiter in Unternehmen so zufrieden, daß sie zu hohem Einsatz und Leistungen motiviert sind? Exakt läßt sich diese Frage nicht beantworten. Einerseits ist das, was wir Motivation nennen, zu komplex, andererseits sind die Situationen, in denen Menschen im Unternehmen handeln, zu unterschiedlich, und nicht zuletzt sind die Menschen zu verschieden. Trotzdem kann man vermuten, daß einige Vorbedingungen gegeben sein müssen, sollen Mitarbeiter motiviert handeln. Sicherlich gehört dazu, in einem erfolgreichen Unternehmen zu arbeiten, das ein positives Image und gute Zukunftsperspektiven besitzt; eine Aufgabe wahrzunehmen, die man als sinnvoll ansieht und für deren Erledigung man geschätzt und anerkannt wird und auch in einem gesellschaftlichen Umfeld zu leben, das erstrebenswerte Perspektiven und Ziele aufweist.

Wie sieht es aber heute hinsichtlich dieser drei Vorbedingungen für Motivation aus? Bei all den drei Faktoren haben wir heute Probleme. Der wirtschaftliche Wettbewerb hat internationale Ausmaße und wir in deutschen Unternehmen kämpfen schwer um unsere Konkurrenzfähigkeit. Auswirkungen sind z. B. eine hohe Arbeitslosigkeit und sinkende Realeinkommen, und es ist, trotz leichter Anzeichen einer konjunkturellen Besserung, kein Ende der Strukturkrise in Sicht.

Die Unternehmen reagieren, indem sie alles versuchen, die Kosten zu senken, um wieder wettbewerbsfähiger zu werden. Dazu werden Geschäftsabläufe unter die Lupe genommen und möglichst vereinfacht und gestrafft; das Schlagwort heißt hier *lean*. Als Konsequenz dieser Bemühungen wird Personal abgebaut und das betrifft alle Ebenen der Mitarbeiter wie der Führungskräfte. Gleichzeitig sinken die Realeinkommen, bei den Mitarbeitern aufgrund magerer

Tarifvereinbarungen, bei den Führungskräften aufgrund von Null- oder Negativrunden. Während die gesetzlichen Sozialleistungen steigen und damit den Kostenfaktor erhöhen (Sozial-, Arbeitslosen- und Pflegeversicherung), werden die betrieblichen Sozialleistungen durchforstet, um den Anstieg der Lohnkosten zu begrenzen. Dabei geraten auch soziale Sicherheiten wie betriebliche Gesundheitsfürsorge und Alterssicherung in die Diskussion. Eine klare Zielsetzung und Perspektive zu formulieren, was erreicht und erhalten werden soll und wie es in der Zukunft z. B. um die Sicherheit der Arbeitsplätze oder essentieller Sozialleistungen bestellt sein wird, darin tun wir uns außerordentlich schwer angesichts der großen Differenz der Lohnkosten zum Ausland. Unsere belohnende Personal- und fürsorgende Sozialpolitik der Vergangenheit muß sich in einem noch vor kurzem unvorstellbaren Maße dem Primat der Wettbewerbsfähigkeit unterordnen.

Der Druck, der vom Markt ausgeht, wirkt sich unmittelbar auf alle Mitarbeiter aus. Die Führungskräfte stehen unter verstärktem Leistungsdruck, wobei gleichzeitig die Hierarchien ausgedünnt und damit ihre Positionen abgebaut werden. Der Glaube nimmt zu, zur Bewältigung der Krise müsse wieder härter »durchgegriffen« werden; gesucht sind »Hardliner« als Sanierer. Führung und Zusammenarbeit sind vermehrt gekennzeichnet durch Anweisungen (und unausgesprochenen Befürchtungen). Kein Wunder also, daß allenthalben eine latente oder offen ausgedrückte Unzufriedenheit herrscht und Meldungen die Runde machen, fast jeder zweite Mitarbeiter sei nicht mehr richtig motiviert.

In einer solchen Situation kann das Ziel für uns im Unternehmen nur darin bestehen, diese unvermeidliche Unzufriedenheit nicht bis zur Apathie und Resignation kommen zu lassen, sondern allen Mitarbeitern zu verdeutlichen, daß die Situation nur durch gemeinsame Anstrengungen und Veränderung dauerhaft gebessert werden kann. Wie aber kann das erreicht werden? Sicherlich nicht mit einer einzigen, einfachen Maßnahme. Vielmehr ist eine Analyse der eigenen Situation erforderlich und dann ein Bündel von Maßnahmen mit je standortspezifischer Ausprägung. Die wichtigsten betreffen die Informationspolitik, die Art der Tätigkeit mit zugehöriger Verantwortung und anwendungsorientierter Weiterbildung und die Führungskultur zusammen mit einer Wertschätzung der Leistungen der Mitarbeiter.

Bei der Informationspolitik kommt es vor allem darauf an, offen mitzuteilen, mit welcher Strategie und welchen Maßnahmen welche wirtschaftlichen Ziele mittel- und langfristig erreicht werden sollen. Wie sollen die Mitarbeiter Veränderungen aktiv unterstützen, wenn sie nicht wissen, wohin »die Reise gehen soll«, wenn sie keine Perspektive haben? Diese Informationen müssen frühzeitig erfolgen, sobald die Planungen erstellt sind. Sie müssen auch die Gründe angeben und mitteilen, nach welchen Kriterien und auf welche Weise Veränderungen geschehen sollen. Verunsicherte Mitarbeiter mögen zwar kurzzeitig erhöhte Leistungen bringen, um ihren Arbeitsplatz nicht zu gefährden, langfristig wird aber ein solches Bewußtsein, hilfloses Opfer zu sein, ihre Identifikation und ihren Leistungswillen untergraben. Im Rahmen einer offenen Informationspolitik müssen daher Aussagen über die Arbeitsplatz- und Einkommensentwicklung wie auch darüber enthalten sein, welche Sozialleistungen gestrichen, gekürzt oder umgeschichtet und welche erhalten werden sollen. Nur von informierten Mitarbeitern ist zu erwarten, daß sie Verständnis für unternehmerische Maßnahmen entwickeln und einsehen, daß nur der Erfolg des Unternehmens Bedingungen für akzeptable Beschäftigung schafft.

Bei den heutigen Arbeitsbedingungen wird ihnen das aber schwerfallen: Im Zuge der Arbeitsteilung sind immer noch viele Tätigkeiten so »atomisiert«, daß der einzelne sie nicht mehr als sinnvoll erlebt und sich für die Ergebnisse nicht mehr verantwortlich fühlt. Damit sank die Motivation und das führte zu der allgemein beklagten geringen Leistungsbereitschaft. Das muß nicht so sein. Untersuchungen zum Wertewandel besagen, daß die Bereitschaft, Verantwortung zu tragen, gestiegen ist. Ebenso wissen wir, daß der größte Leistungsanreiz eine Arbeit ist, die herausfordert und auch Spaß macht. Da die hohe Arbeitsdifferenzierung auch zu hohen Transaktionskosten führte, versuchen wir, zu korrigieren. Gesucht sind ganze Prozesse, die von einzelnen oder Teams kompetent verantwortet werden können. Das Ziel heißt *Empowerment* der Mitarbeiter, auch durch entsprechende Personalauswahl und Personalentwicklung. Dann besteht die Chance, Arbeitsabläufe produktiver und kostengünstig zu gestalten und gleichzeitig die Arbeit an sich wieder attraktiv zu machen. Das wäre die stärkste Motivationsquelle: Spaß und Interesse an der Sache. Gelingt dies, dann ist eine Vorbedingung gegeben, langfristig wieder innovativer zu sein, Produkt- und Produktionszyklen zu beschleunigen, Kosten zu senken und dem Kunden besseren Service zu bieten; kurz: wieder einen Vorsprung vor Mitbewerbern zu erlangen.

Dazu müssen aber auch die anderen Randbedingungen stimmen, wie etwa Arbeitszeiten und Bezahlung (als *Hygienefaktor*). Eine höhere Produktivität und Ansprechbarkeit für die Kunden setzt neue und flexiblere Arbeitszeitpläne voraus. Diese hätten den zusätzlichen Vorteil, daß die Mitarbeiter auch hierbei mehr Gestaltungsmöglichkeiten hätten, um z. B. auf ihre Familie oder Verkehrssituation mehr Rücksicht zu nehmen. Die Voraussetzungen für neue Arbeitszeitpläne zu schaffen, wird in den Manteltarifverhandlungen der Versicherungswirtschaft besprochen. Verschiedene Testfelder in den Betrieben zeigen ermutigende Ergebnisse.

Ein Neugestalten der Geschäftsprozesse, der Randbedingungen und ein Empowerment der Mitarbeiter erfordert auch eine Weiterentwicklung der Führung in den Betrieben. Mit kompetenten Mitarbeitern, die Prozesse verantworten, Probleme des Kunden eruieren und möglichst lösen, müssen wir eher partnerschaftlich umgehen, d. h. sie sind frühzeitig mindestens über Ziele und Planungen zu informieren, wenn nicht in diese einzubeziehen. Außerdem muß ihre Führung gekennzeichnet sein durch gemeinsame Zielsetzung, Raum geben für Handlungsinitiativen, verständnisvollen Umgang mit Fehlern und Ermunterung zu Qualifizierung. Dieses muß erworben werden: bei den Mitarbeitern durch bedarfsgerechte Weiterbildung, damit sie kompetent Verantwortung übernehmen können, bei den Führungskräften durch Schulungen des neuen Verhaltens und seiner Anwendung. Werden die Gestaltungsmöglichkeiten von allen genutzt, dann können Mitarbeiter wie Führungskräfte so handeln, daß sie Erfolg haben. Und eigene Erfolge machen Spaß und schaffen Motivation, die durch eigenes Erleben wie durch Rückmeldungen von Kunden, Kollegen wie Führungskräften dauerhaft erhalten und gestärkt werden kann. Solche Mitarbeiter sind nötig, um die Herausforderungen der heutigen Krise wie die der Zukunft zu meistern.

Beitrag abgedruckt in: *Blick durch die Wirtschaft*, *FAZ* vom 10.8.1994.

The Dimensions of Successful Management Today

In Germany, everybody knows Allianz, or at least he or she certainly knows its products. Everybody has insured his or her health, life, liabilities, car and house. Moreover, everybody's annual bill for insurance comes close to or exceeds communication costs: telephone, telefax, internet or other value added services. My total insurance bill exceeds that of communications by a factor of five. Therefore, I know the insurance companies better than the telecommunications firms.

The insurance business is a classical service: There is no hardware. Instead we promise security. You give me 100 Marks per month, I promise you 30 years later 106,000 Marks capital payment or a lifetime pension of 800 Marks monthly. If you qualify for the payment on reaching 65, we will pay you an average monthly instalment for another 19 years. What does this mean: If you become a customer when you are 35 years old, you will stay with us for 49 years.

Another example, a chemical company is insured against environmental damage: 20 years after a particular product has been developed and marketed, substantial bodily injury occurs and the liability protection has to be invoked. Such a case might even occur 40 to 50 years after a product was made.

What kind of management skills do we need to manage this kind of business?

- Those which »create value based on ultra-rapid and profitable growth« (Peter Lorange)?
- Which accelerate the product cycle?
- Which look like business warriors? Which fight competitors for life or death over market share? (how a German boss of a car-manufacturer has recently been described)
- Which have shareholder value everyday at the front of his/her mind?

One of the undisputed leaders in this business once said to me: what is *in* these days is to stick to basics, to reliability and steadiness, and not to follow all the new management ideas and facts coming out of consulting and business schools.

Well, this attitude has been successfully practised in our company for 106 years. Few of the fortune 500 can claim that for themselves.

Customers in our business are relying on the steadiness of our products and count on us living up to our promises on the longest time scale in the business life cycle that can be imagined, perhaps only exceeded by the nuclear power industry,

where waste must be taken care of many generations. But there is another side to our business:
- In 1994, the business was deregulated (in Germany; other countries did it earlier). This led to accelerating competition, particularly between companies operating in the same national market
- The Euro will raise the degree of competition even higher because the customer may take his coverage Europe-wide without any risk of exchange rate fluctuations.

Under these circumstances, two aspects are becoming increasingly important:
- Cost control of the contract and claims' processing and marketing/sales efforts to improve price competitiveness
- The return on assets, which means optimising the return on the mix of fund investment in international markets.

Remember, the insurance industry is one of the major collectors of financial funds. Allianz world-wide has invested about 320 billion Marks.

Future Requirements of Business Leaders in the Insurance Industry

The market is shared by hundreds of competitors. In the past, they could all make a good living in protected markets. But they have now had to become sharks in order to survive. Banks are now joining the market place, thus widening customer choices even further.

Protecting long term survival by concentrating on key business areas and forging alliances with others are management's highest priority.

New methods and technologies in marketing and sales, through customer call centres or direct marketing must be combined with an agent strategy which remains effective.

Processing contracts and claims in close relationship with the agents to improve customer relationships needs substantial and careful investment in data processing and networking. Changing the attitudes of management and employees to achieve more effective customer interaction and support the sales force needs far reaching reeducation.

The insurance business is becoming increasingly international. The global corporation needs global coverage. New markets are developing in Asia, as well as in the former eastern block countries and South-America. One commentator –

Engels (Wirtschaftswoche) – wrote somewhat cynically on the Cairo conference on women's demand for equal opportunity: Life insurance is the best weapon against overpopulation. Capital must protect against ageing, rather than children. We may argue with that but expectations are that markets are growing in those countries where the middle classes are beginning to develop.

These are some of the requirements of present and future management. In our industry we need both steadiness and reliability, and innovation and change.

Role Models in Management

Successful managers can have very different profiles.
- The analytical financial engineer
- The dynamic cost cutter
- The empowering trouper
- The visionary leader who sorts out the pieces and puts them together again in a new pattern

What do they all have in common?
1. They have great strengths but also some severe weaknesses
   - The analyst does not know the product-markets
   - The cost cutter cannot win over the customer and loses market share
   - The empowering trouper has no product experience
   - The visionary leader can lose his team and miscalculate his company's management skills

All were successful, but at the very end, all were condemned to be losers.
- They are characterised by a short distance from brain to mouth, and vice versa
- They are very ambitious, all wanting to be N° 1 and unfortunately, are very often bad teamplayers
- They are in general good financial analysts
- They have a good understanding of technical innovation, but only sometimes respect for engineering, natural sciences, customer needs and visionary product and service developments
- They are often though by no means always public relations-oriented
- They are cool towards others, but themselves sensitive.

These people were all trained by business schools and through in-house training. But did we teach them the right balance?

Management in insurance will certainly have to face up to challenges in the future, particularly in the way we manage people. Let me briefly remind you of the situation which colleagues of my age have had to deal with during their careers.

On joining the company recruits worked the first years as professionals within a department, having goals set by our manager, working face-to-face with him and within the team. When the workload grew, new hirings were made, new teams were installed and so on. It was a world of growing markets and promotions from within, face-to-face relationships, managers were appointed and personnel systems and programmes were aimed at supporting people management. Step by step we were assigned new job opportunities, internationalised for foreign assignments, attended management training and moved up in the ranks.

But very significant changes have come in.

First; even if the potential recruit has good qualifications, there is no guarantee that he/she will quickly find a job in a corporation. Part-time, temporary work or so called self-employed work increasingly becomes the way to start the work of a life time. Companies expect international experience before employment. There is seldom any more growth from the inside. We outsource jobs to suppliers and independent agencies. Management becomes co-ordinator of a bunch of separated and outsourced units. There are no longer face-to-face working relationships. Target setting and coordination among personal and performance control are assuming crucial new significance.

Even within companies departmental structures are dissolving. The temporary task force organisation is supposed to solve fast emerging challenges. Thinking in hierarchical career ladders has to change, but it is very difficult to leave it behind since it seems to be engrained in a businessman's nature, perhaps supported by his education, where the big Cs (Chairman, Chief Executive Officer, Chief Financial Officer etc.) are the role models of knowledge and behaviour. I think business schools' curricula and case studies reinforce this view of management.

Management within the organisation is gradually changing. So far, we have still not fully realised the impact of information technology on communications management, particularly in the service industry. We still are building large administrative agglomerations, although we are beginning to imagine that 30 to 40 % of our jobs could be executed by tele-working, where people stay at home or in their fully equipped car offices for 80 % of their working time, and enter companies only for goal setting, performance control, the emotional pieces of educational and industrial relations.

That's a scenario for people management, which is certainly different from the starting point of 25 years ago. The attitudes and abilities for entrepreneurship must be fostered. When we offer opportunities today to become self-employed, demand for independent insurance agent jobs in general is low, and among highly qualified candidates it approaches zero. If you believe that that is due to the simplicity of the job, you would be totally misled. An agent manages the full scale of financial services from capital-management, life, health, casualty and liability insurance, right through to financing for home building loans, for a very broad range of customers – from the simple car driver to the world wide entrepreneuring business company. Too many people think in terms of yesterday's career patterns; that must be changed. As a key qualification, team orientation should not be more important than self awareness and the will to survive in an unprotected environment, where you have to integrate flexibility in a changing environment.

What Can We Do in Education?

We all talk about the need of life long learning, the turnover span of knowledge and the break up of traditional life phases – education, working time and retirement. But the educational system does not reflect, or even begin to reflect, these concepts. What we prefer today is Henzler's T-based career attached education (TBCAE) system. That means intensive indepth training in one area of interest and some general topics. Then the business life is started and subsequently regular training is provided on job related and relevant extended subjects out-house and in-house.

The German university system still follows the idea of education which is »once in a lifetime base and forever«. This system ought to be changed, but it will take more time than I can foresee.

Where do business schools fit into this scheme? Some, such as USW, contribute with their short term, well focused programmes. But there is certainly room for improvement as far as true professional training is concerned.

This is not the appropriate setting to discuss »technical« knowledge. Quite obviously in-depth knowledge of at least one area of a profession is the base to master a job.

There is need for personality training in key qualifications such as
- *The ability to learn* and extend skills by self commitment
- *Self-reliability* and at the same time adaptation to a changing, cooperative environment with a whole range of distinct professionals
- *Ethical behaviour.* The basis of the Ten Commandments and Kant's ultimate directive becomes increasingly unknown. Therefore, even simple things must be taught such as:
Don't make promises you cannot live up to.
If you lure away key people from your competitor, use them well.
Don't unilaterally declare foreign income as non taxable, at least not in Germany.
Don't travel on an expense account if you visit your son privately.

In conclusion, we should not try to find and develop the ideal personality, blue-eyed and grey-suited, three-languaged, money-driven, key-qualified management robots.

We need rather a broad variety of strengths but managers should have three attitudes in common:
- Sense of profitable growth for the respective company
- Willingness for change
- And a strong commitment to the welfare of people.

Business schools have a strong obligation to contribute to these educational goals.

Beitrag abgedruckt in: *efmd Forum*, 1997, Heft 1, S. 52–54.

Führungskräfte und Geführte eine Schwerpunktverlagerung in der betrieblichen Personalpolitik[1]

Ausgehend von der historischen Entwicklung unserer heutigen, tayloristisch geprägten Organisationsstrukturen wird die Frage gestellt, welche Art der Führung damit verbunden war und wie diese durch die betriebliche Personalpolitik unterstützt wurde. Anschließend werden die heute absehbaren Veränderungen daraufhin geprüft, welche Auswirkungen sie wahrscheinlich auf die künftige Art der Führung haben werden. Darauf aufbauend wird skizziert, welche Folgen das für die Personal- und Sozialpolitik im Unternehmen haben kann.

Historische Entwicklung unserer Organisationsstrukturen

Der wirtschaftliche Wettbewerb hat sich in den letzten Jahren deutlich verschärft, national wie international. Als die Rezession der letzten Jahre begann, kam dies für viele deutsche Unternehmen überraschend. Als Folge versuchten sie alles, um kostengünstiger zu produzieren, um bessere Erträge zu erzielen und Innovationen zu tätigen. Gleichzeitig wurde deutlich, daß in allen hoch industrialisierten Nationen ähnliche Probleme bestanden. Man kann also von einer Strukturkrise der Industrienationen sprechen. Diese betrifft die Produktionsabläufe ebenso wie die Formen und Strukturen der Arbeit und Führung.

Unsere heutigen Organisationsstrukturen entstanden in den 20er Jahren des 20. Jahrhunderts. Ziel dieser Strukturen war es, Massenfertigung wie auch Diversifikation der Unternehmungen zu ermöglichen und so Economy of Scale zu realisieren. Kennzeichen dieser Strukturen sind im Produktionsbereich die Austauschbarkeit der Teile, in der Produktionssteuerung die divisionale Untergliederung mit straffer Planung und Kontrolle. Entsprechend hatte Arbeitsteiligkeit auch in der Administration zu herrschen. So entstanden funktional getrennte Organisationseinheiten (Entwicklung, Produktion, Vertrieb, Verwaltung) und die heutige pyramidenartige Organisationsstruktur unserer Unternehmen. Das System war für Massenfertigung sehr sinnvoll und für die expandierenden Verkäufermärkte der 50er und 60er Jahre außerordentlich vorteilhaft, die zum Teil

---

[1] In Zusammenarbeit mit Peter Jung.

bis in die 8oer Jahre hinein bestanden. Es bescherte uns letztlich unseren heutigen Wohlstand.

Die heutige wirtschaftliche Strukturkrise stellt sich in allen Industrienationen ähnlich dar: Die Märkte sind für Produkte der Massenfertigung in Regionen mit entwickelter Kaufkraft gesättigt, d. h. sie sind von Verkäufer- zu Käufermärkten geworden, auf denen die Produkte sich bei vergleichbarer Qualität nur noch über den Preis verkaufen lassen. Gleichzeitig sind die Kunden nicht mehr einfach mit vorgegebenen Massenprodukten zufriedenzustellen. Sie wollen Produkte, die speziell ihren Wünschen und Bedürfnissen entsprechen, gleichzeitig aber qualitativ und preislich attraktiv sind. Damit werden zum Teil andere Produkte als früher verlangt, und die Produktnachfrage ändert sich schneller. Das zeigt sich insbesondere – wenn auch aus zusätzlichen Gründen – im Hightech-Bereich, wo Produktinnovationen besonders schnell aufeinander folgen und wo die Märkte sich schnell verändern. Hinzu kommt, daß die früher eher national geprägten Märkte zunehmend für große Produkt- und Dienstleistungsbereiche weltweit zusammenwachsen. Das gleiche gilt für bisher eher separate Technologien und Dienstleistungen. Man kann also sagen, die Markt- und Wettbewerbssituationen der Unternehmungen befinden sich derzeit in einem Wandel hin zu schnelleren Innovationen und schnellerer Anpassung an Kundenwünsche.

Auswirkungen auf die Personalpolitik

Wenn derzeit vieles danach aussieht, daß wir unsere Art der »Produkterstellung« – im Produktions- wie im Dienstleistungsbereich – radikal überdenken und eventuell verändern müssen, dann wird das wohl auch Auswirkungen auf die innerbetriebliche Personalpolitik haben. Dazu müssen wir unsere bisherige Art der Personalpolitik und auch der -führung analysieren, überdenken und eventuell anpassen. Zwei grundsätzliche Fragen, die dann zu stellen und zu beantworten sind, lauten:
⇢ Welche Personalpolitik stützt welches Führungssystem?
⇢ Müssen wir aufgrund sich verändernder Bedingungen auch unsere personalpolitischen und sozialpolitischen Maßnahmen ändern, um ein entsprechend verändertes Führungssystem zu unterstützen?

Je früher wir damit beginnen, diesen Fragen nachzugehen und die eventuell notwendigen Veränderungen einzuleiten, desto früher sind wir auch von der Personalseite her für einen veränderten Wettbewerb gewappnet.

Kennzeichen des bisherigen Führungssystems

In der bisherigen divisionalen und funktionalen Unternehmensstruktur liegt die Verantwortung bei den obersten Ebenen. Sie leiten das Unternehmen. Man könnte sagen, es herrsche in der Hierarchie die Überzeugung: »We run the company.« Diesem Organisationsaufbau liegt eine rationale Überzeugung zugrunde, Unternehmen seien Maschinen vergleichbar, die von einer Person gesteuert werden können und deren Teile ineinanderzugreifen und zu funktionieren haben. In den Ebenen darunter kommt es zu einer Aufgabenverteilung, in der die Führungskraft in ihrem Verantwortungsbereich entscheidenden Einfluß hat, während die Mitarbeiter »ausführende Organe« sind. Unterstützt wird der dominierende Einfluß der obersten Ebenen durch die vertikalen Kommunikationskanäle. Dadurch werden Informationen gefiltert und ein Austausch in Querrichtung verhindert. Gleichzeitig werden so auf den jeweils tieferliegenden Ebenen Informationen und Wissen fragmentiert, d. h. jeder darf offiziell nur das ihm oder ihr zustehende Wissen und die entsprechenden Informationen besitzen (»Need-to-Know-Prinzip«). Abwärts wie aufwärts ist der Kommunikationsverlauf nach rationalen und kausalen Regeln gestaltet. Jedes Mitglied einer solchen Organisation hat seinen genau bezeichneten Ansprechpartner, an den es zu berichten hat oder von dem es Informationen und Aufträge erhält.

Damit ist die Personalverantwortung einer Führungskraft für die ihr unterstehenden Mitarbeiter eingeführt. Die Situation der Zusammenarbeit zwischen Führungskraft und Mitarbeitern ist in diesem System eine »Face-to-Face-Situation«, d. h. Führung erfolgte in direkter Zusammenarbeit und Kommunikation. Das wiederum setzt voraus, daß alle einen gemeinsamen Arbeitsort haben und alle zu bestimmten definierten Arbeitszeiten an diesem Ort arbeiten (*the 9 to 5 employee*). Damit hat die zuständige Führungskraft in diesen festen Zeitgrenzen einen direkten Zugriff auf ihre Mitarbeiter und kann diese auch ständig kontrollieren und überwachen. Entsprechend gibt es ein mehr- bis vielstufiges System der Ausstattung zur Belohnung, die durch die jeweilige Führungskraft verliehen wird.

Kennzeichen bisheriger Personalpolitik

Im Bereich der Führung verbindet sich diese Auffassung mit der Methodik des »Scientific-Human-Resources-Managements«. Dieses versucht, die Führungsphilosophie mit einer rationalen Methodik zu unterlegen. Dadurch sollen auch die Zusammenarbeit und die Führung einem rationalen Planen, Umsetzen und Kontrollieren zugänglich werden. Ausgangspunkt ist eine Überzeugung, die überspitzt formuliert etwa so lauten könnte: »Alles läßt sich rational in den Griff bekommen, man braucht nur die geeigneten Systeme.« Diesem Ansatz entsprechen die Personalsysteme, die vor allem seit den 60er Jahren im Personalwesen entwickelt wurden: Es handelte sich um »vollintegrierte psychotechnische Systeme«. Dazu gehören z. B. die funktionale Aufgaben- und Arbeitsbeschreibung mit anschließender analytischer Arbeitsbewertung, oder auch die Leistungsbeurteilung mit häufig vorgeschriebener Verteilung und vorgeschriebenen Kriterien. Auf Basis der Leistungsbeurteilung erfolgt die integrierte Gehaltsfindung, d. h. Abstufungen in der Gehaltsleistung und auch z. B. in der Altersversorgung weisen in die gleiche Richtung. Die mit dem pyramidenartigen Aufbau verbundene Titelstruktur stabilisiert das System. Sie genügt mehreren Aspekten: Sie regelt die Informationsflüsse, die Zuweisung von Anerkennungen und Befugnissen wie auch den Umfang der Anweisungsvollmachten. Folgerichtig findet auch die Potentialbeurteilung der Mitarbeiter durch den jeweiligen Vorgesetzten statt. Aus diesen Gestaltungsprinzipien entwickelten sich auch die heutigen Tarifvereinbarungen, die im Produktionsbereich entstanden, heute aber genauso im Dienstleistungsbereich gelten.

Man kann feststellen, daß die eigentlich im Produktionsbereich entstandene Form des Unternehmensaufbaus, der Führung wie auch der Personalpolitik sich auf den Bereich der Dienstleistungen und des Dienstleistungsdenkens ausgedehnt hat. Ein deutliches Kennzeichen hierfür ist, daß auch im Dienstleistungsbereich die Leistungserbringung arbeitsteilig erfolgt und in der Regel in Stück und Zeit gemessen wird. Insgesamt kann man sagen, das heutige Personalsystem stützt eine divisionale und funktionale Unternehmensstruktur und durch das »Top-down-Vergabeprinzip« die Autorität der ernannten Führungskräfte.

Veränderungen in der heutigen Führungssituation

Die wahrscheinlich gravierendsten Veränderungen werden im Umgang mit Wissen erfolgen und damit auch die Art der Zusammenarbeit und der Führung beeinflussen. Das vorhandene Wissen und die Art seiner Anwendung beeinflussen entscheidend, ob ein Unternehmen neue Produkte zu schaffen, vorhandene zu verbessern und Produktionsverfahren zu beschleunigen und kostengünstiger herzustellen vermag. Betroffen von den Veränderungen werden sehr wahrscheinlich sowohl die Herkunft des Wissens als auch der Kommunikations- und damit Wissensfluß im Unternehmen und die Wissensverteilung. Bisher wurde Wissen in verschiedenen Organisationseinheiten gesammelt und durch die vertikalen Kommunikationskanäle in die oberen

Ebenen transportiert. Dabei wurde es immer mehr verdichtet, gereinigt, interpretiert und manchmal auch unterdrückt. Erst in der obersten Ebene war umfassendes Wissen vorhanden, das strategische und operative Planungen erlaubte.

Die bisherigen, relativ stabilen Verkäufermärkte scheinen sich zunehmend mehr in variable Käufermärkte zu wandeln und damit dieses Prinzip zu verändern. Je stärker Käuferwünsche den Markt bestimmen, desto entscheidender wird das Wissen jener Mitarbeiter, die dauernd direkt mit dem Markt bzw. den Kunden zu tun haben. Gleichzeitig wächst global das verfügbare Wissen immer schneller und kann nicht mehr ausschließlich selbst gesammelt werden. In zunehmendem Ausmaß muß daher auf Spezialwissen außerhalb des Unternehmens zurückgegriffen werden. Damit wird eine wichtige künftige Führungsaufgabe darin bestehen, neue Informationen und neues Wissen so schnell wie möglich zu sammeln bzw. zu lernen und dann innerhalb des Unternehmens überall dorthin zu verteilen, wo es von Nutzen sein könnte. Im Unternehmen muß praktisch eine Sammelstelle für die verschiedenen Informationen und das unterschiedliche Wissen geschaffen werden. Diese Sammelstelle muß ähnlich agieren wie eine »Universität«, d. h. sie muß das Wissen allen verfügbar machen und unter Umständen sogar Methoden entwickeln, es schnellstmöglich und effizient zu vermitteln. Diese Fähigkeit wird vermutlich mit darüber entscheiden, ob ein Unternehmen bei den sich schnell wandelnden Märkten der Zukunft Wettbewerbsvorteile erzielen kann.

Bei dieser neuen Aufgabe wird die Computertechnik helfen. Computernetze im Unternehmen wie auch zu Kunden und anderen Unternehmen nehmen zu. Gleichzeitig zeigen sich am Beispiel des weltweiten Internets die Vor- wie die Nachteile dieser Entwicklung. Die zunehmende Vernetzung führt zu einem hierarchielosen, allerdings auch unsortierten Fluß einer steigenden Menge an Kommunikationen. So sind im Internet die verschiedensten Informationen vorhanden, allerdings für den einzelnen, mit dem Internet nicht vertrauten Benutzer sehr schwer aufzufinden. Ähnlich kann es künftig in Unternehmen sein: Es sind künftig praktisch alle Informationen in den Netzwerken vorhanden, in der Regel aber unsortiert.

Die Aufgabe der Führungshierarchie kann sich dann in Richtung einer Kommunikationssortierung ändern, d. h. sie muß aus diesem unsortierten Fluß an Informationen die entscheidenden herausfiltern, bündeln und verfügbar machen. Dabei geraten aber wohl die klassischen Führungsvorteile eines Wissensvorsprungs ins Wanken. Computernetzwerke gestatten ein rasches Verteilen und Abrufen von Wissen im gesamten Unternehmen, praktisch zeitgleich und sieben Tage die Woche rund um die Uhr. Vorausgesetzt, man kann es aus dem unsortierten Wissensstrom herausfiltern oder man hat Zugriff zu vorsortierten Informationen. Je geringer die

Halbwertszeit des Wissens wird, desto mehr wird es auf solche Fähigkeiten ankommen. Aufnahme, Verarbeitung und Anwendung neuer Informationen in Form neuer oder verbesserter Produkte wird ein zunehmend bedeutsamerer strategischer Wettbewerbsvorteil. Die Wissensverteilung per Computernetze bedeutet aber auch, daß die oberen Ebenen nicht länger das bessere Wissen haben. Aufgrund der erforderlichen Sortierung und Konzentration wird ihnen das erforderliche Wissen erst mit einer gewissen Zeitverzögerung zur Verfügung stehen. Eine der Herausforderungen an die künftige Führung wird es sein, diese Verzögerung so gering als möglich zu halten, d. h. sicherzustellen, daß die Mitarbeiter »vor Ort« ihr neues Wissen möglichst schnell zugänglich machen und dessen Aufnahme und Verteilung durch die interne »Universität« schnellstmöglich erfolgt.

Der veränderte Umgang mit Informationen, zusammen mit ökologischen Überlegungen und dem zunehmenden Ausbau von Datenübertragungsmöglichkeiten wie etwa dem ISDN-Netz, lassen Standortüberlegungen in einem vollkommen neuen Licht erscheinen. Eine Konzentration der Mitarbeiter an einem Ort wird nicht mehr zwingend sein. Über ISDN-Netze sind heute zeitgleich Daten, Texte, Gespräche und Bilder übertragbar, auch Videoaufnahmen. Beispiele sind hier Videokonferenzen, Konferenzen per PC und Telearbeit. Besonders in vielen Bereichen des Dienstleistungssektors wird Leistungserbringung in Zukunft ortsunabhängig sein. Sie kann an verschiedenen Orten erfolgen und über Netze zur eigentlichen Leistung gebündelt werden. Denn hierbei wird letztlich mit Informationen gearbeitet. Dies gilt weniger für den Produktionsbereich, wo mit Materialien umgangen wird. Dort ist eine Fixierung auf einen Standort systemimmanent. Ökologische Überlegungen werden den Wandel von physischer Verkehrstätigkeit hin zu Datentransfer noch fördern.

Der zunehmende Wertewandel in unserer Gesellschaft ist eine weitere Quelle für Veränderungen der Führungssituation. Die Menschen, auch die Mitarbeiter eines Unternehmens, wollen zunehmend auch mehr Verantwortung für ihre berufliche Entwicklung übernehmen. Sie besitzen oft deutlich mehr Wissen und Können als früher und auch mehr materielle Möglichkeiten. Dies führt hin zu einer Entsprechung der Erwartungen: Je höher der Anspruch des Unternehmens an die soziale Kompetenz seiner Mitarbeiter, desto höher sind deren Erwartungshaltungen gegenüber dem Unternehmen hinsichtlich Mitverantwortung und Personalführungsstil. Aufgrund der besseren materiellen Möglichkeiten und des umfangreicheren Wissen und Könnens fühlen sich die Mitarbeiter aber auch unabhängiger vom Unternehmen, man könnte auch überspitzt sagen, sie sind bindungsloser und egozentrischer. Diese Entwicklung hin zur Individualität wird auch durch die öffentliche Darstellung unterstützt. Damit wird es in Zukunft eine entscheidende Führungsaufgabe sein, solchen

Mitarbeitern den Sinn und die Bedeutung ihrer Arbeit zu vermitteln und sie so zu motivieren und gleichzeitig an das Unternehmen zu binden.

Folgen für die Personal- und Sozialpolitik im Unternehmen

Unsere bisherigen Instrumente der Personal- und Sozialpolitik sind diesen neuen Situationen nicht immer angemessen, sie müssen ergänzt oder erneuert werden. Das gilt insbesondere für *zentrale Programme* mit detaillierten Vorschriften, wie einzelne Aspekte der Personalarbeit zu handhaben sind. Da der Einsatz der Technik und ein anderes Führungssystem wahrscheinlich Zentralisierungen eher zur Ausnahme machen werden, müssen die Systeme vermehrt eine flexible Handhabung erlauben. Sie sollten aus Rahmenvorgaben bestehen, zu denen geeignete, einfach zu handhabende Methoden angeboten werden. Dann kann die einzelne Organisationseinheit sie auf ihre speziellen Bedürfnisse hin adaptieren. Damit wird sich die *Rolle des Personalwesens* von einer eher dirigierenden und kontrollierenden *zu einer mehr beratenden und unterstützenden* Funktion verändern.

Führungsaufgaben und Rolle der Führungskraft

Die beschriebenen Änderungen werden auch die Führungsaufgaben und die Rolle der Führungskraft beeinflussen. Bisher werden Führungskräfte ernannt und ihnen eine bestimmte Anzahl Mitarbeiter fest zugeordnet, d. h. jeder Mitarbeiter weiß genau, welche Führungskraft für ihn zuständig ist. In einem System deregulierter Arbeitsorte wie Arbeitszeiten können solch starre Zuordnungen kaum überleben. Besonders dann nicht, wenn auch Führungskräfte zu flexiblen Zeiten und u. U. auch an flexiblen Arbeitsorten ihrer Tätigkeit nachgehen können. Es spricht vieles dafür, daß wir zu einem System *variater Führung und variater Führungskräfte* kommen werden. Damit ist gemeint, die jeweils anwesende Führungskraft ist der Ansprechpartner der jeweils anwesenden Mitarbeiter bzw. die Mitarbeiter, die gerade an unterschiedlichen Orten arbeiten, können über Computernetze die jeweils (im Netz) anwesende Führungskraft befragen und diese ist zu diesem Zeitpunkt für sie zuständig. Ein solches System ist für manche Unternehmen keine Utopie mehr.

Die vermehrte Einführung von Gruppenarbeit in »teilautonomen Gruppen« verändert ebenfalls die Führung. In solchen Gruppen haben die Mitarbeiter mehr Eigenverantwortung als bisher, z. T. auch solche, die bisher bei den Führungskräften lag. Die künftige Aufgabe des Gruppenleiters wird sich dann viel stärker als

z. T. heute auf seine eigentliche Führungstätigkeit konzentrieren: Er hat die richtigen Mitarbeiter für seine relevanten Gruppen auszuwählen und dafür zu sorgen, daß diese die erforderlichen Kenntnisse und Kompetenzen haben, um ihre Aufgaben und ihre Verantwortung wahrnehmen zu können. Damit wird die bisherige »ernannte« Führung künftig viel stärker durch Inhalte geprägt sein. Gleichzeitig wird es mehr darauf ankommen, daß die Führungskraft koordiniert, moderiert und ausbildet und dabei von den Mitgliedern der Gruppe auch informell akzeptiert wird, also in gewisser Weise von diesen »gewählt« ist. Überlegungen zu veränderten Formen der Führung wie etwa zu *Führung auf Zeit*, *Projektführung* oder *Fachführung* gibt es mittlerweile vielerorts, ebenso wie derzeit für den öffentlichen Dienst überlegt wird, Führungskräfte auf Probe zu ernennen und ihnen erst nach einer erfolgreichen Probezeit die Aufgabe endgültig zu übertragen.

Auch die zunehmende Beschäftigung mit den sogenannten Kernprozessen wird das Führungssystem beeinflussen. Dabei wird meist eine Reihe von »Satellitenprozessen« identifiziert, die anders organisiert werden können. Das Outsourcing ist die bekannteste Möglichkeit, Satellitenprozesse neu zu organisieren. Die Wahrnehmung solcher Prozesse wird oft auf Fremdfirmen übertragen, oder es werden Unternehmensteile ausgelagert, die diese Prozesse als eigenständige Unternehmen betreiben. In dieser Form sind auch »Insourcing«-Reversionen aus Gründen der Beschäftigungssicherheit, Qualität, Prozeßintegration etc. beobachtbar. Eine andere Form ist die Bildung von Beratern, d. h. jene Mitarbeiter, die diese Prozesse bisher betreuen, scheiden als Festangestellte aus und arbeiten als Selbständige, die mit dem Unternehmen nur noch durch Beraterverträge verbunden sind. Wenn solche Organisationsformen zunehmen, dann werden dafür neue flexible Formen der Führung gefunden werden müssen. Die Betreuung solcher Satellitenprozesse wird besondere Anforderungen an die dafür zuständigen Führungskräfte stellen. Diese haben keinen direkten Zugriff mehr im Sinne einer Disziplinarautorität gegenüber diesen Fremdfirmen oder Beratern, sind aber dem Unternehmen weiterhin dafür verantwortlich, daß die Prozesse in der erwünschten Art und Weise Leistungen erbringen. Die Führungsaufgabe hierbei wird viel stärker als heute gekennzeichnet sein durch Zusammenarbeit und Einflußnahme per Überzeugung und Kooperation.

Arbeitszeit- und Leistungskontrolle

In einem solchen System, das mehr Selbstverantwortung zuläßt und fordert, müssen die Prioritäten neu überdacht werden. So wird die heutige Arbeitszeit- und Leistungskontrolle der *Pünktlichkeit und Anwesenheit* bei Flexibilität der Arbeitszeit wie des Arbeitsortes nicht mehr angemessen sein. Gleiches gilt hinsichtlich der zunehmenden Eigenverantwortung der Mitarbeiter und der Auslagerung von Satellitenprozessen. Alle diese Aspekte bedingen eine deutlich stärkere Selbstverpflichtung der Betroffenen und deren Selbstkontrolle bei Arbeitszeit wie Leistungsergebnissen, denn auch diese werden kaum länger in der bisherigen Art kontrolliert werden können. Aufgabe der Führungskraft ist es dann, für gemeinsam akzeptierte, qualitätssichernde Rahmenbedingungen zu sorgen, damit die Selbstverantwortung den Zielen des Unternehmens zugute kommt.

All dies spricht für eine deutlich Veränderung in Richtung *Zielsetzung und Zielvereinbarung*. Die Abfolge Zielsetzung, Zielvereinbarung, Prozeßfolge und Ergebnisüberwachung wird der Schlüsselprozeß des Managements. Dieser ergänzt die »alte« Abfolge Strategie, Planung, Leistungsbeurteilung, Controlling, wenn er diese nicht sogar ersetzt. So können ausgelagerte Satellitenprozesse durch die neue Abfolge erfolgreich gesteuert werden. Und die Zielvereinbarung gestattet ein viel höheres Maß an Individualität und Beeinflussung durch den einzelnen Mitarbeiter. Dieser Übergang wird in Zukunft auch dadurch gefördert, daß unser heutiges System fixer und regulierter Arbeitszeiten sich zunehmend auflösen und in Richtung eines Systems flexibler Arbeitszeiten entwickeln wird. Dann werden nicht mehr alle Mitarbeiter zur gleichen Zeit an einem Arbeitsplatz anwesend sind: Ihre Anwesenheit wird sich eher nach der vorhandenen Arbeitsmenge einerseits und nach den individuellen Bedürfnissen der Mitarbeiter andererseits richten. Parallel dazu werden Computernetze gerade im Dienstleistungssektor eine stärkere Verbreitung besonderer Formen der Arbeit ermöglichen, z. B. heimverbundene Arbeit. Mitarbeiter werden an unterschiedlichen Orten, etwa zu Hause oder in Satellitenbüros, und zu flexiblen Zeiten arbeiten und ihre Beiträge über Computernetze und Datenbanken zur eigentlichen Leistung zusammengefaßt werden.

Förderung und Weiterbildung

Von diesen Entwicklungen wird auch die Führungslaufbahn beeinflußt werden, d. h. die Art, wie Führungskräfte gefördert und befördert werden. Die Beurteilung von Führungskräften muß sich künftig stärker als bisher am einzelnen Projekt, an der Prozeßbetreuung, an Fällen ausrichten und daran, inwieweit Führungskräfte dafür sorgen, daß die richtigen Mitarbeiter die richtigen Aufgaben übernehmen und diese auch entsprechend ausgebildet sind und die Kompetenzen haben, ihre Verantwortung wahrzunehmen, oder inwiefern Führungskräfte unternehmens-externe Institutionen führen können. Die Aufzählung verdeutlicht, daß es außer Leistung,

d. h. Erfolg in einer abgelaufenen Aufgabe, kein einheitliches Kriterium mehr geben, und es dabei zu einer multifunktionalen Einstufung der Führungskräfte kommen wird, die darüber entscheidet, wie deren Laufbahn weitergeht.

Wenn der Trend dahingeht, Mitarbeitern mehr Verantwortung zu übertragen und den einzelnen mit umfangreicheren und sinnvolleren Aufgaben zu betrauen, dann muß sich das auch auf das Umfeld auswirken. Heute gilt noch der klassische Grundsatz »Das Unternehmen lehrt«, es ist für die Weiterbildung der Mitarbeiter zuständig. Künftig kann das Unternehmen wohl nicht mehr in allen Einzelheiten erkennen, welche Kenntnisse und Fähigkeiten der Mitarbeiter braucht, um seine Aufgaben sachgerecht wahrzunehmen. Vielmehr wird es der Mitarbeiter selbst sein, der dies am besten erkennen kann. Von unserem Selbstverständnis und unserer Selbstverpflichtung her sind wir heute weit von einer »lernenden Gesellschaft« entfernt. Sicherheit und Festhalten bestimmen unser Verhalten zu stark. Künftig wird jeder selbst Verantwortung übernehmen, sein eigenes Wissen auf dem jeweils aktuellen Stand zu halten bzw. einen Wissensvorsprung zu haben. Von ihm muß die Initiative für seine Weiterbildung ausgehen, die dann vom Unternehmen unterstützt werden kann. Diese Unterstützung wird wohl stärker von CBT oder Multimedia ausgehen als vom bisherigen Classroom-Training. Vor allem auch deshalb, weil diese neuen Medien über Computernetze orts- und zeitunabhängig abgerufen werden können. Dann kann der Mitarbeiter besser in der ihm gemäßen Weise lernen. Seminarpädagogik wird ihre Bedeutung behalten, aber im Umfang abnehmen.

Belohnung und Anerkennung

Unsere jetzigen Gehaltssysteme werden wir den neuen Arbeits- und Führungssystemen anpassen müssen. Bisher erfolgt die Gehaltsfindung eher analytisch, d. h. sie richtet sich u. a. nach dem Zeitaufwand und der Bewertung der Soll-Tätigkeit bzw. eventuell nach dem Potential vorgehaltener Fähigkeiten (z. B. Studium). Wenn die Eigenverantwortlichkeit des Mitarbeiters für die von ihm erbrachte Leistung zunimmt und deren Art, Umfang und Qualität per Zielvereinbarungen festgelegt werden, dann werden diese klassischen Kriterien an Gewicht verlieren. An ihre Stelle wird eher das Kriterium der Wertschöpfung der erbrachten Leistung treten. Dieser Entwicklung werden wir unsere Art der Gehaltsfindung anpassen müssen, wenn auch als Ersatz für das Kriterium der Wertschöpfung das des vorgehaltenen Könnens bzw. Ausbildungsgrades sich kaum vermeiden läßt. Allerdings wird letzteres nur für Fälle gelten, in denen die Wertschöpfung der erbrachten Leistung nicht oder nur näherungsweise erfaßbar ist.

Bei dieser Veränderung wird auch das bisherige Kriterium »Gerechtigkeit durch Quervergleich« an Bedeutung verlieren. Es wird zu einer stärkeren Differenzierung von Gruppen und Individuen kommen, die auch von deren Wert am Arbeitsmarkt bestimmt wird. Deshalb wird das nivellierende Moment des »Quervergleiches« nicht ganz verschwinden. Trotzdem: Wenn der Leistungsbeitrag und das angewandte Können eines Mitarbeiters mehr im Mittelpunkt stehen, dann ist eine leistungsgerechte Bezahlung zu betonen und weniger eine Quergerechtigkeit, d. h. zumindest in Einzelfällen werden auch »Ungerechtigkeiten« möglich sein. Es ist unwahrscheinlich, daß die weit unterschiedlichen Aufgaben der heutigen wettbewerbsintensiven Servicewirtschaft denselben Grad an Gleichheit des Einkommens gewähren wie die standardisierten Aufgaben aus der »alten« Produktionswirtschaft. Alle derzeitigen kollektiven Vereinbarungen sind allerdings nicht an solchen Vorstellungen ausgerichtet.

Die künftige Betonung des Leistungsbeitrages und des angewandten Könnens wird auch dazu führen, die bisherigen langfristigen Gehaltsentwicklungsstrategien aufzuweichen. Denn die Bedeutung des vom Mitarbeiter verantworteten Prozesses und seine erbrachte Leistung können über die Zeit hin schwanken. Der Prozeß kann an Bedeutung gewinnen oder abnehmen und der Leistungsbeitrag des einzelnen muß nicht konstant sein. Ebenso kann sein angewandtes Können über oder unter den zur Zeit geltenden Anforderungen liegen. Soll darauf in der Bezahlung Rücksicht genommen werden, dann muß diese Bezahlung auch variable Elemente enthalten, damit sie derartigen Veränderungen gerecht werden kann. Daher wird wohl nur noch ein Teil des Gehaltes Fixbestandteil sein, ein anderer, zu definierender, dagegen als variabler Anteil betrachtet werden. Bei letzterem kann auf solche Veränderungen Rücksicht genommen und trotzdem sichergestellt werden, daß jeweils eine leistungsgerechte Bezahlung des Mitarbeiters erfolgt. Neu ist dabei nicht die Variabilität, sondern die leistungsbezogene Zu- und Abnahme des effektiven Einkommens. Diese Aufteilung des Gehaltes in fixe und variable Anteile wird sich mehr und mehr durchsetzen und nicht nur die Führungs-, sondern auch hochqualifizierte Fach- und Projektbereiche umfassen.

In Abhängigkeit davon werden wir die Steigerungskurve unserer Gehaltsentwicklung überdenken müssen. Bisher beginnt diese auf relativ niedrigem Niveau und steigt zuerst langsam, dann mit steigendem Alter und steigender Funktionshöhe schneller an. Diesem Kurvenverlauf liegt die Auffassung zugrunde, der Mitarbeiter müsse zuerst einige Zeit seine Leistungen beweisen, um dann mit zunehmender Erfahrung und Hierarchiestufe immer mehr honoriert zu werden, auch im Sinne einer akkumulierten Anerkennung. Sollen die Gehälter der erbrachten Leistung und dem angewandten Können des einzelnen entsprechen, dann verursacht ein solcher Kurvenverlauf Ungerechtigkeiten. Er beinhaltet zumindest potentiell, daß anfangs zu wenig bezahlt wird im Vergleich zur erbrachten Leistung und auch, daß u. U. zu einem späteren Zeitpunkt zu viel bezahlt wird im Vergleich zu der dann erbrachten Leistung. Dem Leistungskriterium gerechter wird ein Kurvenverlauf, der linear verläuft, d. h. anfangs auf einem höheren Niveau beginnt und entsprechend den Leistungen dann kontinuierlich ansteigt, aber wohl auch letztlich in der Spitze flacher sein wird. Das ergibt sich aus der Orientierung an der aktuellen Leistung und nicht, wie bisher, an den akkumulierten Leistungsverdiensten. Damit könnte auch das gesamte Gehaltssystem einer grundlegenden Wandlung unterworfen werden. Wir finden heute bereits eine zunehmende Diskontinuität der Gehaltsentwicklung in Abhängigkeit von erzwungenen Beschäftigungswechseln.

Betriebliche Altersversorgung

Der wachsende Trend hin zur Selbstverantwortung wird auch die Art der Versorgung durch die Unternehmen beeinflussen. Auch hier galt bisher »Das Unternehmen versorgt den Mitarbeiter«, und zwar unabhängig von dessen individuellen Bedürfnissen. Es ist vorstellbar, daß in Zukunft größere Rücksicht auf individuelle Bedürfnisse und Vorstellungen genommen wird. Es sind durchaus Systeme vorstellbar, in denen für alle eine Grundversorgung gewährleistet wird und ansonsten der Mitarbeiter im Wege der Selbstbeteiligung seine ihm eigenen Bedürfnisse abdecken kann. Für eine solche Selbstbeteiligung gibt es verschiedene erprobte und neue Modelle (z. B. Pensionszusagen gegen Gehaltsumwandlung und Selbstbeteiligungsmodelle in der Altersversorgung). Gleichzeitig werden wir diese neuen Systeme dem Mitarbeiter auch gedanklich nahebringen müssen, damit er seine Vorteile erkennen kann, denn bisher sind die Mitarbeiter mit unserem klassischen System eher »unselbständig« gehalten worden. Gerade in der Altersversorgung liegen hier auch Risiken für den einzelnen. Entscheidungen für Gehaltszahlung in der Jugend lassen sich im reifen Berufsalter schwer nachholen, zumal mit der neuen Prämisse einer diskontinuierlichen Gehaltsentwicklung. Die im Zusammenhang mit Leistungsmotivation, Unternehmensidentifikation und auch Altersversorgung immer wieder vorgetragene Notwendigkeit, Mitarbeiter stärker am Kapital der Unternehmen zu beteiligen, müßte einmal vor den bestehenden Fakten der Risikoverteilung durchleuchtet werden. So sehr der Grundsatz von Bedeutung sein kann, so sehr wird heute vergessen, daß unsere Mitarbeiter in großem Umfange am Produktivkapital bereits beteiligt sind, nämlich in Form von Pensionsrückstellungen. Diese Mittel stellen nicht nur eine Verpflichtung der Unternehmen gegenüber ihren Mitarbeitern dar, sondern sind als Teil der Innenfinanzierung ein nicht unwesentlicher Bestandteil des Eigenkapitals (1993 rund 5 %).

Innerbetriebliche Kommunikation

Die Bedeutung der innerbetrieblichen Kommunikation wird steigen. Sie wird zentrales Mittel sein, um Mitarbeitern die Unternehmensziele und damit den Sinn und die Bedeutung ihrer Arbeit zu vermitteln und sie so in ihrer Motivation und Selbstkontrolle der von ihnen eher selbständig erbrachten Leistung zu unterstützen. Natürlich gehört dazu auch die Vermittlung einer leistungsorientierten Bezahlung, die team- wie individuelle Leistungsbeiträge berücksichtigt. Auch sie muß als Änderung wohl in intensiver gegenseitiger Kommunikation erläutert werden, damit sie akzeptiert und als Anreiz verstanden wird. Hinsichtlich der Weiterbildung der Mitarbeiter wird eine intensive gegenseitige Kommunikation zwischen Unternehmen und Mitarbeitern unverzichtbar sein. Auch daran soll der Mitarbeiter erfahren, welche Anforderungen an Wissen, Können und Erfahrung das Unternehmen in Zukunft brauchen wird, um seine Weiterbildungsinitiativen ausrichten zu können, und das Unternehmen muß erfahren, welche Kompetenzen der Mitarbeiter erworben hat, um ihn richtig einsetzen zu können.

Diese intensivere Kommunikation gilt für alle Bereiche, allein schon aufgrund der zunehmenden Selbständigkeit der Mitarbeiter. Dabei ist zu vermuten, daß Mitarbeiter mit deutlich größeren Verantwortungen und Kompetenzen, vermehrt flexiblen Arbeitszeiten und -orten, z. T. mit Verantwortung für Wertschöpfungsprozesse, die außerhalb des Unternehmens erbracht werden, einerseits selbstbewußter sein werden und andererseits sich weniger stark an das Unternehmen gebunden fühlen. Durch Kommunikation kann das Unternehmen die relevanten Informationen vermitteln und damit langfristig die Loyalität und Leistungsbereitschaft der Mitarbeiter wie auch deren Akzeptanz mit den Zielen und Maßnahmen sichern.

Fazit

Die bisherigen Arbeits- und Führungssysteme werden durch korrespondierende Personalsysteme unterstützt. Diese sind auf die Stabilisierung ernannter Führungskräfte angelegt. Die erkennbaren Veränderungen der wirtschaftlichen Umstrukturierung erfordern, daß die Selbständigkeit von Organisationseinheiten und Mitarbeitern, vor allem in Kundennähe, gefördert werden muß. Führung und Arbeit müssen deshalb variabler und multifunktional konzipiert sein, sie werden sowohl teamorientiert als auch auf Leistung und Beitrag des einzelnen Mitarbeiters aufbauen. Es ist unbefriedigend, nur auf kollektive Entscheidungen z. B. im tariflichen Bereich zu warten. Innerbetriebliche Personalpolitik und ihre Methoden müssen sich weiter entwickeln, um diese Art der Kommunikation und Führung zu unterstützen.

Beitrag abgedruckt in: SCHLAFFKE, WINFRIED/WEISS, REINHOLD (Hrsg.), *Gestaltung des Wandels – Die neue Rolle der Führungskräfte*, Deutscher Institutsverlag, Köln, 1998, S. 38–57.

Entwicklungen im Human-Resources-Management

Es ist mir eine große Freude, aus Anlaß der feierlichen Graduierung die Festrede zu halten. Sie ist gedacht als zweifache Referenz: Zunächst als Referenz an die Wissenschaftliche Hochschule für Unternehmensführung in Vallendar. In der kurzen Zeit seit 1984, als sie ihren Studienbetrieb aufgenommen hat, erlangte sie in der akademischen Betriebswirtschaftslehre eine hohe Kompetenz. Zum Teil beruht dies auch auf ihrer privaten Trägerschaft, d. h. sie begreift sich als Dienstleistungszentrum und nicht als hoheitliche Anstalt. Mit dem Lern- und Forschungseifer ihrer Lehrer und Studenten ist sie zusammen mit anderen privaten Hochschulgründungen zu einem belebenden Element des Wettbewerbs in unserem vielfach noch zu statischen Lehr- und Forschungsbetrieb geworden. Die Wissenschaftliche Hochschule für Unternehmensführung findet mit ihrem gleichermaßen hohen Leistungs- und Ausbildungsstandard auch Anerkennung in der Wirtschaft. Bei allen Ratings, die in letzter Zeit über Hochschulen und Universitäten veröffentlicht wurden, belegt sie einen der vorderen Plätze, wenn nicht sogar den ersten Platz.

Meine Referenz gilt sodann Ihnen, den Absolventen, die heute ihr Diplom erhalten und in das Berufsleben eintreten. Mit Ihnen kommt eine neue Generation zum Zuge, die eine ausgezeichnete Ausbildung erhalten hat und die sich mit Pioniergeist, Teamfähigkeit, Kommunikationsstärke und der Freude an Leistung nun in der Praxis bewähren muß. Mit Ihrer exzellenten Ausbildung haben Sie das

Rüstzeug, in unserer Gesellschaft Verantwortung zu übernehmen und damit die Wirtschaft kräftig voranzubringen.

Mit großer Spannung werden wir beobachten, in welche und für welche Institutionen Sie Ihre Fähigkeiten und Kenntnisse nutzbar machen werden. Interessanterweise hat sich kaum ein Marktsegment in den letzten Jahren so gründlich geändert wie der Arbeitsmarkt für Hochschulabgänger. Noch Anfang bis Mitte der 90er Jahre herrschte – gelinde gesagt – große Depression unter Ihresgleichen. Restrukturierung, Wertanalyse, Business-Process-Reengineering, Lean Management, flache Hierarchien etc. und dahinterliegend die langsame technologische Entwicklung oder besser mangelnde Vorstellungskraft für neue Unternehmens-Entwicklungsfelder hatte die Nachfrage nach Hochschulabsolventen zum Erliegen gebracht.

Es gab in den wenigsten Firmen eine halbwegs kontinuierliche Personal-Einstellungspolitik. Besonders Technologiefirmen, deren Vertreter in den letzten Monaten über den mangelnden Nachwuchs in verschiedenen Fächern beredt geklagt haben, sich nunmehr für Green- und Blue-Card-Aktivitäten zum Ausgleich »deutscher« Ausbildungslücken verwenden, haben sich damals in Einstellungsstops für Ingenieure, Hochschulabgänger, Berufsausbildung etc. hervorgetan. Fast über Nacht hat sich die Situation gedreht: Unternehmen und junge Unternehmer erkannten in den Technologien neue Entwicklungsmöglichkeiten. Finanzunternehmer waren bereit, für größere Gewinne auch größere Risiken einzugehen. Die Nachfrage durch politische Entwicklungen in Amerika, Asien und besonders auch in Europa, inklusive den sogenannten europäischen Beitrittsländern, läßt unternehmerische Phantasie erblicken. Der anhaltende Wirtschaftsboom für neue Unternehmen in den USA hat sich auf Europa und Deutschland übertragen. Die Zahl der Unternehmensgründungen ist sprunghaft gestiegen. Und mit dieser Entwicklung die Chancen für junge Leute, wie Sie. Ich vermute, Sie scharren alle mit den Füßen, um hier den Tag zu beenden und die praktische Arbeit heute nachmittag aufzunehmen. Bis vor etwa zehn Jahren gingen 50 % aller Hochschulabgänger in den Staatsdienst. Heute betrachten Sie – hoffentlich nicht alle – vermutlich Großunternehmen wie Allianz, Daimler-Chrysler oder Siemens – ich füge in Referenz vor dem Genius Loci die Debeka an dieser Stelle hinzu – als staatsähnliche Gebilde und überlegen dreimal, ob Sie Ihre eigene Firma wagen, ein Startup-Unternehmen betreten oder sich im Establishment verdingen wollen. Dabei muß man zugeben, daß ehemals staatseigene Unternehmen wie Post, Telekom, Bahn, Wasserwerke als privatisierte »Möchtegern«-New-Economy-Unternehmen im Wettbewerb tigern.

Woran merken wir in den Unternehmen den Wandel des Arbeitsmarktes? Lassen Sie mich einige Beobachtungen mit heranziehen:

1996/1997 bekamen wir auf eine Exklusivanzeige für ein Vorstandsassistenten-Programm etwa 300 bis 400 Bewerbungen. Davon konnten wir nach strenger Analyse etwa 20 bis 40 Vertragsangebote innerhalb von 14 Tagen herausgeben. Kosten pro Anwerbung: etwa 5.000–12.000 DM. Einstellungsgehälter je nach Vorerfahrung 65.000–100.000 DM, in Ausnahmefällen darüber.

In diesem Jahr hat eine ganzseitige Anzeige folgendes Ergebnis: etwa 150 Bewerbungen, zehn Angebote, fünf Abschlüsse. Die Kosten liegen pro Erfolg zwischen 40.000 DM und 50.000 DM, die Angebote müssen zum Teil innerhalb von 24 Stunden vertragsfertig auf dem Tisch liegen. Eine McKinsey-Studie hat diese Entwicklung »*war for talent*« genannt und kommt in den USA zu dem Schluß, daß ein »*increasing lack of executive talent*« mindestens bis 2005 vorausgesagt werden kann. Gleiches gelte zunehmend auch für Europa und Deutschland.

Meine sehr verehrten Absolventen! Können Sie sich, was den Arbeitsmarkt betrifft, bessere News zu Beginn Ihrer Karriere vorstellen? Welch ein Umschwung innerhalb von wenigen Jahren! Die Vorhersagen, was Sie in Ihrem bevorstehenden Lebensweg daraus machen, sind – für mich als alte Generation – etwas ungewöhnlich und auch – sagen wir mal – ungemütlich: Der *Spiegel* schreibt in seinem Bericht *Die Arbeitswelt von morgen*: »Mindestens elfmal im Leben wird ein College-Absolvent seinen Arbeitgeber wechseln.« Eine McKinsey-Studie sagt unter dem Titel *Increasing Mobility of Workforce*, daß die durchschnittliche Zahl der Jobs während des Berufslebens von 2,9 im Jahr 1990 auf 6,9 im Jahr 2010 steigen wird. Ich habe mit zwei Arbeitgebern viermal meine Arbeit und Arbeitsumgebung grundlegend gewechselt. Es war und ist hochinteressant und befriedigend gewesen. Aber Sie brauchen einen Lebenspartner, der das mitmacht. Nicht umsonst schreibt der *Spiegel*: »Aus der Familie werden völlig neue Sozialmodule. Der Gatte wird zum Partner in einer vernetzten Arbeitsgruppe. Gemanagt werden: Zeit, Kinder, Partnerschaft. Die Grenzen zwischen Privatleben und Beruf lösen sich auf.« Meine Generation begann noch die Arbeit mit der zwar umstrittenen, aber eindeutigen Regel: »*If you can't manage your family you can't manage your business.*« Welch eine Veränderung!

Sie wähnen sich alle gut auf die Zukunft vorbereitet. Die Hochschule für Unternehmensführung hat Ihnen beigebracht, was »Unternehmensführung« ist. Ich möchte einige Gedanken darauf verwenden und ich hoffe, ich enttäusche Sie nicht, wenn ich weniger zu Unternehmen spreche als vielmehr zu diesem eigenartigen, schwer definierbaren, mit gewaltigen, abschreckenden historischen Vorbelastungen behafteten Begriff der Führung.

In Ihrem anspruchsvollen Studium haben Sie bewiesen, daß Führung und Motivation für Sie keine Fremdworte sind. Führung in dem Sinne, daß Sie sich selbst führen mußten, d. h. sich organisieren, zeitlich einteilen, Ihre Anstrengungen gezielt einsetzen und damit Prioritäten setzen, sich auf bestimmte Zeitpunkte (sprich Prüfungen) vorbereiten, um dabei möglichst gute Leistungen zu erreichen. In Zeiten, in denen es nicht so gut lief und alles zu viel zu werden schien, mußten Sie sich selbst motivieren. Diese Kenntnisse werden Ihnen im Berufsleben nützen, aber dabei wird hinsichtlich Führung und Motivation sicherlich auch noch mehr hinzukommen. Darüber, was Führung und Motivation in Organisationen und Unternehmungen bedeutet, möchte ich im Folgenden sprechen.

Ich möchte Führung und Motivation in Organisationen deshalb zu meinem Thema machen, weil ich davon überzeugt bin, daß diese Konzepte gerade auch in Zeiten des Umbruchs, wie denen in denen wir leben, wieder neue Bedeutung erhalten und zum Teil neu definiert werden müssen. Auf die Aspekte des Umbruchs will ich nicht weiter eingehen, Schlagworte wie New Economy versus Old Economy oder Globalisierung sind in aller Munde und bezeichnen diesen Umbruch in der Wirtschaft. Um aber besser verstehen zu können, warum Führung und Motivation in Wirtschaftsorganisationen ein hochaktuelles Thema sind und in der nächsten Zeit sein werden, ist nach meiner Ansicht auch ein Verständnis darüber nötig, wie Führung und Motivation in der Vergangenheit aufgefaßt und angewandt wurden.

Jeder Redner, meine Damen und Herren Absolventen, verfolgt bei einer solchen Gelegenheit wie dieser auch pädagogische Absichten. Doch davon will ich nicht sprechen, sondern Ihnen sagen, warum ich dieses Thema gewählt habe. Ich hatte in drei Jahrzehnten die Gelegenheit mit Menschen aus mehr als 20 Nationen, aller Altersklassen, meist hervorragend ausgebildet, zusammenzuarbeiten: die Herausforderung, in drei Ländern für sehr bekannte Unternehmensführer zu arbeiten und mit vielen anderen gut bekannt zu sein. Ich übertreibe nicht, wenn ich sage, daß für fast alle gilt, daß sie Motivation und Freude für ihre Arbeit aus der Übereinstimmung von mindestens vier Faktoren bezogen: ihr Interesse für die Inhalte ihres Berufes; für die Macht, die ihre Stellung ihnen verschaffte; für die Wirkung oder Ergebnisse, die sie erarbeiteten und – ich kann es mir nicht verkneifen zu sagen – auch ein wenig für die monetären Belohnungen, die sie für sich erzielten.

Der zwiespältigste Begriff in diesem Quartett ist sicher der der Macht. Wer Macht ausübt, ist selten sympathisch – das gilt seltsamerweise aber nicht für persönliche Beziehungen zum anderen Geschlecht. Hier bedeutet Macht oft Anziehungskraft, aber, wie wir aus den Familiengeschichten wissen, oft auch aus dem Verlauf der Beziehungen, Quelle für Zwist und Zusammenbruch der Gemeinschaft.

Macht in der Unternehmensführung dagegen hat oft ambivalente Wirkung, die so ineinander verzahnt sein kann, daß sie im selben Augenblick als positiv und negativ beschrieben werden kann. Selten – und hier komme ich auf meine pädagogischen Absichten zurück – haben Führungskräfte der Wirtschaft gelernt, systematisch über Führung nachzudenken, sich ein grundlegendes Wissen darüber angeeignet, ja sind von ihren Ausbildungsinstitution auf die Brisanz dieses Themas für ihre künftige Tätigkeit hingewiesen worden.

Nach dem ersten Jahr meiner beruflichen Tätigkeit in einem großen Unternehmen machte mein damaliger Vorgesetzter eine kurze – beinahe beiläufige Bemerkung: »Sie müssen sich mal entscheiden, ob Sie Professional oder Manager = Führungskraft werden möchten.« Die Beantwortung dieser Frage hat mich nie ganz losgelassen. Und ich kann nur empfehlen, sich mit dieser Frage zu beschäftigen.

Die uns heute vertrauten Organisationsstrukturen entstanden Anfang des 20. Jahrhunderts und waren etwa in den zwanziger Jahren vollständig ausgeformt. Sie waren ein Ergebnis der Industrialisierung, speziell der Massenfertigung. Ihr Ziel war es, diese Massenfertigung, beispielsweise die Einführung des Fließbandes durch Henry Ford beim Bau des T-Modells, wie auch die Diversifikation der Unternehmung zu ermöglichen und so Economies of Scale zu realisieren. Dazu wurden die Organisationen immer größer und entsprechend wuchs das Bedürfnis, diese größer werdenden Organisationen in einer möglichst vorteilhaften Art und Weise zu strukturieren. Vorteilhaft ist hier im Sinne einer gleichmäßig schnellen und qualitativ hochwertigen Fertigung gemeint. In ihrer endgültigen Ausformung sind diese Strukturen im Produktionsbereich durch Austauschbarkeit der Teile in der Produktionssteuerung, durch die divisionale Untergliederung mit straffer Planung und Kontrolle gekennzeichnet. Typischerweise wurden diese Strukturen Anfang des Jahrhunderts in den USA in den Automobilwerken General Motors und Ford entwickelt und eingeführt. Entsprechend dieser Strukturen hatte die Arbeitsteiligkeit auch in der Administration zu herrschen. So entstanden funktional getrennte Organisationseinheiten, z. B. Entwicklung, Produktion, Vertrieb und Verwaltung und die pyramidenartige Organisationsstruktur, die ein Großteil unserer Unternehmen auch heute noch aufweist. Dieses System war für Massenfertigung außerordentlich sinnvoll und für die expandierenden Käufermärkte jener Zeit bis in unsere heutigen Tage zum Teil außerordentlich vorteilhaft. Es ist wesentliche Grundlage dafür, daß wir unseren heutigen Wohlstand erarbeitet haben.

Um solche große Organisationen steuern zu können, war auch ein entsprechendes System von Führung und Motivation erforderlich. Nun ist Führung kein Thema, das erst zu diesem Zeitpunkt auftauchte – im Gegenteil. Das Interesse von Forschern am Phänomen Führung ist mindestens schon 100 Jahre alt. Befaßt haben sich mit diesem Phänomen Historiker, Anthropologen, Soziologen, Psychologen, Betriebswirtschaftler und andere. Ein Zeichen, wie attraktiv dieses Thema ist – dies gilt auch in heutiger Zeit –, ist z. B. die Tatsache, daß Autobiografien wie die von Lee Iacocca – um ein Beispiel aus dem Wirtschaftsleben zu nehmen – zu Weltbestsellern wurden.

Die ersten Versuche, Führung wissenschaftlich zu erforschen, zielten darauf ab, herauszufinden, welche Charakteristika alle Führungspersonen besaßen und die ihre Mitarbeiter und Anhänger nicht aufwiesen. Diesen Versuchen liegt die Annahme zugrunde, es gäbe bestimmte charakteristische Züge innerhalb einer Person, die dazu führen, daß diese Person bei jeder Gelegenheit eine Führungsrolle übernimmt – egal in welcher Umgebung und in welcher Situation. Also, egal ob es sich um die Wahl eines Klassensprechers, um die eines Mannschaftskapitäns oder um die Beförderung zum Vorstand eines Unternehmens handelt. Die Vorgehensweise liegt eigentlich nahe: Der Vergleich einer Gruppe von guten und einer Gruppe von schlechten Führungspersonen mit dem Versuch, die Unterschiede in ihren Charakterzügen zu erfassen. Das übliche Vorgehen in diesen Untersuchungen bestand darin,

⇢ eine Gruppe von *guten* Führungspersonen zu identifizieren und eine korrespondierende Gruppe »schlechter« Führungspersonen,
⇢ bei all diesen Führungspersonen eine Vielzahl von Persönlichkeitszügen und individuellen Charakteristika zu messen,
⇢ anschließend festzustellen, ob die *guten* Führungspersonen bei irgendwelchen Charakterzügen oder Charakteristika einen signifikanten Unterschied aufwiesen gegenüber den *schlechten* Führungspersonen. Wenn ja, dann wurde dieser Charakterzug als ein für Führung kritischer Charakterzug definiert.
⇢ Diese Resultate wurden dann an einer neuen Gruppe wiederum bestehend aus *guten* und *schlechten* Führungspersonen überprüft.

Um es kurz zu machen, es wurde in den verschiedenen Untersuchungen eine Vielzahl von solchen Charakterzügen oder individuellen Charakteristika gefunden! Enttäuschend war aber, daß die Ergebnisse der einen Untersuchung in der Regel total anders waren als die Ergebnisse der nächsten Untersuchung usw.

Zusammenfassend kann man feststellen: Es gibt kein konsistentes Muster von Charakterzügen, die ausgewiesene Führungspersonen auszeichnen. Lediglich vier Charakteristika tauchten in einer Vielzahl von Untersuchungen auf – dies waren Intelligenz, Initiative, Sinn für Humor und extrovertiertes Verhalten. Man könnte sie von daher als generelle Grundlagen von Führerschaft bezeichnen.

Auch bei Untersuchungen zwischen Führungspersonen und ihren Mitarbeitern oder Anhängern ergab sich ein ähnliches Bild. Bei dem am häufigsten nachgewiesenen Faktor Intelligenz zeigte sich zudem eine Besonderheit. Wenn die Führungsperson sich hierbei zu stark von ihren Mitarbeitern oder Anhängern unterschied, dann behinderte dies auf Dauer die Ausübung der Führungsrolle. In einer Zusammenfassung dieses Aspektes formulierte Gibb (Gibb, 1969, S. 218), daß die Belege es nahelegen, daß jeder Zuwachs an Intelligenz eine weisere Art von Führung bedeutet, aber daß es die Masse vorzieht, schlecht regiert zu werden von Leuten, die diese verstehen kann.

Ein weiterer Ansatz, die Charakteristika herauszuanalysieren und zu bestimmen, die Führungspersonen auszeichnen, ist bis heute bekannt unter dem Begriff *Great-Man*-Theorie der Führerschaft. In ihrer prägnantesten Form behauptet sie, daß entscheidende Ereignisse im nationalen und internationalen Bereich von Personen beeinflußt werden, die Führungspositionen innehaben und daß dieser Faktor weitaus stärker sei als alle anderen zu dem Zeitpunkt wirkenden Faktoren. Nach dieser Theorie könnte eine plötzliche Handlung eines »großen« Führers das Schicksal einer Nation oder sogar von Nationen verändern. Mitentscheidend in dieser Theorie ist die Annahme, daß solche Führer außergewöhnliches Charisma besitzen, d. h. einen Satz von Persönlichkeitscharakteristika, die ihnen das Erreichen ihrer Ziele ermöglicht, selbst im Angesicht großer Hindernisse. Aber auch die Untersuchung solcher *Great Men* in der Geschichte von Nationen konnte keine gemeinsamen übereinstimmenden Charakteristika nachweisen.

Den entgegengesetzten Standpunkt vertritt die Theorie des Zeitgeistes oder des sozialen Determinismus. Hier werden die sozialen Kräfte, die sozialen Bewegungen und die sich verändernden sozialen Wertvorstellungen als Determinanten der Ereignisse gesehen. Danach handeln Führungspersonen wie Schauspieler, die ihre Rollen spielen, die ihnen von vorantreibenden sozialen Kräften zugewiesen werden. Charakteristisch für diese Auffassung ist die Aussage von Victor Hugo, es gäbe nichts mächtigeres in der Welt als eine Idee, deren Zeit gekommen sei. Diese Zeitgeisttheorie wird besonders von Historikern vertreten, allerdings gilt für sie auch wie für die »Great-Man«-Theorie, daß sich bei genaueren wissenschaftlichen Untersuchungen keine Belege für ihre Wirksamkeit nachweisen lassen. Sei es in der Wissenschaft oder sei es im gesellschaftlichen Leben, immer war den großen Durchbrüchen schon eine langdauernde historische Entwicklung vorangegangen. Zusammenfassend kann man sagen: Trotz aller dieser verschiedenen Versuche nachzuweisen, daß herausragende Führungspersönlichkeiten andere Eigenschaften und Charakterzüge haben als ihre Mitarbeiter und Gefolgsleute, war dies wissenschaftlich nicht zu belegen.

Wie wurde vor diesem Hintergrund und der Tatsache, daß Anfang dieses Jahrhunderts die Massenfertigung in den Fabriken Einzug hielt, Führung gesehen? Die Grundphilosophie für die Auffassung von Führung in jener Zeit lieferte Frederic W. Taylor im Jahr 1911 mit seinem berühmten Werk *Scientific Management*. Damit kann man sagen, der Führer, Manager oder Vorarbeiter wurde in seinem System ausschließlich als ein Individuum gesehen, dessen einziger Zweck es war, die Ziele der Organisation zu fördern. Was heißt dies? Taylor betrachtete den Führungsprozeß »wissenschaftlich« und darunter verstand er, daß er ihn als absolut unpersönlich betrachtete, insofern als Interaktionen zwischen Vorgesetzten und Untergeordneten ignoriert wurden und in diesem System nicht vorkamen, da nicht bedeutsam. Genauso wenig wurde von ihm die Möglichkeit in Betracht gezogen, daß die Einstellungen oder Ziele der Arbeiter und Untergeordneten irgendeine Art von Relevanz für die Arbeitssituation haben könnten. Nach Taylors Ansicht bestand die einzige Motivation der Arbeiter gegenüber ihrer Arbeit darin, Geld zu verdienen. Daher war seine Antwort auf das Problem, Arbeiter zu motivieren, das System des Stücklohns. In diesem Sinne war Taylor Wegbereiter und Wegbegleiter der mit der Massenproduktion aufkommenden Fließbandarbeit. Seine Konzeption ist eine rein rational ökonomische Sichtweise, in der das, was wir als Menschliches und Mitmenschliches bezeichnen, nicht vorkommt. Damit bestand die Aufgabe des Vorgesetzten darin, die Arbeiter zu manipulieren und sie dazu zu bringen, im Rahmen dessen, was bezahlt werden konnte, ihr Bestes zu geben. Taylor betrachtete die Gefühle der Arbeiter sogar als irrational und als etwas, was vom Vorgesetzten verhindert werden mußte, damit diese nicht die »wahre Ausdrucksform« der rationalen Selbstinteressen des Arbeiters behindern konnten, nämlich das Geldverdienen. Dies zusammen mit Fließbandarbeit und Stücklohn machte es zur zentralen Aufgabe des Managements, soviel produzierte Produkte herzustellen wie irgend möglich, wobei es absolut unwichtig war, ob die Arbeiter dabei zufrieden oder gelangweilt waren. Das einfache, aber umso wirksamere Motivationsgesetz, das diesem Scientific Management zugrunde liegt, lautet: Die Arbeiter leisten umso mehr, je mehr sie dabei verdienen können.

Diese sehr einfache und mechanistische Auffassung von Führung durch das Scientific Management wurde schon bald darauf durch die Befunde der Hawthorne-Studies in Frage gestellt. Diese begannen 1927 im Hawthorne-Werk der Western Electric Company in Chicago. Sie dauerten bis in die 2. Hälfte der 30er Jahre und bestanden aus insgesamt fünf verschiedenen Untersuchungen mit zum Teil vielen Einzeldurchgängen, die jeweils auf den Ergebnissen der vorhergehenden aufbauten. Sie begannen mit einer Untersuchung, welche Auswirkung die Helligkeit der Beleuchtung auf die Produktivität von Arbeitern hat, und untersuchten später intensiv die Auswirkungen von Gruppenzusammensetzungen und Gruppenzusammenhalt auf die Produktivität.

Die wahrscheinlich bedeutsamsten Ergebnisse dieser Studien waren die Befunde, daß Arbeiter und Arbeiterinnen von Faktoren außerhalb ihrer Aufgabe stärker beeinflußt werden als durch solche, die direkt mit der Aufgabe oder der Arbeit zusammenhängen und daß sie sich selbst in informellen sozialen Gruppen organisieren. Die Hawthorne-Studies zeigten, daß die verschiedenen Faktoren miteinander in enger Beziehung standen und daß Veränderungen der Arbeitsumgebung, von Pausen, von Arbeitszeiten, von Arbeitsstunden pro Woche, von Monotonie, Ermüdung, Anreizen, Einstellungen der Arbeiter und Organisation der Arbeiter sowohl in formaler als auch informeller Hinsicht und die Beziehung zwischen Arbeitern und Arbeitgeber alle miteinander in enger Beziehung stehen. Aufgrund dieser Ergebnisse kann man sagen, die Hawthorne-Studies markierten den Anfang des Endes des Scientific Managements oder des Taylorismus. Allerdings, auch das muß gesagt werden, die nun folgende Phase, die in der Regel unter dem Begriff »Human Relations« bekannt ist, hat zum Teil auch zu extremen Ergebnissen geführt, so als müsse man nur die Menschen berücksichtigen und diese würden ohne Rahmenbedingungen und Zwänge der Organisation handeln. Insofern sind bestimmte Positionen des Human-Relations-Ansatzes ebenso unrealistisch wie das Scientific Management – wenn auch in umgekehrter Weise.

Als Folge der Ergebnisse der Hawthorne-Studies wurden Führung und die Charakteristika guter Führer eher als verhaltensmäßig und situationsbedingt und abhängig von der Interaktion zwischen dem Führer und seiner Gruppe gesehen. Entsprechend war die Forschung in der Folgezeit eher bemüht, verhaltensmäßige Komponenten herauszufinden, die gute Führungskräfte von weniger guten unterschieden. Dieser Forschungsrichtung liegt letztlich eine relativ einfache Philosophie zugrunde, die besagt, der beste Weg, Führerschaft zu untersuchen und zu definieren, sei der herauszufinden, was Führer tun, statt sich darauf zu konzentrieren, welche Charakteristika sie haben.

Ein berühmtes Beispiel dieses Ansatzes sind die Michigan-Leadership-Studies, bei denen die zugrundeliegenden Faktoren als »mitarbeiterzentriert« und »produktionszentriert« bezeichnet wurden. Bei diesen Untersuchungen waren die Forscher speziell daran interessiert, jene charakteristischen Unterschiede festzustellen, die zwischen Vorgesetzten von hochproduktiven und geringproduktiven Gruppen bestanden. Dabei achteten sie besonders auf Unterschiede in Hinsicht auf zwischenmenschliche Beziehungen und klimatische Charakteristika. Sie fanden vier Verhaltensbereiche in hochproduktiven Gruppen, die das Verhalten dieser effektiven Vorgesetzten auszeichnete: Sie wendeten mehr Zeit für genaue Planung auf, delegierten Autorität in einem deutlich größeren Umfang, waren eher mitarbeiterorientiert als produktionsorientiert und die Gruppe zeigte sich stolz auf ihre eigene Leistungsfähigkeit.

Eine bekannte Theorie dieser Human-Relations-Richtung ist die von McGregor (1960), die zwischen den Theorien X und Y bei Führungskräften unterscheidet. Theorie X besagt, daß die Führungskraft den Akzent darauf legt, die Ziele der Organisation zu erreichen, während Führungskräfte, deren Verhalten durch Theorie Y beschrieben werden kann, ihren Akzent eher auf zwischenmenschliche Dinge und auf individuelle Ziele legen. McGregor schlägt als entscheidenden Erfolgsfaktor vor, das Konzept der Integration zu benutzen. Damit meint er, eine gute Führungskraft solle die Arbeitssituation so strukturieren, daß die Ziele der Organisation mit den Zielen der Individuen kompatibel seien und gleichzeitig angestrebt bzw. erreicht werden können. Aus diesem Grunde ist in seiner Theorie Y ein entscheidender Faktor die Zusammenarbeit zwischen Vorgesetzten und Untergebenen. Man kann sagen, sie ist eine notwendige Bedingung, um die beiden unterschiedlichen Zielgruppen zu erreichen.

Das in Deutschland bekannteste Führungsmodell, das ebenfalls auf diesen Verhaltensuntersuchungen basiert und das in der Vergangenheit mit Abstand den größten Einfluß auf deutsche Führungskräfte hatte, ist das Harzburger Modell, das von Reinhard Höhn entwickelt wurde (z. B. Höhn/Böhme, 1979).

Das *Harzburger Modell* sollte die direkte Führung autokratischen Typs durch eine nicht direktive Führung auf Basis der Delegation von Verantwortung und der Kooperation zwischen den Vorgesetzten und Mitarbeitern ablösen. Höhn hielt das für erforderlich, da die zunehmende Größe von Unternehmungen mit stärkerer Arbeitsteilung und Spezialisierung einherging und daher das Prinzip des Befehlens und Gehorchens obsolet geworden sei.

Zentrale Prinzipien im Rahmen des *Harzburger Modells* sind die Führung im Mitarbeiterverhältnis und die Delegation von Verantwortung. Dabei bedeutet Führung im Mitarbeiterverhältnis, daß jedem Mitarbeiter ein selbständiger Aufgabenbereich zugeordnet ist, der klar beschrieben und abgegrenzt wird. Bei der Delegation von Verantwortung werden nicht Einzelaufgaben, sondern ganze Aufgabenbereiche delegiert. Dabei gilt der Grundsatz der Kongruenz von Aufgabe, Kompetenz und Verantwortung. Diese Aufgabenbereiche zusammen mit Kompetenz und Verantwortung sind durch Stellenbeschreibungen möglichst exakt definiert und verbindlich festgelegt. Die Zuordnung der in der Stellenbeschreibung aufgeführten Aspekte zur Person erfolgt grundsätzlich auf sachbezogener Basis. Diese Delegation von Verantwortung entlastet den Vorgesetzten von Ausführungsaufgaben und vermittelt ihm ausreichend Raum, seine Führungsaufgaben und Entscheidungen wahrzunehmen. Damit wird der Gesamt-Verantwortungsbereich aufgeteilt in die Führungsverantwortung, die beim Vorgesetzten verbleibt, und die Handlungsverantwortung, die dem Mitarbeiter übertragen wird. Dabei ist der Mitarbeiter im Rahmen der ihm übertragenen Aufgaben verpflichtet, unaufgefordert seinem Vorgesetzten über bedeutsame Tendenzen in seinem Delegationsbereich zu unterrichten. Umgekehrt hat der Vorgesetzte dem Mitarbeiter jene Informationen zu geben, die zur sachgerechten Erfüllung der Aufgaben erforderlich sind. Gleichzeitig ist es ebenfalls Aufgabe des Vorgesetzten, durch Kontrolle sicherzustellen, daß der Mitarbeiter die ihm übertragenen Ausgaben auch sachgerecht erledigt.

Über das Problem, welche Anreize dem Vorgesetzten zur Motivation der Mitarbeiter zur Verfügung stehen, sagt das *Harzburger Modell* sehr wenig aus. Derartige Möglichkeiten lassen sich nur daraus erschließen, daß mit dem Mitarbeiter Mitarbeiter- und auch Kritikgespräche zu führen sind, daß Ermessensspielräume bei der Zielerreichung gegeben sind, Entscheidungen dezentralisiert sind und regelmäßig Mitarbeiter- oder Dienstbesprechungen durchgeführt werden sollen. Diese Aspekte des *Harzburger Modells* kann man so interpretieren, daß hierin auch Maßnahmen zu erblicken sind, die die Motivation und Zufriedenheit der Mitarbeiter sicherstellen sollen.

Wenig sind in diesem Modell gruppendynamische Aspekte berücksichtigt. Insgesamt kann man sagen, das *Harzburger Modell* gehe von der Fiktion aus, es sei notwendig, die Beziehung zwischen Vorgesetzten und Mitarbeitern möglichst umfassend durch formalisierte Regelungen zu strukturieren und auf den Zielerreichungsprozeß abzustimmen. Trotz dieser Mängel hat das *Harzburger Modell* zumindest in Deutschland in früheren Zeiten die Führung revolutioniert, indem es eine sachrationale Grundlage dafür darstellte, den bis dahin vorherrschenden autoritären Führungsstil durch einen partizipativen Führungsstil abzulösen.

Mittlerweile haben sich die Märkte gewandelt. Am deutlichsten wurde das in den 90er Jahren hier in Deutschland, als eine intensive Standortdebatte geführt wurde. Die dieser zugrundeliegende Strukturkrise war aber in allen industrialisierten Staaten ähnlich: In diesen Regionen mit entwickelter Kaufkraft waren die Märkte für Massenprodukte weitgehend gesättigt und »kippten« daher von Verkäufer- zu Käufermärkten, d. h. ein Verkauf solcher Produkte war bei vergleichbarer Qualität nur über den Preis möglich. Gleichzeitig verlangten die Kunden zunehmend nach Produkten, die ihren Wünschen entsprachen – und dies bei guter Qualität und attraktiven Preisen. Und parallel dazu änderten sich Produktnachfrage und Märkte immer schneller (z. B. im Hightech-Bereich), und die Märkte wuchsen im Zuge der Globalisierung sowohl bei Produkten wie bei Dienstleistungen international immer mehr zusammen, was den Wettbewerb noch verstärkte. Dies erforderte schnellere Innovationen und Anpassung an Kundenwünsche, auf die unsere Wirtschaft nicht eingestellt war. Es war dies die Zeit, als alle Welt über Lean Management, Business-Process-Reengineering oder Konzentration auf Kerngeschäftsfelder sprach.

Es waren und sind vor allem zwei Entwicklungen, die die Märkte und auch die Arbeitsmärkte nachhaltig beeinflußten: Erstens eine fortschreitende Automation der Herstellungs- wie auch Verwaltungsprozesse bei gleichzeitiger Produktivitätssteigerung, so daß Nachfragewachstum kein Beschäftigungswachstum mehr auslöste und zweitens eine Vereinfachung und extreme Beschleunigung der weltweiten Kommunikationsmöglichkeiten (Internet ist hierbei das Schlagwort). Die Auswirkungen waren und sind tiefgreifend, ich will nur einige Beispiele nennen:

⋯⋙ Die technischen Möglichkeiten beginnen die Kauf-Verkaufs-Beziehungen zwischen Anbieter und Kunden zu revolutionieren (z. B. per B2B oder E-Commerce).

⋯⋙ Arbeitsprozesse werden sich verändern: Eine Studie in unserem ZN Köln zeigte, daß 40 % aller Innendienst-Arbeitsplätze geeignet sind, auch als heimverbundene Telearbeit ausgeführt zu werden (daß dies sozial akzeptabel organisierbar ist, zeigte eine andere Untersuchung bei Allianz Leben). Damit erhalten Standortüberlegungen – zumindest im Dienstleistungsbereich – einen ganz neuen Akzent in dem Sinne, als dadurch der Kostenfaktor Arbeitsplatz erheblich beeinflußt werden kann.

⋯⋙ Heute findet ein weltweiter Rentabilitätswettkampf statt, denn das Bildungsniveau der Entwicklungsländer ist gestiegen und wird durch Wissenstransfer weiter steigen. So war der Bau einer Chipfabrik als Hochtechnologie-Anlage im Jahre 1970 nur in ca. sechs Ländern möglich, heute dagegen in mehr als 40 Ländern.

⋯⋙ Wir alle erfahren fast jeden Tag aus den Nachrichten, daß heute ein weltweiter, schneller Kapitaltransfer in beliebigem Ausmaß möglich ist, um an den Börsen höchstmögliche Renditen und Zinsen zu realisieren.

Diese Veränderungen haben auch Auswirkungen bei den Führungssystemen der Unternehmen. Die wahrscheinlich gravierendste ist der Umgang mit Wissen, und damit auch der Art der Zusammenarbeit und Führung. Bisher wurde Wissen in den verschiedenen Organisationseinheiten gesammelt, vertikal »nach oben« transportiert und dabei verdichtet, »gereinigt« und interpretiert oder auch unterdrückt. Erst die oberste Ebene hatte umfassendes Wissen für ihre strategischen und operativen Planungen. Bei zunehmenden Käufermärkten mit sich schnell ändernden Wünschen und Bedürfnissen wird das Wissen jener Mitarbeiter immer wichtiger, die direkt am Markt agieren und mit den Kunden umgehen. Gleichzeitig wächst das global verfügbare Wissen immer schneller und ist daher kaum noch selbst sammelbar, daher werden Rückgriffe auf Spezialwissen außerhalb der Unternehmen immer bedeutsamer. Künftig wird eine der wichtigsten Führungsaufgaben darin bestehen, neue Informationen bzw. Wissen so schnell wie möglich zu sammeln, zu verdichten, sich anzueignen und es an andere im Unternehmen weiterzugeben, um es nutzbar zu machen. Nur dann sind in diesen sich schnell ändernden Märkten Wettbewerbsvorteile zu erzielen. Dazu aber ist ein Führungsmodell wie das *Harzburger Modell* nicht geeignet, es muß und wird heute durch ein anderes abgelöst, das normalerweise »Führen durch Zielvereinbarungen« oder auch »Management by Objectives« genannt wird.

Auch dieses Modell basiert auf dem Human-Relations-Ansatz. Es geht von der Erkenntnis aus, daß Zielen in der Struktur wie dem Prozeß von Entscheidungen eine besondere Bedeutung zukommt und daher die Formulierung von Zielen wichtigste Voraussetzung für Handlungsprozesse im Unternehmen ist. Hierbei werden mindestens die Leitungsfunktionen, oft auch die Ausführungsfunktionen auf allen Ebenen an operationalen Zielen ausgerichtet. Gegenüber anderen Führungsmodellen erhöht sich hier der Handlungsspielraum der Personen deutlich, denn die Mittelwahl wird jeweils dem Aufgabenträger überlassen. Damit entsteht eine Zielhierarchie als primärer Orientierungspunkt allen Handelns.

Zusätzlich gehen prominente Vertreter des Management by Objectives (z. B. P. F. Drucker, D. McGregor, Ch. Argyris oder R. Likert) davon aus, daß sich bei adäquater Anwendung das Streben des Unternehmens nach Wachstum und Gewinn mit dem Leistungswillen der Führungskräfte (und Mitarbeiter) sowie deren Trachten nach Selbstentfaltung integrieren lassen. Um Selbstentfaltung zu verwirklichen und damit Autonomie, Partizipation und Eigenkontrolle, greifen im Management by Objectives Zielermittlung, Planung, Steuerung und Kontrolle ineinander.

Insgesamt entsteht ein sich von oben nach unten entwickelndes hierarchisches System von Zielen. Durch die enthaltenen Handlungsspielräume bei der Art der Zielerreichung kann es sich flexibel an veränderte Umweltbedingungen anpassen. Daher ist es – im Gegensatz zum *Harzburger Modell* – als dynamisches Führungsmodell anzusehen. Die Festlegung der Ziele kann entweder partizipativ (als Zielvereinbarung) oder autoritär (als Zielsetzung) erfolgen. Wichtig ist aber die kontinuierliche Analyse des Leistungsergebnisses, die sowohl vom Mitarbeiter als auch der Führungskraft vorgenommen wird und bei Zielabweichungen zu Korrekturen und eventuell Verbesserungsvorschlägen führen kann. Besonders der Eigenkontrolle des Mitarbeiters kommt große Bedeutung zu. Die Handlungsspielräume, die Autonomie bei der Zielerreichung und Leistungsüberprüfung und die Partizipation bei Zielvereinbarung und jährlichen Zielerreichungsgesprächen stellen wichtige Motivationsaspekte dar.

Im Vergleich zum *Harzburger Modell* ist Management by Objectives das insgesamt dynamischere und auch umfassendere Führungsmodell, da es Führungskräfte und Mitarbeiter aller Ebenen aktiv in den Führungs- und Zielerreichungsprozeß integriert und ihre Ziele und Motive im sozialen System des Unternehmens zu berücksichtigen sucht. Aber natürlich weist auch dieses Modell kritische Punkte auf. Es sind dies insbesondere die Abstimmung zwischen sachlichen und sozialen Faktoren, die Operationalisierung der Ziele, und daß nicht immer auf allen Ebenen in gleichem Umfang solche Ziele definiert werden können. In diesem Zusammenhang birgt die *balanced score card* als Methode der Wertentwicklung die Gefahr des Vordenkens.

Nicht ohne Beziehung zu diesen Führungsmethoden – oder Führungstechniken – haben die Fragen, welche Zielsetzungen in dem Unternehmen angestrebt werden, in den letzten Jahren eine besondere Bedeutung bekommen. Die Kapitaleigner und ihre Interessenvertreter und Sprachrohre, also die Analysten, haben für alle Wirtschaftszweige Wettbewerbstabellen entwickelt, für die vereinfacht gilt: Wer im oberen Drittel der Tabelle steht, hat die besten Aussichten, durch Mergers and Acquisitions seinen Markteinfluß zu stärken und den Kapitalwert des Unternehmens zu steigern.

Wer im mittleren Drittel steht, kann sich behaupten. Wer im unteren Drittel arbeitet, ist ein Kandidat für eine freundliche oder unfreundliche Übernahme.

Diese Wettbewerbskonstellation wird in betriebswirtschaftliche Größen in den Unternehmen umgearbeitet, die als jährliche, mittelfristige oder auch langfristige Zielparameter definiert werden und heute in Kompensationsmodelle = Kombinationen aus Basisgehältern, Bonuszahlungen, Retention Incentives, Stock-Options-, Stock-Purchase- und Restricted-Grant-Vergaben unterlegt werden.

Die betriebswirtschaftlichen Größen sind Ihnen unter anderem durch die Begriffe wie Deckungsbeitrag, DCFROI, EVA, DCF oder Embedded Value bekannt. Interessanterweise ist die Ausrichtung des Managements auf durchgängige betriebswirtschaftliche Zielparameter ein in seiner Schwierigkeit nicht zu unterschätzendes Problem.

Zum Schluß möchte ich noch eine neue, populäre Entwicklung erwähnen, die sich mit einem Aspekt unseres Themas befaßt: Der amerikanische Managementpsychologe Daniel Goleman hat in den letzten Jahren die alte Theorie von McGregor in einer gewissen Weise wieder aufgenommen, wenn er herausarbeitet, daß emotionale Intelligenz zum erfolgreichen Führen unerläßlich ist. Goleman stellt heraus, welche Bedeutung der E. Q. hat. Er hat den E. Q. in fünf Dimensionen charakterisiert:

- Die Fähigkeit zur Selbstreflektion: eigene Stimmungen und ihre Wirkung auf andere erkennen.
- Die Selbstkontrolle: vorschnelle Urteile vermeiden, erst denken, dann handeln. Audiatur et altera pars.
- Motivation: Arbeit aus Überzeugung und nicht nur des Geldes wegen.
- Empathie: andere Menschen verstehen können.
- Soziale Kompetenz: Beziehungen zu anderen Menschen aufbauen und pflegen.

Meine Damen und Herren, in der Tat halte ich diese Beobachtungen für erfolgreiches Führen für sehr wichtig. Analytische Intelligenz und Fachwissen haben Sie, an der emotionalen Intelligenz zu arbeiten, empfehle ich Ihnen.

Ich habe versucht, Ihnen das Thema Führung etwas nahezubringen. Wie immer Sie jetzt Ihre Laufbahn beginnen, Sie werden auf Chefs, d. h. Führungskräfte stoßen, die Sie schätzen werden, die Sie ablehnen werden, mit denen Sie durch dick und dünn gehen werden, die Sie mit Brachialgewalt oder mit Raffinesse bekämpfen werden. Sie werden auf Ihrem Karriereweg in Fußstapfen Ihrer Vorgänger treten oder Sie werden selbst neue Fußstapfen setzen, in denen andere folgen. Ich wünsche Ihnen auf Ihrem Wege, noch bessere Führungskräfte als Ihre Vorgänger zu werden, alles Gute!

Literatur

GIBB, C. A., *Leadership*, in: LINDZEY, G./ARONSON, E. (Hrsg.), *Handbook of Social Psychology*, Bd. 4, 2. Auflage, Reading, 1969, S. 205–282.

GOLEMAN, D., *Emotionale Intelligenz – zum Führen unerläßlich*, in: Harvard Business Manager, Heft 3, 1999, S. 27–36.

HÖHN, R./BÖHME, G., *Der Weg zur Delegation von Verantwortung im Unternehmen – Ein Stufenplan*, 5. Auflage, Bad Harzburg, 1979.

MCGREGOR, D., *The Human Side of Enterprise*, New York, 1960.

Beitrag abgedruckt in: *Beiträge aus der Otto-Beisheim-Hochschule*, Nr. 4, 2000, S. 5–25.

Führungskräfteentwicklung in der globalen Wirtschaft

Was unter Globalisierung der Wirtschaft und unter Global Player zu verstehen ist, braucht hier nicht ausgeführt zu werden. Dazu sind in der Vergangenheit zahlreiche Veröffentlichungen erschienen und erscheinen weiter (z. B. Müller/Kornmeier, 2001).

Auch die damit verbundenen ökonomischen Zwänge, die durch die Globalisierung auf die Unternehmen einwirken, sind bekannt. Eine Analogie zum Sport mag sie veranschaulichen: Der Geldwert und damit der Kapitalisierungswert einer Gesellschaft ist ein weltweit einheitlicher Maßstab. Von den Kapitalanlegern wird an der Börse eine Tabelle erstellt, wer erfolgreich ist und vermutlich weiter sein wird und wer nicht. Überspitzt formuliert kann man sagen, die Unternehmen im oberen Drittel dieser Tabelle werden wachsen, die im mittleren Drittel überleben und die diejenigen im unteren Drittel werden absteigen, d. h. sie werden gekauft, integriert, gemergt usw.

In diesem Zusammenhang wird immer wieder von global agierenden Managern gesprochen und davon, daß diese in entscheidendem Maße das Ansehen ihres Unternehmens an den Börsen beeinflussen. Vor dem Hintergrund der zunehmenden Globalisierung und dem damit steigenden Bedarf nach solchen Managern sowie der demographischen Entwicklung wird dann betont, daß sie in Zukunft noch viel nötiger sein werden und daher die Unternehmen alles tun müßten, solchen Nachwuchs zu finden, zu rekrutieren und zu entwickeln.

Die hier angesprochene Qualität des Managements und des Nachwuchses dazu sind übrigens auch ein Aspekt, den die Analysten bei ihrer Einschätzung der Zukunftsaussichten eines Unternehmens berücksichtigen; und diese Analysten beeinflussen wiederum in starkem Maße die Kapitalgeber und somit den Rangplatz eines Unternehmens in der Börsentabelle der Analogie.

Alle großen Unternehmen haben in der Regel eine Abteilung, die sich mit Personalentwicklung beschäftigt und auch mit Fragen, wie diese neuen »erfolgreichen« Führungskräfte gefunden, rekrutiert und entwickelt werden können. Um die Frage zu beantworten, nach welchen Nachwuchskräften gesucht und wie diese entwickelt werden sollen, muß zuerst eine Vorstellung entwickelt werden, was ein global agierender Manager ist und welche Voraussetzungen gegeben sein mußten, damit er es werden konnte.

Zur Frage, wie ein global agierender Manager in einer Führungsaufgabe zu handeln hat, damit er in verschiedenen Kulturen erfolgreich sein kann, gibt es heute genügend Feldforschung, um sie abstrakt beantworten zu können. Weibler (2001) hat dies in der Zeitung *Personal* jüngst zusammengefaßt. Es handelt sich um vier Führungsverhaltensweisen, die übergreifend, d. h. international als erfolgreich identifiziert werden konnten:

⤏ *Wertbasierte Führung*: Darunter werden Visionen für die Zukunft, Motivation, Leistungsmotivierung und die Betonung von Gemeinschaftszielen vor Eigennutz zusammengefaßt.

⤏ *Teamorientierte Führung*: Hierbei handelt es sich um konstruktive Zusammenarbeit sowie um die Fähigkeiten zu integrieren und Win-Win-Situationen herstellen zu können.

⤏ *Partizipative Führung*: Darunter wird vor allem die Beteiligung der Mitarbeiter am Entscheidungsprozeß und die Delegation von Aufgaben verstanden.

⤏ *Menschliche Führung*: Ein solcher Manager hat Einfühlungsvermögen in andere Gedanken- und Erfahrungswelten und berücksichtigt diese bei seinen Entscheidungen.

Durch diese Feldforschung existiert eine Soll-Vorstellung darüber, welche Handlungsweisen ein global agierender Manager zeigen sollte, um in seiner Führungsaufgabe im Zusammenspiel mit den Mitarbeitern aus den verschiedenen Kulturen erfolgreich bestehen zu können. Keine Aussage ist bisher darüber gemacht, wie der Alltag eines solchen Managers eigentlich aussieht und was dabei außerdem noch von ihm verlangt wird. Dieser Aspekt soll auf eher pragmatische Art und Weise, d. h. aufgrund der Erfahrungen verdeutlicht werden.

Wenn ein globaler Manager ein neues Dienstjahr beginnt, dann enthält sein Kalender in der Regel etwa 180 feste Termine. Darin sind ca. 25 Reisen nach Übersee mit einer Dauer zwischen 1–3 Tagen enthalten, ca. 30 Reisen in Europa, die im Durchschnitt einen halben bis 2 Tage dauern und ca. 65 Reisen innerhalb Deutschlands. Neben der Teilnahme an Tagungen oder Meetings hat er etwa 60–65 Vorträge und Präsentationen zu halten und dies alles bedeutet, daß er im Laufe des Jahres ca. 50.000 km im Auto verbringt, etwa 500 Stunden im Flugzeug und ca. 25 Stunden in der Bahn. Insgesamt ist davon auszugehen, daß er an ca. 210 Tagen im Jahr nicht »zu Hause« ist.

Bei der Fülle eines solchen Terminkalenders ist es umso erstaunlicher, daß ein solcher Manager auf die Frage, wie es ihm gehe, in der Regel voller Überzeugung antwortet: Hervorragend, es könnte nicht besser sein. Dies hat sicherlich einerseits damit zu tun, daß er durch seine Handlungsweisen in vielfältiger Art Einfluß nehmen kann und daß er andererseits mit den unterschiedlichsten Leuten in verschiedenen Kulturen zusammenkommt, die in aller Regel bestens ausgebildet und hoch gebildet sind. Insofern ist zu vermuten, daß er eine Menge an Zufriedenheit aus seinem Tun für sich gewinnen kann.

Im Sinne der Personalentwicklung stellt sich beim Betrachten einer solchen Tätigkeit die Frage, welche Voraussetzungen eine Person braucht, um so erfolgreich arbeiten zu können. Sicher hohe Intelligenz und schnelle Auffassungsgabe, sonst wäre ein Umschalten auf die verschiedenen Situationen, Themen, Umgebungen, Partner und Kulturen nicht möglich. Gleichzeitig verlangt aber ein solcher Arbeitsstil auch ein hohes Maß an Erfahrungen und an internationalen Kenntnissen im speziellen Fachgebiet dieses Managers. Um dies an einem Beispiel zu verdeutlichen: Wenn die Aufgabe lautet, die Altersversorgungsprodukte in Korea, Amerika, Japan und Deutschland zu vergleichen, dann muß ein hohes Maß an Fachkenntnissen vorhanden sein, um die Wirkung unterschiedlicher Steuerprivilegien zumindest abschätzen zu können. Nur dann sind Renditevergleiche zwischen den Produkten, zwischen diesen und zu anderen Ländern überhaupt möglich. Diese auf den ersten Blick ins Auge fallenden Charakteristika eines globalen Managers sind aber eher selbstverständlich. Daher stellt sich die Frage, was darüber hinaus noch erforderlich ist.

Um ein solches Leben erfolgreich zu gestalten, braucht es Ausdauer, Geduld und die Fähigkeit, Märkte und Produkte einschätzen zu können. Diese Aspekte sind sicher nicht so selbstverständlich wie die zuerst genannten. Warum diese Aspekte von hoher Bedeutung sind, läßt sich relativ leicht sagen: Wir leben in einer Welt der beschleunigten Produktzyklen, das Produkt soll schneller und zeitgerecht auf den Markt kommen, weil – wie z. B. McKinsey festgestellt hat – die Profitabilität von Produkten zunehmend stärker von einem bestimmten Zeitfenster abhängt. Die Tätigkeit eines globalen Managers besteht in überwiegendem Maße darin, mit anderen zu kommunizieren. Dies aber bedeutet, Verständigung braucht Zeit und Wiederholung, um die Partner mit einzubinden, daß diese freiwillig auch das angestrebte Ziel zu erreichen suchen. Umso mehr, wenn die Landesgesellschaften, wie bei der Allianz, ein hohes Maß an Selbständigkeit im Sinne eines Profitcenters haben und daher nicht angewiesen werden können, bestimmte Dinge zu tun.

Um das Leben mit einem solchen Terminkalender und der damit verbundenen Anspannung bewältigen zu können, sind aber auch noch eine Reihe von wichtigen *Randbedingungen* erforderlich. In erster Linie handelt es sich dabei um eine robuste Gesundheit, denn das Reisen durch Zeitzonen stellt hohe physische Anforderungen (z. B. Schlafprobleme). Gleichzeitig gehört zur körperlichen Gesundheit auch ein verantwortungsvoller Umgang mit dem eigenen Körpergewicht, mit Alkohol und ähnlichen Suchtmitteln oder auch das Vermögen, sich in ausgewogener Weise körperlichen wie geistigen Ausgleich zu verschaffen. Eine andere ganz wichtige Randbedingung besteht darin, daß ein solches Leben nur dann auf Dauer gelebt werden kann, wenn ein stabiles familiäres Umfeld gegeben ist. Dies wird in heutiger Zeit sicher immer problematischer, da es durch die häufige Abwesenheit, die Unpünktlichkeit oder auch die Unzuverlässigkeit bei der Einhaltung von Terminen zu wachsenden Problemen in der Stabilität der Beziehung, zu Ehepartner und Kindern kommen kann. Gleichzeitig kommt hinzu, daß die Frauen in erheblich größerem Maße eigene berufliche Emanzipation und Befriedigung suchen und dies zu Standortproblemen führt. Damit ist gemeint, daß früher bei einer Versetzung in der Regel auch die Familie mitzog, während es heute oft vorkommt, daß der Ehepartner an seinem Wohnort bleibt, um an seinem beruflichen Fortkommen weiterzuarbeiten und dies zur Folge hat, daß ein solcher globaler Manager auch im privaten Bereich zu entsprechenden Reisen gezwungen ist und an den Wochenenden zu seiner Familie reisen muß.

Soll es zu Auslandsentsendungen kommen, dann sind diese in heutiger Zeit noch schwieriger als früher, gerade wegen der eben angesprochenen Familienproblematik. Sonst gilt für sie die sogenannte *Fenstertheorie*, die besagt, daß eine Versetzung bis etwa zum Alter von 38 Jahren möglich ist, dann etwa bis zum 50. Lebensjahr Schwierigkeiten aufwirft, weil dann u. a. die Kinder schulpflichtig sind, und anschließend eine Versetzung bis etwa zum 60. Lebensjahr wieder häufiger von den Partnern akzeptiert wird.

Wenn bisher anklang, daß globale Manager in der Regel Männer sind, so muß angemerkt werden, daß die Frauen auch hierbei langsam auf dem Vormarsch sind und vermehrt in den oberen Führungshierarchien von Unternehmen wichtige Positionen einnehmen. Allerdings kann immer noch festgestellt werden, daß etwa 80 % der Manager in solchen Ebenen verheiratet sind, während im gleichen Verhältnis die Frauen in entsprechenden Positionen eher unverheiratet sind. Berufliche Laufbahn und Familie zu verbinden, scheint für »Karrierefrauen« noch schwieriger zu bewältigen als für Männer.

Zum Abschluß der Liste der Anforderungen, die an eine globale Managementtätigkeit gestellt wird, soll eine sehr wichtige genannt werden: Man könnte sie als moralische Festigkeit oder auch persönliche Integrität bezeichnen. Damit ist gemeint, daß gerade in Managementpositionen, die sehr viel auch mit dem Ausland zu tun haben, die Versuchungen zahlreich und groß sind, daß z. B. bei Verhandlungen in Südostasien unter Umständen eine Einladung der gesamten Familie für einige Zeit in ein schönes Ferienressort ausgesprochen wird, oder daß in bestimmten europäischen Ländern der Sohn oder die Tochter eine Einladung zu einer Ferienaktivität erhält, oder daß zu Weihnachten teure Geschenke wie etwa

Antiquitäten zugesandt werden. Diesen und ähnlichen Versuchungen entgegenzutreten, erfordert ein hohes Maß an Integrität und diese muß man sich immer wieder neu beweisen.

Für die Personalentwicklungs-Verantwortlichen eines Unternehmens kann nach dieser Schilderung die Frage abgeleitet werden, welche der eben herausgearbeiteten Anforderungen durch das Unternehmen entweder kognitiv oder durch *Selbsterfahrungsmethoden* gelehrt und vermittelt werden können – und was ein Mensch schon mitbringen muß, wenn er nach seiner Ausbildung vom Unternehmen rekrutiert wird. Sicherlich können nicht alle der aufgeführten Charakteristika vermittelt werden, sondern müssen z. T. schon vorhanden sein, wie z. B. die persönliche Integrität.

Bei der Rekrutierung von Hochschulabsolventen als Nachwuchskräfte für Managementpositionen achten wir in der Allianz u. a. auf vier verschiedene Aspekte. Als erstes sollte der Kandidat oder die Kandidatin natürlich gute Leistungen und Fachkenntnisse aus dem Studium mitbringen und dieses auch in vertretbarer (möglichst kurzer) Zeit absolviert haben. Da die Allianz ein internationaler Konzern ist, stellen Sprachen eine absolut notwendige Voraussetzung für Kommunikation innerhalb des Konzerns dar. Entsprechend erwarten wir, daß die Kandidaten die englische Sprache gut beherrschen und wenn möglich eine weitere. Managementtätigkeiten werden zunehmend internationaler und dies setzt voraus, daß man andere Kulturen kennengelernt und sich mit ihnen auseinandergesetzt hat. Daher ist ein Auslandsaufenthalt zumindest für solche Kandidaten, die in die oberen Führungsebenen gelangen wollen, unabdingbar. Schließlich achten wir darauf, inwieweit sich die Kandidaten außerhalb ihres Studiums in einer Art und Weise betätigt bzw. engagiert haben, die ein deutliches Interesse an Führung und Gestaltung sozialer Einheiten oder Organisationen erkennen läßt.

Für die Kandidaten, die zu uns kommen, bietet die Allianz drei verschiedene Möglichkeiten des Einstiegs in das Unternehmen:
- Den Direkteinstieg
- Ein Trainee-Programm
- Das sogenannte Assistenten-Programm.

Direkteinstieg

Dabei übernimmt der Kandidat eine Fachfunktion, z. B. als Referent in der Haftpflichtbranche und arbeitet in dem ihm zugewiesenen Fachgebiet. Diese Art der Funktionsübernahme steht unter dem Motto »Bewähre Dich«. Als Mitarbeiter lernt er so das Unternehmen in seinen Einzelteilen von der Basis her kennen. Gleichzeitig geht es um den Erwerb profunder Fachkenntnisse. Im zwischenmenschlichen Bereich geht es für den Kandidaten darum, seinen Umgang mit Gleichrangigen und Vorgesetzten in der Zusammenarbeit zu beweisen. Um von dieser Art des Einstieges aus Karriere zu machen, sind entsprechende Leistungsnachweise im eigenen Fachgebiet und dem dann sukzessive größer werdenden Verantwortungsbereich erforderlich.

Trainee-Programm

Hierbei handelt es sich um eine spezielle Ausbildung mit einer Abfolge von Stationen in mehreren Abteilungen und Funktionen, wobei zuerst eine vertiefte Aneignung und anschießend eine Verbreiterung des fachlichen Wissens angestrebt werden. Solche Trainee-Programme werden in der Allianz auch im Rahmen des Vertriebes durchgeführt.

Assistenten-Programm

Dieser Weg ist für besonders hochqualifizierte Hochschulabsolventen gedacht, wobei der Einstieg über einen herausgehobenen Manager erfolgt, der auch als Mentor bei der weiteren Entwicklung des Kandidaten zur Verfügung steht. Die Stufenfolge dieser Art von Einstieg beginnt mit der Tätigkeit als Assistent bei diesem Manager, führt dann in den Außendienst, um dort nach der entsprechenden Ausbildung eine erste Führungsfunktion zu übernehmen. Bei Bewährung erfolgt der Wechsel in eine Fachabteilung des Innendienstes und darauf folgend eine Tätigkeit im Ausland. Ist auch diese erfolgreich verlaufen, kann an die Übernahme einer gehobenen Führungsposition gedacht werden.

Dieser Einstieg und Ausbildungsweg ist nicht unproblematisch, da die Nachwuchskräfte das Gefühl haben, sie hätten »den Marschallstab im Tornister« und damit Ansprüche gezüchtet werden. In der heutigen Zeit, bei dem sogenannten *war for talent*, d. h. dem harten Wettbewerb der verschiedenen Unternehmen um die weniger werdenden hochqualifizierten Nachwuchskräfte, ist aber ein solches Programm erforderlich.

Wie geht es dann bei Bewährung für die Nachwuchskräfte in der Allianz weiter? Wie werden bei uns die Führungskräfte intern rekrutiert? Dabei lassen sich zwei Stränge unterscheiden:
⇢ Die Auswahl und
⇢ Die Entwicklung/Förderung

Auswahl

Dadurch soll das Führungspotential der in Frage kommenden Mitarbeiter für höherqualifizierte Führungsaufgaben identifiziert werden. Überdurchschnittliche fachliche Leistungen werden vorausgesetzt.

Die vorgesetzte Führungskraft beurteilt im Rahmen des normalen Beurteilungsverfahrens auch das Führungspotential des Mitarbeiters und bespricht mit ihm weitere Entwicklungsmöglichkeiten wie z. B. die Übernahme von Sonderaufgaben oder Teilnahme an Projektgruppen und weitere Schritte. Wird im Rahmen der Potentialbeurteilung durch die Führungskraft beim Mitarbeiter ein Potential zur Übernahme von Führungsaufgaben gesehen, dann werden in diesem Gespräch auch vorbereitende Maßnahmen zur Übernahme einer ersten Führungsposition besprochen. Ist nach Ansicht des Vorgesetzten der Mitarbeiter in seiner Entwicklung so weit, daß er eine solche Aufgabe übernehmen könnte, dann wird ihn der Vorgesetzte zur Teilnahme an einem Assessment-Center anmelden. Dieses hat Simulationscharakter insofern, als in den Übungen typische Führungsaufgaben vom Mitarbeiter übernommen werden müssen und er dabei von erfahrenen Führungskräften beobachtet und beurteilt wird. Letztlich wird in diesem Assessment-Center festgestellt, ob der Mitarbeiter zum gegebenen Zeitpunkt bereits zur Übernahme einer Führungsfunktion auf der ersten Ebene geeignet ist, oder ob ihm noch weitere konkrete Entwicklungsschritte empfohlen werden.

Hat der Mitarbeiter diese erste Führungsaufgabe mit Erfolg einige Jahre wahrgenommen und wird ihm von seinem Vorgesetzten das Potential bescheinigt, eine höherwertige Führungsfunktion übernehmen zu können, dann wird er an einem weiteren Assessment-Center für die Führung von Führungskräften teilnehmen. Ist auch dieses erfolgreich für ihn abgelaufen, hat er sich in den folgenden Führungsfunktionen bewährt und wird ihm von seinem Vorgesetzten das Potential für obere Managementaufgaben zugeschrieben, dann wird nun kein formelles Verfahren mehr in Form eines Assessment-Centers erfolgen, sondern der Mitarbeiter wird als Potentialkandidat für die oberen Managementebenen gemeldet. Einmal jährlich werden alle diese Kandidaten in einer Vorstandskonferenz nach den gleichen Kriterien besprochen und es wird entschieden, welche Kandidaten für eine solche Führungsaufgabe geeignet erscheinen.

Entwicklung/Förderung

In der Allianz haben wir grundsätzlich zwei verschiedene Programmarten für Entwicklung und Förderung: einmal die formelle Ausbildung und zum anderen die Erfahrungsausbildung.

Formelle Ausbildung

Dazu haben wir 1998 das Allianz Management Institute (AMI) als Corporate University gegründet. Hier werden Seminare und Workshops für jene Mitarbeiter der verschiedenen Landesgesellschaften der Allianz durchgeführt, denen Potential für höherwertige Aufgaben zugesprochen wird und die derzeit Positionen in den beiden Ebenen direkt unter dem Vorstand wahrnehmen, oder denen als »Talent« zugetraut wird, mindestens in die Ebene direkt unter dem Vorstand zu gelangen. Bei der Entwicklung und Durchführung der Seminare und Workshops arbeitet das AMI eng mit externen, renommierten Instituten zusammen wie z. B. in Deutschland dem USW oder international z. B. INSEAD oder Wharton. Manager, die sich auf der Ebene direkt unter dem Vorstand befinden und denen die Übernahme qualifizierterer Aufgaben zugetraut wird, werden in Deutschland auch zu den Baden-Badener Unternehmergesprächen entsandt. Dies vor allem, um dort in der Zusammenarbeit mit Kollegen aus anderen Firmen Kontakte zu knüpfen und sich Kenntnisse anzueignen, die nicht direkt mit der Allianz, aber mit Wirtschaft und Politik im Zusammenhang stehen.

Erfahrungsausbildung

In diesem Bereich gibt es zwei Schulen, die *Tiefenausbildung* und den *Fast-Track Management-Pool*.

Bei beiden vertreten wir die Idee von Henzler (McKinsey) eines *T shape career development*, d. h. daß zuerst einmal in einem der Gebiete fundierte Fachkenntnisse erworben werden sollten, bevor die weitere Entwicklung versucht, den Horizont des Kandidaten zu erweitern im Sinne eines General Managements, d. h. in die Breite geht.

Bei der *Tiefenausbildung* ist ein Mitarbeiter etwa drei bis fünf Jahre in der Funktion, bevor die weiteren Entwicklungsschritte angegangen werden, die dann auch in die Auswahlverfahren für Potentialkandidaten führen. Bei dieser Art der Ausbildung dauerte es auch bei entsprechendem Führungspotential bisher acht bis zwölf Jahre, bevor jemand eine Position im oberen Management erreichte. Dies ist heute nicht mehr vertretbar, da einerseits die Ansprüche der Kandidaten erheblich gestiegen sind und der Markt für solche Kandidaten auch sehr umkämpft ist und zum anderen, weil wir z. B. in der Allianz eine relativ hohe Wachstumsgeschwindigkeit haben und damit vermehrt Bedarf an gut ausgebildeten Kandidaten. Aus diesem Grunde wird auch bei der Tiefenausbildung versucht, die einzelnen Stationen in kürzeren Abständen aufeinander folgen zu lassen, so daß es heute vom Eintritt in die Allianz bei einer qualifizierten Nachwuchskraft etwa fünf bis acht Jahre dauert, bevor er oder sie eine solche Position erreicht.

Beim *Fast-Track Management-Pool* handelt es sich um eine geplante Managemententwicklung, d. h. nach einer Startphase übernehmen die Kandidaten alle zwei Jahre eine neue Position. Gedacht ist diese Vorgehensweise als extreme Beschleunigung eines solchen Entwicklungsganges. Der Beginn findet im Allianz International Career Program statt, das aus drei Teilen besteht: sechs Monate in der Hauptverwaltung und zweimal sechs Monate in verschiedenen Ländern. Dieser Wechsel der Standorte, Umfelder und Funktionen innerhalb kurzer Zeit bringt zumindest für europäische Kandidaten große Probleme mit sich. Dagegen haben Asiaten mit einer derartigen Vorgehensweise keinerlei Probleme.

Auch das International Assignment Program, das wir wie alle großen Unternehmen haben, dient dem Bemühen, Führungskräfte zu entwickeln, die internationalen bzw. globalen Ansprüchen genügen können. Es stellt Abordnungen von qualifizierten Führungskräften für zwei bis fünf Jahre in eine der ausländischen Gesellschaften dar. Dieses Programm hat sich in den letzten Jahren erheblich vergrößert. Um dies anhand von Zahlen zu verdeutlichen: 1991 waren für die Allianz 30 Deutsche im Ausland, 2001 sind es 350 Kandidaten aus allen Ländern, die zu einer anderen Landesgesellschaft oder der Hauptverwaltung entsandt sind und dort arbeiten. Dies reflektiert das Wachstum der Allianz im Ausland, das von gut 3 % im Jahre 1970 auf ca. 65 % Anfang dieses Jahres stieg.

Je internationaler ein Unternehmen wie die Allianz wird, desto mehr wird es erforderlich, daß die guten qualifizierten Mitarbeiter aus den verschiedenen Gesellschaften die Möglichkeit haben, sich weiterzuentwickeln und aufzusteigen. Dazu ist es auf jeden Fall erforderlich, daß diese Kandidaten wissen, wo solche interessanten Aufgaben zu besetzen sind und sie sich entsprechend bewerben können. Daher sind wir gerade dabei, ein internationales Jobmarketing per Internet zu installieren, das für ausgewählte Funktionen genau diese Aufgaben erfüllen soll.

Gleichzeitig stellt die Internationalisierung uns, wie andere Unternehmen, vor das Problem, daß das klassische Zugehörigkeitsgefühl zu einer Landesgesellschaft immer mehr im Schwinden begriffen ist und ersetzt werden muß durch eine weltweite Corporate Culture. Nur wenn es uns gelingt, eine »Allianz-Nationalität« zu schaffen, werden die Mitarbeiter, egal in welchem Land, in welcher Aufgabe sie tätig sind, sich auch in der Allianz-Gruppe zu Hause fühlen. Dieses Gefühl bei den guten Mitarbeitern zu schaffen, dazu trägt die Ausbildung der Manager in unserem Allianz Management Institute erheblich bei, denn dort treffen sich die Teilnehmer aus den verschiedensten Nationen regelmäßig und so entstehen Kontakte und das Gefühl einer Gemeinschaft, die multinational ist. Und das vermitteln diese Führungskräfte auch an ihrem Heimatstandort.

Der Versuch der Personalentwicklung unseres Unternehmens, global agierende Manager zu entwickeln bzw. zu fördern, ist also auf vielfältige Einzelmaßnahmen aufgebaut, die miteinander vernetzt sind. Dabei hoffen wir, daß das Ergebnis so sein wird, wie das Weibler in der Zeitschrift *Personal* (2001) in seinem Artikel *Master Competence für weltweit agierende Führungskräfte* in einer kleinen Anekdote beschrieben hat:

Bei einem Schiffsunglück bringt der Kapitän die multinationale Passagiergemeinschaft dazu, daß alle mit ihren Schwimmwesten über Bord springen. Dem erstaunten Ersten Offizier, der ihn fragt, wie er dies geschafft hat, erklärt er Folgendes: Er hat den Engländern gesagt, es sei unsportlich nicht zu springen, den Franzosen, es sei schick zu springen, den Deutschen, dies sei ein Befehl, den Amerikanern, sie seien gut versichert, und den Italienern, es sei streng verboten zu springen.

Wenn die Entwicklung dazu führt, daß sich global agierende Manager im Sinne dieser Anekdote verhalten, dann haben sie alle die Erfahrungen und Kenntnisse, um international erfolgreich zu sein.

Literatur

MÜLLER, STEFAN/KORNMEIER, MARTIN, *Streitfall Globalisierung*, Oldenbourg, München/Wien 2001.
WEIBLER, JÜRGEN, *Master Competence für weltweit agierende Führungskräfte*, Personal, 1, 2001, S. 32–35.

Beitrag abgedruckt in: SCHMAHL, F. W./BAMBERG, M./ASSMANN, H.-D./BRAUN, D./HILDENBRAND, S. (Hrsg.), *Der Mensch im Umbruch der Arbeitswelt: Globalisierung, Rationalisierung, Leistungsanspruch*, Erich Schmidt Verlag, Berlin, 2002, S. 53–63.

Mitarbeiterauswahl und
Mitarbeiterentwicklung
1974–2000

Unternehmensspiele als Hilfsmittel bei der Führungskräfteentwicklung [2]

Das Unternehmensspiel als Instrument zur Simulation des Verhaltens von Arbeitsgruppen

Soweit Unternehmensspiele für Unterricht und Lehre entwickelt worden sind und dort eingesetzt werden, verbindet sich mit ihrer Anwendung der Lehrzweck, die *Spieler* betriebswirtschaftlich zu trainieren. Was immer das im Spiel behandelte spezielle oder generelle Fachgebiet der Betriebswirtschaftslehre ist – obwohl sich die Idee und Anwendbarkeit der Spieltechnik bekanntlich keineswegs auf die Betriebswirtschaftslehre beschränken –, die Teilnehmer sollen eine Art »praktischen« Umgang mit einem Fachvokabular, den oft in Geldeinheiten quantifizierten Meßgrößen, den Abhängigkeiten dieser Parameter untereinander und schließlich der Erarbeitung von Lösungen für Aufgaben – oft in Form von spezifizierten Entscheidungen – pflegen. Aus dieser Form des *Spiels* – es werden keine realen, sondern für die Wirklichkeit konsequenzlose Entscheidungen getroffen – lernt der Teilnehmer sachbezogenes Wissen.

Die Verwendung des Begriffes der Entscheidung weist aber bereits in eine Richtung, die nicht mehr allein durch Sachbezogenheit begründet wird, sondern psychologische und sozialpsychologische Komponenten des Entscheidens mit einschließt, das heißt das Verhalten von Teilnehmern im Unternehmensspiel zum Gegenstand der Betrachtung werden läßt (für reale Bedingungen, vgl. Witte, 1969).

Unternehmensspiele werden in sehr verschiedener Form durchgeführt. Insbesondere solche Spiele, bei denen mehrere Gruppen von Teilnehmern stationär im Verlauf eines definierten Zeitraumes zusammenarbeiten bzw. auch gegeneinander konkurrieren, eignen sich für eine Reihe sozialpsychologischer Beobachtungen, die zu Lehr- und Auswahlzwecken verwendet werden können. Ambulant durchgeführte Spiele mit wechselnden Gruppenmitgliedschaften oder Einzelspielern können z. B. im Bereich der Entscheidungsforschung wichtige Funktionen haben (Mayer, 1970).

Mit Interesse hingegen haben Teilnehmer an sich selbst und professionelle Beobachter besonders während stationärer Wettbewerbsspiele mit stabilen Gruppen wahrnehmen können, daß eine Reihe von sozialpsychologischen Gruppenphänomenen auftreten, die z. B. rationale, berechenbare Entscheidungen in

---

[2] In Zusammenarbeit mit Kurt Limbourg.

den Gruppen während der Arbeitsperioden – und zwischendurch – beeinflussen und verändern. Das Unternehmensspiel wird so über seine Sach-Lehr-Zwecke hinaus, wirtschaftliche Vorgänge zu simulieren, zum Vehikel für die artifizielle Erzeugung sozialpsychologischer Vorgänge in Gruppen und ermöglicht deren systematische Beobachtung unter relativ konstanten Sachbedingungen und Gruppenzielsetzungen. Das Aufgabengebiet der Sozialwissenschaftler in Unternehmungen verwendet Unternehmensspiele mit dieser Funktion bei der psychologischen Ausbildung von Führungskräften.

An die Auslese und Bestimmung der Führungskräfte schließt sich notwendigerweise die Aufgabe an, potentiell geeignete Kandidaten und die große Zahl der *Inhaber* von Führungspositionen im Unternehmen durch unterstützendes Training erfolgreich im Umgang mit den aus verschiedenen Gründen emanzipierten Mitarbeitern zu schulen und zu entwickeln.

Das Lernen von Verhaltens- und Erlebnisweisen auf sozialem Gebiet, zum Beispiel
⤑ Führung und Dominanz
⤑ Zusammenarbeit und Entscheidungsbeteiligung
⤑ Kommunikation und Information
⤑ Höflichkeit und Zurückhaltung gegenüber anderen
⤑ Karriere und Erfolgsstreben
⤑ Selbstbeherrschung und Toleranz, Enttäuschungen zu ertragen
⤑ Einteilung und Organisation
⤑ Anspruchsniveau und Neid

gilt als Sozialisationsvorgang des Menschen, der nach Lernprinzipien wie der Imitation, Identifikation und des Rollenlernens in langfristigen Zeitabschnitten verläuft. Da diese Eigenschaften und Verhaltensweisen auf die Funktionsfähigkeit als Führungskraft entscheidenden Einfluß haben, ist ihre Veränderung oder Schulung eine der Hauptaufgaben der Managementausbildung.

Wie immer die Richtung der Führungsausbildung definiert werden kann, Lernmethoden der Fachausbildung an Schulen und Universitäten, z. B. Vorträge und Vorlesungen, Fallstudien, Filme und andere audiovisuelle Hilfsmittel, scheinen aufgrund der involvierten Lernprinzipien des unter anderem kognitiven (einsichtigen) Lernens nur beschränkten Einfluß auf die Veränderung des Führungsverhaltens zu haben.

Die aus den gruppendynamischen Trainingsmethoden – Laboratoriumstraining, Sensitivity-Training und andere zum Teil synonym verwendete Bezeichnungen (Schein/Bennis, 1965) – entwickelten Lehransätze haben die Prinzipien des sozialen Lernens in klassenraumähnliche Lernsituationen übertragen.

Die Versuche, diese Methoden in der Managementausbildung einzuführen, haben zu verschiedenen praktischen Schwierigkeiten geführt, von denen zumindest das Transfer- und das Fokussierungsproblem für die Anwendung von Unternehmensspielen sowohl bei der Auswahl als auch bei der Schulung von besonderer Bedeutung sind.

Um das Verhalten eines Menschen aufgrund einer zeitlich begrenzten, artifiziell geschaffenen Auslesesituation prognostizieren zu können, bedarf es Aufgaben, die die zukünftige Arbeitswirklichkeit des Kandidaten repräsentativ abbilden. Die psychologische Testforschung zeigt zwar, daß diese Abbildung der Realsituation durchaus so weit generalisiert sein kann, daß sie dem Laien nicht mehr ähnlich erscheint. Immerhin wird ein Zusammenhang zwischen Aufgabe (und Ergebnis) der Prüfungssituation und Realität nachgewiesen werden müssen.

Analoges gilt für die Schulung: Je mehr die Lernaufgaben die Aufgaben der Realität repräsentieren, desto einfacher wird die Übertragung der Lerninhalte auf spätere Realsituationen (Transfer). Die Lösung realer Aufgaben in der Schule wäre denkbar, wenn nicht unter anderem die Beschränkung der Mittel eine Generalisierung und Typisierung von Schulaufgaben unumgänglich machen würde.

Die Konstrukteure von Unternehmensspielen verfolgen das Ziel, Teilwirklichkeiten der wirtschaftlichen Praxis zu simulieren und in Aufgaben zu organisieren. Fügt man eine Reihe sozialer Bedingungen hinzu, z. B. Wettbewerbsbedingungen von Arbeitsgruppen, Zeitabstände, innerhalb derer Entscheidungen getroffen werden müssen, ungleiche Informationsvoraussetzungen für Lösungen, Kommunikationsbarrieren zwischen Informationsträgern, können diese Unternehmensspiele äußerlich repräsentative Abbildungen wirklicher Führungs- und Leitungsaufgaben darstellen.

Die Beschäftigung mit sozialen Verhaltensweisen von Führungskräften führt zu der Frage, wie der Trainer bzw. Diagnostiker sich auf Einstellungen und Verhaltensweisen konzentrieren (fokussieren) kann, die für die Führungsaufgaben der Führungskräfte im Unternehmen relevant sind. Das Verhalten von Arbeitsgruppen im Verlauf von Unternehmensspielen bietet eine günstige Ausgangssituation zum Lernen betrieblich relevanter Verhaltensweisen, da diese nicht nur z. B. als Fallstudie in geschriebener und damit verfremdeter, sondern in originaler Form beobachtet werden können.

Unternehmensspiele können so verschiedene Funktionen bei der Auswahl und Entwicklung von Führungskräften erfüllen. Unter verschiedenen Durchführungsbedingungen übertragen sie repräsentativ – für die Teilnehmer einsehbar – betrieblich relevante Aufgaben in die Schulsituation. Mit ihrer Hilfe können soziale Verhaltensweisen auf betriebliche Problemstellungen fokussiert werden.

Neben der Verfolgung betriebswirtschaftlich-fachlicher Lehrziele können sie eine Vehikelfunktion für psychologische Aufgaben einnehmen.

Man kann also nicht davon ausgehen, daß allein die Beteiligung an einem Unternehmensspiel Einfluß auf die Entwicklung sozialer Verhaltensweisen hat. Vielmehr bedarf es der pädagogisch-psychologischen Aufbereitung der sozialpsychologischen Vorgänge, um pädagogisch gezielte Einflüsse wirksam werden zu lassen.

Das Unternehmensspiel als Hilfsmittel bei der psychologischen Schulung (Entwicklung) von Führungskräften

Die Ziele der sozialpsychologischen Ausbildung von Führungskräften

Wenn man davon ausgeht, daß jedes Unternehmen ein Zweckverband – bestehend aus mehreren Gruppen und Untergruppen – ist, so steht fest, daß z. B. im Verhältnis zur fachlichen Qualifikation der Führungskräfte der Einfluß von Führung und Durchsetzung (ohne auf die verschiedenen Richtungen und Kritiken der Lehren von den Führungsstilen einzugehen), das Vorbereiten, Treffen und Kontrollieren von Entscheidungen, die Verteilung von Informationen, die gegenseitige Kommunikation, die Zusammenarbeit der Mitarbeiter und Gruppen untereinander, verbunden mit allen Problemen der Zuständigkeitsregelungen, Arbeitsverteilungen, der Rangstufen und Statusansprüche, bedeutende Faktoren darstellen, die Einfluß auf diese Zweckverbände haben. Es gehört zu den Aufgaben von Führungskräften, unter anderem diese Faktoren im Sinne der Zielsetzungen des Unternehmens und deren diesbezüglicher sozialer und rechtlicher Eingrenzungen zu steuern. Diese Steuerung wird auf verschiedenen Ebenen des Managements andere Aufgaben stellen. Immerhin wird man aber die für eine entsprechende Schulung gültigen Ziele generell so formulieren können:

⇢ Eine Führungskraft muß Gruppenprozesse in einer Arbeitsgruppe im Unternehmen analysieren können. Sie muß deshalb das Begriffskonzept (Vokabular) aus der Sozialpsychologie der Kleingruppe (Gruppendynamik) lernen. Die Kenntnis dieser Begriffe ist die Voraussetzung, Vorgänge in der Gruppe beobachten und beschreiben zu lernen.

⇢ Eine Führungskraft muß ihr Bild von sich selbst (Eigenbild) und ihre Wirkung auf andere Personen (Fremdbild) erkennen lernen. Dabei gilt es, soziale Einstellungen (Vorurteile) und deren Bedeutung für die Kooperation in der Arbeitsgruppe zu analysieren und gegebenenfalls zu ändern.

---> Eine Führungskraft muß ihr (betriebs- und gruppenrelevantes) Sozialverhalten zweckmäßig (entsprechend den Gruppenzielen) einrichten können, über die Wirkung des eigenen Verhaltens reflektieren und die Wirkung von Verhaltensvarianten voraussehen können. Sie muß ihr Sozialverhalten gegenüber den Verhaltensschemata, die sie in ihrer ontogenetischen Entwicklung erworben hat, häufig verändern.

Die Möglichkeiten zum Lernen des Begriffskonzeptes, zur Erkenntnis der eigenen Einstellungen in Relation zu einer Arbeitsgruppe, zur risikofreien Gelegenheit zum Ausprobieren ungewohnter Verhaltensweisen werden durch die Beteiligung an Gruppenarbeiten (z. B. Unternehmensspielen) und deren systematische Aufzeichnung und Auswertung in der teilnehmenden Gruppe erreicht. Grundsätze, wie die Gruppe als Medium und Gegenstand der Veränderung wirken kann, sind unter anderem in den gruppentheoretischen Ansätzen der Lewinschen Schule aufgestellt worden (Cartwright, 1972).

Im Folgenden soll dargestellt werden, wie die genannten Lernziele zur Entwicklung von Führungskräften erreicht werden können und welche methodischen Überlegungen bei der Verwendung von Unternehmensspielen angestellt werden müssen. Die Ausführungen werden durch die Schilderung eines Falles aus der praktischen Seminararbeit begleitet, der in mehreren Segmenten ausschnittweise dargestellt wird. Diese Segmente sind auf die im theoretischen bzw. beschreibenden Text besprochenen Aspekte abgestimmt.

Beobachtung und Beschreibung des Gruppenverhaltens im Verlauf eines Unternehmensspiels

Einige Regeln für die Durchführung von Unternehmensspielen

Die Voraussetzung von Einstellungs- und Verhaltensänderung ist die Fähigkeit, soziale Verhaltensweisen von Teilnehmern überhaupt entstehen lassen zu können. Es erweist sich dabei als sinnvoll, daß solche Unternehmensspiele verwendet werden, in denen zwei bis vier Gruppen von Teilnehmern zwischen vier und acht Personen beschäftigt werden. Die Anzahl der Gruppenmitglieder sollte die Anzahl der durch das Spiel nahegelegten Ressorts (Positionen) überschreiten. Die Spielanlage sollte mehrere Perioden zulassen, zwischen denen Rückmeldungen über den wirtschaftlichen Erfolg der Gruppen möglich sind. Die Periodendauer sollte eine Stunde nicht unterschreiten; der Spielleiter sollte im übrigen den Zeitdruck nicht so forcieren, daß Augenblicks- und Zufallsentscheidungen gefördert werden. Die technischen Spielbedingungen sollten den Gruppenmitgliedern so bekannt sein, daß Vorteile für Teilnehmer aus der Kenntnis der Technik nicht entstehen. Das Unternehmensspiel sollte von seiner Anlage her den Wettbewerb zwischen den Gruppen auf der Basis z. B. einer im Spielbeginn aufzustellenden Geschäftsstrategie mit definierten Indizes zulassen. Spielleiter und Trainer (Beobachter während des Unternehmensspiels) sollten verschiedene Personen sein. Während des Spiels soll der Spielleiter die technische Funktion eines Ratgebers in Sachfragen einnehmen; die Rolle eines Seminarleiters, der für die Führung der Gruppen verantwortlich ist und Organisationsvorschläge macht, sollte er um jeden Preis vermeiden, da sonst sein Verhalten auf die Struktur der Gruppen einen schwer analysierbaren Einfluß ausübt.

Die Beobachtung dieser Voraussetzungen für die Durchführung eines Unternehmensspiels soll gewährleisten, daß die Teilnehmer unter relativ konstanten Außenbedingungen ihre Gruppenarbeit aufbauen. Für das Training von Führungskräften kommen zwei Vorgehensweisen in Betracht:

⋯⃗ Da die Teilnehmer der Unternehmensspiele während ihrer Planspielarbeit Gruppen bilden, kann dieser Gruppenprozeß von Beobachtern aufgezeichnet werden. Zu einem späteren Zeitpunkt werden Teilnehmer mit den Aufzeichnungen ihrer Gruppenarbeit bekannt gemacht und können die Richtigkeit dieser Aufzeichnungen diskutieren. (Im Anschluß an dieses Vorgehen entwickelten K. Lewin und seine Mitarbeiter die Grundzüge des gruppendynamischen Trainings; vgl. auch Heigl, 1970.)

⋯⃗ Die auszubildenden Führungskräfte werden als Beobachter des während des Unternehmensspiels stattfindenden Gruppenprozesses eingesetzt. Ihre Beobachtungen werden mit denen von ausgebildeten Psychologen verglichen und diskutiert.

⋯⃗ Bei der ersten Vorgehensweise sind die Teilnehmer Beobachtungs- und Trainingsobjekt für alle angesprochenen Sozialvariablen in einer Person, bei der zweiten steht die Ausbildung der Beobachtungs- und Beurteilungsfertigkeiten der beobachtenden Führungskräfte im Vordergrund.

Es soll im weiteren vor allem auf die Methodik eingegangen werden, bei der Unternehmensspielteilnehmer selbst zum Subjekt und Gegenstand der Entwicklung werden.

Wenn die Gruppenarbeit während des Unternehmensspiels als fokussierte Basis für die Beobachtung dienen soll, die später der Besprechung und Bearbeitung der Teilnehmer zugänglich gemacht wird, so bekommen die Formen der Datenaufzeichnung eine sehr wichtige Funktion (v. Cranach/Frenz, 1969).

Aufzeichnungen mit audiovisuellen Hilfsmitteln

Audiovisuelle Aufzeichnungen setzen einen gewissen technischen Aufwand voraus, um die technischen Belästigungen während des Unternehmensspiels in Grenzen zu halten. Erfahrungen zeigen, daß sich die Teilnehmer bei entsprechend begründeter Einführung an Beobachter mit und ohne Gerät schnell gewöhnen, so daß zumindest mehrtägige Gruppenarbeiten psychologisch wenig behindert werden.

Können alle Gruppensitzungen während eines längeren Zeitraumes aufgenommen werden, so wird dieses Material für die Bearbeitung während des Trainings auf wichtige bzw. kritische Sequenzen reduziert werden müssen. Die Vorbereitungen für das Training nehmen dann erheblich Zeit und Mittel in Anspruch. Aufzeichnungen in dieser Form dürften deshalb eher für die Herstellung als Demonstrationsmaterial für spätere Seminare mit anderen Teilnehmern und zur Beobachterausbildung lohnen.

Bei der Technik der fraktionierten Beobachtung wird die Festlegung der Aufzeichnungszeitpunkte bedeutsam. Da es für die Beobachter außerordentlich schwer ist, später wichtige Szenen der Gruppenarbeit im Ansatz zu erkennen – der beobachtende Mensch kann sich, wenn auch fehlerhaft, im Verlauf einer Szene an ihren Beginn erinnern; für die Maschine sind verpaßte Szenen uneinholbar –, bleibt nur eine Vorherbestimmung der Aufzeichnungszeitpunkte.

Jede Form der audiovisuellen Aufzeichnung ersetzt nicht die Übertragung der Vorgänge in ein sozialpsychologisches Vokabular. Eine Verschiebung dieser Aufgabe hinter die Unternehmensspielperioden verlängert deshalb die Trainingszeit.

Insgesamt wird man sagen können, daß der Einsatz audiovisueller Hilfsmittel trotz der Objektivierungshilfe für Kurzübungen im Rahmen eines Aktionstrainings eher eine pragmatische Hilfe bietet als im Rahmen einer längeren Beobachtungsdauer während eines Unternehmensspieles.

Kasuistische Aufzeichnungen durch Beobachter

Jede Unternehmensspielgruppe mit mehreren Teilnehmern erzeugt im Verlauf eines mehrtägigen Unternehmensspiels eine Datenfülle, die durch eine begrenzte Zahl von Beobachtern teilweise wahrgenommen und aufgezeichnet werden kann. Der Beobachter kann deshalb nach Kriterien der Wichtigkeit für das spätere Training ausgewählte Episoden notieren. Bei längeren Unternehmensspielen bieten sich für fraktionierte Beobachtungen vor allem an:

→ der Beginn des Unternehmensspiels, wenn die Gruppen sich formiert haben
→ Die Spielperioden im Anschluß an die Ausgabe von Teilergebnissen
→ Die Spielperioden, in denen besondere Erfolge und Mißerfolge sichtbar werden, z. B. im Anschluß an Veränderung von Konjunkturindizes durch den Unternehmensspielleiter
→ Die Schlußperiode, wenn die Arbeitsanspannung der Teilnehmer sich löst.

Die Fehlermöglichkeiten, die mit der kasuistischen Aufzeichnung verbunden sind, werden unter wissenschaftlichen Gesichtspunkten als groß angesehen (vgl. z. B. v. Cranach/Frenz, 1969). Auf die notwendige Ausbildung von Beobachtern (Trainern) kann hier nicht eingegangen werden.

Die kasuistischen Aufzeichnungen der Beobachter können den Teilnehmern zur Verfügung gestellt werden und haben die Vorgänge in einen Bezugsrahmen, das heißt in ein Vokabular übertragen. Die Hauptgefahren für ihre Verwendung im Training sind die Einseitigkeit der Daten (nur vom Beobachter) und ihre Unvollständigkeit (nur von außen beobachtbare Vorgänge) sowie ihre mangelnde Repräsentativität für die Gruppenvorgänge (nur »wichtige« Ausschnitte).

Beispiel: In diesem Teil soll die *kasuistische* Beschreibung eines »typischen« Ausschnittes aus einem Seminar wiedergegeben werden.
Fall: Der Einfluß von Status- und Elitedenken auf das Arbeitsergebnis einer Gruppe während eines Unternehmensspiels.

Die sechs Mitglieder einer Planspielgruppe (A, B, C, D, E und F) haben ihre Aufgaben so geteilt, daß je zwei Gruppenmitglieder (GM) die Rollen Produktion (A, B), Finanz (C, D) und Vertrieb (E, F) übernommen haben. Im Verlauf des Unternehmensspiels ergibt sich für die Gruppe die Aufgabe, eine Entscheidung über die Höhe von Investitionen zur Erweiterung der Fertigungskapazität zu treffen. Die Diskussion, die der Entscheidung vorausgeht, wird zunächst vor allem durch die Gruppenmitglieder A und C geführt. A und C haben bereits in den früheren Diskussionen die größten Gesprächsanteile auf sich vereinigt. Es ist in der Gruppe bekannt, daß sie einschlägige wirtschaftliche Qualifikationen haben, beide haben bisher in den meisten Entscheidungen übereingestimmt. Gruppenmitglied E aus der Untergruppe Vertrieb zeigt durch Häufigkeit der Ansprache an A und C, durch häufigen Platzwechsel zur Lokation von A und C, daß es das Gespräch mit diesen Gruppenmitgliedern sucht. An der anstehenden Diskussion nimmt mit zunehmender Häufigkeit auch Gruppenmitglied E teil, das auf Fragen von A und C über den zukünftigen Absatz aus der Hand positive Schätzungen abgibt. A, C und E entscheiden sich für eine Investitionserhöhung aufgrund dieser Angaben, die E ohne Besprechung mit seinem Gruppenkollegen F gemacht hat. Das Gruppenmitglied F hat eine für alle sichtbare Planungstafel entwickelt, auf der unter anderem Absatzziffern in Abhängigkeit von mehreren Indizes (unter anderem Konjunkturindex) aufgezeichnet sind. Das Gruppenmitglied F versucht, zunächst E, dann später in der Diskussion auch A und C seine von Es Schätzungen abweichenden Ziffern an der Tafel darzulegen und auf die Unsicherheit der konjunkturellen Entwicklung sowie auf die Möglichkeit hinzuweisen, die Konjunkturindizes der Zukunft im Rahmen eines Markterkundungsprogrammes von dem Unternehmensspielleiter kaufen zu können. Mit dem Argument der Kosten für diesen Kauf und des allgemeinen Zeitdrucks, unter dem man jetzt die Entscheidungen fällen müsse, werden diese Beitragsversuche von A, C und E im Effekt zurückgewiesen. (B und D haben sich an dieser Diskussion nicht beteiligt, da sie mit Einzelaufgaben im Rahmen ihrer Untergruppen beschäftigt sind.) Es werden im Verlauf dieser Spielperioden weitere Entscheidungen gefällt. Schließlich wird das Entscheidungsblatt zehn Minuten vor dem vom Spielleiter festgelegten Ende abgegeben. (Gesamtzeitdauer der Periode: 90 Minuten.) In späteren Spielperioden werden Daten über die Marktentwicklung auf Empfehlung von A beim Spielleiter gekauft. Die Investitionsentscheidung stellt sich später als falsch heraus, da E in der Tat den Absatz zu hoch eingeschätzt hat.

Systematische Datenerhebung

Zu Forschungszwecken sind verschiedene Kategoriensysteme und Mittel der Datenerhebung des Gruppenprozesses erarbeitet worden. Am bekanntesten dürften die von Moreno eingeführte Soziometrie zur Analyse der Sympathiestruktur (Höhn/Seidel, 1969) und die Interaction-Process-Analysis von Bales (1951) zur Analyse der Kommunikationsstruktur in Gruppen sein. Beide Methoden können die Fülle der Daten in einem Gruppenprozeß zu Lehrzwecken nicht annähernd repräsentativ wiedergeben.

Es ist deshalb das Beobachtungssystem TEAMDYNAMICS zu Lehrzwecken entwickelt worden, das zur systematischen Sammlung von Daten einer Gruppenarbeit während eines mehrperiodigen Unternehmensspiels geeignet ist. (An der Entwicklung und Erprobung dieses Beobachtungssystems seit 1969 haben mitgearbeitet: G. Bauer, H. Beloch, E. Drake, K. Heider, I. Schneevoigt, H. Schreiber, S. Steinbach, E. Stoffer.)

Es werden hierbei Daten zu fixierten Zeitpunkten vor und während des Unternehmensspiels von einem (oder mehreren) Beobachter(n) klassifiziert; gleichzeitig werden durch parallele Fragebogenerhebungen Daten von den Teilnehmern über ihr Selbstbild und ihr Fremdbild in Erfahrung gebracht. Alle so gesammelten Daten (bei einem zweitägigen Unternehmensspiel werden zu fünf Zeitpunkten Daten für eine Verlaufsanalyse erhoben) werden in einer Liste kodiert und bilden den Ausgangspunkt für ein späteres Training (siehe Abbildung unten).

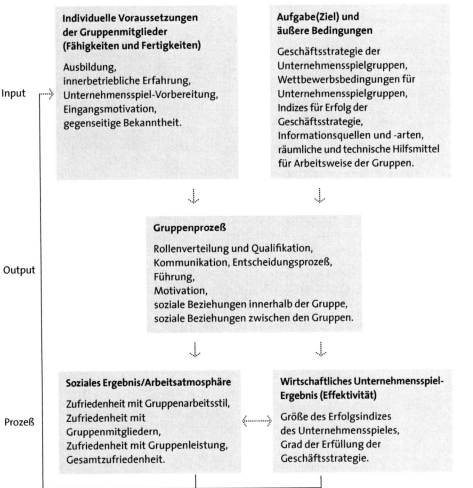

Modell für die Erfassung des Gruppenverhaltens TEAMDYNAMICS

Das Modell geht davon aus, daß die Teilnehmer mit individuellen Voraussetzungen, mit einer spezifizierten Aufgabe (Unternehmensspiel) und unter festgelegten Bedingungen die Zusammenarbeit beginnen (Input-Variablen). Vom Beginn dieser Arbeit entwickelt sich ein Gruppenprozeß (Prozeß), der als Output ein wirtschaftliches Unternehmensspielergebnis und soziale Arbeitsatmosphäre (Betriebsklima) zur Folge hat. Aus dem Erkennen der gegenseitigen Abhängigkeiten dieser Kategorien und ihrer Variablen im Training ergibt sich der Lerneinfluß auf die individuellen Voraussetzungen der Teilnehmer für spätere Zusammenarbeit in anderen Gruppen.

In diesem Modell sind die Prozeßdaten nach einem verbalisierten Kategoriesystem geordnet und vereinfacht. Sie bieten so eine wichtige Lernhilfe für das Lernen des Vokabulars (als Voraussetzung der Beobachtung und Analyse).

Beispiel: In diesem Teil soll ein Ausschnitt der nach dem Beobachtungsmodell TEAMDYNAMICS systematisch erhobenen Daten über eine Gruppe dargestellt werden.

Fall: Der Einfluß von Status- und Elitedenken auf das Arbeitsergebnis einer Gruppe während eines Unternehmensspieles (siehe Abbildung S. 143).

Eine Betrachtung der audiovisuellen, kasuistischen und systematischen Beobachtungsmethoden zeigt unter anderem, daß die Unmittelbarkeit der Daten in Reihenfolge der genannten Methoden abnimmt, die aufbereitete Repräsentanz für den Gruppenprozeß aber eher zunimmt. Unzweifelhaft dürfte unter anderem deshalb die Kombination der genannten Methoden die Schwierigkeit verringern, die Teilnehmer am eigenen Verhalten lernen zu lassen und ihnen dafür geeignete Daten zur Verfügung zu stellen.

Diese Kombination bedeutet aber einen erheblichen technischen Aufwand. In der Praxis wird sie sich deshalb für länger dauernde Gruppenprozesse nicht realisieren lassen. Zumal das Ausmaß an Daten, das den Teilnehmern zur Verarbeitung zur Verfügung steht, so übermächtig wird, daß Ordnungs- und Sortierprobleme die eigentliche Entwicklungsaufgabe überlagern.

Input — Ausbildung der Gruppenmitglieder

A = kaufmännisch-wirtschaftlich
B = technisch-naturwissenschaftlich
C = kaufmännisch-wirtschaftlich
D = sonstiges
E = kaufmännisch-wirtschaftlich
F = technisch-naturwissenschaftlich

Prozeß — Rollenverteilung

Gruppenmitglieder	Periode 1	Periode 2	Periode 6
A	2,6	2,6	2,6
B	2	2	2
C	4,6	4,6	4,6
D	4	4	4
E	7	3,(6)	3,6
F	3	3	3

1 = formeller Leiter   5 = Sonderfunktion
2 = Produktion   6 = informeller Führer
3 = Vertrieb   7 = keine Rolle
4 = Finanz   () = schwach

Sitzordnung

Periode 1	Periode 2	Periode 6
E	E	
A C	A C	A C
B Tisch D	B Tisch D	B Tisch D
E F	F	F

Kommunikationsintensität

Gruppenmitglieder	Periode 1	Periode 2	Periode 6
A	4	5	2
B	2	3	3
C	5	4	2
D	1	2	2
E	1	5	1
F	3	3	5

1 = sehr stark, 5 = sehr stark

Einfluß/Durchsetzungsvermögen
Eigenbild
(Wie sieht sich das Gruppenmitglied selbst?)

Gruppenmitglieder	Periode 1	Periode 2	Periode 6
A	4	5	2
B	2	3	3
C	5	4	2
D	1	2	2
E	1	5	1
F	3	3	5

1 = fachlich überlegen
2 = gehöre zu den Besseren
3 = Durchschnitt
4 = gehöre zu den Schwächeren
5 = fachlich unterlegen

Befragung

Prozeß — Einfluß/Durchsetzungsvermögen
Fremdbild
(Wie sieht die Gruppe das Gruppenmitglied; hier nur Rangfolgen)

Gruppenmitglieder	Periode 1	Periode 2	Periode 6
A	2	2	2,5
B	5	5	4
C	1	1	1
D	6	6	6
E	4	3	2,5
F	3	4	5

1 = an erster Stelle, 6 = an letzter Stelle

Beitrag zur Zusammenarbeit
Eigenbild
(Wie sieht sich das Gruppenmitglied selbst?)

Gruppenmitglieder	Periode 1	Periode 2	Periode 6
A	3	3	3
B	3	2	3
C	3	2	2
D	2	2	2
E	3	2	2
F	2	3	4

Fremdbild
(Wie sieht die Gruppe das Gruppenmitglied?)

Gruppenmitglieder	Periode 1	Periode 2	Periode 6
A	5	6	6
B	2	2,5	1
C	1	1	3
D	4	4	4
E	6	5	5
F	3	2,5	2

1 = mehr als die anderen
2 = mit verantwortlich
3 = durchschnittlich
4 = wenig beigetragen
5 = keine Bemühungen

Output — Zufriedenheit mit dem Gruppenarbeitsstil

Gruppenmitglieder	Periode 1	Periode 2	Periode 6
A	4	5	2
B	2	3	3
C	5	4	2
D	1	2	2
E	1	5	1
F	3	3	5

1 = sehr zufrieden
2 = zufrieden
3 = mittelmäßig
4 = nicht so gut
5 = unzufrieden

Daten vom Beobachter — *Daten von Teilnehmern (Befragung)*

Kategoriesystem zur Erfassung ablaufender Prozesse in einer Gruppe

Training von Einstellungen und Verhaltensweisen aufgrund von Beobachtungen im Unternehmensspiel

Seminarorganisation

Die Organisation von Seminaren zum Training von Einstellungen und Verhaltensweisen, die einen durch die Anwendung des Unternehmensspiels aufgabenbezogenen Charakter haben, kann nach zwei verschiedenen Konzepten erfolgen: Wenn in einem Seminar die Zielsetzung der unmittelbaren Übertragbarkeit von Lehrinhalten in Übungen in den Mittelpunkt gestellt werden soll, bietet sich die Form eines *Action-Trainings* an. Hierbei folgen in stetigem Wechsel aufeinander:

- Übung – 1. Periode eines Unternehmensspiels
- Analyse der Übung,
- Vorbereitung einer neuen Übung aufgrund der in der Analyse gewonnenen Erkenntnis,
- Übung – 2. Periode eines Unternehmensspiels

Dieser Zyklus kann mehrmals durchlaufen werden.

In einem *gruppendynamischen Aufbau* treten das Unternehmensspiel und die in ihm erzielten fachbezogenen Ergebnisse hinter die Beschäftigung mit den sozialpsychologischen Vorgängen während des Unternehmensspiels zurück. (Diese Ergebnisse werden gelegentlich zu Erinnerungszwecken wieder herangezogen.) Dieses Training unterscheidet sich von der Action-Trainings-Form vor allem durch die stärkere Betonung der Analyse sozialpsychologischer Vorgänge in der Gruppe, die aufgrund der kürzeren Zeiten zwischen den Übungen im Action-Training entweder mehr kognitiv gelehrt (und dann geübt) werden oder sehr viel stärker als Druck zur Verhaltensänderung während der Übungsperiode eingesetzt werden. Die Action-Trainings-Form kann in diesem Sinn sowohl für Personen ohne als auch mit gruppendynamischen Trainingserfahrungen eingesetzt werden. Im folgenden wird auf die gruppendynamische Form eines Trainings eingegangen.

Das Seminar (siehe Abbildung S. 146) besteht im wesentlichen aus drei Teilen:

- Unternehmensspiel in mehreren Gruppen
- Ausweitung und Vorbereitung der beobachteten und erfragten Daten durch die Beobachter für die Teilnehmer
- Gruppendynamisches Training auf der Basis dieser vorbereiteten Daten.

Der Trainingsteil wird eingeleitet durch eine Einführung in die Grundbegriffe und Zusammenhänge der Sozialpsychologie der Kleingruppe. Es schließt sich daran ein Wechsel von sogenannten Plenums- und Kleingruppensitzungen (= Arbeitsgruppen aus dem Unternehmensspiel) an. Neben der Übung der Grundbegriffe dienen die Kleingruppensitzungen vor allem der Analyse der Daten aus TEAMDYNAMICS und der kasuistischen Beobachtung; die Plenumssitzungen werden durch gruppendynamische Übungen (Mucchielli, Antons, 1973) zu Probiersituationen für »neue« Verhaltensweisen der Teilnehmer.

Entsprechend der Zielsetzung sollen die Teilnehmer in einem Unternehmen Führungsfunktionen ausüben und bereits über Führungserfahrung verfügen. Es hat sich gezeigt, daß diese Form des Trainings sich nur sehr bedingt für Personen eignet, denen als Führungsnachwuchs praktische Lebenserfahrung und Verantwortung fehlt.

Lehrmethodik

Die Lehrmethodik der Trainer (Beobachter im Unternehmensspiel) beruht auf Prinzipien, die in Selbsterfahrungsgruppen entwickelt worden sind (vgl. vor allem Schein/Bennis, 1965). Da sich diese Prinzipien von denen des gewohnten Klassenraumunterrichts unterscheiden, zum Beispiel
- keine eindeutig definierten Lehrer
- Lehrinhalt ist das Eigen- bzw. Gruppenverhalten, wenig oder kein extern vorgegebenes Lehrmaterial
- keine Referate, Vorträge, Filme oder technische Hilfsmittel
- zum Teil keine Schreibgelegenheiten
- Betonung der Eigenaktivität der Gruppenmitglieder,

entstehen bei den Teilnehmern Widerstände gegen diese ungewohnten und unerwarteten Bedingungen. (Das Entstehen dieser Widerstände ist weitgehend unabhängig von dem Ausmaß vorheriger Information mittels rationaler Lehrmethoden.) Die Überwindung dieser Widerstände, die Förderung des Engagements, sich zum Objekt der Reflexion zu machen, das heißt sich mit den gesammelten Daten zu beschäftigen, »neue«, ungewohnte Verhaltensweisen in der Gruppe auszuprobieren, wird durch die Interventionstechnik des Trainers beeinflußt (Psathas/Hardert, 1966). Unterschiede in der Interventionstechnik können in der psychologischen Ausbildung des Trainers auf psychoanalytischer oder lerntherapeutischer oder rollenorientiert-gruppendynamischer Basis bestehen (Rohr, 1972).

	Vormittag		Nachmittag		Abend
1. Tag			Übung: Einführung in das Unternehmensspiel		Probeperiode
2. Tag	Unternehmensspiel: Perioden 1 und 2		Unternehmensspiel: Perioden 3 bis 5		Unternehmensspiel: Perioden 6 bis 8
3. Tag	Unternehmensspiel: Perioden 9 und 11		Unternehmensspiel: Perioden 12 bis 14		
4. Tag	Auswertung der beobachteten Teilnehmerdaten durch die Beobachter und Vorbereitung der Unterlagen				
5. Tag	Vortrag: Einführung in Sozialpsychologie der Gruppe		Wirtschaftliche Auswertung des Unternehmensspiels		
6. Tag	Plenum: Ziele des Gruppentrainings	Kleingruppe 1	Plenum: Gruppendynamische Übungen	Kleingruppe 2	
7. Tag	Kleingruppe 3	Plenum: Gruppendynamische Übungen	Kleingruppe 4	Plenum: Gruppendynamische Übungen	Kleingruppe 5
8. Tag	Kleingruppe 6	Plenum: Abschluß			

Beispiel für den Zeitplan eines aufgabenbezogenen gruppendynamischen Trainings (mit Anwendung eines Unternehmensspiels)

Die durch die Trainer gesetzten Normen für das Training lassen sich wie folgt charakterisieren (Schein/Bennis, 1965):

Hier und jetzt: Die Teilnehmer besprechen nur Ereignisse, die während des Seminars beobachtet werden.

Rückmeldung (Feedback): Die Teilnehmer geben und erhalten voneinander Beobachtungen und Bewertungen über ihr Verhalten und vermutete Einstellungen.

Psychologische Sicherheit: Die Teilnehmer wissen, daß ihre Äußerungen im Kreise der Seminarteilnehmer behandelt werden und nicht zu betrieblichen Beurteilungen oder ähnlichem herangezogen werden.

Die Anerkennung dieser Normen von den Teilnehmern für die Zusammenarbeit mit den Trainern bildet eine wichtige Voraussetzung für das Gelingen des Seminars. Da der Lehrinhalt das eigene Verhalten des Gruppenmitgliedes ist, bilden Eigeninteresse und freiwilliges Engagement einer Mehrzahl von Gruppenmitgliedern das nicht erzwingbare Elixier des Trainings.

Die Lehrmethodik, von der hier einige Aspekte angedeutet worden sind, stellt das Kernstück der Ausbildung der Trainer dar. Hierzu gehört dann auch die Erfahrung in der Anwendung der gruppenarbeitauslösenden Übungen, wie z. B. verschiedener Unternehmensspiele.

Beispiel: In diesem Teil soll die Analyse der Gruppe in den Kleingruppen-Trainingssitzungen über die *kasuistische Beschreibung* und die Daten aus TEAMDYNAMICS wiedergegeben werden.
Fall: Der Einfluß von Elite- und Statusdenken auf das Arbeitsergebnis einer Gruppe während eines Unternehmensspiels.
Problem: In dem Verlauf einer Trainingssitzung wird der kasuistische Fall (Teil 1) über die verfehlte Investitions-/Absatzentscheidung von F aufgegriffen. A, C und E können sich zunächst nur mühsam an diesen Vorfall erinnern, insbesondere daran, daß F in dieser Spielsituation überhaupt einen – wie sich später herausgestellt hat – richtigen Gegenvorschlag gemacht hat. Diesmal (ohne Zeitdruck) insistiert F, unterstützt von B, aber auf seinen Aussagen, so daß der Fall von allen Gruppenmitgliedern besprochen wird. Es werden dabei mehrere Fragen aufgeworfen. Beispiele:

⇢ Warum versuchte E, ohne Rücksprache mit seinem »Arbeitskollegen« F, mit A und C eine gemeinsame Entscheidung herbeizuführen?
⇢ Warum haben A, C und E gemeinsam F's Vorschläge behindert?
⇢ Warum konnte sich F mit seinem richtigen Vorschlag nicht durchsetzen?
⇢ Welche Rollen spielten B und D in diesem Konflikt?
⇢ Mit welcher Art von Argumenten wurde dieser Konflikt in der Gruppe ausgetragen?

Analyse der gruppendynamischen Daten
Die Gruppe zieht zunächst aus der systematischen Sammlung TEAMDYNAMICS eine Reihe von Daten hinzu (Teil 2).

Als erstes stellt sich in der Kategorie Ausbildung heraus, daß die Gruppenmitglieder A, C und E im Unterschied zu den Mitgliedern B, D und F über eine sehr ähnliche kaufmännisch-wirtschaftliche Ausbildung und Erfahrung im Unternehmen, wenn auch in verschiedenen Positionen, verfügen. Es wird, hiervon ausgehend, nicht ausgeschlossen, daß das gemeinsame Sprachvokabular und die Geschwindigkeit, mit der die wirtschaftlichen Vorgänge im Unternehmensspiel von den Teilnehmern A, C und E angegangen wurden, zu einer unausgesprochenen Gemeinschaft gegenüber B, D und F geführt haben.

Auch bei der Rollenverteilung zeigt sich, daß im Verlauf des Spiels A, C und E eine gegenüber den anderen Mitgliedern herausgehobene (Führungs-)Position eingenommen haben. Interessanterweise haben sich diese drei Personen durch die Verteilung der Fachressorts voneinander getrennt. Eine Besonderheit stellt dabei das Verhältnis zwischen E und F dar, da E in Periode 1 aufgrund eines Zuspätkommens nicht bei der Rollenverteilung anwesend war und so F diese Funktion zunächst übernommen hatte. E hat deshalb seine Aufgaben in der Vertriebsrolle erst im Verlauf des Unternehmensspiels übernommen.

Aus der Sitzordnung wird klar, daß E seinen ihm von F in Periode 1 zugewiesenen Platz verläßt und die Stirnseite des Tisches in der Nähe der Personen A und C aufsucht, mit denen er von dort eine intensivere Kommunikation pflegen kann. Es wird deutlich, daß im Gegensatz von A–B und C–D zwischen E und F zum Teil schon aus räumlichen Verhältnissen eine Zusammenarbeit in ihrem Bereich behindert wird.

In der Kommunikationsintensität zeigt sich, daß ebenfalls das Führungstrio sich im Verlauf des Spiels herauskristallisiert hat. Im Gegensatz zu allen anderen Personen wird deutlich, daß insbesondere die Diskussionsbeteiligung von F im Verlaufe des Spiels abnahm, während im Gegensatz dazu E seine Frequenz über die der anderen hinaus gesteigert hat.

Im Kriterium Einfluß/Durchsetzungsvermögen zeigt sich, daß die Gruppenmitglieder mit Ausnahme von D eine realistische Übereinstimmung zwischen Eigenbild und Fremdbild zeigen. Die Tendenz, daß sich ein Führungstrio herausgebildet hat, und die gegenläufige Tendenz zwischen E und F sind sowohl im Eigen- wie im Fremdbild deutlich kenntlich.

Im Gegensatz zu dem Kriterium Einfluß/Durchsetzungsvermögen differenzieren die Eigenbilder bei dem Kriterium Beitrag zur Zusammenarbeit in geringerem Ausmaß. Daß alle einen mindestens durchschnittlichen Beitrag zur Gruppenzusammenarbeit geleistet haben wollten, galt in der Gruppe als eine Art Norm. F drückt auch hier eine abfallende Tendenz für sich aus. Diskrepanzen zwischen Eigenbild und Fremdbild werden für A und auch wiederum für D gesehen.

In der Einschätzung der Zufriedenheit mit ihrer Arbeit in der Gruppe zeigt sich eine erhebliche (Anmerkung: von anderen Gruppen abweichende) Diskrepanz. Der Steigerung der Zufriedenheit im Verlauf des Spiels von A, B und E und der Stabilität bei D steht der Abfall bei C und wiederum F gegenüber.

Diskussion der Einstellungen (Eigen-/Fremdbild)
Im Verlauf der Diskussion stellt sich heraus, daß E den F aufgrund dessen Ausbildung und Unternehmensherkunft (und persönlichen Gründen: z. B. »die Art, wie er ihm nach seinem Zuspätkommen den Platz zugewiesen habe«) nicht wichtig nahm, dagegen A und C aus dem gleichen Grunde schätzte. E versuchte, Mitglied der Untergruppe A und C zu werden, die durch Eloquenz und Fachwissen den Rest der Gruppe in seinen Augen beherrschte. E versuchte damit selbst, der Rolle eines Gruppenführers näherzukommen. Als Bezugsgruppe für seine Diskussionen – und deshalb habe er auch z. B. den Platz gewechselt – nahm er die Beiträge von A und B wahr, während er, ohne darüber nachzudenken, die Beiträge von F übersah. Die Gruppe analysierte, daß dieses Verhalten durchaus mit einer elitären und statusbezogenen Einstellung zu anderen Personen bezeichnet werden könne.

Nach längerem Zögern ist E bereit anzuerkennen, in welchem Ausmaß diese Einstellung und ihre Folgen auf die Sachentscheidungen der Gruppe Einfluß genommen haben, das heißt sein Statusdenken zu Konflikt und Mißerfolg der Gruppe in dieser Situation beigetragen hat. Er ist deshalb überrascht, weil er sich bisher für einen sehr rationalen und überlegenen Menschen gehalten hat.

Dieser Prüfung der Beziehungen zu F schließen sich auch A und C an, da auch sie aus »Vereinfachungsgründen« (sie hielten es aus Zeitgründen für günstig, daß nicht immer alle zu einem Problem diskutieren sollten, sondern wollten nur immer einen von jeder fachlichen Untergruppe zu Rate ziehen) nur E ihr Ohr geliehen hatten. A und C hatten durch ihre Gemeinsamkeit (Führung in der Gruppe, gemeinsame Ausbildung) die anderen Mitglieder zu ihren persönlichen Hilfsarbeitern (B und D) gemacht.

B und D mußten erkennen, daß durch ihre Beschränkung auf ihre Aufgabengebiete sie die Gemeinschaftsinteressen der Gesamtgruppe nicht mehr verfolgt hatten, sie deshalb einzeln den Vorschlägen einer »mächtigen Gruppe« nicht widerstehen konnten und so z. B. aus sachlichen Erwägungen heraus dem Gruppenmitglied F in der genannten Situation nicht helfen konnten. Sie mußten ihr Eigenbild in bezug auf ihren Beitrag zur Gruppenzusammenarbeit überprüfen, das heißt, sie erkannten, daß sie für sich weniger eine Einschätzung der Sachgegebenheiten als vielmehr ein Wunschbild ihres Verhaltens bewertet hatten, bzw. ihre Hilfsfunktionen zu Untergruppen und deren Bedeutung für die Gesamtgruppe überschätzt hatten.

F hatte also gegen eine geschlossene Führungsgruppe mit seinem Vorschlag allein gestanden, und die Tatsache, daß er seinen Vorschlag mit Angaben über die möglichen Ungenauigkeiten und die Notwendigkeit weiterer Informationen ausstattete, hatte ihn den einfacheren und rigorosen Vorschlägen von E unterlegen gemacht. Es kam noch hinzu, daß sein späteres Nachlassen in den meisten Gruppenaktivitäten ihm von der Führungsgruppe als persönliche Unsicherheit ausgelegt wurde (vor allem das Arbeitsmotto von A konnte mit dem Satz beschrieben werden: Wer sich durchsetzt, hat Recht). Diese rigorose Haltung brachte ihm auch bei dem Kriterium Beitrag zur Gruppenzusammenarbeit seine untergeordnete Position ein.

Da die Spannung zwischen E und F in der Gruppe nicht unbemerkt geblieben war, räumte die Gruppe ein, daß die hohe Position von F in dem Kriterium Beitrag zur Gruppenarbeit dadurch zustande gekommen war, daß er einer möglichen und unter Umständen auch berechtigten Auseinandersetzung mit E aus dem Wege gegangen war und damit offene Feindseligkeiten der Gruppe erspart habe.

Beispiel: In diesem Teil soll das Üben »neuer« Verhaltensweisen der Gruppenmitglieder im Plenum erwähnt werden.
Fall: Der Einfluß von Status- und Elitedenken ...
Es muß an dieser Stelle der Hinweis genügen, daß nach der Analyse der Gruppenbeziehungen in der Kleingruppensitzung E und F gemeinsame Übungsaktionen erfolgreich durchführten, daß F sein Durchsetzungsvermögen in einer Gruppenarbeit mit anderen Mitgliedern bewußt auf die Probe stellte, schließlich daß E sich in den gemeinsamen Plenumsdiskussionen sehr bemühte, den Beiträgen aller Diskutanten zu folgen (»was ihn enorm anstrengte«).

Die Prüfung der Einstellungen und die Versuche zur Neuorientierung des Verhaltens in der Arbeitsgruppe führten zu einer neuen Qualität der gegenseitigen Anerkennung und Zusammenarbeit in dieser Gruppe.

Ausgewählte Untersuchungsergebnisse zum Lernerfolg

Von verschiedenen Autoren ist versucht worden, die Effektivität bzw. den Erfolg von Ausbildungsmaßnahmen für Führungskräfte auf dem Gebiet der sozialen Einstellungen und Verhaltensweisen und die damit verbundenen methodischen Probleme zu prüfen. Hand/Sloccum (1972) haben in einem Spezialstahlunternehmen in differenzierter Weise untersucht, ob ein psychologisches Führungskräftetraining die Einstellungen verändert und ob sich diese Veränderungen in einer praktischen Leistungsverbesserung der Teilnehmer niedergeschlagen haben. Ergebnisse dieser Untersuchungen zeigt die Abbildung S. 151. Als Einstellungskriterien verwendeten die Autoren den Grad der Selbsterkenntnis und Sensitivität für andere Menschen sowie zwei Führungsvariablen, Planungsinitiative und Rücksichtnahme (Fleishman/Harris, 1962), die von den Führungskräften selbst (Eigenbild) und von ihren direkten Untergebenen (Fremdbild) eingeschätzt wurden. (Eine Führungskraft, die eine hohe Planungsinitiative entfaltet, versucht durch alle ihre Handlungen [Planung, Kommunikation], ihre unterstellten Mitarbeiter einem von ihr festgelegten Gruppenziel näherzubringen. Eine Führungskraft, die große Rücksichtnahme zeigt, versucht bei der Führung ihrer Gruppe, auf persönliche Eigenarten Rücksicht zu nehmen, Ideen und Vorschläge aufzugreifen und zur Zielerreichung einzusetzen und eine offene, vertrauensvolle Kommunikation herzustellen.) Die Effektivität der Führungskräfte wurde durch ihre Vorgesetzten nach einem komplexen Verfahren eingeschätzt. Die Einschätzungen und Beurteilungen fanden in diesem Falle vor (1968) und 18 Monate nach dem Training statt (1970).

Variable	1968	1970	
Selbsterkenntnis und Sensivität für andere	121 (- 334)	664 s (- 323)	Ziffern = Produkt-Moment-Korrelationen ohne Punkt s = signifikante Differenzen Obere Ziffern = ausgebildete Gruppe Untere Ziffern () = nicht ausgebildete Kontrollgruppe Eigenbild = Selbsteinschätzung der Führungskräfte Fremdbild = Einschätzung der Führungskräfte durch unmittelbare Untergebene
Planungsinitiative (Eigenbild)	034 (- 337)	387 s (- 452)	
Rücksichtnahme (Eigenbild)	- 248 (- 173)	363 s (- 002)	
Planungsinitiative (Fremdbild)	- 145 (101)	- 337 s (227)	
Rücksichtnahme (Fremdbild)	351 (360)	703 s (241)	

Veränderung der Korrelationen zwischen Pre-Training und Post-Training-Maßzahlen und Effektivität

Die Ergebnisse von Hand/Sloccum zeigen, daß bei der ausgebildeten Gruppe von Führungskräften positive Veränderungen in den Einstellungen mit einer Leistungserhöhung einhergehen, während diese Effekte für die untrainierte Kontrollgruppe nicht beobachtet werden können. Eine Verbesserung der Selbsterkenntnis und Sensitivität für andere, eine Erhöhung der Rücksichtnahme im Eigen- und Fremdbild waren verbunden mit hoher Effektivität als Führungskraft in den Augen ihrer Vorgesetzten.

Kutscha (1972) hat die Effektivität eines gruppendynamischen Trainingsverfahrens untersucht, das in genau der beschriebenen Form auf der Basis eines Unternehmensspiels durchgeführt wurde. Er prüfte die Einstellungen von 150 Füh-

rungskräften der zweiten Ebene eines Industrieunternehmens vor, unmittelbar nach und sechs Monate nach einem Training mittels eines Fragebogens unter anderem in den Kategorien:
- Verständnis menschlicher Verhaltensweisen
- Kommunikation
- Risikobereitschaft
- Verständnis für Gruppenverhalten
- Toleranz für neue Ideen
- Selbsterkenntnis

Die Ergebnisse (siehe Abbildung unten) zeigen, daß sich die Einstellungen der gruppendynamisch trainierten Gruppe (VG) im Vergleich zu den Kontrollgruppen ohne (KG 1) und mit konventionellem (die Gruppe von Führungskräften hatte ein inhaltlich vergleichbares Seminar mit konventionellen Lehrmethoden – Vortrag, Diskussion – besucht) Training (KG 2) signifikant unterscheiden, sowohl unmittelbar (I/II) als auch sechs Monate nach einer Trainingsteilnahme (I/III).

Zeitpunkt	Gruppen	T	df	p
I/III	VG – KG 1	4,709	4324	< 0,0000
I/III	VG – KG 2	4,124	4324	< 0,0000
I/II	VG – KG 2	7,318	4084	< 0,0000
II/III	VG – KG 2	0,650	3384	0,5155
I/III	KG 1 – KG 2	0,114	4324	0,9091

T = T-Test
df = Freiheitsgrade
p = Irrtumswahrscheinlichkeit
VG = Versuchsgruppe, gruppendynamisch trainierte Gruppe
KG 1 = Kontrollgruppe 1: Gruppe ohne Training
KG 2 = Kontrollgruppe 2: Gruppe mit konventionellem Training
I = Testung vor dem Training
I = Testung unmittelbar nach dem Training
I = Testung sechs Monate nach dem Training

Veränderungen der Einstellungen von Versuchs- und Kontrollgruppen unmittelbar und sechs Monate nach einem gruppendynamischen Training

Im Verlauf der sechs Monate nach dem Training verliert sich dieser Veränderungseffekt etwas, eine bedeutsame Abnahme kann aber nicht festgestellt werden (II/III). Im Unterschied dazu zeigt sich, daß zwischen den Kontrollgruppen ohne Training (KG 1) und mit konventionellem Training (KG 2) vor und sechs Monate nach dem Training bzw. später (I/III) in den Veränderungen kein Unterschied nachgewiesen werden kann. Kutscha zeigt also das interessante Ergebnis, daß konventionelle Trainingsmethoden bei der sozialpsychologischen Ausbildung von Führungskräften keinen, zumindest aber geringeren Einfluß als die beschriebenen gruppendynamischen Lehrmethoden, die im Zusammenhang mit Unternehmensspielen angewandt werden, auf die Veränderung der Einstellungen gehabt haben.

Zusammen mit Maugham/Cooper (1969) kann man die Forschungsergebnisse über den Einfluß von gruppendynamischen Seminaren auf das Verhalten von Führungskräften folgendermaßen zusammenfassen:

⇢ Es wurden mehr Veränderungen bei gruppendynamisch trainierten Personen beobachtet als bei Personen, die an Seminaren mit anderen Methoden, aber vergleichbarem Inhalt und Dauer teilgenommen haben.

⇢ Es konnte eine große Übereinstimmung unter den Beobachtern über die Richtungen der Veränderungen festgestellt werden. Diese bestanden in einer verbesserten Diagnosefähigkeit für individuelles und Gruppenverhalten, verbesserten Kommunikationsfähigkeit, in größerer Toleranz und Rücksichtnahme und zum Teil in größerer Aktionsfähigkeit und Flexibilität.

Welche Ergebnisse zukünftige Untersuchungen zeigen werden, hängt in hohem Maße vom Transfer des Gelernten in die reale Situation der Organisation ab. Es gibt nur zu viele Bedingungen, die diese Übertragung behindern. Aus der Lerntheorie ist bekannt, daß es zur Beibehaltung eines neuen Verhaltens der Verstärkung in Form von Belohnungen oder auch von Zwängen bedarf. Eine Führungskraft, die in einem Seminar etwas Neues gelernt hat, gilt für ihre alte Umgebung zunächst aber als Außenseiter, dessen Neuerungen unbequem und ungewohnt sind und damit leicht der Ablehnung verfallen. Wer wird nicht auf Gewohntes zurückgreifen, das ihm den alten Erfolg, die Anerkennung zurückgibt?!

Es erfordert deshalb oft ein gutes Ausmaß an persönlicher Risikobereitschaft und Stärke, neue Lerninhalte anzuwenden bzw. verändertes Verhalten zu zeigen. Die Grenzen des lernbaren Sozialverhaltens werden hier sichtbar.

Literatur

ANTONS, K., *Praxis der Gruppendynamik*, Göttingen, 1973.
BALES, R. F., *Interaction Process Analysis*, Cambridge/Mass., 1951.
CARTWRIGHT, D., *Wie man Menschen verändern kann: Praktische Anwendung der gruppendynamischen Theorie*, in: Rohr, C. (Hrsg.), *Verhaltensänderung*, München, 1972.
v. CRANACH, M./FRENZ, H. G., *Systematische Beobachtung*, in: Gottschaldt, K. u. a. (Hrsg.): *Handbuch der Psychologie*, 7, Sozialpsychologie (1. Halbband), Göttingen, 1969.

Hand, H./Sloccum, J., A *Longitudinal Study of the Effects of a Human Relations Training Program on Managerial Effectiveness*, Journal of Applied Psychology 56, 1972, S. 412–417.
Heigl, F., *Einige Gedanken zur Gruppendynamik*, Zeitschrift der Psychosomatischen Medizin und Psychoanalyse 16, 1970, S. 80–98.
Höhn, E./Seidel, G., *Soziometrie*, in: Gottschaldt, K. u. a. (Hrsg.), *Handbuch der Psychologie*, 7, Sozialpsychologie (1. Halbband), Göttingen, 1969.
Fleishman, E. A./Harris, E. F., *Patterns of Leadership Behavior Related to Employee Grievances and Turnover*, Personnel Psychology 15, 1962, S. 43–65.
Kutscha, J., *Untersuchungen zur Effektivität eines gruppendynamischen Trainingsverfahrens für Führungskräfte in der Industrie*. Unveröffentlichter Forschungsbericht, Sindelfingen, 1972.
Maugham, I./Cooper, C., *The Impact of T Group on Managerial Behavior*, Journal of Management Studies 6, 1969, S. 53–72.
Mayer, H., *Risikoverhalten von Individuen und Gruppen*, Diss., Mannheim, 1970.
Mucchhielli, R., *Gruppendynamik*, Salzburg o. J.
Rohr, C. (Hrsg.), *Verhaltensänderung*, München, 1972.
Psathas, G./Hardert, R., *Trainer Interventions and Normative Patterns in the T Group*, Journal of Applied Behavioral Sciences 2, 1966, S. 149–169.
Schein, E./Bennis, W. (Hrsg.), *Personnel and Organizational Change through Group Methods*, New York, 1965.
Witte, E., *Mikroskopie einer unternehmerischen Entscheidung*, IBM Nachrichten, 19. Jg., Heft 193, Februar 1969, S. 490–495.

Beitrag abgedruckt in: *IBM-Beiträge zur Datenverarbeitung, Methoden und Techniken 4*, 1974, S. 39–49.

Keine Gleichberechtigung
Was ändern Frauen – ändern sich Männer?

Wirtschaft ist weder männlich noch weiblich

Die berufliche Situation der Frau hat sich im Laufe der vergangenen Jahrhunderte erheblich verändert:
- Der Anteil der Frauen an den Erwerbstätigen hat sich deutlich erhöht, und er steigt weiter
- Sowohl die Karrierechancen als auch die Bezahlung haben sich deutlich verbessert
- Berufstätigkeit und berufliche Ausbildung der Frau werden heute von Männern und Frauen viel positiver gesehen als früher
- Immer mehr Mädchen und Frauen streben eine qualifizierte Berufsausbildung an, und sie möchten die erlernten Kenntnisse und Fähigkeiten auch anwenden können.

Diese Entwicklung wird von objektiven Umständen in der Wirtschaft begünstigt. Wirtschaft ist von ihrer Natur aus eine Veranstaltung, bei der es um Kundenwünsche und um die Zusammenarbeit von Menschen geht, um technisches Funktionieren und um ökonomische Rationalität, aber nicht um Geschlecht; hier können Frauen im Prinzip ebenso gut beitragen wie Männer.

Hinzu kommt, daß qualifizierte Frauen wie Männer im Wirtschaftsleben dringend gebraucht werden:
- Die Wirtschaft leidet trotz Arbeitslosigkeit unter chronischem Mangel an qualifizierten Mitarbeitern
- Man erwartet zusätzlich für die 90er Jahre immer weniger Nachwuchs auf dem Arbeitsmarkt als Folge der demographischen Entwicklung
- Schließlich werden in der heutigen Arbeitswelt Frauen als Fach- und Führungskräfte mit ihren spezifischen Begabungen und Einstellungen benötigt.

Angesichts dieser Tendenzen fragt man sich: Was tun die Unternehmen, um diesen wirtschaftlichen Notwendigkeiten und menschlichen Erfordernissen Rechnung zu tragen?

Beispiel IBM: Grundsätze, Ziele, Maßnahmen

In der IBM beruht das Prinzip der Chancengleichheit unter anderem:

⤑ Auf dem ersten und wichtigsten Unternehmensgrundsatz, der »Achtung vor den Rechten und der Würde jedes einzelnen«. Dies schließt Diskriminierungen von Personen aufgrund von Geschlecht, Alter, Religion, ethnischer Zugehörigkeit etc. grundsätzlich aus.

⤑ Auf einer Geschäftspraxis, die nach wirtschaftlichen Notwendigkeiten geht und sachfremde Gesichtspunkte bewußt geringzuhalten versucht.

Auf dieser Basis wendet IBM seit langer Zeit zum Beispiel ein System der Arbeitsbewertung an, das sich ohne Ansehen der Person nach den Anforderungen der Aufgabe richtet und eine Gehaltsbemessung beinhaltet, die sich an der individuellen Leistung orientiert, ohne Rücksicht auf zum Beispiel Geschlecht oder Familienstand. Aufgrund der Entwicklungen in Wirtschaft und Gesellschaft hat die IBM Deutschland 1976 das Programm *Chancengleichheit* eingeführt und einige Jahre später die Funktion der *Beauftragten für Chancengleichheit* geschaffen, um die Voraussetzungen für eine stärkere Rolle der Frau im Unternehmen aktiv zu verbessern.

Zu den wichtigsten Maßnahmen dieses Programms gehören:

⤑ Das Setzen realistischer quantitativer Ziele, zum Beispiel sowohl für den weiblichen Anteil an außertariflichen Fachaufgaben und an Führungspositionen als auch deren Anteil bei der Neueinstellung von Hochschulabgängern.

⤑ Ein Berichtswesen, in dem die Entwicklung dieser Zielgrößen laufend verfolgt wird und in dem negative Abweichungen auf ihre Ursache hin geprüft werden.

Quoten für den Frauenanteil an höheren Positionen gibt es dagegen nicht; nach Meinung der IBM würden sie weder der Arbeitsaufgabe noch den Frauen nützen.

Weitere Maßnahmen dienen der Förderung eines entsprechenden Bewußtseins bei Führungskräften und Kollegen, denn das beste Programm läßt sich nicht durchsetzen, wenn es nicht von allen Beteiligten verstanden und akzeptiert wird. So wurde zum Beispiel das Thema Chancengleichheit fester Bestandteil der Führungskräfteschulung und der Führungskräfteinformationen. Es wird auch darauf geachtet, daß Frauen in den IBM-Publikationen den ihnen gebührenden Raum einnehmen. Besondere Bemühungen gelten der Praxis einer geschlechtsneutralen Personalverantwortung.

Bemühungen um ein Klima der Chancengleichheit dürfen vor den Frauen selbst nicht haltmachen; deshalb bietet die IBM Orientierungsschulungen für Frauen an, in denen Mitarbeiterinnen lernen, ihre beruflichen Ziele klarer zu definieren, ihr Rollenverständnis und Rollenverhalten zu überprüfen sowie ihre berufliche Zukunft zu planen und selbst in die Hand zu nehmen.

Eine wichtige Rolle für die berufliche Entwicklung spielen Aus- und Weiterbildung. IBM legt auf die ständige persönliche und fachliche Entwicklung ihrer Mitarbeiter und Mitarbeiterinnen sehr großen Wert. Dabei darf die etwaige Überlegung, wie lange eine junge Frau im Unternehmen verbleibt, keine Rolle spielen.

Im Gegenteil bemüht sich das Unternehmen besonders um die Weiterbildung von Mitarbeiterinnen, die Interesse und Potential zu einer beruflichen Weiterentwicklung zeigen. Außerdem soll ein spezielles Stipendienprogramm Abiturientinnen den Start in Berufe ermöglichen, die gute Berufschancen haben, von jungen Frauen aber häufig gemieden werden: Ingenieur- und Naturwissenschaften sowie Informatik. Diskutiert werden schließlich Möglichkeiten für eine Weiterbildung von IBM-Mitarbeiterinnen während der Jahre familiär bedingter Berufsunterbrechungen, um ihnen in einer Zeit rascher Veränderungen den Wiedereinstieg in das Berufsleben zu erleichtern.

Erfolge und Schwierigkeiten

Die Fortschritte in der beruflichen Stellung der Frau in der IBM sind bisher beachtlich.
- Die absolute Zahl von Frauen in Führungspositionen hat sich in den vergangenen zehn Jahren vervierfacht, ihr Anteil von 1,6 auf 3,4 % mehr als verdoppelt
- Im außertariflichen Bereich, der Karriereleiter für Fachleute, hat sich der Frauenanteil von 3,3 auf 7,7 % erhöht und damit gleichfalls mehr als verdoppelt
- Die absolute Zahl hat sich ebenfalls nahezu vervierfacht.

Diese Erfolge sind groß angesichts ihrer Ausgangsposition, aber noch bescheiden im Verhältnis zum Ziel einer gleichwertigen Stellung der Frau im Berufsleben. Die Hindernisse sind immer noch bedeutend: Sie liegen einmal in immer noch zu findenden Vorurteilen männlicher Kollegen und Führungskräfte, aber ebenso an der Einstellung vieler Frauen, die andere persönliche und berufliche Lebensperspektiven haben als ihre männlichen Kollegen und häufig Bedenken zeigen, Aufgaben mit höherer Verantwortung zu übernehmen.

Weitere Schwierigkeiten liegen in dem Stand der beruflichen Ausbildung heutiger Mitarbeiterinnen. Mit dem zunehmend besseren Ausbildungsstand junger Mädchen und Frauen steigen auch die Karrierechancen. Als Grundforderung – besonders im Hinblick auf die demographische Entwicklung – steht ein überproportionales Anwachsen des weiblichen Anteils in qualifizierten Fachaufgaben und im mittleren Management. Die Erfüllung dieser Voraussetzungen wird die Basis schaffen für einen wachsenden Frauenanteil im höheren Management.

Damit Frauen ihren Anteil in der Veranstaltung »Wirtschaft« gleichbedeutend wahrnehmen können, muß eine Veränderung ihrer Studienpräferenzen stattfinden. Eckpfeiler jedes Unternehmens sind die Bereiche Finanzen, Technik und Marketing.

Der Prüfungsanteil der Frauen an den Wirtschaftswissenschaften ist zwar deutlich angestiegen, macht aber immer noch lediglich ein Drittel aller Wirtschaftswissenschaftler aus. Von allen weiblichen Prüfungskandidaten an den Hochschulen war der Anteil an den Ingenieurwissenschaften zum Beispiel 1984 mit 3,5 % unverändert gering im Gegensatz zu 15,5 % männlichen Ingenieurabschlüssen. Des weiteren, so unsere Erfahrungen, wurden das breite Spektrum Marketing und seine Bedeutung in den wirtschaftlichen Zusammenhängen (Spielregeln) von Frauen bislang kaum erkannt und entdeckt.

Die wichtigste Ursache ist jedoch wahrscheinlich die Schwierigkeit, Berufs- und Familienleben als Frau miteinander in Einklang zu bringen. Die Übernahme von Spitzenpositionen, ob fachlich oder als Führungskraft, verlangt den vollen beruflichen Einsatz. Dies wird sich auf absehbare Zeit auch nicht ändern.

Entwicklungsmöglichkeiten

Zumindest eine Milderung dieses Konflikts wird möglich sein:
- Durch neue Formen der Arbeitsgestaltung, wie flexiblere Arbeitszeit oder flexible Formen der Tele-Arbeit
- Durch neue Methoden und Organisationsformen der beruflichen Weiterbildung
- Durch neue Formen beruflicher Selbständigkeit und durch die Entwicklung neuer Berufe und Tätigkeiten.

Die moderne Informations- und Kommunikationstechnik kann hier einen wesentlichen Teil beitragen, ebenso wie neue Formen der Arbeitsorganisation.

Wichtiger werden Veränderungen in Einstellungen und Verhalten sein: die gemeinsamen Entscheidungen der Ehepartner bei Prioritäten in Familie und Beruf, die Haltung der Menschen im Arbeitsumfeld und in der umgebenden Gesellschaft.

Die Arbeitswelt in 25 Jahren wird in mancher Hinsicht anders aussehen als die heutige. Wenn wir die Entwicklung der Frauenanteile bei der IBM Deutschland bis dahin extrapolieren – nicht als Prognose, nur als Zahlenspiel für mögliche Größenordnungen –, dann wären bei gleicher Zunahme des Prozentanteils wie in den letzten zehn Jahren:
- Etwa 20 % der Führungskräfte Frauen
- Und circa 40 % der außertariflichen Mitarbeiter weiblichen Geschlechts.

Eine solche Entwicklung hängt von vielen Faktoren ab, aber sie ist immerhin denkbar. Auf volle Parität werden wir wahrscheinlich niemals kommen, weil es immer Frauen geben wird, die Kinder gebären und aufziehen wollen – oder denen Kinder und Familie mehr bedeuten werden als Karriere im Beruf.

In einer wertepluralistischen Gesellschaft wollen wir eine solche Einstellung ebenso achten wie die Entscheidung derjenigen, die das berufliche Engagement gewählt haben. Wir sollten über die Bemühungen für Chancengleichheit der Frauen im Beruf auch nicht vergessen, was die Gesellschaft ihren Müttern an Unterstützung und Anerkennung schuldig ist. Zu einer gerechten Stellung der Frau in der Gesellschaft gehört beides.

Beitrag abgedruckt in: BIRNERT/EM/FISCHBACH/PATHE (Hrsg.), *Wirtschaft auf dem Kirchentag*, Deutscher-Institutsverlag, Köln, 1988, S. 26–52.

Neue Technologien – Veränderungen für Unternehmensorganisationen, Management und Mitarbeiter

Die moderne Informationstechnik ist als eine Kulturtechnologie wie Schrift oder Buchdruck auf dem Wege, menschliches Denken, Planen, Kommunizieren und andere menschliche Informationsarbeiten entscheidend zu prägen. Dadurch unterscheiden sich moderne Formen der Informationstechnik, wie Bürokommunikation, computerunterstützte Fertigung und die »persönliche Arbeitsstation« des Terminals oder des PC ganz wesentlich von der traditionellen Datenverarbeitung, die überwiegend standardisierte Massenarbeiten automatisiert hat. Weit mehr als ihre Rationalisierungswirkungen werden die qualitativen Auswirkungen moderner Informationstechnik im Laufe der Zeit die menschliche Arbeit verändern und damit auch die Aufgaben der Führung und die Art der Zusammenarbeit.

Führung wird von der modernen Informationstechnik auf dreierlei Art beeinflußt:

⤳ Die Einführung neuer Techniken und ihre Gestaltung mit Rücksicht auf Mitarbeiter und Arbeitsaufgabe werden in Zeiten raschen technischen Fortschritts zu einer wesentlichen und permanenten Führungsaufgabe; Innovationsmanagement bleibt nicht mehr für besondere Situationen oder Spezialisten reserviert, sondern wird zum Normalfall.

⤳ Nach erfolgreicher Einführung verlangt moderne Informationstechnik neue Qualifikationen, Verhaltensweisen und Organisationsformen, wenn ihr Nutzenpotential entfaltet werden soll. Innovationsmanagement nach der Einführungsphase bedeutet Entwicklung von Mitarbeitern und Organisation in Richtung auf die Nutzung dieser neuen Möglichkeiten.

⤳ Diese Weiterentwicklung hat Konsequenzen für die Mitarbeiter, für die Art zu arbeiten, aber auch für Rolle und Struktur der Führung in Feldern, auf denen moderne Informationstechniken intensiv eingesetzt werden.

Diese drei Einflüsse der Informationstechnik auf die Führung sollen im Folgenden näher betrachtet werden.

Einführen und Gestalten neuer Informationstechniken

In der Phase der Einführung moderner Informationstechnik spielen Führungskräfte eine doppelte Rolle:
einerseits sollen sie moderne Technik, die für die Erhaltung der Leistungsfähigkeit ihres Unternehmens notwendig wird, erfolgreich einführen,
andererseits beschränkt sich die *Informationsmaschine* nicht auf Fabrik und Vorzimmer, sondern bietet sich mit ihren Möglichkeiten auch dem Manager als wertvolles Hilfsmittel an.

Die Führungskraft ist also zugleich Technologiepromotor und -gestalter einerseits, Benutzer und Betroffener andererseits. In ihrer Rolle als Innovationspromotor wird von ihr ein gutes Vorbild in der Nutzung neuer Informationstechnik erwartet. Sozial-kulturelle Innovationen, d. h. Neuerungen im Bereich menschlichen Verhaltens, geschehen großenteils über Nachahmung von sozial höherstehenden Personen: angesehenen Persönlichkeiten, Meinungsführern, Eltern, Lehrern, Vorgesetzten. Vorbild hat deshalb für das Gelingen einer Innovation entscheidende Bedeutung.

Die Einführung moderner Informationstechnik selbst geht weit hinaus über die gewohnten Muster finanzieller Freigabe, technischer Implementation und technikangepaßter Organisation der Arbeit.

Erfolgreiche Einführung setzt ein Klima von Vertrauen voraus und damit Glaubwürdigkeit der Führung. Diese ist die Voraussetzung für den Erfolg jedweder Kommunikation und für den Abbau von Ängsten, wie sie jede große Veränderung mit sich bringt.

Der erste Schritt der Einführung sollte die Information der Mitarbeiter und der mitbestimmenden Institutionen sein, Information über entsprechende Planungen, über die Ziele des Projekts sowie über die zu erwartenden Auswirkungen auf Unternehmen und Mitarbeiter. Offene und laufende Kommunikation sind wichtig, damit Mißtrauen, Ängste und Gerüchte möglichst vermieden werden.

Ein zweiter Schritt könnte, je nach der Führungsphilosophie des Hauses, eine angemessene Beteiligung der Mitarbeiter an Planung und Einführung sein: durch Kommunikationsstudien, durch Erfragen von Arbeitserfordernissen und Problemen, durch Pilotprojekte, deren Testergebnisse zu verbesserter Software oder Organisation führen, durch Benutzerumfragen, durch Abstimmen von Schulung und Beratung auf Benutzerbedürfnisse und auf ähnlichen Wegen.

Beteiligung sollte in Belangen erfolgen, die Arbeit und Arbeitsbedingungen der Mitarbeiter direkt betreffen, und in Fragen, in denen die Betreffenden auch zu einem Urteil kompetent sind.

Mitwirkung an Auswahl und Gestaltung neuer Technik kann eine große Motivationswirkung hinsichtlich der neuen Technik und der neuen Arbeitsbedingungen entfalten und wertvolle Verbesserungsvorschläge bringen. Eine zwangsweise verordnete Technik dagegen, die zudem mangels *Feedback* zu wenig auf Arbeitserfordernisse und Arbeitsqualifikationen paßt, kann leicht zum bestgehaßten Frustrationsgegenstand für Mitarbeiter und Führung werden.

Zur richtigen Einführung gehört die Auswahl adäquater Technik (Hardware, Software und Systemgestaltung) entsprechend den Erfordernissen der Arbeit sowie entsprechend der Qualifikation und Mentalität der Mitarbeiter. Hier liegt sowohl für die Unternehmensleitung als auch für die Fachabteilung eine wichtige Führungsaufgabe, mit deren Lösung man nicht die Techniker allein lassen sollte. Bei geeigneten Anwendungen empfiehlt sich eine Beteiligung ausgesuchter Endbenutzer im Planungs- und Auswahlstadium.

Gesicherte ergonomische Erkenntnisse für Hardware und Software sollten unbedingt berücksichtigt werden. Sorgfältige Beachtung selbst einfacher ergonomischer Anforderungen wirkt nicht nur positiv auf Gesundheit und Sicherheit der Mitarbeiter, sondern auch als sichtbares Signal der Sorge des Managements für die Mitarbeiter und schafft damit Vertrauen für andere, weniger deutlich demonstrierbare Fragen.

Die Implementierungsphase bringt für Mitarbeiter und Führung die Aufgaben von Schulung und Arbeitsorganisation mit sich.

Die Schulung sollte sich in der Regel nicht auf Drei-Tages-Schnellkurse beschränken. Sie sollte dazu führen, daß sich die Mitarbeiter am neuen Arbeitsplatz mit den häufigsten Anwendungen des neuen Hilfsmittels so vertraut fühlen, daß sie nicht unter unnötigen Stress geraten und daß keine unnötigen Fehler entstehen. Auf der anderen Seite muß man von zu komplexen und langen Anfangsschulungen abraten; sie wecken die Angst, »es nicht zu schaffen«. Die Mitarbeiter sollten auch möglichst unmittelbar nach der Schulung das Gelernte an ihrem Arbeitsplatz anwenden können. Vertrautheit der Dozenten mit den Arbeitsproblemen und der Denkweise der jeweiligen Endbenutzer ist eine wichtigere Voraussetzung für den Erfolg als tiefgründiges Informatikwissen.

Besonders während der Einführungsphase ist eine kompetente und allzeit erreichbare Endbenutzer-Unterstützung wichtig, damit dem einzelnen in kritischen Situationen rasch geholfen werden kann.

Bei der anfänglichen Neuorganisation der Arbeit sollte berücksichtigt werden, daß die meisten Studien über die Einstellung heutiger Menschen zur Arbeit einen sehr hohen Stellenwert für »Selbstbestimmung« und »Entscheidungsspielraum« ausweisen, fast ebenso hohe Präferenzen für »interessante Arbeit« und

»gute zwischenmenschliche Beziehungen« (eine gute Zusammenfassung zum Thema Wertewandel vgl. Bertelsmann Stiftung, 1985).

Die moderne Informationstechnik bietet ein großes Potential für Organisationsformen, die diesen Bedürfnissen entgegenkommen: Rückbildung der Arbeitsteilung und Schaffen ganzheitlicher, interessanter Arbeitsplätze, flexiblere Gestaltung der Arbeitsbedingungen nach Raum und Zeit, größere Gestaltungsspielräume generell. Diese Möglichkeiten sollten je nach der Qualifikation vorhandener Mitarbeiter genutzt werden. Gelegenheiten zur zwischenmenschlichen Kommunikation sollten umso mehr bewußt eingeplant werden, als der Einsatz moderner Informationstechnik in manchen Anwendungen die arbeitsorientierte Routinekommunikation überflüssig macht.

Wo monotone Routinearbeiten nicht auf die Maschine übertragen werden können, sondern mit Hilfe moderner Technik von Menschen ausgeführt werden, wie z. B. auf typischen Eingabe- oder Abfragearbeitsplätzen, sollten sogenannte Misch-Arbeitsplätze geschaffen werden durch Anreichern mit anderen Arbeitsinhalten, so daß ein Wechsel zwischen verschiedenen Tätigkeiten möglich wird.

Wichtige Führungsaufgaben bei der Einführung neuer Techniken liegen in der Unterstützung der Mitarbeiter im Veränderungsprozeß, welche wirksam helfen soll, die Veränderung zu einem erfolgreichen Ergebnis zu bringen. Gerhard Schmidtchen hat in seiner Untersuchung über die Metallindustrie (Schmidtchen, 1986) deutlich herausgearbeitet, daß die Akzeptanz neuer Technik seitens der Mitarbeiter und erfolgreiches Arbeiten mit neuer Technik entscheidend von den »Ressourcen« abhängen, welche dem Mitarbeiter zur Bewältigung der Veränderung zur Verfügung stehen:

⇢ Von persönlichen Ressourcen, wie Gesundheit und Bildungsstand (zu dem das Management durch Bereitstellen von Möglichkeiten vorausschauender Weiterbildung beitragen kann)

⇢ Und von Unternehmensressourcen, wie Schulung, Endbenutzerunterstützung, geeignete technische Ausstattung, Hilfe durch die Führungskraft.

Die Auswirkungen des Einsatzes moderner Informationstechnik auf die Arbeit sind vielfältig:

⇢ Veränderte Arbeitsinhalte, neue Qualifikationsanforderungen, Zuwachs an interessanten Aufgaben, evtl. Umschulungen und Versetzungen, Veränderungen im sozialen Status

⇢ Physische Arbeitserleichterungen, aber auf der anderen Seite oft neue nervliche und psychische Belastungen

- Flexiblere Arbeitszeiten, Arbeitszeitverkürzung, aber vielleicht häufiger Schichtarbeit
- Wirtschaftlich positive Folgen, wie erhöhte Arbeitsplatzsicherheit oder bessere Bezahlung, aber auch, in wirtschaftlich schwierigen Situationen, negative Rationalisierungsfolgen

Der Saldo dieser direkten oder indirekten Auswirkungen ist in den meisten Fällen für die Mitarbeiter positiv zu bewerten, aber bei oft erheblichen Unterschieden zwischen einzelnen Betroffenen. Keine Innovation kann so durchgeführt werden, daß vom ersten Augenblick an alle im gleichen Maße profitieren und daß keiner verliert; dies verlangen, hieße den Wandel verhindern.

Es ergeben sich also Fragen der gerechten Verteilung von Innovationsfolgen, und es ergeben sich Konflikte dort, wo nicht alle Interessen gleichermaßen berücksichtigt werden können. Es gehört deshalb zu den wichtigsten Aufgaben der Führungskraft als Innovationsmanager, diese Verteilungsprobleme und Konflikte von vornherein gering zu halten und dort, wo sie unvermeidlich sind, im Rahmen des möglichen nach gerechten Kompensationen zu suchen.

Es wird dann immer noch Fälle geben, in denen ein völliger Ausgleich nicht möglich ist und in denen Verständnis für die Notwendigkeiten des Unternehmens und die Interessen der Kollegen über die Differenz hinweghelfen muß. Unvermeidliche Nachteile verständlich und akzeptabel zu machen, ist deshalb gleichfalls eine wichtige und schwierige Führungsaufgabe.

Die Frage des Ausgleichs erfordert auch besondere Aufmerksamkeit des Managements in bezug auf Berücksichtigung der Mitbestimmungsrechte.

Entwickeln von Organisation und Mitarbeitern

Erfolgreiche Einführung ist erst der Anfang eines langjährigen Innovationsprozesses, in dem dann moderne Fertigungs- oder Bürotechnik an die Erfordernisse von Arbeitsaufgabe und Mitarbeitern angepaßt, Arbeitsorganisation und Mitarbeiter an neue Technik und veränderte Aufgaben herangeführt werden müssen. Dies ist ein Lernprozeß von *Versuch und Irrtum*, bei dem man mit anfänglichen Problemen und allmählichen Lernerfolgen rechnen muß.

Moderne Informationstechnik auf traditionelle Arbeitsstrukturen, Qualifikationen und Verhaltensweisen aufzusetzen, bedeutet Verzicht auf den größten Teil der Chancen für Produktivität, Kreativität und damit Wettbewerbsfähigkeit, aber auch Verzicht auf Möglichkeiten der humanen Arbeitsgestaltung.

Wesentliche Grundlage für die richtige Entwicklung ist eine Strategie, welche die neue Technik nicht nur nach Gesichtspunkten finanzieller Ersparnis, korrekter Verwaltung und technischer Denkweise einsetzt, sondern die vor allem anderen einerseits nach den Anforderungen der Arbeitsaufgabe schaut, nach den Anforderungen der Kunden und Märkte, für die wir arbeiten, und andererseits nach den Bedürfnissen und Qualifikationen der arbeitenden Menschen.

Da unsere Erfahrungen mit der optimalen Organisation von Arbeit unter Bedingungen moderner Informationstechnik noch recht neu sind und zudem ständig durch weitere Veränderungen von Technik und Märkten immer wieder in Frage gestellt werden, kann man sich an die Anforderungen der Arbeitsgestaltung nur allmählich herantasten. Es lassen sich dennoch einige Richtungen erkennen: Moderne Informationstechnik stärkt die Wettbewerbsfähigkeit des Unternehmens nicht nur über die Steigerung der Produktivität durch Rationalisierung, wie wir dies von der konventionellen EDV her kennen, sondern vor allem durch Verbesserung der qualitativen Leistungsfähigkeit über Faktoren wie

- Know-how, Informationszugang, Entscheidungsfähigkeit und Entscheidungstempo
- kreative Leistungen in Planung, Entwurf, Design, Text und Grafik oder in Forschung und Entwicklung
- innerbetriebliche und externe Kommunikation
- flexible Reaktion auf technische oder marktliche Veränderungen
- sowie individuelles Eingehen auf differenzierte Kundenwünsche.

Im Interesse der Leistungsfähigkeit am Markt sollte vor allem dieses qualitative Potential realisiert werden; mit alten Organisationsmustern lassen sich aber im allgemeinen nur die quantitativen Rationalisierungspotentiale erschließen.

Hinsichtlich humaner Arbeitsgestaltung bietet die Informationstechnik seit langem Potentiale zur Reduzierung von Monotonie in Büro und Fabrik, zur Verminderung körperlich schwerer, gefährlicher, schmutziger und ungesunder Arbeit.

In ihren modernen Formen kommt ein großes Potential hinzu an

- Flexibilisierung und Individualisierung nicht nur im Interesse der Kunden und des Unternehmens, sondern auch im Interesse der Mitarbeiter
- sowie zur Reduzierung von Arbeitsteilung, für eine interessantere Gestaltung der Arbeit und für größere Möglichkeiten der Selbstgestaltung, wie wir sie in den Konzepten von Arbeitserweiterung und Arbeitsanreicherung, von Dezentralisierung und »Führen nach Zielen« kennen.

Bei der Entwicklung der Arbeitsorganisation gilt es, die genannten Anforderungen von Seiten Arbeit und Mitarbeiter und die erwähnten Potentiale der Informationstechnik zusammenzubringen.

Dies ist jedoch eng verbunden mit der Qualifikation der beteiligten Mitarbeiter: Arbeitsgestaltung ist ein wichtiges Instrument der Mitarbeiterentwicklung. Sie formt Qualifikationen, aber vorhandene Kenntnisse und Fähigkeiten sind zugleich die Grenze für mögliche Arbeitsgestaltung. Auf lange Sicht ergeben sich größere Spielräume für die Organisationsentwicklung, wenn man sie koppelt mit einer zielstrebigen Mitarbeiter-Entwicklung, die über die erwähnten Einführungsschulungen weit hinausgeht.

Zu einem solchen langfristigen Entwicklungskonzept gehören zwei Ebenen: Die fachliche Weiterbildung sollte auch hinsichtlich der Informationstechnik über das bloße »Bedienen« hinausführen in Richtung auf ein Grundverständnis dafür, was technisch hinter dem Bildschirm, hinter der Werkzeugmaschine geschieht, und was die Möglichkeiten und Grenzen der neuen Technik sind. Die Möglichkeiten der neuen Technik in Relation zur eigenen Arbeitsaufgabe sollten so begriffen werden, daß auch im Mittelbau der qualifizierten Sachbearbeiter und Facharbeiter eine Neugestaltung der eigenen Arbeit in Ausnutzung der neuen technischen Potentiale möglich wird.

Die fachliche Weiterbildung sollte darüber hinaus aber vor allem ein besseres Verständnis von Arbeitszusammenhängen vermitteln. Diese werden nicht nur durch die Vernetzung in Büro und Fabrik enger, sondern sie werden auch durch die Tendenzen zu wachsender Kompetenz, zu *Arbeitsanreicherung* und Delegation für den einzelnen Mitarbeiter wichtiger. Der Zusammenhang der eigenen Arbeit zu vor- und nachgelagerten Stellen, zu *Lieferanten* und *Kunden* innerhalb und außerhalb des Unternehmens muß so deutlich werden, daß der qualifizierte Mitarbeiter die Auswirkungen seines Handelns beurteilen und in delegierten Entscheidungsspielräumen richtig reagieren kann.

Es kommt hinzu, daß eine Technik, die vertraut erscheint, weil man sie im wesentlichen versteht, weit mehr Akzeptanz und weniger Angst bewirkt, und daß Arbeitszusammenhänge und Arbeitsziele (z. B. »Kundenwünsche«), die man versteht, weit eher Identifikation und Motivation gestatten.

Die zweite Ebene der Mitarbeiterentwicklung geht über fachliche Weiterbildung hinaus in den Bereich der Persönlichkeitsentwicklung: Die neue Arbeitswelt braucht in zunehmendem Maße Fähigkeiten wie

⇢ Die Fähigkeiten zur Zusammenarbeit und zur Kommunikation in neuen, wechselnden, nicht genormten (noch nicht routinisierten) Situationen

→ Die Fähigkeiten zur Verantwortung und Entscheidung als Folge größerer technischer Unterstützung, besserer Information und zunehmender »Arbeitszusammenführung«.

Diese Fähigkeiten lassen sich kaum in Schulungskursen vermitteln, sie müssen trainiert werden. Hier ist ein langfristiger Entwicklungsprozeß erforderlich, vor allem in traditionellen Organisationen, deren Arbeitswelt von den neuen Zielen und Anforderungen noch weit entfernt ist. Heranführen der Mitarbeiter durch schrittweise Realisierung neuer Arbeitsstrukturen in der Organisationsentwicklung ist hier der wichtigste Bildungsfaktor.

Führen unter Bedingungen neuer Informationstechnik

Die Rahmenbedingungen zukünftiger Führung hängen nicht nur von neuen Techniken ab, sondern auch vom gesellschaftlichen Umfeld (liberales oder autoritäres Klima, Wertesystem), von den Sachaufgaben, von den Mitarbeitern. Diese Faktoren lassen sich aber von der Entwicklung der Technik kaum trennen.

Neue Technik verlangt und bewirkt steigende Qualifikation der Mitarbeiter. Zunehmend wirksame technische Unterstützung macht Mitarbeiter kompetenter, mächtiger: z. B. durch effizientere Informationsverarbeitung im Büro, durch maschinelle Unterstützung in der Fertigung, durch besseren Zugang zu Informationen, durch leichtere Kommunikation ... Qualifizierte Mitarbeiter können und wissen heute vieles, das früher dem Chef vorbehalten war.

Veränderungen im gesellschaftlichen Wertesystem führen zu höherer Präferenz für Selbstbestimmung in der Arbeit, für interessante Arbeit, für gute zwischenmenschliche Beziehungen in der Arbeit. Aber auch diese Werteveränderungen sind nicht unabhängig von der Technik: Nach Schmidtchen (Schmidtchen, 1984) spiegeln die neuen Einstellungen in der Arbeitswelt zu einem guten Teil neue Anforderungen der Arbeit wider.

Die Führung von kompetenteren, qualifizierteren, an mehr Selbständigkeit interessierten Mitarbeitern stellt die Führungskraft frei von vielen sachlichen Detailaufgaben und von der Notwendigkeit detaillierter Kontrollen, aber sie verlangt ein stärkeres Eingehen auf Mitarbeiterbedürfnisse hinsichtlich Arbeitsgestaltung und Arbeitsbeziehungen.

Auch aktives Bemühen um die qualitativ richtigen Mitarbeiter und um die ständige Weiterentwicklung der Mitarbeiterqualifikation wird wichtiger.

Die Arbeitsaufgaben werden vorwiegend von Entwicklungen der Technik und der Märkte bestimmt; sie sind gekennzeichnet von permanenter Veränderung und zunehmender Komplexität, von steigenden Anforderungen an Know-how und Flexibilität.

Permanente Veränderung stellt an die Führungskraft die Anforderung zum fortwährenden fairen Ausgleich von Veränderungsfolgen, zur Lösung von Konflikten, wie sie sich mit neuen Situationen immer wieder neu stellen und neu gelöst werden müssen. Sie erfordert auch die Erklärung von Veränderungen nach ihrem Ziel und Sinn oder in ihren Auswirkungen gegenüber den Mitarbeitern.

Komplexität verlangt von der Führungskraft auf der fachlichen Ebene eine stärkere strategische Orientierung, ein Überschauen der komplexer werdenden Zusammenhänge und Berücksichtigung dieser Zusammenhänge in ihren Entscheidungen.

Darüber hinaus sollte der Manager gegenüber den Mitarbeitern komplexe Zusammenhänge erklären können: den Platz im Unternehmen, im Geschäftsprozeß verständlich machen, den Mitarbeiter und die Abteilung einnehmen, die möglichen Folgen von Handlungen sichtbar machen, Unternehmensziele und Sinn der Arbeit vermitteln. In einfach strukturierten Verhältnissen früherer Zeiten ergab sich hierin vieles von selber.

Neue Marktanforderungen, andere Mitarbeiter und neue Techniken verändern auch die Strukturen der Arbeit, in denen geführt werden soll.

Die deutlichste Wirkung entfaltet die moderne Informationstechnik hier in der Tendenz einer Rückführung von Arbeitsteilung, wie sie aus den Notwendigkeiten einer früheren Technik und früherer Mitarbeiterqualifikationen entstanden ist, in Richtung auf Arbeitsanreicherung und Arbeitserweiterung.

Zusammen mit der außerordentlich wirksamen technischen Unterstützung, die moderne Hilfsmittel wie Bürokommunikation oder computerunterstützte Fertigungssysteme geben können, erhöhen sich damit spürbar die Verantwortung und der Entscheidungsspielraum der Mitarbeiter – wenn man diese Potentiale der Technik in entsprechenden organisatorischen Lösungen freisetzt. Auf lange Sicht wird der Wettbewerb dies auf vielen Feldern der Wirtschaft erzwingen.

Mit steigender Verantwortung und Selbstbestimmungsmöglichkeit der modernen *Wissensarbeiter* wächst allerdings das Problem der Kontrolle:
- Moderne Mitarbeiter bevorzugen Selbstkontrolle, Kontrolle durch ihre Arbeitsgruppe oder durch nachgelagerte Stellen gegenüber Fremdkontrolle durch die Führung
- Darüber hinaus sind qualifizierte Mitarbeiter in komplexen Arbeitsbezügen sachlich schwer zu kontrollieren.

Diese Tendenzen weisen in Richtung auf eine Art von Menschenführung, die den Mitarbeitern Bedingungen schafft, welche die intrinsische Motivation erleichtern, wie z. B. Sichtbarkeit eines Sinnes in der Arbeit, Erreichbarkeit von Erfolgserlebnissen, von interessanten Aufgaben, von positiver zwischenmenschlicher Zusammenarbeit.

Die der modernen Informationstechnik innewohnenden Tendenzen zu einem bisher ungeahnten Ausmaß von Flexibilisierung und Individualisierung der Arbeit machen dieses Kontrollproblem noch größer. Mitarbeiter schätzen auch in bezug auf Arbeitszeit und Arbeitsgestaltung zeitliche und räumliche Flexibilitätsvorteile, Entscheidungsmöglichkeiten; Kunden verlangen individuelle Lösungen, auf Konsumgüter- wie auf Investitionsgütermärkten; Unternehmen benötigen Flexibilität in ihrem »Response« auf Marktveränderungen. Aber diese Notwendigkeiten sind nicht einfach zu realisieren.

Die Veränderung der Arbeitsstrukturen betrifft auch die Strukturen der Führung: Moderne Informationstechnik erleichtert die horizontale Kommunikation *im Netzwerk* menschlicher und arbeitsorientierter Beziehungen (oder entlang den Strukturen von *Geschäftsprozessen*, sie erleichtert das Ausschalten oder Überspringen von Hierarchie-Ebenen.

Moderne Informationstechnik entlastet dadurch das Mittel-Management von seiner schwierigen Aufgabe als *Informationsknotenpunkt*. Damit ist jedoch nicht gesagt, daß Mittel-Manager demnächst überflüssig werden müßten, jedenfalls nicht, solange Wissens- und Kommunikationsflut weiter zunehmen.

Vielleicht gehen wir auf lange Sicht in die Richtung flacherer Hierarchien; aber dann weniger aufgrund der modernen Informationstechnik als vielmehr aus den Notwendigkeiten zur Reduktion von Komplexität und zur Verbesserung von Flexibilität in Großorganisationen, mit dem Ziel einer Verbesserung der sachlichen Transparenz und der menschlichen Identifikation durch Dezentralisierungskonzepte, bei denen die moderne Informationstechnik ganz wesentlich helfen kann.

Für die Führungskräfte könnte dies eine Umwertung des Verständnisses von beruflichem Aufstieg bedeuten: *Beförderung* würde weniger häufig als Aufstieg in der Hierarchie geschehen, dafür öfters durch Gewinn an Prestige und Einfluß durch interessantere, verantwortungsvollere Aufgaben. Vielleicht würde sich dann auch die Einstellung der Führungskräfte derart ändern, daß viele eine *inhaltliche* einer *hierarchischen* Beförderung vorziehen.

Mit den Strukturen der Führung ändert sich auch die Rolle der Führungskraft: Die Führungskraft wird in ihrer Arbeit zunehmend entlastet durch qualifizierte Mitarbeiter und durch leistungsfähige Technik, die ihr z. B. vielfältige Kontroll-, Überwachungs- und Informations-Aufgaben abnehmen. Auch die fachliche Lenkung im Detail wird weniger.

Stattdessen wird die Führungskraft mehr Zeit und Energie benötigen für quantitative Personalsteuerung, für die Qualifizierung der Mitarbeiter, für die menschliche Führung der Mitarbeiter z. B. in Fragen der Motivation und der Konfliktlösung. Sie wird stärker gefordert in der Gestaltung neuer Technikanwendungen und der Entwicklung neuer Arbeitsformen sowie für Fragen der Zusammenarbeit und Kommunikation mit anderen Teilen der Organisation (vgl. Ulich, 1983; Haase, 1985). Der Computer wird dabei weder geschäftliche Entscheidungen noch Einfühlungsvermögen und Fairneß im Umgang mit Menschen ersetzen können.

Der Kern von *neuen Aufgaben der Führung* im Zusammenhang mit neuen Technologien ist eine Human-Resources-Aufgabe. Sie liegt in der Zusammenführung von neuen technischen Möglichkeiten mit den Anforderungen der Märkte und mit den Bedürfnissen und Qualifikationen der Mitarbeiter. Denn nur über die Mitarbeiter können die Nutzenpotentiale der neuen Technologien erschlossen werden.

Literatur

Bertelsmann Stiftung, *Unternehmensführung vor neuen gesellschaftlichen Herausforderungen*, Gütersloh, 1985.

HAASE, PETER, *Auswirkungen der Einführung neuer Technologien auf die Führungskraft und den Führungsprozeß*, in: ZINK, K. J. (Hrsg.), *Personalwirtschaftliche Aspekte neuer Technologien*, Berlin, 1985.

SCHMIDTCHEN, GERHARD, *Neue Technik – Neue Arbeitsmoral. Eine sozialpsychologische Untersuchung über die Motivation in der Metallindustrie*, Köln, 1984.

SCHMIDTCHEN, GERHARD, *Menschen im Wandel der Technik. Wie bewältigen die Mitarbeiter in der Metallindustrie die Veränderungen der Arbeitswelt?*, Köln, 1986.

ULICH, EBERHARD, *Alternative Arbeitsstrukturen – dargestellt am Beispiel der Automobilindustrie*, Zeitschrift für Arbeits- und Organisationspsychologie, 1983.

Beitrag abgedruckt in: *Personalführung*, 03/1988, S. 119–128.

Das Mitarbeitergespräch

Die Bedeutung des persönlichen Gesprächs

Warum macht man sich Gedanken über etwas so Alltägliches und Selbstverständliches wie das *Gespräch*? Früher hat man gelernt: Wer bei der Arbeit redet, schafft nichts. In Maschinensälen und Schreibstuben war Redeverbot. Heute spricht man von den neuen *Kommunikativen Tugenden* des modernen Mitarbeiters; *Kommunikationsfähigkeit* ist ein wichtiges Einstell- und Auswahlkriterium, vor allem für Führungskräfte.

Kommunikation ist wichtiger geworden, und die wirksamste und ursprünglichste Art zwischenmenschlicher Kommunikation ist das persönliche Gespräch. Es zieht sich wie ein roter Faden durch den geschäftlichen Alltag. Es verdankt seine herausragende Rolle in der zwischenmenschlichen Kommunikation der Vollständigkeit der Signale: Verbale und nicht verbale Botschaften, rationale und emotionale Inhalte werden ausgetauscht.

Allzu oft denken wir bei *Kommunikation* nur an den verbalen, vornehmlich den rationalen Inhalt. Menschliche Zusammenarbeit schließt jedoch zusätzlich eine Vielzahl von emotionalen Elementen ein: zum Beispiel Vertrauen oder Angst, Sympathie oder Antipathie, Aggression oder kooperative Haltung, Zuwendung oder Gleichgültigkeit.

Diese emotionalen Inhalte werden weit überwiegend durch nichtsprachliche Botschaften übermittelt, wie Mimik und Gestik, Blick und Stimme, ja durch die gesamte Körperhaltung (*Körpersprache*). Eine solche Ganzheit des Austausches von Botschaften ist nur in der *Primärkommunikation* des persönlichen Gesprächs möglich, *Sekundärkommunikation* durch technische Medien dagegen unterdrückt die emotionalen Signale mehr oder weniger stark. Am Telefon hört man immerhin noch die Stimmlage des Gesprächspartners, im Brief oder in der Bildschirmpost kann man nur noch aus der Wortwahl Schlüsse ziehen auf das, was »hinter den Worten« steckt und oftmals viel wichtiger ist.

Es gibt eine Fülle von Typen des persönlichen Gesprächs in der Mitarbeiterführung: Einstellungs- und Kündigungsgespräche, Kritik- und Anerkennungsgespräche, Lehrgespräche und Beratungsgespräche, Besprechungen über Arbeitsverteilung oder über persönliche Probleme, Gespräche zu zweit und in der Gruppe, am Arbeitsplatz und am Kaffee-Automaten. Im Folgenden sollen die für die Führung wesentlichen Arten von Gesprächen herausgegriffen werden.

Das Gespräch als Basis für Führung und Zusammenarbeit

In einem Unternehmen muß die Aktivität einer Vielzahl von Personen auf ein gemeinsames Ziel hin zusammengefaßt werden: Entscheidungen, Planungen, Innovationen und Lernprozesse; ausführende und disponierende Arbeiten an vielen Arbeitsplätzen, deren Ergebnis am Ende zusammenpassen soll. Kommunikation ist das Nervensystem einer solchen Organisation; von ihrer Qualität hängt alles ab. *Kommunikation* bewirkt dabei zweierlei:

- Die sachlogische *Koordination* nach organisatorischen, wirtschaftlichen und technischen Notwendigkeiten, die Ausrichtung des Unternehmens auf den Zweck
- Und die zwischenmenschliche *Kooperation*, bei der es um die Identifikation mit den gleichen Zielen geht, um die Motivation zu ihrer Erreichung, um das gegenseitige Vertrauen auf faire Zusammenarbeit, um den Sinn der Arbeit.

Vor allem die zweite Aufgabe, Kooperation zu ermöglichen, bedarf zu ihrer Erfüllung in erste Linie der Primärkommunikation des persönlichen Gesprächs. Hier kann die Führungskraft den Mitarbeiter »ansprechen« und seine Mitarbeit gewinnen, hier kann der Mitarbeiter an Entscheidungen mitwirken, Einfluß nehmen. Im Gespräch kann die Führungskraft besonders wirksam Vorbild geben, eigene Werte und Motive, eigene Überzeugungen weitergeben.

Die »Zusammenarbeit zwischen Mitarbeiter und Führungskraft auf der Basis *gegenseitigen Vertrauens*«, das »persönliche Verhältnis zwischen Führungskraft und Mitarbeiter« sind deshalb zentraler Bestandteil der IBM-Führungsphilosophie. Aber Vertrauen und Gegenseitigkeitsbeziehungen lassen sich vor allem im persönlichen Gespräch aufbauen.

Offenheit im Gespräch ist ein zentrales Anliegen der Führung, ihre Verweigerung eine effiziente Waffe des Schwächeren. Ohne offene Kommunikation werden wirksame Führung und Zusammenarbeit unmöglich, weil man »aneinander vorbeiredet«, weil man mit falschen Informationen führen und arbeiten muß. Offenheit ist aber wiederum eine Frage von Gegenseitigkeit und von Vertrauen.

Führung auf der Basis von Vertrauen grenzt auch *Manipulation* aus; sie würde nicht lange unbemerkt bleiben und die Vertrauensbasis zerstören.

Das persönliche Gespräch ist nicht zuletzt eine wichtige Form, der *Achtung vor dem anderen* Ausdruck zu verleihen: durch persönliche Zuwendung und durch Zuhören. Eine zentrale Rolle im Führungsprozeß spielen die Gespräche, welche die Ziele der Arbeit zum Gegenstand haben (Zielvereinbarungsgespräche) und welche Korrekturen des Verhaltens sowie Vermittlung von Fähigkeiten und Kenntnissen betreffen (Rückmeldungsgespräche).

Im *Zielvereinbarungsgespräch* besprechen Führungskraft und Mitarbeiter miteinander die Arbeitsziele für das kommende Jahr, auf der Basis der Abteilungsziele und der Aufgaben der Kollegen, also des Rahmens, in den sich die Tätigkeit des Mitarbeiters einordnen soll (vgl. unten: »Beratungs- und Förderungsgespräch«). Dabei sollten die Fähigkeiten und Neigungen des Mitarbeiters ebenso berücksichtigt werden wie die Tatsache, daß niemand seinen Arbeitsplatz so gut kennt wie der, der ihn ausfüllt.

Das *Rückmeldungsgespräch* sollte fester Bestandteil der täglichen Zusammenarbeit sein nach der Grundregel, daß Rückmeldungen persönlicher und sachlicher Art am wirksamsten sind, wenn sie möglichst sofort erfolgen. Hier haben wir es mit *Zweiweg-Kommunikation* zu tun: Rückmeldungen darüber, wie persönliches Verhalten in der Zusammenarbeit empfunden wird und wie zweckmäßig ein bestimmtes sachliches Vorgehen in der Arbeit ist, sollten sowohl vom Mitarbeiter wie von der Führungskraft gegeben und angenommen werden und zu einem Prozeß gegenseitiger Abstimmung führen. Wiederholte Rückmeldung durch die Führungskraft an den Mitarbeiter ist auch wesentlicher Bestandteil eines Konzepts der *Mitarbeiterentwicklung*.

Insgesamt gesehen, ist die Bedeutung des persönlichen Gesprächs im Führungsprozeß so zentral, daß eigentlich längst der Führungsstil *Management by Talking* erfunden sein müßte.

Unterstützung des Mitarbeitergesprächs durch Personalprogramme

Aufgrund ihrer zentralen Bedeutung haben Formen des Gesprächs in den personalpolitischen Traditionen und *Verfassungen* von Unternehmen und anderen Organisationen ihren festen Platz:

Institutionalisierung hält die Führungskraft dazu an, zu bestimmten Anlässen persönliche Gespräche mit den Mitarbeitern zu führen, die sonst aus Gründen des Zeitdrucks oder der Scheu vor Konflikten vielleicht unterbleiben würden.

Institutionalisierung gibt der Führungskraft einen Leitfaden für die inhaltliche und formale Gestaltung des Gesprächs, der vor allem für schwierige Situationen oder kommunikationsscheue Führungskräfte eine Hilfe sein kann.

Institutionalisierung ist nicht zuletzt ein wichtiges Instrument, um Anliegen der Personalpolitik im Bereich der Führung zu verankern, damit einheitliches Vorgehen und Ausrichtung an den Werten des Unternehmens gewährleistet bleiben.

Damit werden institutionalisierte Gespräche zwischen Führungskraft und Mitarbeiter zu einem wichtigen *Instrument der Personalpolitik*.

Die IBM-Personalpolitik zum Beispiel kennt das Konzept der institutionalisierten Zweiweg-Kommunikation, d. h., Kommunikation soll nicht nur von oben nach unten erfolgen (nicht »Rede, Herr, Dein Diener hört«), sondern in beiden Richtungen (»Man spricht miteinander«). Zu den Formen geregelter Zweiweg-Kommunikation gehören vor allem:
- Das jährliche Beratungs- und Förderungsgespräch
- Die Beschwerdewege: Offen-Gesagt-Programm, Programm der offenen Tür
- Die Praxis des Dialogs: z. B. bei der Festlegung der Pläne oder bei der Aufarbeitung von Ergebnissen der Mitarbeiterbefragung

Weitere Formen institutionalisierter Führungsgespräche sind:
- Die Interviewgespräche bei der Einstellung von Mitarbeitern oder bei der Auswahl von Führungskräften
- Gespräche im Führungsteam, wie z. B. zur Abstimmung der Leistungsbewertungen, zur Zielfindung und, nicht zuletzt, bei der jährlichen *Landesführungs-Konferenz*.

Zwei Beispiele dieser institutionalisierten Gespräche sollen hier herausgegriffen werden: Das Beratungs- und Förderungsgespräch (*B&F-Gespräch*) ist essentieller Bestandteil der IBM-Personalpolitik und dient daher mehreren Zwecken:
- Der Besprechung des Leistungsverhaltens im vergangenen Jahr
- Der gemeinsamen Festlegung der Arbeitsziele für das kommende Jahr
- Der Besprechung der persönlichen Entwicklung des Mitarbeiters: der Arbeit an Leistungsschwächen und der Weiterentwicklung von Stärken, sowohl durch Schulungen wie durch entsprechende Arbeitsaufgaben
- Der Besprechung der Laufbahnaussichten des Mitarbeiters
- Schließlich können von beiden Seiten Themen angesprochen werden, die für Zusammenarbeit und Arbeitsaufgabe wichtig sind.

Das jährliche B&F-Gespräch kann durchaus in seinen verschiedenen Teilen zu unterschiedlichen Terminen im Laufe des Jahres geführt werden.

Während das B&F-Gespräch ein typisches Zweier-Gespräch ist, findet das Gespräch über die Ergebnisse einer Meinungsumfrage zwischen der Führungskraft und ihren Mitarbeitern als Abteilungsbesprechung statt.
Dabei sollen die positiven und kritischen Punkte zur Sprache kommen, die sich aus der Meinungsumfrage hinsichtlich Zusammenarbeit, Arbeitsaufgabe und Arbeitsbedingungen sowie zu den Zielen und Wünschen der Mitarbeiter ergeben. Wenn erforderlich, soll ein Aktionsplan aufgestellt werden mit klaren Terminen

und Verantwortlichkeiten, der Verbesserungen in den kritisierten Punkten zum Inhalt hat. Ziele sind dabei ebenso die Zufriedenheit der Mitarbeiter wie die Effektivität und Qualität der Arbeit.

Trotz ihrer zentralen Rolle in der Personalpolitik können institutionalisierte Gespräche aber nur ein Gerüst sein; sie wirken in dem Geist, in dem die beteiligten Personen sie ausfüllen. Sie können auch nur einen Teil der Kommunikation zwischen Führungskraft und Mitarbeitern abdecken; der geschäftliche Alltag mit seiner Vielfalt an Gesprächsgelegenheiten und -anlässen, mit seiner permanenten Gegenwart, ist letztlich entscheidend.

Bewährung im alltäglichen Gespräch

Hier geht es meistens um unstrukturierte, spontane Gespräche, die sich aus der Gelegenheit ergeben: in der täglichen Zusammenarbeit *auf Zuruf*, beim Mittagessen, in einer Konferenzpause. Diese vielen kleinen Führungsgespräche im Alltagsgeschäft erfordern am meisten Kommunikationsfähigkeit von den Beteiligten, denn im alltäglichen Miteinander kommt am ehesten die emotionale Lage der Gesprächspartner zum Ausdruck. Angst und Pessimismus oder positive Einstellung, Verspannung unter Termindruck oder lockere innere Haltung, Freude an der Aufgabe oder Frustration, vor allem die innere Einstellung zum anderen lassen sich nicht verstecken. Hier schützt und führt kein Formalismus eines institutionalisierten Gesprächstyps die Führungskraft, hier helfen antrainierte Maske und Kommunikationstechniken auf die Dauer wenig. »In einem langen Gespräch wird auch der Weiseste einmal zum Narren« (Friedrich Nietzsche) – und was ist enge Zusammenarbeit über den ganzen Arbeitstag anderes als ein langes Gespräch?

Wer davor Angst hat, kommuniziert nicht offen und wird bei seinem Partner auch kaum Offenheit erreichen. Wer wirklich mit anderen *ins Gespräch kommen* will, braucht Mut und Selbstsicherheit. Manche Führungskräfte entziehen sich offener Kommunikation; entweder sind sie *nicht ansprechbar* oder sie verstecken sich hinter dem Schutz von Gesprächsprogrammen und sekundärer Kommunikation.
Positive Gesprächsführung setzt vor allem andern die richtige innere Einstellung voraus. Wie kann man Mitarbeiter motivieren, wenn sie gefühlsmäßige Ablehnung spüren oder die Distanz ihrer Führungskraft zur Arbeitsaufgabe fühlen? »Doch werdet Ihr nie Herz zu Herzen schaffen, wenn es Euch nicht von Herzen geht«, heißt es in Goethes *Faust*.

Wenn diese Grundvoraussetzungen jedoch gegeben sind, dann können Techniken richtigen Kommunikationsverhaltens das Gespräch miteinander erheblich erleichtern und sein Ergebnis verbessern.

Kommunikative Fähigkeiten – und wie man sie trainiert

»Die Sprache ist die Quelle der Mißverständnisse«, läßt Saint-Exupéry den kleinen Prinzen sagen. Der Absender einer Botschaft meint A, sagt S, und der Empfänger versteht C – die Botschaft ist offensichtlich nicht angekommen, aber der Absender merkt dies oft nicht im Gespräch, sondern erst an den Folgen. Solche Mißverständnisse lassen sich relativ leicht vermeiden durch Erlernen von einigen wenigen Verhaltensgrundsätzen, die wir aus der Kommunikationspsychologie kennen.

Eine gute Regel z. B. ist der Grundsatz *einfacher und klarer Kommunikation*. Für wen ist nicht die eigene Aufgabe unendlich wichtig und komplex? Einfache und klare Kommunikation erfordert deshalb Abstraktion vom Ego und von der eigenen Sichtweise. Sie verlangt auch die sprachliche Fähigkeit zum Ausdruck und die Gedankenklarheit, einen Gesprächsgegenstand einfach und doch zutreffend darstellen zu können.

Zu einfacher und klarer Kommunikation gehört auch das Vermeiden von *Doppelbotschaften*: Jemand sagt z. B. zu seinen Mitarbeitern, sie möchten sich nicht durch den Termindruck nervös machen lassen, strahlt aber selbst große Nervosität aus. Welche Botschaft wird ankommen? Wahrscheinlich Nervosität.

Eine andere wichtige Regel meint das Bemühen um *Rückmeldung*: Wie ist meine Botschaft verstanden worden? Dabei darf man nicht nur auf die logisch-rationale Rückmeldung in den Worten des Gesprächspartners hören; man muß die ganze Person beachten. Häufig trauen sich Mitarbeiter einer Führungskraft gegenüber nicht zu sagen, daß sie nicht alles verstanden haben oder daß sie anderer Meinung sind; aber häufig kann man es spüren.

Die vielleicht wichtigste Regel heißt: *zuhören*. Zuhören müßte eigentlich, seiner Wichtigkeit nach, zwei Drittel des Gesprächs ausmachen: Es ist der beste Weg, um Rückmeldung auf die eigene Botschaft zu erhalten, und der beste Weg zu verstehen, was der andere sagen will. Zuhören als scheinbar passive Tätigkeit fällt vor allem vielen Führungskräften schwer; es scheint ihnen unvereinbar mit einer Rolle, die Aktivität verlangt und in der man »das Sagen hat«. Aber Zuhören ist weit mehr als Schweigen: Es heißt auch, ein Klima zu verbreiten, in dem der andere frei sprechen kann, sich auf den anderen einzustellen und zu überlegen, was der andere meint und wie man dazu steht.

Man sollte auch auf die *räumlichen und zeitlichen Gegebenheiten* eines Gesprächs achten: Wähle ich z. B. für eine Rückmeldung an einen Mitarbeiter eine humorvolle Bemerkung im Vorbeigehen, oder bestelle ich ihn zu einem Termin in mein Büro?

Schließlich wird ein *Gespräch in der Gruppe* immer anderen Regeln folgen als ein Gespräch zu zweit. Man denke z. B. an die unterschiedlichen Wirkungen in einem Kritikgespräch zu zweit oder in Gegenwart Dritter, beim Aussprechen einer Anerkennung zu zweit oder vor den Kollegen (größere Achtung der Kollegen oder Abwehrreaktionen gegen den »Streber«?). Grundsätzlich sollte man bei Gesprächen zu mehreren außer der persönlichen Beziehung zwischen den augenblicklichen Gesprächspartnern immer die Wechselwirkung mit der Gruppe im Auge haben.

Dies können nur Andeutungen sein, worauf man für ein gutes Gespräch achten sollte; es gibt Literatur und Kurse genug, in denen man dies ausführlicher erfahren kann. Aber für die Verbesserung des eigenen Kommunikationsverhaltens hilft Theorie wenig, das Einüben von Verhaltensweisen ist entscheidend. Übungen in Kursen sind dabei zu verstehen als Starthilfe für laufendes Üben in der Praxis.

Schlußfolgerungen

Mit diesen Überlegungen kann man die Vielfalt und Tiefe des Themas *Gespräch* nur streifen. Sie sollen auch nur eine einzige Aussage verdeutlichen: die nicht ersetzbare Wichtigkeit des Gesprächs als Basis für die Ausrichtung von vielen Menschen mit jeweils verschiedenen Begabungen und Zielvorstellungen auf ein gemeinsames Ziel hin und seine Unentbehrlichkeit für die Motivation, sich für dieses gemeinsame Ziel einzusetzen.

Das persönliche Gespräch als *Primärkommunikation* hat in vielen Fragen der Führung große Vorteile gegenüber der schriftlichen oder technisierten Kommunikation, einmal wegen der Vollständigkeit der Signale, die übermittelt und empfangen werden können, zum andern, weil es auf eine ganz ursprüngliche Art typisch menschlich ist. Deshalb gilt die Wichtigkeit des persönlichen Gesprächs auch für alle Hierarchiestufen.

Der *sekundären Kommunikation* sollte man diejenigen Interaktionen überlassen, in denen Vollständigkeit und persönliche Zuwendung nicht wichtig sind und bei denen es überwiegend um rationale, sachliche Inhalte geht. Auf das unscheinbare, weil so selbstverständliche persönliche Gespräch jedoch sollten wir mehr Aufmerksamkeit verwenden. Wir sollten mehr *Management by Talking and Listening* (MTS) praktizieren.

Beitrag abgedruckt in: *Personalführung*, 12/1988, S. 946–949.

Chancengleichheit bei IBM: Fortschritte und Ausblicke

Gründe für Chancengleichheit bei IBM

Die *Achtung vor der Würde eines jeden Mitarbeiters* ist seit langem Unternehmensgrundsatz der IBM und einer der Eckpfeiler ihrer Personalführung. Aus dieser Grundhaltung resultierte im Jahr 1953 eine formale Anweisung, in der T. J. Watson Jr. festlegte, daß bei Einstellungen lediglich die Fähigkeiten der Bewerber zu berücksichtigen seien, nicht jedoch die Rasse, die Hautfarbe oder die Konfession. Spätere *Policy-Letters* erklärten auch das Geschlecht, die Religionszugehörigkeit, die Nationalität oder eine Behinderung für irrelevante Kriterien bei Einstellverfahren und allen weiteren Entscheidungen bezüglich der beruflichen Laufbahn der Mitarbeiter.

Auf dieser Grundlage entwickelte die IBM Deutschland in den 70er Jahren ihr Programm der Chancengleichheit für Männer und Frauen auf der Basis gleicher Leistungsfähigkeit.

Unternehmensgrundsätze der IBM Deutschland GmbH
- Achtung vor dem einzelnen
- Dienst am Kunden
- Spitzenleistung – unser Leitmotiv
- Effektive Führung
- Verpflichtung gegenüber den Aktionären
- Faires Verhalten gegenüber den Lieferanten
- Verantwortung gegenüber der Gesellschaft

Eine Reihe von dringenden pragmatischen Gründen spricht für eine zielbewußte Realisierung dieses Programms:

⇢ Die Arbeitswelt wurde durch den Einsatz moderner Technik zunehmend zugänglicher für Frauen; es gab immer weniger gefährliche und körperlich schwere Arbeit und immer mehr Tätigkeiten, die geistige und menschliche Qualifikationen fordern.

⇢ Zugleich änderten sich die Bedeutung der Familie, die Rolle der Frau und Mutter und die Einstellungen der Frauen zur Berufstätigkeit.

⇢ Immer mehr Frauen suchten eine qualifizierte Berufsausbildung und eine anspruchsvolle Berufstätigkeit, die mit denen der Männer vergleichbar wurde. Frauen spielen heute eine immer größere Rolle in der Öffentlichkeit, im Wirtschaftsleben, in der Politik und der Verwaltung.

⇢ Aus dem Blickwinkel der Wirtschaft haben die Frauen als Nachfragemarkt, z. B. im Trendsetting, eine immer bedeutungsvollere Rolle übernommen.

⇢ Weiterhin gilt es zu bedenken, daß die demographische Projektion für den Arbeitsmarkt in den 90er Jahren die Bedeutung der Frauen als Mitarbeiterpotential voraussichtlich stark wachsen läßt.

Auch besteht kein Zweifel, daß unter führenden Frauen und Frauenvereinigungen die Auffassung vorherrscht, daß die Wirtschaft den Frauen bisher keine ihrer Leistungsfähigkeit adäquate Bedeutung einräumt. Es wird deshalb eine Frage der Personalstrategie im Unternehmen, durch aktive Maßnahmen die Bedeutung und Gleichberechtigung der Frauen im Unternehmen zu fördern, um das gesellschaftliche »Unzufriedenheitspotential« und auch innerbetriebliche Spannungen zu verringern. Letztlich gilt es auch, eine gesetzliche Quotenregelung, die nicht leistungsorientiert sein könnte und damit unwirtschaftlich wäre, überflüssig zu machen.

Dabei soll die Integration qualifizierter und motivierter weiblicher Arbeitskräfte keineswegs als Verdrängungsprozeß für die Männer verstanden werden, als »Nullsummen-Spiel«, bei dem Frauen nur gewinnen können, was Männer verlieren. Die IBM geht dabei von der Erfahrung aus, daß jeder Gewinn an kompetenter und motivierter Mitarbeit den Kunden, dem Unternehmen und allen seinen Mitarbeitern nützt und allen neue Chancen eröffnet.

Das Programm Chancengleichheit

Aus diesen Gründen wurde in den 70er Jahren bei der IBM Deutschland *Chancengleichheit* als strategisches Personalprogramm entwickelt. Ausgangspunkt war eine genaue Bestandsaufnahme und kritische Situationsanalyse. Aus dieser ergab sich bereits 1976 die Einführung eines Berichtswesens, das die Kontrolle von Fortschritten ermöglichen sollte.

Zur weiteren Intensivierung des Programms erwies es sich 1982 als notwendig, die hauptamtliche Funktion der Beauftragten für Chancengleichheit einzuführen. Als Aufgaben wurden festgelegt:

- Vorbereitung, Herbeiführung und Überwachung der Durchführung von Entscheidungen der Geschäftsführung zur Förderung der Frauen im Unternehmen
- Verbesserung des Berichtswesens zur Fortschrittskontrolle
- Aufbau einer Infrastruktur von nebenamtlichen Beauftragten in den Linienfunktionen
- Aufbau und Durchführung von Aktionen der Führungskräfteentwicklung für das weibliche Managementpotential
- Anbieten von Schulungen für »Frauen im Erwerbsleben«
- Vertretung des Unternehmens in der Öffentlichkeit zu diesem Themenbereich
- Überwachung der Chancengleichheit in der konkreten Anwendung der personalpolitischen Grundsätze, die z. B. regeln:
  Offene Positionen nach Leistung und Qualifikation zu besetzen, und die Fähigkeiten der Mitarbeiter optimal einzusetzen
  Die Mitarbeiter nach Eignung und Leistung aufgabengerecht und zukunftsorientiert aus- und weiterzubilden
  Mitarbeiter mit Entwicklungspotential zu fördern und zur Beförderung vorzuschlagen sowie
  Tätigkeitsorientierte Aufgabenstrukturen zu definieren und eine leistungsgerechte Gehaltsfindung zu erreichen.

Eine wichtige Aufgabe, als Voraussetzung für die Realisierung von Chancengleichheit, ist die Entwicklung eines *Bewußtseins* bei Mitarbeitern, Mitarbeiterinnen und Führungskräften für die neue Rolle der Frau und ihre erweiterten gesellschaftlichen und beruflichen Möglichkeiten. Der unternehmensinternen *Kommunikation und Überzeugungsarbeit* kommt deshalb eine wichtige Rolle zu. Aussagen und Entscheidungen der Geschäftsführung und des Managements und deren Veröffentlichung durch die einschlägigen innerbetrieblichen Medien sollen vorbildhaft auf die Formung dieses Bewußtseins wirken.

Die innerbetriebliche Akademie für Führungskräfte lehrt die personalpolitischen Grundsätze der IBM und trägt dazu bei, die existierenden Vorbehalte gegenüber weiblichen Fach- und Führungskräften abzubauen.

Durch *Öffentlichkeitsarbeit* wird versucht, die Attraktivität der IBM Deutschland GmbH als Arbeitgeber für Frauen aufzuzeigen, um mögliche Bewerberinnen zu ermutigen und damit letztlich auch dem Unternehmen qualifiziertes Arbeitskräftepotential zu sichern.

Mit ihrem 1986 eingeführten *Stipendienprogramm* für Abiturientinnen zum Studium der Natur- und Ingenieurwissenschaften will die IBM Deutschland GmbH zum einen konkrete Hilfestellung leisten und darüber hinaus darauf hinwirken, daß in verstärktem Maße eine Hinwendung von jungen Frauen zu technischen, zukunftsorientierten Berufen erfolgt, für die in Technologieunternehmen wachsender Bedarf vorhergesagt werden kann.

Konkrete *Zielsetzungen* für die Einstellung von qualifizierten Frauen sind verabschiedet worden. Von allen offenen Positionen für Bewerber mit Hochschulausbildung sollten nach Möglichkeit mit Frauen besetzt werden:

1986: 18 %
1987: 20 %
1988: 25 %

Die Verbesserung des Anteils von Frauen in Fach- und Personalführungspositionen kann – von *Vorzeige-* und *Extrem*-Fällen abgesehen, die aber als Vorbildfunktion größte Bedeutung haben – nur über die quantitative Verbreiterung der Basis der hierarchischen Pyramide erfolgen.

Das Ziel einer vermehrten Einstellung wird ergänzt durch konkrete Erleichterungen der Vereinbarkeit von Familie und Beruf. Spezielle Orientierungsseminare für Mitarbeiterinnen sollen Entscheidungshilfe geben und Wege zur Realisierung beider Lebensbereiche aufzeigen. Durch Analysen des Rollenverständnisses und des tatsächlichen Rollenverhaltens von Frauen wird den Teilnehmerinnen Gelegenheit zu einer objektiven Selbsteinschätzung gegeben.

Seit 1986 hat die IBM Deutschland ihren Mitarbeiterinnen und auch Mitarbeitern die Möglichkeit eines einjährigen erweiterten Erziehungsurlaubs im Anschluß an den gesetzlichen Erziehungsurlaub angeboten. Eine Freistellung auf insgesamt drei Jahre ist geplant. Damit hält das Unternehmen die enge Bindung an ihr qualifiziertes Mitarbeiterpotential aufrecht. Aus den gleichen Motiven heraus wird dem Wunsch nach Teilzeitbeschäftigung entsprochen, sofern es die berufliche Aufgabenstellung der Mitarbeiter erlaubt.

Derzeit wird an Lösungen gearbeitet, wie die Rückkehr aus dem Erziehungsurlaub zu erleichtern ist. Insbesondere Probleme der fortlaufenden Weiterbildung, die Voraussetzung für die Wiedereinstellung in qualifizierte Positionen ist, sind bisher ungelöst.

Erfolge und Erfahrungen

Die Aufstellung von Zielen, die Einrichtung von *Beauftragten* und die Entwicklung von unterstützenden Personalprogrammen sind notwendige Führungsinstrumente, die auf ihre Wirksamkeit kontrolliert werden müssen. Dazu dient das einschlägige Berichtswesen, aus dem Fortschritte in regelmäßiger Folge der Geschäftsführung vorgetragen werden. Die Daten zeigen, daß Fortschritte der Frauenförderung im Unternehmen aufgrund der langsamen Prozesse der Bewußtseins- und Einstellungsänderung, der Veränderung im Berufswahl- und Bildungsverhalten und in der Personalstruktur eines großen Unternehmens, von Einzelfällen abgesehen, nur langfristig zu beobachten sind.

Die Entwicklung der Frauen in der IBM Deutschland über einen Zeitraum von 1979 bis 1988 läßt aber Fortschritte zu einer Gleichbehandlung sehr deutlich werden. Generell ist für den Zeitraum 1979 bis 1988 ein *Anstieg der Frauen in qualifizierten Tätigkeiten* festzustellen. Dies beruht auf den zahlenmäßig überproportionalen Neueinstellungen von weiblichem Nachwuchs mit Hochschul- oder vergleichbarer Ausbildung. Darüber hinaus werden auch durch innerbetriebliche Qualifizierungsmaßnahmen Voraussetzungen für die Beförderung von Frauen in Fach- und Personalführungspositionen verbessert.

Die Zahl der weiblichen Mitarbeiter in der IBM Deutschland erhöhte sich von 1979 bis 1988 um 10 % (siehe Abbildung S. 183). Die Anzahl der Frauen, die Führungspositionen bekleiden, wuchs weit überproportional um 149 %, so daß der Anteil der *Frauen in Führungspositionen* von 3,8 % im Jahr 1979 auf 7,6 % im Jahr 1988 stieg. Dabei ist bei den Führungspositionen mit Fachverantwortung ein sehr viel stärkerer Anstieg zu verzeichnen (plus 164 %) als bei den Führungspositionen mit Personalverantwortung (plus 61 %).

Bisher haben einige Frauen bereits die mittlere oder höhere Managementebene erreicht. Da das Unternehmen für Führungspositionen prinzipiell nur Kandidaten aus dem eigenen Unternehmen berücksichtigt und die zahlenmäßige

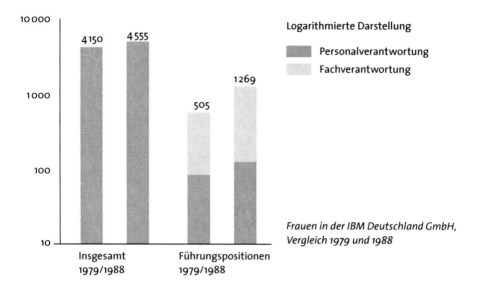

Frauen in der IBM Deutschland GmbH, Vergleich 1979 und 1988

Basis an Frauen in den unteren Führungsebenen durch die Einstellaktivitäten der vergangenen Jahre erheblich breiter geworden ist, hat sich die Wahrscheinlichkeit wesentlich verbessert, daß in absehbarer Zeit der Durchbruch in obere Führungsebenen gelingt.

Die Zielsetzung für die *Einstellungen von Frauen mit Hochschulausbildung* wurde 1988 mit 25 % erreicht. Ein kritischer Punkt ist dabei die verlängerte Anwerbungs- und Auswahlzeit, da Anforderungs- und Angebotsstruktur am Arbeitsmarkt für ein Technologieunternehmen auseinanderklaffen. Bei den Neueinstellungen von akademischem Nachwuchs (siehe Abbildung S. 184 oben) ist der Anteil von Frauen höher als ihr Anteil bei den Bewerbungen. 1984 waren von 100 Bewerbern 12 weiblichen Geschlechts, bei 100 Neueinstellungen konnten 16 Frauen berücksichtigt werden. Diese Werte sind bis 1988 auf 18 % bzw. 25 % angestiegen. Das fachliche Schwergewicht bei den Bewerbungen von Frauen liegt dabei bei den Rechts- und Wirtschaftswissenschaften, da die Zahl der Absolventinnen technischer und naturwissenschaftlicher Studiengänge immer noch gering ist. Erste Versuche mit speziellen Anzeigen für weiblichen Führungskräftenachwuchs waren vielversprechend.

Mit der Anzahl qualifizierter Frauen in höheren Positionen ändert sich das relative *Bezahlungsniveau* proportional.

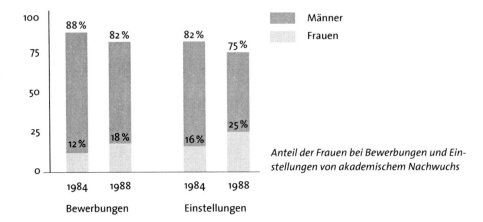

Anteil der Frauen bei Bewerbungen und Einstellungen von akademischem Nachwuchs

Der Anteil der übertariflich bezahlten Frauen (siehe Abbildung unten) bei der IBM Deutschland GmbH ist von 12 % im Jahr 1979 auf jetzt 28 % gestiegen. Der Anteil hochbezahlter Frauen im Unternehmen hat sich über den Beobachtungszeitraum vervielfacht.

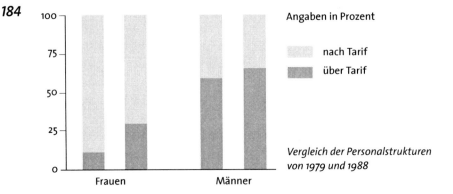

Vergleich der Personalstrukturen von 1979 und 1988

Die verbesserten Möglichkeiten einer *Teilzeitbeschäftigung* bei der IBM Deutschland sind von den Mitarbeiterinnen genutzt worden. 1988 waren 29 % aller Mitarbeiterinnen teilzeitbeschäftigt im Vergleich zu 19 % im Jahr 1980.

Dabei wird nicht übersehen, daß Teilzeitbeschäftigung im qualifizierten Bereich, in dem u. a. eine individuelle Abhängigkeit von Kollegen im Team besteht,

Überwachungs- und Steuerungsaufgaben oder aber kunden- und terminorientierte Tätigkeiten ausgeübt werden, nur in einer begrenzten Zahl von Fällen wahrgenommen wird. Im übrigen gleichen sich tägliche Arbeitszeiten von Voll- und Teilzeittätigkeiten durch die Verkürzung der wöchentlichen Arbeitszeit in der Metallindustrie und durch betriebliche Gleitzeitmodelle partiell an.

Die bisherigen Maßnahmen zur besseren *Vereinbarkeit von Familie und Beruf* (erweiterter Erziehungsurlaub, vermehrte Teilzeitarbeit) haben sich als wirksam erwiesen. Während 1983 noch 82 % der außertariflich bezahlten Mitarbeiterinnen nach Ablauf der Mutterschutzzeit oder des gesetzlichen Erziehungsurlaubs kündigten, fiel diese Quote bis 1988 auf 23 %. Die berufliche Verbindung von drei Vierteln der außertariflich bezahlten Mitarbeiterinnen mit dem Unternehmen bleibt also trotz ihrer familiären Belastung erhalten.

Die *Fluktuationsrate* der Mitarbeiter der IBM Deutschland ist außergewöhnlich niedrig. Die Unterschiede in der Fluktuation zwischen Frauen und Männern sind bei übertariflich bezahlten Mitarbeitern weit geringer als bei tariflich bezahlten (siehe Abbildung unten).

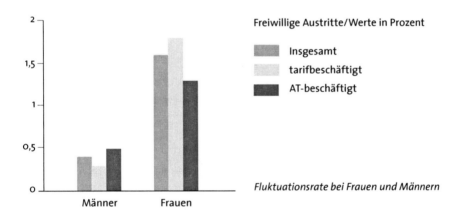

Fluktuationsrate bei Frauen und Männern

Die Gründe, die für das freiwillige Ausscheiden von Mitarbeiterinnen oder Mitarbeitern den Ausschlag geben, sind bei den Männern in erster Linie der Wechsel in eine selbständige Tätigkeit oder der Einkommens-/Karrieresprung zu einem anderen Arbeitgeber, bei den Frauen dagegen die Geburt eines Kindes bzw. die sonstige Unvereinbarkeit des Berufs mit den familiären Pflichten (siehe Abbildung S. 186).

Frauen/Angaben in Prozent

- Insgesamt
- Nichtakademikerinnen
- Akademikerinnen

Männer/Angaben in Prozent

- Insgesamt
- Nichtakademiker
- Akademiker

Austrittsgründe bei Frauen und Männern

Hindernisse und Schwierigkeiten

Alle Daten weisen darauf hin, daß die Chancen der Frauen im Unternehmen über den Beobachtungszeitraum verbessert worden sind. Dennoch ist das Interesse der Frauen an einer verstärkten Förderung im Unternehmen, das sie immer noch als vom Mann beherrscht sehen, eher gewachsen. Es können aber einige Faktoren, die die Förderungsbemühungen zumindest nicht unterstützen, nicht übersehen werden.

Das *traditionell geprägte Verständnis* der Rollenverteilung der Geschlechter im Beruf und in der Gesellschaft – sowohl bei den Männern als auch bei den

Frauen – ist noch nicht überwunden. Bei männlichen Führungskräften resultiert daraus bisweilen eine zu geringe Förderung der ihnen unterstellten weiblichen Mitarbeiter. Andererseits denken auch viele Frauen noch in den althergebrachten Bahnen und verzichten ohne konkrete Notwendigkeit von vornherein auf ein stärkeres berufliches Engagement und eine mögliche Karriere.

Dies zeigen auch die Statistiken zum *Ausbildungsverhalten*. Nur 18 % der Fachhochschul-/Hochschulabsolventinnen des Jahres 1986 hatten natur-wissenschaftliche oder technische Fächer studiert. Ca. 40 % der 1986 immatrikulierten Studentinnen hatten Studiengänge der Wissenschaftsbereiche Sprache, Kunst und Kultur gewählt. Dementsprechend gering ist die Zahl der Bewerberinnen mit technisch-/naturwissenschaftlichen Qualifikationen bei einem Technologieunternehmen wie der IBM Deutschland.

Die *Vereinbarkeit von Familie und Beruf* für die Mitarbeiterinnen hat sich trotz aller Bemühungen auch bei der IBM Deutschland noch nicht entscheidend verbessert. Es bleibt eine erhebliche Doppelbelastung für Frauen, die Kindern und zugleich einer anspruchsvollen beruflichen Aufgabe gerecht werden wollen. Die beiden folgenden Statistiken verdeutlichen dies:

84 % der männlichen außertariflich bezahlten Mitarbeiter waren verheiratet, von den Frauen in AT-Positionen waren dies lediglich 37 %. Bei den Führungskräften mit Personalverantwortung waren 94 % der Männer verheiratet, jedoch nur 48 % der Frauen (siehe Abbildung S. 188).

Auch wenn die Männer in diesem Vergleich im Durchschnitt – allerdings unwesentlich – älter sind als die Frauen und die Gründe für das unterschiedliche Eheverhalten vielfältig sein können, so sind diese Indikatoren ein Hinweis darauf, daß Frauen der Karriere zuliebe auf Ehe oder auf Kinder glauben verzichten zu müssen, zumindest aber nicht in den klassischen Bahnen zusammenleben können. Die soziale Problematik der beruflich erfolgreichen Frau ist sicher vielschichtiger, als daß es das in diesem Zusammenhang häufig genannte Mittel, nämlich die weitgehende Flexibilisierung der Arbeitsbedingungen, insbesondere der Arbeitszeiten in den Betrieben, gründlich heilen könnte.

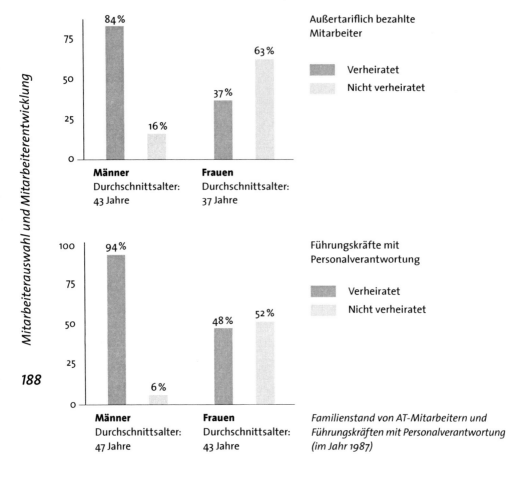

Familienstand von AT-Mitarbeitern und Führungskräften mit Personalverantwortung (im Jahr 1987)

Die Aufgabe der Personalführung besteht ohnehin mehr und mehr in der Motivation der Mitarbeiter, das berufliche Arbeitspotential innerhalb der verbleibenden Restarbeitszeiten und angesichts der Freizeit- und Nebenarbeitsaktivitäten auf die Zielrichtungen des Betriebes zu bündeln. Produktivitätsverbesserung, vertragsgemäße Einhaltung von Terminen, permanente Dienstleistungsbereitschaft u. a. stehen im Zusammenhang mit Pünktlichkeit, Anwesenheit, rechtzeitiger Leistungsbereitschaft, Verfügbarkeit des Mitarbeiters. Weitgehende Flexibilisierung und Individualisierung der Arbeitsbedingungen für Mitarbeiter und Zeitdisziplin im Arbeitsablauf sind Aufgaben für die Personalplanung, die derzeit großen Einfallsreichtum erfordern. Das Unternehmen kann auf diesem Sektor – wie auch auf anderen – nur gleiche Leistungsbereitschaft fordern.

Es bleibt innerhalb dieser Grenzen eine andauernde Aufgabe im Betrieb, wie Chancengleichheit verbessert werden kann. Ziel sollte sein, die harte Alternative *Karriere oder Kinder* zugunsten eines positiven Konzeptes *Vereinbarkeit von Karriere und Familie* zu mildern. Dazu gehört sicher: Zeitgestaltung, Erziehungszeiten, Weiterbildung während der Ausfallzeiten, Organisation des Wiedereintritts, Einarbeitungspate etc.

Eine interessante Aufgabe für die Personal- und Managemententwicklung stellt die Zunahme der DCCs (*dual career couples*), der berufstätigen Ehepaare, bei denen beide Partner eine Karriere verfolgen, dar: Das bei IBM übliche Management der Karriererotationen für einen Partner? Für beide Partner? Sollen möglichst beide Partner – wie bereits öffentlich diskutiert wird – in einem Unternehmen arbeiten? Dürfen DCCs lediglich aufgrund lokaler Rotation befördert werden, während Beförderungen von Nicht-DCCs die Versetzung als Voraussetzung behalten? Dürfen DCCs lokal getrennt arbeiten? Klassische Regeln der Personalfürsorge, bei Versetzungen auf Familienzusammenführung zu achten, geraten in Zweifel. Lösungen zu diesen Fragen sind noch zu erarbeiten.

Die zahlreichen Maßnahmen zur Realisierung von *Chancengleichheit* für Frauen können bei den Männern den Eindruck erwecken, Frauenförderung geschähe auf Kosten der Männer. Maßnahmen, die zu einer *umgekehrten Diskriminierung* der Männer führen können, müssen vermieden werden, da bereits der Eindruck bei den Mitarbeitern zu Befürchtungen und Aversionen gegen Frauen und gegen das Programm der Chancengleichheit führen könnte. Die Chancen der Frauen im Unternehmen steigen in dem Maße, wie beide, Frauen und Männer, für Chancengleichheit gewonnen werden. Wichtig ist das Verständnis, daß intelligente, motivierte und gutausgebildete weibliche Mitarbeiter eine Bereicherung für das Unternehmen und das Geschäft sind.

Mit dem Fortschritt der Frauen in der Unternehmenshierarchie ist zu beobachten, daß Überforcierung der Frauenförderung – dazu zählt letzten Endes die Quotierung – unter den qualifizierten Frauen auf Ablehnung stößt. Es wird die Befürchtung geäußert, daß die Kollegenschaft erreichte Positionen nicht auf Leistung, sondern Proporz zurückführt. Das wird als abträglich empfunden. Es ist deshalb darauf zu achten, daß sich Frauen im Betrieb nicht aus Ablehnung von Übertreibungen der Identifikation mit dem Förderungsprogramm verschließen.

Zum Schluß soll nicht unerwähnt bleiben, daß die Unternehmen nur einen Teil der Voraussetzungen für die Lösung dieser Aufgaben beeinflussen können. Die öffentlichen und rechtlichen Rahmenbedingungen müssen ebenfalls entscheidend verbessert werden, z. B. bei den Öffnungszeiten von Geschäften und Kindergärten, in der (freiwilligen) Möglichkeit von Ganztagsschulen, in zeitlich flexiblen Möglichkeiten der Weiterbildung (z. B. in Aufbau- oder Auffrischungskursen abends oder am Wochenende, wenn der andere Elternteil für die Kinder sorgen kann).

In diesem Zusammenhang ist auch an umstrittene Hindernisse für die berufliche Chancengleichheit der Frau zu denken, die aus *Arbeitsschutzgründen* verordnet und gesetzlich bzw. tarifvertraglich geregelt sind. Beispielsweise nimmt die Arbeitszeitordnung Frauen aus allen Schichtregelungen aus, die Nacht- und Sonntagsarbeit beinhalten, und verschärft die Regelungen über die Höchstarbeitszeit und die Pausenverordnung. Sie verhindert damit, daß Frauen aus familiären Organisationsgründen nachts arbeiten oder aus finanziellen Gründen eine besser bezahlte Schichtarbeit aufnehmen (siehe auch *76. Arbeitstagung des Internationalen Arbeitsamtes,* 1989).

Die Veränderungen der Personalstruktur durch das Aufstreben der Frauen hat erheblichen Einfluß auf die Anpassung von grundlegenden Regeln und Programmen der Personalpolitik. Das Unternehmen steht auch nach einer Erfahrungsperiode von mehr als einem Jahrzehnt erst am Anfang dieser Entwicklung.

Vergleiche, Ausblicke

In einem deutschen Branchenvergleich (siehe Abbildung unten) hat die IBM Deutschland 1984, d. h. in der Mitte des Vergleichszeitraums, eine positiv zu bewertende Stellung erreicht. In der Zwischenzeit haben verschiedene Großunternehmen Frauenförderprogramme eingeführt, deren positive Auswirkungen sicher bald beobachtet werden können.

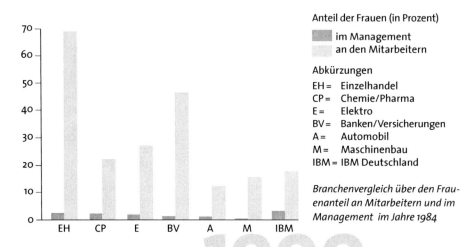

Branchenvergleich über den Frauenanteil an Mitarbeitern und im Management im Jahre 1984

Eine Extrapolation der bisherigen Entwicklung der Mitarbeiterstruktur ergäbe in 25 Jahren einen Anteil der Frauen bei den Führungskräften mit Personalverantwortung der IBM Deutschland von ca. 20 % und sogar 40 % bei den außertariflich bezahlten Mitarbeitern.

Diese Projektion kann der zu erwartenden Realität nahe kommen. Sie zeigt allerdings, daß trotz aktiver Förderungsmaßnahmen Strukturentwicklungen ihre Zeit brauchen. Wenn es gelingt, die begabten Frauen gerecht – wie die Männer – zu befördern, dann kann das Unzufriedenheitspotential abgebaut werden und das Zeitalter des *Postfeminismus* macht *Chancengleichheit* als Programm überflüssig.

Daß Fortschritte in Deutschland möglich und notwendig sind, zeigt ein internationaler Vergleich großer IBM-Gesellschaften (siehe Abbildung unten). Das deutsche Unternehmen liegt in bezug auf den Anteil von Frauen in Führungspositionen deutlich zurück, insbesondere was Frauen mit fachlicher Führungsverantwortung angeht.

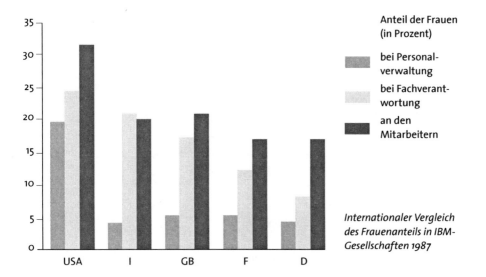

Internationaler Vergleich des Frauenanteils in IBM-Gesellschaften 1987

Das liegt, was die USA betrifft, sicher in dem früheren Beginn und auch in der konsequenteren Durchführung eines aktiven Förderprogramms begründet. Darüber hinaus läßt sich auch vermuten, daß andere Länder im gesellschaftlichen Klima und in den politischen Rahmenbedingungen für die berufliche Chancengleichheit zwischen Männern und Frauen bessere Umstände bieten als die Bundesrepublik

Deutschland: z. B. im gesellschaftlichen Rollenverständnis von Männern und Frauen, in der Hinwendung von Frauen zu zukunftsorientierten technischen Berufen, im Bildungswesen, bei den Ladenöffnungszeiten, bei den Kindergärten und Kinderhorten.

Die IBM Deutschland wird ihr personalpolitisches Programm der Chancengleichheit fortsetzen. Der Erfolg wird auch von den politischen Umgebungsfaktoren beeinflußt. Fortschritte sind sichtbar und werden auch in Zukunft zu einer weiteren Verbesserung der Position der Frauen im Unternehmen führen. Die unterstützenden Maßnahmen erfordern Nachdruck, aber auch Geduld über einen langen Zeitraum.

Beitrag abgedruckt in: DOMSCH, MICHAEL/REGNET, ERIKA (Hrsg.), *Weibliche Fach- und Führungskräfte – Wege zur Chancengleichheit*, Schäffer, Stuttgart, 1990, S. 165–179.

Zielorientierte Selbstkontrolle der Mitarbeiter

Das Umfeld der Unternehmen ist geprägt von Innovationen und raschem Wandel: Der Wettbewerb wird immer globaler und regionale Nischen gehen verloren. Neue Wettbewerber tauchen überraschend auf. Die Märkte wandeln sich von Verkäufer- zu Käufermärkten. Die Individualisierung der Kundenwünsche erzwingt das Angebot von Dienstleistungen und Komplettlösungen.

Neues Unternehmensumfeld

Auf allen Märkten ist der rasche technische Fortschritt ein treibender Faktor der Veränderung. Die Ausbreitung der Mikroelektronik/Informationstechnik hat durchdringende Auswirkungen auf alle Bereiche des Arbeitslebens.

Qualifizierte Mitarbeiter sind eine knappe Ressource auf dem Arbeitsmarkt. Ihre Qualifikation, aber auch der Wertewandel der letzten Jahre bringen eine veränderte Einstellung zu Arbeit und Autorität mit sich. Die Geschäftspolitik muß sich als Folge dieser Einflüsse umstellen auf mehr Service und Qualität, auf kürzere *Response*-Zeiten und sich stärker an den Kundenwünschen orientieren.

Wesentlich ist, die Erfolgsfaktoren des Unternehmens herauszuarbeiten und eine Zukunftsvision zu entwickeln.

Die Mitarbeiter sind der Schlüssel zur Bewältigung und zur Gestaltung des Wandels, denn
- ihre Flexibilität ist ausschlaggebend für die Reaktionsmöglichkeiten des Unternehmens und seine Anpassungsfähigkeit an neue Umfeldgegebenheiten, und
- ihre Kreativität entscheidet über den Erfolg des Unternehmens bei neuen Kundenbedürfnissen.

Ein Schlaglicht auf die Globalisierung des Wettbewerbs und die zunehmend harte Konkurrenz aus Fernost in Schlüsselbranchen zeigt: niedrigere Kosten und Preise, raschere Produktinnovation, bessere Qualität können nur mit qualifizierten und motivierten Mitarbeitern realisiert werden. Personalführung und Personalpolitik stellen deshalb einen strategischen Wettbewerbsfaktor dar.

In der Informationstechnik entwickelt sich alle zwei bis drei Jahre eine neue Produktgeneration. Das Preis-Leistungs-Verhältnis beispielsweise für die Rechnerleistung, Computer am Arbeitsplatz oder Speicherkapazität sinkt so schnell, daß die informationstechnische Industrie und ihre Märkte sich grundlegend verändern: Auf der Basis billiger Massenproduktion von Hardware verschiebt sich der Fokus der Branche auf qualitativ hochwertigen Service wie Softwareerstellung, Systemanalyse, Organisationsberatung etc.

Gleichzeitig setzt sich aufgrund des rapiden Preisverfalls die Mikroelektronik/Informationstechnik bei immer mehr Anwendern und in immer mehr Anwendungsbereichen durch.

Nach wirtschaftsstatistischen Untersuchungen nimmt in allen entwickelten Industrieländern die Anzahl derjenigen Menschen zu, die die meiste Zeit ihrer beruflichen Tätigkeit damit verbringen, Informationen zu erzeugen, zu verarbeiten, weiterzugeben, auszuwerten etc. Die Zahl der Erwerbstätigen in den übrigen Dienstleistungsberufen wächst relativ langsam, während die Zahl der »Hardware-Produzenten« in Industrie und Landwirtschaft deutlich abnimmt – infolge der Produktivitätssteigerung, die mittels Information, also mittels Wissen möglich gemacht wird.

Die sogenannten Informationsarbeiter sind die beherrschende Figur der Zeit geworden. Die qualifiziert ausgebildeten Informationsarbeiter sind die Wissensarbeiter (knowledge workers, bright collar workers) und ihr Anteil steigt kontinuierlich:
1960 machten 4 % eines Altersjahrgangs das Abitur,
1990 war es rund ein Drittel.

Märkte	**Technik**
Globalisierung	Informationstechnik
Neue Wettbewerber	Rasanter technischer
Dienstleistungsorientierter	Fortschritt
Strukturwandel	Kürzere Produktlebenszeit
Rasche Veränderung	

Mitarbeiter, Schlüssel zum Wandel
Personalführung hat strategische Support-Dimension
Neue Anforderungen verlangen
Freiräume für qualifizierte Mitarbeiter

Mitarbeiter	**Unternehmen**
Neue Einstellungen zu Arbeit und Autorität	Zukunftsvision
Höhere Qualifikation	Erfolgsfaktoren
Knappheit benötigter Qualifikationen	Service und Qualität
	Kundenorientierung
	Response-Zeit

Neues Unternehmensumfeld

Muß Arbeit Spaß machen?

Der neue Typ Mitarbeiter zeichnet sich durch andere Einstellungen und Werthaltungen als seine Vorgänger aus. Statt *preußischer Tugenden* oder *Pflichtethik* dominiert heute die *Akzeptanzethik*. Geld ist nicht mehr alleiniger und ausreichender Motivationsfaktor: Arbeit muß (auch) Spaß machen! Insbesondere der Führungskräfte-Nachwuchs setzt Geld nicht an die erste Stelle seiner Anforderungen an ein Unternehmen (gute Bezahlung ist für ihn selbstverständlicher Hygienefaktor). Er wird vor allem angesprochen durch interessante Tätigkeiten, Entscheidungsspielraum, Verantwortungsübernahme und Aufstiegschancen. Die *Wissensarbeiter* sind als Fach- und Führungskräfte der Kern leistungsfähiger Teams und Unternehmen. Sie müssen anders geführt, organisiert und motiviert werden als die *hired hands* früherer Jahrzehnte.

Qualifizierte Mitarbeiter in rasch veränderlichen Arbeitssituationen und mit komplexen Arbeitsaufgaben können nicht auf die frühere Art kontrolliert werden. Schon der direkte Vorgesetzte ist häufig mit der fachlichen Beurteilung ihrer Arbeit überfordert. Auf gegenseitiger Vertrauensbasis müssen sie deshalb so geführt werden, daß sie von sich aus tun, was die Kunden und das eigene Unternehmen brauchen – ausgerichtet an Visionen, Perspektiven, Vorbildern und Werten.

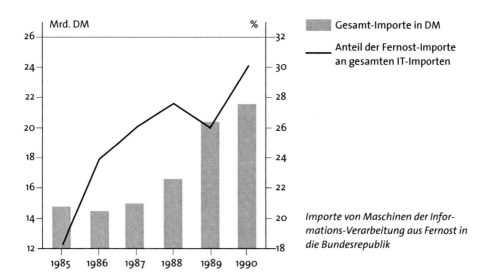

Importe von Maschinen der Informations-Verarbeitung aus Fernost in die Bundesrepublik

Die moderne Unternehmensorganisation muß sich an den veränderten Anforderungen des Unternehmensumfeldes und der Mitarbeiter orientieren. Erforderlich sind insbesondere die Flexibilität der Strukturen, schneller Informationsfluß sowie die Delegation von Verantwortung und Entscheidungsspielraum an die Arbeitsebene. Dies verlangt eine flache Struktur mit großen Berichtsspannen, Dezentralisierung mit Zuweisung von Gewinnverantwortung, einfache und klare Geschäftsabläufe sowie Kommunikation im Netzwerk und entlang der Geschäftsprozesse.

Selbständigen und qualifizierten Mitarbeitern darf und braucht man nicht jedes Detail ihrer Tätigkeit vorzuschreiben. Wichtig aber ist, daß sie sich sowohl an unternehmensstrategischen als auch operationalen Zielen orientieren können. Ein Klima offener Information sowie die Unterrichtung über Geschäftszusammenhänge und Geschäftslage sind Voraussetzung für die Urteilsfähigkeit, in ständig neuen Situationen jeweils das Richtige zu tun.

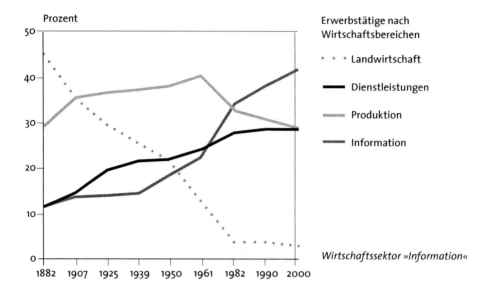

Die gewünschte Identifikation der Mitarbeiter mit den Zielen des Unternehmens beziehungsweise ihrer Unternehmenseinheit kann nur dann gelingen, wenn die Mitarbeiter auch in die Entscheidungsabläufe einbezogen werden und ihnen Freiräume zu unternehmerischem Verhalten gegeben werden. Delegation von Entscheidungsvollmacht und Verantwortung für klar definierte Aufgaben sind auch deshalb unumgänglich, da die Führung aufgrund rascher Veränderung und hoher Komplexität der Arbeitsabläufe und -inhalte ohnehin nicht in der Lage ist, die Situation im Detail zu überschauen.

Das kann jedoch nur dann funktionieren, wenn man für die Mitarbeiter die entsprechenden Voraussetzungen schafft:
···> Bereitstellung ausreichender finanzieller und zeitlicher Ressourcen
···> Ständige Weiterbildung
···> Offene Information.

Die enge Anbindung an Wettbewerb und Kunden sorgt für Selbstregulierung: Die Mitarbeiter lernen durch Erfolg und Mißerfolg und steuern dementsprechend ihr Handeln, anstatt auf Anweisungen zu warten.

Mitarbeitereinbeziehung

Die Mitarbeitereinbeziehung muß sowohl in formaler Hinsicht als auch im Bereich des Führungsverhaltens stattfinden. Formale Aspekte werten den Status der Nichtmanager auf, Aspekte des Führungsverhaltens machen die eigentlichen Inhalte der Mitarbeiter-Einbeziehung aus.

Um im Unternehmen den benötigten Wandel im Führungsverhalten zu erreichen, ist es nötig, einen Aktionsplan zu definieren. Schwergewichtig beinhaltet dieser die Kommunikation und Vermittlung der neuen Philosophie zu ihrer Akzeptanz bei Führungskräften und Mitarbeitern.

Die erweiterten Freiheitsgrade der Mitarbeiter beziehen sich nicht nur auf den eigenen individuellen Arbeitsplatz, sondern, als »Moleküle der neuen Organisation«, auch auf die Selbststeuerung von Arbeitsgruppen oder -teams – ob in der Fabrik, in der Verwaltung oder im Vertrieb.

Im Rahmen gegebener Ziele wird durch die Selbststeuerung die Reduktion von Komplexität erreicht und mittels der Team- bzw. Gruppenstruktur anstelle von Abteilungen die Flexibilität der Organisation erhalten. Natürlich aber benötigt die Entwicklung eines weitreichenden Selbststeuerungssystems Zeit und kontinuierliche Betreuung.

Kontinuierliche Mitarbeiterförderung ist von höchster Bedeutung angesichts des schnellen Wandels des Unternehmensumfelds und der Einbeziehung der Mitarbeiter in die Unternehmensziele. Die Möglichkeiten der Förderung sind

Muß Arbeit Spaß machen?
Was die Arbeitnehmer zu mehr Leistung motiviert.

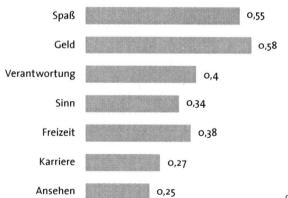

Spaß	0,55
Geld	0,58
Verantwortung	0,4
Sinn	0,34
Freizeit	0,38
Karriere	0,27
Ansehen	0,25

Quelle: BAT Freizeit-Forschungsinstitut 1988

vielfältig und die konkrete Auswahl der Förderinstrumente muß in jedem individuellen Fall mitarbeiterspezifisch getroffen werden. Sicherzustellen ist aber, daß ein unternehmensweites Management der systematischen Mitarbeiterweiterbildung und -förderung aufgebaut und gepflegt wird.

Flexible Reaktion des Unternehmens, schneller Informationsfluß und selbständiges Handeln der Mitarbeiter vertragen sich nicht mit tief gestaffelten Hierarchien. Flachere Hierarchien bieten jedoch weniger Managementpositionen und damit weniger Aufstiegsmöglichkeiten im herkömmlichen Sinne.

Zwei weitere Laufbahnstrukturen sind daher von großer Wichtigkeit: Die Projektlaufbahn bedeutet die wiederholte Übernahme von zeitlich befristeten Projektaufgaben. Die Fachlaufbahn bietet auch Experten die Möglichkeit stetiger Karriereschritte, die mit höherem Status und besserer Bezahlung verbunden sind.

Die typische Karriere in einer solchen Organisation wird – in akzeptierter Selbstverständlichkeit – zwischen den Laufbahnen wechseln, zwischen der Personalverantwortung und der Fachverantwortung. Aufstieg bedeutet, interessantere Aufgaben und größere Erfolgsprämien zu bekommen und höheres Ansehen zu genießen – weil man für das Unternehmen und die Kunden entsprechend viel an Value-added beigetragen hat.

Das Vergütungssystem muß mehr denn je erfolgsorientiert gestaltet werden. Auf ein Grundgehalt, das der Schwierigkeit und Wertigkeit der ausgeübten Tätigkeit entspricht, setzen Prämien auf, die sich an der Leistung orientieren. Dabei muß auch der Tatsache Rechnung getragen werden, daß das Ergebnis eines gut funktionierenden Teams sowohl vom Team insgesamt als auch vom individuellen Beitrag des einzelnen bewirkt wird.

Ein derartiges Vergütungssystem entspricht dem Charakter unternehmerischen Verhaltens – dem Abwägen von Chance und Risiko, dem Tragen von Erfolg und Mißerfolg.

Beitrag abgedruckt in: *Personal*, 01/1992, S. 18–20.

»Die Männer halten die Tür zu«

Frauen haben exzellente Examensnoten, jede Menge guter Ideen – und trotzdem im Berufsleben oft das Nachsehen. Woran liegt das? Wir fragten die Soziologin Doris Hartmann, Leiterin vieler BRIGITTE-Berufsseminare, und Dr. Ihno Schneevoigt, Personalvorstand und Arbeitsdirektor bei der Allianz-Versicherung.

Brigitte *Die Frauen starten durch – die Männer bekommen es mit der Angst, jubeln die einen. Die anderen klagen: Kaum geht es der Wirtschaft schlecht, werden die Frauen zurück an den Herd geschickt. Wie beurteilen Sie die Situation?*

Doris Hartmann Die Qualifikation der Frauen wächst, ganz klar. Noch vor 20, 30 Jahren hat man als junge Frau eigentlich auf Familie gesetzt, und wenn man im Beruf bleiben mußte, dann hatte man leider »keinen abgekriegt«. Heute verlassen sich die Frauen nicht mehr auf den Mann als Versorger, sondern kümmern sich um das zweite Standbein, um den Beruf. Sie investieren wahnsinnig viel in ihre Aus- und Weiterbildung.

Ihno Schneevoigt Das sehe ich auch so, und die Rezession trifft im Augenblick vor allem jene Frauen, die nicht so gut ausgebildet sind. Zum ersten Mal aber, und das ist der Unterschied zu früher, gilt das für die Männer genauso. Hochqualifizierte Frauen dagegen kommen betrieblich voran. Langsam, aber sicher.

Brigitte *Was heißt das?*

Schneevoigt Mal ganz konkrete Zahlen aus unserem eigenen Hause: Bei den Akademikern, die wir beschäftigen, beträgt der Anteil der Frauen fast 25 %, bei den Führungskräften inzwischen 15,7 %. Darunter sind drei Abteilungsdirektorinnen. Ganz hervorragend tüchtige Frauen. Die haben eine Männerschar hinter sich und sind von allen anerkannt. Wer positive Erfahrungen gemacht hat, treibt das Thema auch voran. So haben wir im vergangenen Sommer bei der Allianz eine Betriebsvereinbarung zum Thema Chancengleichheit verabschiedet. Wir sind dafür, daß Frauen, die sich voll für eine berufliche Laufbahn entscheiden, ebenso gefördert werden wie die Männer.

Brigitte *Aber stehen wir Frauen uns bei der Karriere nicht manchmal auch selbst im Weg? Mit unserer Bescheidenheit, die uns daran hindert, auf uns aufmerk-*

sam zu machen, und mit unseren Selbstzweifeln: Ist die Aufgabe nicht doch eine Nummer zu groß für mich?

Hartmann Ich glaube, es steckt etwas ganz anderes dahinter. Die meisten Frauen nennen als Gründe für ihre Entscheidung, berufstätig zu sein, Kontakte haben, Geld verdienen, unabhängig sein. Aber solche Motive liegen außerhalb der Interessen der Firma, und die reichen nicht, wenn ich vorankommen will. Ich muß ein Ziel im Auge haben, das dem Unternehmen dient. Das heißt zum Beispiel: Es muß mir ein Anliegen sein, daß möglichst alle den Kaffee trinken, den wir verkaufen, oder daß möglichst alle bei unserer Gesellschaft versichert sind. Und dieses Bündnis mit dem Unternehmen, das ist vielen Frauen fremd.

Schneevoigt Vielleicht überrascht Sie das, Frau Hartmann: Auch neun von zehn Männern wissen nicht, was sie im Sinne des Unternehmens bewegen wollen.

Hartmann Das weiß ich wohl. Ich gehöre ja nicht zu denen, die meinen, Frauen seien irgendwie behindert und müßten noch Nachhilfestunden haben. Es gibt ja erfreulicherweise schon viele, die beweisen, daß sie was vom Geschäft verstehen. Nehmen Sie nur die Chefinnen kleinerer Unternehmen, wo das hervorragend läuft. Meiner Erfahrung nach haben es Frauen vor allem in großen Organisationen noch schwer, nach oben zu kommen. Haben Sie eigentlich schon beobachtet, daß manche Dinge anders laufen bei den wenigen Frauen, die es geschafft haben?

Schneevoigt Selbst auf die Gefahr hin, daß Kolleginnen dies lesen und mir widersprechen: Diese These von den sogenannten frauentypischen Eigenschaften – Kommunikation, Einfühlungsvermögen, Balance – können Sie alles vergessen. Je größer die Organisationen, desto genauer die Vorgaben für jeden einzelnen Mitarbeiter – auch für die Vorgesetzten. Und wenn die Frauen in solche Positionen kommen, verhalten sie sich auch nach diesen allgemein herrschenden Regeln ...

Brigitte ... *die von Männern entwickelt wurden.*

Schneevoigt In der Tat, aber ich wage zu bezweifeln, daß sich ein Betrieb anders entwickelt, der mehrheitlich von Frauen geführt wird. An den Grundprinzipien unserer Wirtschaft können nämlich auch sie nichts ändern: Eine Unternehmung muß Gewinne machen. Das bedeutet Kundenorientierung, Konkurrenzdruck und Wettbewerb – auch im eigenen Hause. Und da heißt es wiederum: sich durchsetzen, andere überholen.

Hartmann Doch genau mit diesen Spielregeln der Macht haben Frauen Mühe. Sie bringen ein großes Fachwissen mit, stellen im Unternehmen aber plötzlich fest: Es geht nicht nur um die Sache, es geht auch um handfeste persönliche Interessen, um Beziehungen, um Strategien – wann und wo und wem sage ich welche Worte lieber nicht. Viele Frauen lehnen das als »typisch männlich« ab. Gute Verbindungen herstellen, das bedeutet für sie nur: Ich biedere mich an. Die Frauen stehen einfach nicht Schlange nach den entscheidenden Jobs. Deshalb glaube ich nicht, was oft gesagt wird: Die Männer haben quasi die Tür zugehalten ...

Schneevoigt Doch, Frau Hartmann, die Männer halten die Tür zu. Wir haben eine Frau eingestellt, in einer Funktion, in der bislang nie eine Frau gearbeitet hat. Sie schlägt hervorragend ein, ihr Vorgesetzter möchte sie in der Hierarchie weiter nach oben bringen, sich auf sie stützen. Und dann: Familie, Teilzeit, ausgeschieden. Was sagt der zu mir, der Mann? Nie wieder eine Frau ...

Brigitte *Das ist ja leider kein Einzelfall. Selbst Männer, die solche Erfahrungen noch nicht gemacht haben, setzen bei jeder Frau voraus, daß sie mal ein Kind bekommt und aussteigt. Wieso eigentlich?*

Schneevoigt Tun ja nicht alle von vornherein. Nehmen Sie die jüngeren männlichen Führungskräfte, die Ende 20- bis 30jährigen. Das ist eine Generation, die ist viel gleichberechtigter erzogen. Aber die werden genauso auf das Problem aufmerksam, wenn sie auf eine Frau setzen, die dann ausfällt. Da müssen die sich nämlich gegenüber ihren Vorgesetzten rechtfertigen, verstehen Sie? Das ist das restaurative Element, so was stellt die alten Verhältnisse schnell wieder her.

Hartmann Für mich ist der entscheidende Punkt: Frauen kommen mit ihrem Lebenskonzept Familie – Beruf nicht klar. Zunächst schieben sie die Kinderfrage auf die berühmte Wartebank – mal sehen, wie es sich so ergibt – und kriegen dann zwischen 30 und 40 den totalen Streß. In diesem Alter könnte eine Ingenieurin beispielsweise Gruppenleiterin und vielleicht noch Abteilungsleiterin werden, aber die biologische Uhr tickt. Also Beruf? Familie? Oder beides? Ich gebe zu, im Gegensatz zu den Männern haben es Frauen schwer: Wofür sie sich auch entscheiden – alles, was sie machen, machen sie auf jeden Fall falsch.

Brigitte *Würde es denn für die Frau etwas bringen, wenn sie dem Unternehmen ein klares Lebenskonzept präsentiert?*

Schneevoigt Theoretisch könnte sich ein Unternehmen natürlich darauf einstellen, wenn eine Frau sagt: In zwei Jahren heirate ich, in vier Jahren bekomme ich ein Kind, danach möchte ich zwei Freijahre, und dann steige ich bitte an der gleichen Stelle wieder ein. Aber daß alles genau so kommt, ist doch – realistisch gesehen – sehr, sehr unwahrscheinlich ...

Brigitte *... auch weil immer noch viele Frauen nach der Babypause eben nicht wieder einsteigen.*

Hartmann Ganz provokativ gefragt: Sagen Sie als Personalchef vielleicht schon: Ganz gut, wenn die Hälfte der Frauen zu Hause bleibt – der Rationalisierungsschub erreicht jetzt auch die Büros, und da helfen uns Frauen, die sich für die Familie entscheiden?

Schneevoigt Ich würde sogar noch weitergehen: Ich und viele meiner Kollegen unterdrücken sogar heute noch unsere Frauen.

Brigitte *In welcher Beziehung?*

Schneevoigt Weil wir sie zu Hilfsarbeitern für unsere Karriere machen.

Hartmann Da bin ich anderer Auffassung. Wenn die Frau den Job zu Hause gut macht und wenn das Arrangement klar ist ...

Schneevoigt Ja, aber genau das ist das Problem. Unsere beiden Töchter, die noch zur Schule gehen, machen sich über dieses Arrangement absolut lustig. Mit denen ist eine solche traditionelle Aufgabenteilung nicht mehr möglich. Ich bin gespannt, wie das in Zukunft laufen soll. Meine These: Der Erfolg der Frauen im Beruf ist oft ein Familienkiller.

Hartmann Ganz so einseitig sehe ich das nicht. Erfolg bedeutet für viele Frauen nicht unbedingt, Karriere zu machen. Ihnen kommt es darauf an, etwas Sinnvolles zu tun. Und da müssen sie sich allerdings fragen: Will ich das langfristig überhaupt im Beruf verwirklichen? Oder will ich mich für den Bereich Familie stark machen?

Brigitte *Und was bedeutet für Sie Erfolg, ganz persönlich?*

Hartmann Genau das: mich stark zu machen, ein Anliegen zu haben. Ich möchte zum Beispiel wissen, inwieweit Menschen in der Lage sind, selbstverantwortlich durchs Leben zu gehen, und ich möchte denen eine Hilfe anbieten, die das bisher nicht mutig genug getan haben. Deshalb berate ich ja gerade Frauen – zum Beispiel in den *BRIGITTE*-Berufsseminaren. Und Erfolg heißt für mich natürlich auch: Leute zu finden, die für dieses Angebot Geld ausgeben.

Schneevoigt Ganz bescheiden würde ich sagen: Es ist befriedigend für mich, eine Mehrheit hinter einen Vorschlag zu bekommen, mit Menschen zu arbeiten, die motiviert und fröhlich sind, und – zugegeben – in dem Sektor, in dem ich tätig bin, der Erste zu sein. Soweit die Dinge, die mit Gefühlen zu tun haben. Von der beruflichen Seite her ist es für mich das wichtigste Erfolgserlebnis, einen Beitrag zur Beschäftigungssicherung zu leisten.

Brigitte *Wie weit reicht da der Einfluß des Personalchefs?*

Schneevoigt Im Prinzip genauso weit wie der der anderen Kollegen im Vorstand. Es dreht sich bei allen um das Ziel, daß ihre Gesellschaft wirtschaftlich arbeitet. Nur dann sind die Positionen, die noch übrigbleiben, wirklich sicher. Dazu muß auch die Personalpolitik ihren Beitrag leisten, indem sie Kostengrößen beeinflußt. Das geht los von den Tarifverhandlungen über die Sozialpläne ...

Brigitte *... bis hin zur Vier-Tage-Woche, wie sie jetzt bei VW eingeläutet worden ist?*

Schneevoigt Das ist ein Weg, den man wirklich überlegen sollte. Allerdings nur mit der entsprechenden Lohnverkürzung. Sonst wäre das exakt der Kostenbläher, den wir uns im Augenblick nicht leisten können. Langfristig könnte ich mir im Dienstleistungsbereich eine gänzlich andere Organisation vorstellen – auch unter dem Gesichtspunkt der Integration von Familie und Beruf. Zum Beispiel: Datenverarbeitung und moderne Informationstechnologie werden es erheblich erleichtern, häusliche Arbeitsplätze an den Betrieb anzubinden.

Brigitte *Und damit sind dann wieder die Frauen gemeint.*

Schneevoigt O nein, nein, nein. Das ist völlig geschlechtsunspezifisch. Ich gebe allerdings zu: Bei den Versuchen, die bei uns bereits laufen, machen mehr Frauen mit ...

Brigitte *... die dann zu Hause Versicherungspolicen bearbeiten ...*

Schneevoigt ... zum Beispiel, oder Schadensfälle. Wobei wir unterscheiden zwischen »außerbetrieblichen Arbeitsplätzen« – da kommen die Mitarbeiter überhaupt nicht mehr ins Büro – und »hausverbundenen Arbeitsplätzen« – da sind die Mitarbeiter in der Woche vielleicht drei Tage zu Hause und zwei Tage im Büro ...

Brigitte *... werden aber so bezahlt wie eine Vollzeitkraft?*

Schneevoigt Jetzt kommt ein wichtiger Punkt. Heute zahlen wir für Arbeitszeit und Leistung. Bei einem außerbetrieblichen Arbeitsplatz spielt der Zeitfaktor eine geringere Rolle, da zählt vor allem die Leistung.

Brigitte *Dann würde eine Frau zum Beispiel für die Bearbeitung von 100 Policen bezahlt, egal, wie lange sie daran sitzt?*

Schneevoigt Sie fragen mich Dinge, die wir in 15 Jahren klären wollen. Noch haben wir Tarifverträge, die auf dem Zeitlohn aufbauen.

Brigitte *Sie haben vorhin betont, wie wichtig Qualifikation ist. Wird sie in Zukunft noch mehr Bedeutung haben?*

Hartmann Ja – vorausgesetzt, Frauen lernen auch, ihre Fähigkeiten ins rechte Licht zu rücken.

Schneevoigt Unbedingt. Wir leben in einem Hochlohnland, und Mengenarbeitsplätze werden wohl auch weiterhin in Länder mit billigeren Arbeitskräften abwandern. Bei uns werden vor allem Leute für anspruchsvolle Tätigkeiten mit ständig steigenden Anforderungen gefragt sein. Ganz klar und deutlich gesagt: Die Frauen haben eine Chance, wenn sie gut ausgebildet und flexibel sind.

Interview abgedruckt in: *BRIGITTE*, 02/1994.

1994

Veränderungsbereitschaft

In Zeiten, in denen ein Unternehmen stärker gefordert ist, kommt es ganz besonders darauf an, motivierte Mitarbeiter zu haben. Umgekehrt ist es in solchen Zeiten besonders schwer, Mitarbeiter zu motivieren. Dieser Spagat ist eine Bewährungsprobe, die uns alle angeht.

Denn auch bei der Allianz werden die Zeiten härter. Im Vergleich zu vielen anderen Wirtschaftszweigen in Deutschland mag es uns zwar noch relativ gutgehen, doch besteht kein Zweifel daran, daß wir vor Veränderungen stehen, die im betrieblichen Alltag und für jeden von uns zu spüren sein werden.

Im Europäischen Binnenmarkt wird der Wettbewerb für die Versicherungswirtschaft schärfer sein als je zuvor, und der Druck auf die Margen wird erheblich zunehmen. Unternehmen, die in einem wirklich freien Markt bestehen wollen, müssen auch in ihren operativen Fähigkeiten Spitze sein, müssen jeden Tag unter Beweis stellen, wie gut das Tagesgeschäft ausgeführt und koordiniert wird. Sie müssen schnell sein, denn Schnelligkeit wird zu einem der ausschlaggebenden Faktoren, um Wettbewerbsvorteile zu erzielen. Und sie müssen eine wettbewerbsfähige Kostenstruktur haben.

Die Allianz muß sich diesen Herausforderungen stellen. Wir tun dies, indem wir unsere wichtigsten Abläufe und Prozesse – Beispiel IGP-Projekt – überarbeiten, um die Voraussetzungen für mehr Kundenorientierung, für eine flexible und differenzierte Produktgestaltung, für schlanke und schnelle Abläufe und damit eine kostengünstige Vertrags- und Schadenbearbeitung zu schaffen. Natürlich läßt sich das alles nicht über Nacht realisieren, doch wird mit Hochdruck daran gearbeitet.

Ein so tiefgreifender Veränderungsprozeß kann für viele von uns – Mitarbeiter wie Führungskräfte – bedeuten, die eigene Rolle neu definieren zu müssen. Denn künftig sollen ganze Arbeitsabläufe mehr als bisher von einzelnen oder im Team kompetent und verantwortlich erledigt werden. Darin liegt aber auch die große Chance, daß Arbeit verstärkt zur Herausforderung wird und mehr Spaß macht.

Es hilft nicht zu hoffen, allein durch Warten werde sich schon alles wieder bessern. Wir müssen uns im Wettbewerb behaupten, wenn wir unser Wachstum langfristig sichern wollen. Was wir jetzt brauchen, ist die aktive Mitarbeit jedes einzelnen, ist Ihre Bereitschaft, die dafür unausweichlichen Veränderungen mitzugestalten und mitzutragen. Nur durch Ihre Mitwirkung läßt sich letztlich auch die Unsicherheit vermeiden, die in einer solchen Umbruchphase nur allzu verständlich ist.

Zudem werden damit personalpolitische Konsequenzen einhergehen. Auch bei der Allianz kann es keine absolute Sicherheitsgarantie für einen Arbeitsplatz geben. Wenn wir Geschäftsabläufe vereinfachen und verkürzen, dann wird das mittelfristig zwangsläufig zur Einsparung von Arbeitsplätzen führen. Soweit wie möglich werden wir interne Alternativen und entsprechende Umqualifizierungen anbieten, wir werden aber auch die Fluktuation nutzen und uns bemühen, soziale Härten abzufedern.

Wenn wir möglichst viele Arbeitsplätze für unsere gutausgebildeten Mitarbeiterinnen und Mitarbeiter erhalten wollen, müssen wir aber zusätzlich an anderer Stelle den Kostenanstieg bremsen. Wir haben derzeit, das werden vermutlich nur wenige von Ihnen wissen, über fünfzig verschiedene – historisch gewachsene – soziale Leistungen. Hier werden wir Prioritäten setzen müssen, indem wir »alte Zöpfe« oder nur wenigen zukommende Leistungen einschränken oder umschichten.

Obendrein werden wir uns alle auch bei unserem Einkommen auf bescheidenere Jahre einrichten müssen. Inflation, steigende Sozialabgaben sowie staatliche Maßnahmen zur Finanzierung der deutschen Einheit (Solidarbeitrag beziehungsweise Ergänzungsabgabe) werden die Nettoeinkommen weiter belasten, und dieses Defizit können wir nicht durch Lohn- und Gehaltserhöhungen ausgleichen. Gleichwohl werden wir selbstverständlich auch weiterhin überdurchschnittliche Leistungen angemessen honorieren.

Daß wir Sie schon zu so einem frühen Zeitpunkt informieren, wo viele Dinge noch überlegt und beraten werden müssen, soll Sie sicherer werden lassen. Nur wenn man eine Situation kennt, kann man sich darauf einstellen. Und nur dann kann man auch versuchen, sie zu beeinflussen. Es nützt nichts, um den heißen Brei herumzureden. Je mehr Verständnis wir für diese Maßnahmen wecken und je mehr wir alle bereit sind, uns gemeinsam auch in schwierigen Zeiten zu verändern und neue Ziele anzustreben, desto besser sind unsere Perspektiven. Es lohnt sich, daß wir uns dafür anstrengen. Wenn wir jetzt richtig handeln, dann – da bin ich ganz sicher – sind wir dasjenige unter den Versicherungsunternehmen, das am besten für die Zukunft gerüstet ist.

Abgedruckt in: *Allianz-Journal*, 03/1994.

Der neue Ansatz für den Mitarbeiter

Für Insider ist es schon lange kein Geheimnis mehr, aber es wird selten so klar ausgesprochen wie von Ihno Schneevoigt:

»Wir können heute mit Sicherheit vorhersagen, daß das Nettoeinkommen der Mitarbeiter in der Bundesrepublik in künftigen Jahren aller Voraussicht nach sinken wird.« Der erfahrene Personalmanager bezeichnet seine Prognose neben der Arbeitslosigkeit als den härtesten Einschnitt, den es im Lauf seiner ganzen Berufstätigkeit in der Arbeitswelt gegeben hat. Er hält es deshalb für eine vorrangige Aufgabe der Unternehmensführungen, für ihre Belegschaften Zukunftsperspektiven aufzuzeigen, um den gegenwärtigen Stimmungstiefs entgegenzuwirken.

Die Unternehmen setzen heute auf Kostenminimierung. Nach und nach aber brechen sich auch Überlegungen Bahn, die andere Wege zum gleichen Ziel weisen wollen, gelegentlich sogar einige, die in früheren Zeiten von manchem potenten Hause frühzeitig verworfen wurden. Der Trend lautet: Flexibilisierung.

Arbeitszeitgestaltung

In der Allianz existiert dementsprechend ein Arbeitszeitplan, der nach Schneevoigt vor allem drei Gesichtspunkte der Arbeitszeitgestaltung berücksichtigt: bessere Betriebszeit, bessere Kundenverfügbarkeit und bessere Motivation der Mitarbeiter. Sie werden zunächst testweise in einzelnen Bereichen realisiert und basieren auf Bedingungen und Möglichkeiten von Gruppenarbeit. Unter Leitung ihrer Führungskräfte und bei Mitwirkungsmöglichkeiten für alle beteiligten Mitarbeiter wird gemeinsam vereinbart, wie der jeweilige Arbeitsanfall optimal organisiert werden kann. Dafür steht ein breiter Zeitrahmen von 6.45 bis 18.30 Uhr für einen variablen Mitarbeitereinsatz zur Verfügung. Ein Zeitraum, in dem andererseits in den entsprechenden Abteilungen auch Kundenkontakt und Kundenverfügbarkeit gewährleistet sein müssen.

Um dieses Modell für die Mitarbeiter wie für das Unternehmen noch interessanter gestalten und noch mehr Flexibilisierungsmöglichkeiten bieten zu können, verhandelt der Arbeitgeberverband der Versicherungswirtschaft mit ihren zuständigen Gewerkschaften HBV und DAG über eine Ausweitungsmöglichkeit der Stundeneinsätze, um zwischen 20 Teilzeit- und 45 Vollzeit-Wochenstunden Variationsmöglichkeiten anbieten zu können, die dann dem geltenden Tarifrahmen in einem noch zu bestimmenden Zeitraum entsprechen müssen.

»Beide Gewerkschaften haben aber noch immer Sorge, daß eine Verlängerung der Arbeitszeit ein weiterer Beitrag zum Abbau von Arbeitsplätzen sein könnte«, erläutert Schneevoigt den gewerkschaftlichen Standpunkt.

Mittleres Management

Er weiß sehr wohl, daß der Erfolg von Pionierleistungen im Arbeits- und Personalbereich ganz entscheidend von Reaktion und Fähigkeiten des mittleren Managements abhängt. Deshalb widmet er sich auch heute in besonderem Maße der klassischen Führungskräfte-Entwicklung. Sein Grundsatz: »Wenn wir mehr Empowerment haben wollen, dann bedeutet das für Führungskräfte, daß sie motivieren müssen.« Eine Voraussetzung, die auch keineswegs allein auf das Middle Management konzentriert bleibt. Deshalb bereitet die Allianz auch für die etwa 130 Spitzenmanager des Hauses in München und Stuttgart einen Intensiv-Workshop vor. Seine Ergebnisse sollen auch für die 900 Leitenden Angestellten spürbar werden, ebenso wie später für die 5.300 Mitarbeiter der Allianz Leben und die 21.000 Mitarbeiter der Allianz Versicherungs-AG.

Sozialleistungen überprüfen

Außerdem gilt für die neuen Ansätze der Mitarbeiterführung in allen deutschen Unternehmungen, daß auch manche Sozialleistungen zur Disposition stehen. Zwar hat Ihno Schneevoigt seine internationalen Erfahrungen mit Mitarbeiterbefragungen im Allianz-Rahmen nicht zu Rate gezogen, aber er glaubt, hinsichtlich der Sozialleistungen auch ohne sie zu wissen, daß es schwierig ist, lieb gewordene Gewohnheiten zu verändern und sich neuen Anforderungen anzupassen.

Zunächst galt es auch bei Allianz, dem oft zitierten Lean Management zu entsprechen. Schneevoigt »Wir haben heute zwischen Vorstand und Mitarbeiter im Prinzip maximal nur noch drei Führungsebenen.« Dabei war der heutige Personalvorstand der Allianz einer der ersten, der erkannt hatte, daß sich daraus zwangsläufig auch eine Verringerung von Karrierechancen ergeben muß.

Führungsverantwortung für Sachverhalte

Deshalb überlegt er, ob anstelle der Vielzahl von Führungsaufgaben in der Vergangenheit in Zukunft eine Art Führungsverantwortung für Sachverhalte eingeführt werden sollte. Dann wäre die Zahl der zu betreuenden Mitarbeiter nicht mehr das entscheidende Karrierekriterium. Auch die Bewertung von Sachverhalten würde stärker ins Gewicht fallen. Aber »man muß ein System haben, daß Führungslaufbahn und Fachlaufbahn vergleichbar macht, und das ist in Dienstleistungsinstitutionen nicht ganz so einfach«.

Andere Strukturen, neue Anforderungen, wachsende Flexibilisierung setzen allerdings voraus, daß sie erläutert werden. Schneevoigt sieht darin eine der entscheidensten Personalaufgaben der Gegenwart überhaupt und betont: »Kommunikation mit dem Ziel des gegenseitigen Verständnisses wird zur Voraussetzung für zukunftsweisende Veränderungen.«

Gespräch mit Rosemarie Fiedler-Winter.

Beitrag abgedruckt in: *Personal*, 04/1994, S. 178–179.

Personalauswahl [3]

Einleitung

Personalauswahl ist eine klassische Personalentscheidung. Sie wird jedes Jahr in Unternehmen und Organisationen vielfach getroffen, auch in wirtschaftlich schwierigen Zeiten. Es werden dann wahrscheinlich weniger externe Bewerber ausgewählt und eingestellt, jede dieser Entscheidungen hat dann aber ein besonderes Gewicht. Die internen Auswahlbemühungen gehen auch in solchen Zeiten weiter. Letztere haben zwei Zielrichtungen: Erstens unter den Mitarbeitern jene herauszufinden, denen das Potential für höher qualifizierte Funktionen zugeschrieben wird und die daher systematisch gefördert werden sollen und zweitens aus mehreren potentiellen Kandidaten für eine anstehende Stellenbesetzung auszuwählen. Personalauswahl ist damit ein Teil des

---

[3] In Zusammenarbeit mit Peter Jung.

Bemühens von Unternehmen, jederzeit genügend qualifizierte Mitarbeiter für künftig zu besetzende Stellen zur Verfügung zu haben und diese bei Stellenbesetzungen zu berücksichtigen. Damit wirkt sich Personalauswahl in jedem Falle auf das wirtschaftliches Wohlergehen eines Unternehmens aus. Die Güte der Auswahlergebnisse hängt wesentlich von den Grundlagen und der Art des Personalauswahlprozesses ab.

Der Einstellungs- und Entwicklungsprozeß

Das Auswahlverfahren selbst ist Teil des Einstellungs- und Entwicklungsprozesses, der aus den Abschnitten Einstellung, Entwicklung und Karriere besteht (vgl. Schneevoigt, 1988). Die wichtigsten Schritte des Einstellungs- und Entwicklungsprozesses sind in der folgenden Abbildung *Einstellungs- und Entwicklungsprozeß* dargestellt: Danach muß jedes Unternehmen fortlaufend analysieren, welche Qualifikationen und welche Potentiale es künftig auf Grund der langfristigen Unternehmensplanung brauchen wird und ob sichergestellt werden kann, daß diese Potentiale zum richtigen Zeitpunkt verfügbar sind (durch Einstellungen neuer oder Entwicklung eigener Mitarbeiter). Parallel dazu muß es beobachten, ob auf dem Markt genügend Interessenten mit diesen Qualifikationen vorhanden sind. Wenn ja, ist abzuklären, ob das eigene Unternehmen bekannt und für diese Personen als potentieller Arbeitgeber auch attraktiv genug ist. Erst wenn diese Vorbedingung erfüllt ist, ist zu erwarten, daß sich unter den Bewerbern auch solche mit Qualifikationen und Potential befinden, die das Unternehmen für die Zukunft sucht. Dann erst hat der folgende Auswahlprozeß die Chance, *geeignete* Bewerber zu identifizieren. Im Anschluß daran geht es darum, den neuen Mitarbeiter so schnell und so gut wie möglich zu integrieren und auf Sicht auch zu fordern und zu fördern. Nur wenn Einstellung wie Entwicklung und Förderung »geeigneter« Bewerber bzw. Mitarbeiter gelingt, hat das Unternehmen die Chance, die jeweils richtige Zahl »geeigneter« Mitarbeiter für zu besetzende Stellen zu haben.

Dieser Einstellungs- und Entwicklungsprozeß entscheidet letztlich darüber, ob ein Unternehmen die »richtigen« Mitarbeiter durch die Auswahlprozeduren an die optimalen Positionen bringt, so daß sie unternehmerisch/betrieblich erfolgreich sein können. Die Vorstufen des Einstellungsprozesses, d. h. Definition des Qualifikationsbedarfs, Attraktivität des Unternehmens/Betriebes am Arbeitsmarkt und qualifizierte Anwerbungsmethodik, bestimmen die Zusammensetzung der Bewerberstichprobe. Die Ergebnisse der Bewerber-

Management der Prozesse –
Einstellung und Entwicklung

auswahl werden wesentlich beeinflußt durch die Zusammensetzung der Stichprobe: Je größer die Zahl potentiell geeigneter Kandidaten in der Stichprobe, desto wahrscheinlicher wird die zutreffende Auswahl. Im Rahmen des Auswahlverfahrens geht es darum, mit angemessenen Methoden diese »geeigneten« Bewerber aus der gesamten Gruppe der Bewerber herauszufinden. Dabei sind die Vorhersagegüte und der Erfolg der verschiedenen Auswahlmethoden auch abhängig von diesem Gesamtprozeß (vgl. z. B. Schuler, 1991, S. 103–107). Vereinfacht kann man sagen, je weiter die Vorhersage in die Zukunft reichen soll und je größer die Streubreite ist (z. B. für eine bestimmte Stellenart vs. für allgemeine Führungsfähigkeiten), desto schwieriger ist eine Prognose. Solche Fälle erfordern meist komplexere Methoden (z. B. bei der Trainee-Auswahl häufig Assessment-Center zusammen mit Interviews oder Tests), oder es werden Methoden miteinander kombiniert. Auswahlprozesse können also Vorhersagen nur innerhalb von Wahrscheinlichkeitsgraden liefern. Es ist dabei zu beachten, daß die Konsistenz, Zuverlässigkeit und Gültigkeit von Erfolgskriterien in der betrieblichen Umgebung ungenau sind. Letztlich sind diese Einschränkungen ein Trost für die abgelehnten Bewerber, weil die Chancen für jeden Folgeprozeß praktisch gleichbleiben.

Grundlagen des Auswahlprozesses

Sicherlich legt ein Unternehmen im Rahmen eines Auswahlprozesses sein Hauptaugenmerk eher auf die zu erwartende Leistung, der Bewerber eher auf die Befriedigung seiner Bedürfnisse und Interessen. Keine der Seiten wird aber wohl die Aspekte der Gegenseite ganz vernachlässigen, dann wäre die Gefahr des Mißerfolges sehr groß. Im Grunde versuchen sie, ein gemeinsames Ziel zu erreichen: die gegenseitigen Interessen möglichst gut zur Deckung zu bringen, um damit langfristig erfolgreich zu sein. Schon durch die unterschiedlich Akzentsetzung im Prozeß wird deutlich, daß »Erfolg« für jede der Seiten etwas anderes bedeutet.

Für Unternehmen ist ein solcher Auswahlprozeß dann erfolgreich, wenn entweder Mitarbeiter mit Entwicklungspotential und -willen für qualifiziertere Aufgaben gefunden wurden, oder wenn eine Stelle mit einem Kandidaten besetzt werden konnte, der diese motiviert ausfüllt und die erwarteten Leistungen erbringt, und dies auf Dauer. Dann trägt er zum mittel- und langfristigen Erreichen der Unternehmensziele bei. Demgegenüber erlebt ein Mitarbeiter oder Bewerber einen solchen Auswahlprozeß für sich wohl als erfolgreich, wenn er die neue Stelle gewollt hatte, weil er sie reizvoll und herausfordernd findet und glaubt, darin die eigenen Fähigkeiten und Fertigkeiten einsetzen und Leistungen erzielen zu können, die auch die Anerkennung von Vorgesetzten und Kollegen finden werden. Das sind für ihn Voraussetzungen, sich weiterzuentwickeln und zu verwirklichen wie auch die eigenen Erwartungen (auch finanzieller Art) zu befriedigen. Gesucht wird also in Auswahlprozessen vom Unternehmen der jeweils »geeignete« Mitarbeiter, von diesem die »geeignete« Stelle. Gelingt dies, hatten beide Seiten Erfolg und der wiederum schafft eine positive Einstellung, die langfristig Motivation, Leistungen und damit auch Zufriedenheit erwarten läßt. Daran wird deutlich, daß *Eignung* je nach Umständen und Perspektive ganz unterschiedliches bedeuten kann.

Im folgenden soll die Sichtweise der Unternehmen akzentuiert werden, da diese den Auswahlprozeß initiieren und durchführen. Im Zentrum aller Auswahlbemühungen steht dabei die Frage: Wie kann die Eignung eines Kandidaten möglichst sicher festgestellt werden? Dies leitet zwangsläufig zu der weiteren Frage über: *Eignung wofür?* Für die Besetzung einer bestimmten Stelle, für ein Ausbildungsprogramm, für die Weiterentwicklung zur Übernahme qualifizierterer Funktionen und Positionen? *Je nach der Antwort ist eine jeweils andere Art der Eignung gemeint.* Und weiter: Soll diese Eignung sehr umfassend sein, wie z. B. für Führungs- oder Managementfunktionen, oder soll sie ganz spezifische Fachkenntnisse abdecken? Auf jeden Fall muß sie die Besonderheiten und Kultur des Unternehmens berücksichtigen. All dies wird das Verständnis von Eignung erheblich beeinflussen und verändern. Es ist gibt also keine generelle Eignung. Ohne eindeutige Antworten auf diese und ähnliche Fragen ist keine systematische Personalauswahl möglich; sie bliebe sonst eher reiner Aktionismus und brächte vergleichsweise teure Zufallsprodukte zustande. Daher muß dieser Komplex ausführlicher beleuchtet werden, stellt er doch die Kriterien für die Auswahlbemühungen.

Die Einschätzung von *Eignung* stellt eine Prognose dar, daß die im Auswahlprozeß festgestellten Fähigkeiten, Kenntnisse und Fertigkeiten wie auch das Wollen eines Kandidaten mit den Anforderungen einer infrage stehenden Stelle so weitgehend übereinstimmen, daß mit hoher Wahrscheinlichkeit die Stelle erfolgreich wahrgenommen werden wird. Nach dieser Definition ist *Eignung* als Gesamtheit der »relevanten« Aspekte

⇢ unternehmensspezifisch,
⇢ abhängig von den in der Stelle zu meisternden Aufgaben und Anforderungen,
⇢ auf den Zeitpunkt der Eignungsfeststellung bezogen (da sich im Laufe der Zeit Stellen mit zugehörigen Anforderungen wie auch die Menschen ändern),
⇢ eine Wahrscheinlichkeitsaussage, deren Verwirklichung auch von den *Umfeldbedingungen* der Stelle wie etwa Ressourcen, Zusammenarbeit der Kollegen u. ä. abhängt.

Der Auswahlprozeß ist danach eine Folge geplanter Handlungen, um für eine bestimmte Stelle(nart) oder Zielebene mit zugehöriger definierter Eignung (= Anforderungen) bei möglichen Kandidaten relevante Informationen zu sammeln, deren Zusammensetzung eine möglichst sichere Prognose über den künftigen Berufserfolg in der Stelle(nart) zuläßt und letztlich in eine Stellenbesetzung mündet. Zentrale Elemente des Prozesses sind demnach

⇢ die mit der Stelle verbundenen Anforderungen bzw. das Anforderungsprofil als Kriterium für die *Eignung* und
⇢ die Methoden und Instrumente, mit denen die relevanten Informationen gesammelt, geordnet und gewichtet werden sollen. Welche Instrumente oder Methoden angemessen scheinen, diese Informationen zu sammeln, das wird immer auch von der definierten *Eignung* abhängen.

Der Vergleich zwischen dem Ergebnis der Informationssammlung und dem Kriterium ermöglicht dann die Erfolgsprognose. Dabei gilt immer: Die Methoden sind nur Hilfsmittel, sie können weder eine absolute Sicherheit vermitteln, noch eine Entscheidung abnehmen. Gleichzeitig ist das gesellschaftliche Umfeld zu berücksichtigen, in dem Personalauswahl mit Hilfe der verfügbaren Methoden betrieben wird. Dieses hat sich in den letzten Jahren verändert. Selbst wenn man annimmt, dank eines guten Personalmarketings sei die Attraktivität eines Unternehmens für potentielle Bewerber immer gegeben, dann hat sich mit dem Auf und Ab des Arbeitsmarktes auch die *Angebotsseite* der Bewerber für das Unternehmen verändert.

⇢   In den 60er und 70er Jahren waren qualifizierte Schul- und Hochschulabsolventen und vor allem qualifizierte Berufspraktiker kaum zu finden. In den 80er Jahren vergrößerte sich dann das Angebot, um Ende der 80er und anfangs der 90er Jahre partielle Engpässe aufzuweisen (z. B. bei Ingenieuren). In der heutigen Zeit ist in vielen Bereichen ein Überangebot zu verzeichnen. Er wäre aber voreilig, aus diesen Schwankungen zu schließen, daß sich parallel dazu auch die Bedeutung der Personalauswahl verändert hätte, denn zu jedem Zeitpunkt mußten die Unternehmen mindestens zwei Grundfragen der Personalauswahl beantworten: Welche Merkmale (Wissen, Erfahrungen, Motivation etc.) müssen Bewerber mitbringen, damit sie als »geeignete« Bewerber erscheinen? Wie können unter den aktuellen Bewerbern jene identifiziert werden, die eine bestimmte Stelle erfolgreich wahrnehmen können oder sogar das Entwicklungspotential aufweisen, um sich für künftige, qualifiziertere Positionen zu empfehlen?

⇢   Auch der Anspruch der Bewerber bzw. Mitarbeiter hat sich verändert, zum einen aufgrund der veränderten Arbeitsmarktsituation, zum anderen durch den Wertewandel. Insgesamt kann man sagen, Bewerber sind anspruchsvoller geworden, sie erwarten partnerschaftlichen, fairen Umgang und wollen Stellen wahrnehmen, in denen sie sich einbringen, mitgestalten und weiterentwickeln können. Dies ist auch bei der Personalauswahl zu berücksichtigen, stellt sie doch ein externes wie internes *Aushängeschild* des Unternehmens dar.

⇢   Auch Betriebsräte und Gewerkschaften stellen heute höhere Ansprüche an die Methoden der Personalauswahl. Sie sollen klar erkennbare Bezüge zu der zu besetzenden Stelle aufweisen und den allgemein anerkannten Gütekriterien genügen.

Das führt wieder zurück zum Problem der Eignung. Entsprechend der klassischen, vorherrschenden Überzeugung kann es so formuliert werden:

Die Beurteilung von Eignung, d. h. der relevanten Bewerbereigenschaften und -verhaltensweisen, muß durch einen Vergleich der anhand anerkannter, anforderungsbezogener Methoden gesammelten Informationen mit den spezifischen, vorher analysierten Anforderungen geschehen, die die definierten Positionen kennzeichnen.

Hier wird dreierlei betont: 1. Grundlage jeder Eigungsbeurteilung muß eine aktuelle, systematische Analyse der Anforderungen der Stelle oder Stellengruppe sein, für die ausgewählt werden soll. 2. Auf dieser Basis müssen angemessene, anerkannte Methoden ausgewählt werden, um bei den Bewerbern anforderungsrelevante Informationen zu sammeln. 3. Erst der Vergleich der Gesamtheit dieser Informationen mit den Anforderungen gibt Auskunft über die Eignung. Dies muß man sich immer wieder vor Augen halten, denn umgangssprachlich besteht leicht die Gefahr, die Begriffe *Eignung* und *Eigenschaften* gleichzusetzen und als etwas Statisches zu verstehen. Dann würden die Eigenschaften dem Bewerber praktisch unveränderlich *anhaften* und müßten nur erkannt werden. Eine solche Auffassung könnte längerfristig zu erheblichen Fehleinschätzungen führen.

In der heutigen Zeit mit ihren schnellen Veränderungen (z. B. EG, Bürokommunikation, der Bemühungen um *Lean* oder *Reengineering* u. a.) kann nicht davon ausgegangen werden, daß jetzt erhobene *Anforderungen* an eine Stelle auch in Zukunft unverändert bleiben. Außerdem sind solche Anforderungen auch von der Sicht dessen abhängig, der sie stellt. Dies ist im betrieblichen Alltag i. d. R. der Vorgesetzte. Uns allen ist bekannt, daß verschiedene Vorgesetzte an sich *gleiche* Anforderungen sehr unterschiedlich interpretieren und akzentuieren. Daher dürfen Anforderungsprofile nicht allein von der Stelle/Funktion und deren Beschreibung abgeleitet werden, sondern sind immer zusammen mit mindestens den betroffenen Vorgesetzten zu erarbeiten, um deren Sichtweisen wie auch die Zukunftsaspekte zu berücksichtigen.

Damit ist aber auch klar: Es handelt sich bei Anforderungen nur um einen relativ kleinen, spezifischen Ausschnitt aus all den Möglichkeiten, die ein Bewerber hat, nicht aber um ein *Gesamtbild* seiner Person. Es wird ausgeblendet, daß der Bewerber sich auch in Zukunft weiterentwickeln wird und sich damit seine *Eigenschaften* (also auch seine Eignung) verändern können. Erst wenn Eignung als spezifischer, personen- wie unternehmens- und stellenbezogener Prozeß gesehen wird, der sich in der Zeit verändern kann, erhält Eignung eher die Bedeutung *Potential* und damit auch Relevanz für die Zukunft.

Das macht deutlich, daß die Gültigkeit von Personalauswahl und der dabei verwendeten Methoden nicht allein objektiver, statistischer Natur sein darf. Vielmehr muß die Gültigkeit der durch die Methoden gewonnenen Informationen auch verstanden werden als der Sinn und die Bedeutung, die sie für die Entscheidungsfindung haben im Rahmen der Kultur und der Strategien des speziellen Unternehmens, in dem sie angewendet werden. Dieser Sinn und diese Bedeutung können durch systematisches Erheben von Anforderungsprofilen, also Kommunikation mit den Betroffenen, geklärt werden. Den für die Personalauswahl Verantwortlichen obliegt es, jene Methoden auszuwählen, die ihrem Unternehmen am besten entsprechen und gleichzeitig fair gegenüber den Bewerbern sind.

Analyse der Anforderungen als Kriterium des Auswahlprozesses

Grundvoraussetzung für eine erfolgreiche Personalauswahl ist die Analyse der (heutigen wie künftigen) Anforderungen. Dabei können diese *eher personenorientiert* als Eigenschaften oder Fähigkeiten beschrieben werden, oder *eher verhaltensorientiert* als geforderte Leistungen oder Handlungsweisen. Der verhaltensorientierte Ansatz ist konkreter, läßt sich leichter kommunizieren und damit überprüfen, ob die Anforderungen auch in Zukunft bedeutsam sein werden und er vermeidet weitgehend die Gefahr, in personenbezogenen, unveränderlichen Eigenschaften zu denken. Bei der Entwicklung von Anforderungsanalysen können verschiedenen Vorgehensweisen unterschieden werden:

Aufgaben- und Tätigkeitsanalyse

Ausgangspunkt sind häufig Organigramme, Stellen-, Aufgabenbeschreibungen oder Auflistungen der Verantwortlichkeiten einzelner Positionen. Dabei werden schriftliche Unterlagen ausgewertet und oft auch Stelleninhaber befragt (z. B. Gruppe, 1985), um einen möglichst vollständigen, objektiven und differenzierten Katalog zu erhalten. Problematisch bei dieser Vorgehensweise scheint:

⤑ Die implizite Annahme, Aufgaben wie Verantwortlichkeiten seien (relativ) zeitlich stabil (und das bei z. B. sich derzeit schnell ändernden Marktbedingungen oder technischen Entwicklungen)

⤑ Die Übersetzung solcher Aufgaben- und Verantwortlichkeitslisten in konkrete Handlungsweisen des Anforderungsprofils; dies geschieht oft durch externe *Experten* (aber: Woher wissen die, welche Handlungsweisen in welchem Maße für welche Tätigkeiten und Verantwortlichkeiten in diesem Unternehmen relevant sind?)

⤑ Das Modell, das hinter dieser Vorgehensweise steht und das die einmal definierte Stelle mit ihren Aufgaben als weitgehend konstant ansieht und nun verlangt, eine dazu genau passende Person zu finden (wenn auch nur fünf Personen in einem Unternehmen die gleiche Stellenbeschreibung haben und erfolgreich sind, heißt das auch, daß sie ihren Erfolg alle mit identischen Handlungsweisen erreichen?).

Expertenbefragungen

Dies kann auf verschiedene Weise geschehen: durch Erstellen eines Anforderungsprofils auf Basis einer Analyse der einschlägigen wissenschaftlichen Literatur, einer Festlegung der Anforderungen durch (hochrangige) Stabs- und Linienmanager, oder auch einer Befragung von Vorgesetzten wie Stelleninhabern oder anderer, auch externer Experten nach den Eigenschaften/*Handlungsweisen eines guten Stelleninhabers, manchmal auch verglichen mit einem weniger guten* (z. B. Kaufmann, 1984). Das Ergebnis ist in aller Regel zumindest sehr ähnlich: Es ist eine Liste meist abstrakter *Sehnsuchtsvorstellungen* (z. B.: Eine gute Führungskraft muß entscheidungsstark, durchsetzungsfähig, charakterfest, loyal, aber auch kooperativ und teamorientiert sein, kurz: ein *kooperativer Tiger*).

Befragung von Vorgesetzten und Positionsinhabern

Hierbei werden sowohl Aufgabenaspekte als auch die damit verbundenen Handlungsweisen erhoben, indem eine Reihe von Positionsinhabern wie auch Vorgesetzten nach den tätigkeits- bzw. verhaltensorientierten Anforderungsmerkmalen der in Frage stehenden Stelle(nart) befragt wird, entweder einzeln oder im Rahmen von Workshops. Dazu gehört auch, in welchem Ausmaß die Qualifikationen vorhanden sein müssen, welches Gewicht sie für das erfolgreiche Wahrnehmen der Position haben und welche Bedeutung ihnen in Zukunft zukommen wird. Diese Aussagen werden dann zu einzelnen Anforderungsdimensionen zusammengefaßt.

Diese Erhebung kann eher aufgabenanalytisch geschehen (z. B. Rosenfeld/Thornton, 1976), oder durch Interviews von Führungskräften (Gruppe, 1985), oder auf der Basis der Methode der kritischen Ereignisse (Flanagan, 1954). Bei letzterer beschreiben Stelleninhaber und Vorgesetzte jene Ereignisse, die für die Position typisch sind und hohe Anforderungen stellen (= kritisch sind). Danach werden für die verschiedenen Ereignisse die angemessenen Verhaltensweisen erarbeitet. Eine weitere Vorgehensweise basiert auf der REP-Technik von Kelly (1955), bei der Fragebogen vorgegeben werden, die die persönlichen Sichtweisen und Theorien der Befragten in den Mittelpunkt stellen. Solche Fragebogen enthalten vorgegebene Führungsrollen (Stewart/Stewart, 1976; Neubauer, 1990), zusätzlich z.T. auch typische, kritische Situationen der Stelle oder Stellenart (Bolte/Jung, 1989; Jung, 1992), und werden mindestens Vorgesetzten (= Entscheidern) vorgelegt. Diese ordnen den Führungsrollen ihnen bekannte Personen zu und geben – indem sie immer drei Personen in einer bestimmten Art miteinander vergleichen – deren adäquate oder inadäquate Handlungsweisen (in den typisch-kritischen Situationen der Position) an. Die so erhaltenen Handlungsweisen werden geordnet und unter Überschriften (Dimensionen) wie *kooperative Gesprächsführung* u. ä. zusammengefaßt. Sie bilden zusammen mit den Handlungsweisen das Anforderungsprofil. Dieses enthält damit explizit die jetzigen wie künftigen persönlichen Sichtweisen und Anforderungen der Vorgesetzten an Inhaber dieser Stelle(nart).

Das so gewonnene handlungsorientierte Anforderungsprofil ist dann die »Meßlatte«, an der die im Auswahlverfahren gesammelten Informationen vorbeigeführt und anschließend über die Eignung des Kandidaten entschieden wird. Gleichzeitig kann ein solches Anforderungsprofil zu einer ausführlichen Information des Bewerbers genutzt werden. Mit ihm kann am Beginn des Auswahlverfahrens, spätestens aber im abschließenden Gespräch, dem Kandidaten erläutert werden, was das Unternehmen von ihm erwartet. So kann auch er feststellen, ob die Position seinen Vorstellungen, Zielen und Potentialen entspricht, also eine *Passung* besteht. Neben der gebotenen Fairneß und Transparenz gegenüber einem Kandidaten wird so auch (relativ) sichergestellt, für die zu besetzende Position einen motivierten Mitarbeiter gefunden zu haben.

Sammlung relevanter Informationen mittels Auswahlmethoden

Im Folgenden werden die gängigsten Methoden der Personalauswahl kurz dargestellt. Dabei wird nicht zwischen der Auswahl Externer und der Interner unterschieden, aber jeweils die für Unternehmen bedeutsame prognostische Güte (prädiktive Validität) hervorgehoben, wie sie sich in wissenschaftlichen Überprüfungen ergab. Zunächst werden jene Methoden dargestellt, die für Unternehmen bei der Personalauswahl bedeutsam sind (Analyse der Bewerbungsunterlagen, Interview, biographischer Fragebogen und Assessment-Center) und erst anschließend weitere, seltener verwandte Methoden (Tests, projektive Verfahren, graphologische Gutachten).

Bewerbungsunterlagen

Bei der Einstellung Externer sind sie der erste Kontakt des Unternehmens mit dem Kandidaten. Sie bilden auch den ersten *Filter* im Rahmen des Auswahlprozesses: Aufgrund der daraus extrahierten Informationen wird in der Regel dem größten Teil der Bewerber abgesagt, einige wenige zu weiteren Kontakten eingeladen. Trotz ihrer Bedeutung und Häufigkeit der Verwendung liegen erstaunlich wenige wissenschaftliche Untersuchungen darüber vor, wie sie ausgewertet und zur Fundierung der Annahme- oder Ablehnungsentscheidung verwendet werden können. Diese wenigen Untersuchungen zeigen, daß

- bei Bewerbern um einen Ausbildungsplatz *Schulnoten* relativ gute Voraussagen über weitere Ausbildungserfolge erlauben (Baron-Boldt et al., 1989);
- die Bewerbungsunterlagen eher auf *biographische Aspekte* des Bewerbers hin analysiert werden und auf seine Qualifikationen und seinen beruflichen Hintergrund geachtet wird (Kompa, 1989) und
- oftmals daraus *Schlußfolgerungen* gezogen werden über seine Person, seine Intelligenz, seine soziale Kompetenz, seine beruflichen Kenntnisse und sein Interesse an der Position (Cascio, 1987).

Umfangreicher sind die Ergebnisse der Befragung von erfahrenen Praktikern und Beratern in Deutschland:

- Danach verwenden mehr als die Hälfte der Leser zwischen drei und fünf Minuten damit, einen *Lebenslauf zu bewerten* und achten besonders auf Art des Abschlußes und den Studienschwerpunkt, die *bisher ausgeübte* Tätigkeit und persönliche Details (Pibal/Neher, 1991).
- Eine ansprechende, korrekte Aufmachung der Bewerbung, eine klare Angabe des Berufswunsches und der Stelle, vollständige Unterlagen, die Bezug zur gewünschten Stelle haben, und die Angabe eventueller Spezialkenntnisse werden vorausgesetzt.

Obwohl Bewerbungsunterlagen allgemein akzeptiert sind, ist über ihre Prognosegüte für den Berufserfolg wenig bekannt, und das wenige ist enttäuschend gering: Bezogen auf Vorgesetztenbeurteilungen als Kriterium haben sie eine geringe Gültigkeit ($r = .18$), und diese beruht zum größten Teil auf Schul- und Examensnoten (Reilly/Chao, 1982). Damit scheinen sie – außer bei der Auswahl von Auszubildenden – als Vorhersageinstrument für Berufserfolg bei Bewerbern kaum geeignet.

Interview

Das Interview ist die sicher am meisten verwendete Methode bei Fragen der Personalauswahl. Es wird von Anwendern überwiegend als valide, praktikabel und akzeptiert angesehen (Schuler/Frier/Kaufmann, 1991). Meist findet es in einer Zwei-Personen-Situation in halbstrukturierter und eher kooperativer Form statt. Im Rahmen der Personalauswahl sollen vor allem folgende Ziele erreicht werden (Sarges, 1990):

⇢ Erheben und Feststellen von (ergänzenden, klärenden) Fakten, die über die Bewerbungsunterlagen hinausgehen oder sie vervollständigen
⇢ Klären der *Passung* des Bewerbers zur Kultur des Unternehmens, d. h. emotionaler Aspekte, Vorlieben, Abneigungen, Einstellungen usw.
⇢ Feststellen, in welchen Bereichen gezieltere Verfahren eingesetzt werden sollten und
⇢ Bewerten der Fähigkeiten, Fertigkeiten und der Motivation des Bewerbers für die Position, d. h. seines Könnens und Wollens.

Nur im letzten Falle stellt sich die Frage nach der prognostischen Gültigkeit des Interviews (der Entscheidung, die auf den hierdurch gewonnen Daten basiert). Diese ist allerdings enttäuschend gering: So haben Hunter/Hunter (1984) in ihrer Meta-Analyse eine mittlere Gültigkeit von .14 zur Leistungsbeurteilung durch Vorgesetzte festgestellt. Dies ist unbefriedigend, selbst wenn man annimmt, Führungssituationen seien flexibler, d. h. stärker durch den Stelleninhaber zu beeinflussen, und damit könne die Gültigkeit von Interviews hier höher sein.

Vor dem Hintergrund der umfassenden Verwendung des Interviews und dieser Befunde stellt sich damit als zentrale Frage: Wie können Interviews nützlicher und gleichzeitig valider gestaltet werden? Dazu bieten sich folgende Ansatzpunkte an: (a) eine Verbesserung der Informationsgewinnung durch verhaltens- und anforderungsbezogene Interviews, (b) eine Protokollierung der Antworten des Bewerbers, (c) eine davon zeitlich getrennte Auswertung und Entscheidungsfindung und (d) eine zweckmäßige inhaltliche wie (frage)technische Gestaltung des Interviews. Im einzelnen heißt das:

⇢ Systematisches Erheben der typisch-kritischen Situationen, die vom künftigen Stelleninhaber gemeistert werden müssen
⇢ Systematische Entwicklung des zugehörigen verhaltensorientierten Anforderungsprofils (beides vor dem Interview)
⇢ Erstellen eines strukturierten Interviewleitfadens, der auf die typisch-kritischen Situationen der Stelle eingeht

- Führen des Interviews zu mehreren (Mehr-Augen-Prinzip), eventuell mehrere Interviewer-Teams mit unterschiedlichen Vorkenntnissen, Interessen usw.
- Orientierung des Interviews am Lebenslauf des Bewerbers (z. B. wichtige Stationen der Berufslaufbahn, Selbsteinschätzung, Managementphilosophie, Ziele und Pläne) und an Situationen, die den kritischen Situationen der Stelle ähnlich oder vergleichbar sind (Ausgangssituation – Handlung einschließlich Bewältigungsstrategien – Ergebnis), auch
- Verhaltensabsichten bei zu erwartenden Situationen sowie möglichst eine Aufgabensimulation bzw. Arbeitsprobe (kleines Rollenspiel)
- Schriftliche Protokollierung der bedeutsamen Inhalte der Bewerberantworten wie des bedeutsamen Bewerberverhaltens
- Trennen von Informationssammlung und Bewertung (Entscheidung wird per Diskussion der gesammelten und bewerteten Einzelinformationen zwischen den Interviewern getroffen)
- Angemessene Gesprächs- und Fragetechniken
- Training der Interviewer (zur Erhebung der kritischen Situationen und des Anforderungsprofils, dem Erstellen eines strukturierten Leitfadens wie auch eines Verhaltenstrainings zur Führung des Interviews einschließlich Protokollierung und Auswertung).

Den Beleg, daß ein solches Vorgehen erfolgversprechend ist, berichten Hunter/Hirsh (1987): Stellenbezogene Interviews konnten Vorgesetztenbeurteilungen deutlich besser als *normale* Interviews vorhersagen (r = .30). Damit erreichen sie ähnliche Werte wie z. B. biographische Fragebogen; die Mühe lohnt sich also.

Biographische Fragebogen

Sie wurden in den letzten Jahren zunehmend bekannt, man kann sagen modern. In der Bundesrepublik wurden biographische Fragebogen bisher vor allem bei der Auswahl von Vertriebsmitarbeitern und Hochschulabsolventen verwendet. Dabei sind biographische Daten »Informationen, die über die Lebensgeschichte eines Individuums in Abschnitten oder insgesamt Auskunft geben« (Jäger, 1988, S. 292f.). Meist handelt es sich um Informationen über frühere Erfahrungen, Einstellungen, Interessen und demographische Merkmale, die oft als Ja/Nein- oder Multiple-Choice-Fragen vorgegeben werden. Inhaltlich haben solche Fragebogen Ähnlichkeit mit (strukturierten) Interviews.

Biographische Fragebogen beziehen sich fast immer auf klar abgegrenzte Bewerber- oder Stellengruppen. Ihre Vorformen werden entweder auf der Basis von Literaturanalysen, Interviews oder Arbeitsplatzanalysen erstellt. Anschließend werden sie meist einer Gruppe erfolgreicher Mitarbeiter (aufgrund von Leistungsergebnissen, Vorgesetztenbeurteilungen oder auch Ergebnissen aus Assessment-Centern) zur Beantwortung vorgelegt, oft auch einer Gruppe weniger erfolgreicher Mitarbeiter. Anschließend werden die Normen erstellt (wenn nur mit einer Gruppe erfolgreicher Mitarbeiter gearbeitet wurde), oder jede Frage daraufhin (statistisch) untersucht, ob sie die erfolgreichen von den weniger erfolgreichen Mitarbeitern unterscheiden kann (= Trennschärfe). Nur so genannte trennscharfe Fragen werden in den endgültigen Fragebogen aufgenommen.

Am häufigsten werden biographische Fragebogen bei der Vorauswahl von (vielen) Bewerbern verwendet. Dann werden sie diesen zugesandt, und die Auswertung des ausgefüllten Fragebogens entscheidet mit darüber, ob der Bewerber zu weiteren Auswahlverfahren eingeladen wird. Eine andere Anwendung erfolgt im Rahmen des Vorstellungsgesprächs: Hier wird der Fragebogen – oftmals kaschiert als »Personalfragebogen« – dem Bewerber vor oder nach dem Interview zum Ausfüllen gegeben und geht dann mit in die Entscheidungsfindung ein.

Bisher wurden in Einzeluntersuchungen für biographische Fragebogen Gültigkeitskoeffizienten von bis zu .83 berichtet. Bei diesen Untersuchungen, wie auch vielen der Meta-Analysen, waren aber zwei methodische Probleme enthalten, die eine Generalisierbarkeit der Befunde verhindern: (1) Oft wurde bei der Auswahl der einzelnen Fragen sehr spezifisch vorgegangen und damit z. T. Zufallseffekte erzeugt, und (2) auch die Arten der Fragensammlung und -gewichtung waren oft sehr speziell und damit nicht verallgemeinerbar.

In der neuesten Meta-Analyse (Bliesener, 1992) wurden daher besonders die methodischen Probleme berücksichtigt: Es wurden nur solche Untersuchungen aufgenommen, die u. a.
⇢ reine, biographische Fragen (ohne z. B. Fragen nach Interessen, Einstellungen, Persönlichkeitsaspekten usw.) enthielten;
⇢ die aus mindestens sieben Fragen bestanden, aus denen ein Gesamtindex gebildet wurde;
⇢ und bei denen das vorherzusagende Kriterium Merkmale des Berufs- oder Ausbildungserfolges enthielt (z. B. Gehalt, Karriereentwicklung, Verkaufserfolg, Ausscheiden, Erfolg bei einem Ausbildungsprogramm oder Einschätzung durch Vorgesetzte oder Kollegen).

Insgesamt fand Bliesener 75 Untersuchungen, die seinen Kriterien genügten.

Seine Ergebnisse zur *Validität biographischer Fragebogen* lassen sich so zusammenfassen:

- Wurden die in den verschiedenen Studien berichteten Gültigkeitskoeffizienten um die Stichprobengröße korrigiert, dann sank der *mittlere Validitätskoeffizient* auf *.33*, wobei die Streuung der Einzelwerte hoch war, d. h. Fragen nach der inhaltlichen Aussage weiter offenblieben
- Die Zusammenhänge zu einzelnen Aspekten des Berufserfolges waren sehr unterschiedlich (zur Produktivität .16; zum Ausscheiden .21; zur Leistungsbeurteilung .32 und zur Kreativität .46)
- Wurden nur Studien analysiert, bei denen die biographischen Fragebogen zur *Vorhersage des Berufserfolges* verwendet wurden, dann betrug der *mittlere Gültigkeitskoeffizient .30.*

Damit bleibt weiterhin offen, was solche Fragebogen generell messen. Die Verwendbarkeit für spezielle Fragen in Unternehmen ist dadurch aber nicht eingeschränkt. Aus den Ergebnissen der Meta-Analyse lassen sich auch einige Vorschläge zum praktischen Vorgehen bei der Entwicklung biographischer Fragebogen ableiten, die deren Gültigkeit und Vorhersagefähigkeit verbessern.

- Die Fragenauswahl sollte theoriegeleitet, also mit einem klaren Ziel vorgenommen werden
- Der endgültige Fragebogen sollte eine mittlere Länge von 30–50 Fragen enthalten
- Es sollten kein externer (von anderen übernommener) Auswertungsschlüssel verwendet werden, sondern dieser sollte im Unternehmen entwickelt werden und er sollte an einer Hälfte der Untersuchungsstichprobe erarbeitet und an der anderen auf seine Güte hin überprüft werden.

Assessment-Center (AC)

Sie werden seit den 70er Jahren (ausgehend von multinationalen Unternehmen) im deutschsprachigen Raum zunehmend eingesetzt. Sie sind eine komplexe Methode, die aus mehreren Versuchen besteht, Informationen zu sammeln. Allerdings wird unter dem Begriff z. T. Unterschiedliches verstanden: Dies reicht von einer Mischung aus einigen (Gruppen-)Übungen und einer Anzahl Tests sowie Interviews bis zur ausschließlichen Simulation kritischer Situationen der Zielposition(en). Die wichtigsten Ziele, die heute mit dem Einsatz von ACs verfolgt werden, sind (1) die Auswahl externer Bewerber (meist als Führungsnachwuchs, z. B. Bewerber für die Teilnahme an Trainee-Programmen), (2) die Potentialanalyse von (internen) Mitarbeitern hinsichtlich der späteren Übernahme von qualifizierteren oder Führungsfunktionen verschiedener Ebenen und (3) die Analyse der individuell angemessenen Ausbildungs- und Fördermaßnahmen (auf der Basis der beobachteten individuellen Stärken und Schwächen).

Gemeinsam ist den meisten Assessment-Centern, daß

⇢ sie auf einer Anforderungsanalyse der Zielposition(en) beruhen,
⇢ sie eine Reihe von Übungen enthalten, die Simulationen von Situationen der Zielfunktion darstellen, die in der bisherigen Tätigkeit nicht in gleicher Weise beobachtbar waren,
⇢ zu ihnen in der Regel 10–12 Teilnehmer eingeladen wurden, die von einer Reihe von Beobachtern (meist 6–8; häufig Linienvorgesetzte, die Funktionen mindestens eine Hierarchieebene über der Zielfunktion innehaben),
in einem Training speziell auf ihre Aufgabe im AC vorbereitet wurden,
in den verschiedenen Übungen beobachtet werden; dabei werden die Beobachtungen (auf z. T. sehr verschiedene Art) protokolliert;
⇢ eine Trennung zwischen Beobachtung und Bewertung erfolgt (häufig bereits bei den Einzelübungen, auf jeden Fall aber hinsichtlich des Gesamtergebnisses),
⇢ das Gesamtergebnis im Rahmen einer Beobachterkonferenz erarbeitet wird und
⇢ nach deren Ende den Teilnehmern (oft in einem anschließenden Beratungsgespräch) mitgeteilt wird.

Auf Einzelheiten bei der Entwicklung und Durchführung von Assessment-Centern soll hier nicht eingegangen werden, sie sind zusammen mit Praxisbeispielen in der Literatur zu finden (z. B. Arbeitskreis Assessment Center, 1989).

Darüber hinaus tritt durch die Beteiligung von Führungskräften bei der Entwicklung und Durchführung von Assessment-Centern eine Reihe positiver Nebeneffekte auf:

⇢ Es werden Aspekte der Unternehmenskultur diskutiert
⇢ Ein gemeinsames Verständnis der Führung im Unternehmen und der Anforderungen in der(den) Zielfunktion(en) wird erarbeitet
⇢ Es wird gemeinsam eine Vorstellung entwickelt, welche Situationen und Anforderungen in der(den) Zielfunktion(en) künftig bedeutsamer werden.
⇢ Die Anforderungen werden verhaltensorientiert und damit beobachtbar formuliert
⇢ Durch die Mitwirkung als Beobachter werden die Führungskräfte geschult, systematisch zu beobachten und dies als Basis für Beurteilungen zu nutzen
⇢ Vor allem in der Beobachterkonferenz werden sie sensibilisiert für Bedeutung, Ziele und Maßnahmen der Personalentwicklung

⇢ Da sie die Beratungsgespräche mit den Teilnehmern führen, trainieren sie Teile einer Coaching-Funktion.

Die Teilnehmer wiederum werden in den Übungen mit Situationen und Anforderungen der entsprechenden Führungsfunktionen konfrontiert und können, auch durch das abschließende Beratungsgespräch, ihre Selbsteinschätzung verbessern.

Waren anfangs die in Untersuchungen berichteten Gültigkeitskoeffizienten für Prognosen des Berufserfolges bzw. für Managementpotential so hoch (bis zu .78), daß gerade in Unternehmen das Assessment-Center fast euphorisch als der »Königsweg« betrachtet wurde, so hat sich nach den vorliegenden Meta-Analysen das Bild doch versachlicht. Allerdings ist hierbei zu berücksichtigen, daß in diese Analysen Daten aus den verschiedensten Arten von Assessment-Centern eingehen, bei weitem nicht nur solche, die ausschließlich mit Simulationen der Zielposition(en) arbeiten. In seiner Zusammenfassung der vorhandenen Meta-Analysen kommt z.B. Maukisch (1986) zu dem Schluß, daß

⇢ die generelle mittlere Prognosegültigkeit knapp unter .40 liegt und
⇢ die Zusammenhänge zwischen dem AC-Gesamtergebnis und verschiedenen Kriterien des Berufes unterschiedlich hoch sind (z. B. zur Leistungs-beurteilung durch Vorgesetzte zwischen .36 bis .43; zur Potentialeinschätzung durch Vorgesetzte zwischen .53 und .63 und zur Beförderung zwischen .30 und .41) und dies ohne große Streuungen, also klare Zusammenhänge.

Andere Meta-Analysen (Hunter/Hunter, 1984; Schmitt et al., 1984; Thornton et al., 1987; Hunter/Hirsh, 1987) berichteten Ergebnisse in der gleichen Größenordnung. Daher kann man feststellen, die Gültigkeit von Assessment-Centern hinsichtlich der verschiedenen Berufskriterien ist gut und in der Regel besser als die anderer Verfahren.

Da unter dem Begriff Assessment-Center sehr unterschiedliche Ansätze subsumiert werden, kann angenommen werden, daß das Assessment-Center noch verbessert und damit seine Gültigkeit gesteigert werden kann. Eine solche Möglichkeit ist die reine Simulation kritischer Situationen der Zielposition(en); ob und in welchem Maße dann noch eine Anwendung der klassischen statistischen Gütekriterien angebracht ist, das hat Neubauer (1984) bereits ausführlich diskutiert. Einen Verbesserungsvorschlag hat erst kürzlich der *Arbeitskreis Assessment Center* (1992) gemacht, indem er Standards formulierte und konkrete Hinweise gab, was bei der Entwicklung und Durchführung zu beachten sei. Sie betreffen im einzelnen:

⋯⇢ *Anforderungsorientierung:* Allen Materialien muß eine unternehmens- und funktionsspezifische Anforderungsanalyse zugrundeliegen, die Verhaltensbandbreiten definiert und an deren Erarbeitung Mitglieder jener Personengruppen mitarbeiteten, die die Zielebene wesentlich mitgestalten.

⋯⇢ *Verhaltensorientierung:* Eignung kann nur auf der Basis des in den Übungen beobachteten Verhaltens der Teilnehmer bewertet werden. Um dieses zwischen den Beobachtern kommunizierbar zu machen, sind die Beobachtungen schriftlich festzuhalten und zwar ohne Interpretationen, Kategorisierungen und Schlußfolgerungen.

⋯⇢ *Kontrollierte Subjektivität:* Beobachter im Assessment-Center sind Linienvorgesetzte, deren Beobachtungen und Beurteilungen zwangsläufig subjektiv sind. Daher werden mehrere Beobachter eingesetzt, die sich gegenseitig ergänzen, unterstützen und kontrollieren. Für diese Aufgabe wurden sie vorher extra geschult, ebenso wie für die Beratungsgespräche, die sie am Ende des Assessment-Centers führen.

⋯⇢ *Simulationsorientierung:* Eignung kann nur im Kontext (der Übungen) beobachtet und beurteilt werden. Daher müssen diese Aufgabensituationen denen nachgebildet sein, die ein Stelleninhaber der Zielebene in der Realität wahrzunehmen hat. Dies gilt auch für die Anzahl und Zusammensetzung der Übungsarten.

⋯⇢ *Transparenz:* Um gezielt die Eignung beobachten und beurteilen zu können, müssen alle Beteiligten Ziele, Ablauf und Bedeutung jedes Teils des Assessment-Centers verstehen. Dazu gehört insbesondere, die Teilnehmer über Ziele und Ergebniserwartungen der einzelnen Übungen zu informieren, damit sie sich gezielt vorbereiten und verhalten können. Ebenso sind sie am Ende des Assessment-Centers über ihre Ergebnisse, deren Konsequenzen und Anschlußmaßnahmen zu unterrichten.

⋯⇢ *Individualitätsorientierung:* Verhaltensänderungen kann nur der einzelne selbst anstreben und umsetzen. Daher müssen den Teilnehmern eines Assessment-Centers die Rückmeldungen über Ergebnisse, vorgeschlagene Maßnahmen und eventuell erforderliche Verhaltensänderungen in einer Form gegeben werden, die auf sie zugeschnitten und für sie verständlich und nachvollziehbar sind. Dies ist Aufgabe der Beobachter, die die Beratungsgespräche führen.

⋯⇢ *Systemorientierung:* Das Assessment-Center als Methode kann langfristig nur dann Erfolge zeitigen, wenn es in ein Gesamtsystem der Personal- und Organisationsentwicklung eingebettet ist. Dies gilt insbesondere für die Vorauswahl der Teilnehmer, ihre Vorbereitung und die darauf folgenden Förderungsmaßnahmen.

⋯⋅ *Lernorientierung des Verfahrens:* Um die Zusammenhänge zwischen beobachtbarem Verhalten und der Effizienz in definierten Situationen sicherzustellen, muß ein Assessment-Center regelmäßig einer Qualitätsprüfung und eventuell nötigen Veränderung unterzogen werden (um z. B. Konstruktionsmängel zu beheben oder Änderungen der Arbeits- und Anforderungsumwelt im Unternehmen zu berücksichtigen).

⋯⋅ *Prozeßsteuerung:* Assessment-Center sind komplexe und dynamische Systeme. Daher ist eine klare und organisierte Prozeßsteuerung erforderlich, damit alle Beteiligten sich voll auf ihre Aufgabe konzentrieren können. Dies ist Aufgabe erfahrener Moderatoren, deren Rolle bekannt sein muß, ebenso wie die verwendeten Hilfsmittel. Besonders in der Beobachterkonferenz sind die Moderatoren verantwortlich für den Prozeß, für die Bewertung des beobachteten Verhaltens der Teilnehmer bleiben ohne Einschränkung die Beobachter verantwortlich.

Tests

Ihre Anwendung war in früheren Zeiten sehr häufig, nimmt aber zumindest bei Managementfunktionen ab. Aus der Fülle der verschiedenen Testansätze soll auf drei Bereiche eingegangen werden: Intelligenztests, Leistungstests und Persönlichkeitstests.

Intelligenztests

Sie sollen auf der Basis verschiedener Intelligenztheorien oder -definitionen möglichst die intellektuelle Leistungsfähigkeit in ihren bedeutsamsten Ausprägungen bestimmen. Es liegt im deutschsprachigen Raum eine Reihe solcher Tests vor, der wohl am häufigsten verwendete ist der »Intelligenz-Struktur-Test 70 (IST 70)« von Amthauer (1973). Die Normen der Intelligenztests sind aber z.T. veraltet und wurden überwiegend an Schülerstichproben erstellt, Kriterien der Vorhersage waren in der Regel Schulnoten bzw. Lehrerurteile. Dies schränkt ihre Verwendbarkeit für eine Personalauswahl in Organisationen erheblich ein; sie werden fast nur bei der Auswahl von Auszubildenden eingesetzt.

Sind die *prognostischen Gültigkeiten* der Intelligenztests hinsichtlich Schulerfolg noch gut, so sinken sie bei der Vorhersage im Managementbereich – wie bei der Art der Normierung nicht anders zu erwarten – deutlich ab: Jäger (1986) berichtet Koeffizienten zwischen .15 bis .30 zum Berufserfolg und Schmitt et al. (1984) fanden in ihrer Meta-Analyse einen mittleren Zusammenhang von .22 zwischen allgemeiner Intelligenz und Leistungsbeurteilungen.

Damit *kann man die empirischen Befunde hinsichtlich Managementtätigkeiten als enttäuschend bezeichnen und es ist erklärlich, daß Intelligenztests im Managementbereich eine umso geringere Rolle spielen, je höher die zu besetzende Position ist.* Hinzu kommt, daß das Kriterium Managementerfolg, mit dem sie positiv in Beziehung stehen sollten, sehr unscharf und kaum genau zu definieren und zu messen ist.

Auch Versuche, Tests zur Erfassung der Kreativität oder der sozialen Intelligenz zu entwickeln, zeigten bisher nur mäßige Erfolge, da sie in der Regel weitgehend das gleiche messen wie die seit langem vorhandenen Tests der verbalen Intelligenz.

Leistungstests

Sie sollen Aussagen über einzelne Fähigkeiten gestatten, die aus den Testleistungen erschlossen werden. Dabei wird zwischen allgemeinen Leistungstests (z. B. Aufmerksamkeitstests, Konzentrationstests und Reaktionstests), speziellen Funktionsprüfungen (z. B. Farbtüchtigkeit) und speziellen Eignungstests unterschieden. Generell kann man sagen, Leistungstests spielen bei der Auswahl bzw. Förderung von Führungsnachwuchs in der Bundesrepublik eine untergeordnete Rolle.

Dies kann mit daran liegen, daß ihre *prognostische Gültigkeit* hinsichtlich verschiedener Berufsgruppen im deutschsprachigem Raum bisher kaum untersucht wurde. Aus den USA berichtet Ghiselli (1973) Zusammenhänge von .14 (motorischen Fähigkeiten) bis .28 (Interessen) zum Berufserfolg (per Vorgesetztenbeurteilung). Damit entspricht der *Vorhersagewert solcher Tests dem von Intelligenztests.* Sie können dort nützliche Zusatzinformationen liefern, wo es aufgrund der Anforderungsanalyse gilt, spezielle und genau abgrenzbare Fähigkeiten, Fertigkeiten oder Kenntnisse zu prüfen.

Es scheint möglich, Leistungstests zu verbessern, wenn sie die analysierte Anforderungssituation mit all ihrer Komplexität widerspiegeln und auch Simulationen von (Lern-)Situationen enthalten. Zwei solcher erfolgversprechender Ansätze sind der *Test für medizinische Studiengänge* (Fay, 1986) und das *Personalauswahlverfahren für industrielle Forschung und Entwicklung* (Schuler/Funke/Moser/Donat/Barthelme, 1991).

Persönlichkeitstests

Von allen Tests sind sie die umfassendsten; sie sollen vor allem emotionale, motivationale und interpersonelle Aspekte sowie Einstellungscharakteristika erfassen. Häufig entstammen sie der klinischen Forschung. Mit zu den bekanntesten zählen der *16 PF-Test* (Schneewind/Schröder/Cattell, 1986), das *Freiburger Persönlichkeitsinventar* (Fahrenberg/Hampel/Selg, 1984) und der *Deutsche CPI* (Weinert/Streufert/Hall, 1982).

Alle Persönlichkeitstests unterliegen der Gefahr der Verfälschbarkeit durch den Kandidaten (Antworten in Richtung sozialer Erwünschtheit und Ja-Sage-Tendenz) und sind für den Ausfüllenden weitgehend undurchsichtig. Meist liegen keine aktuellen statistischen Kennwerte hinsichtlich verschiedener Berufsgruppen vor und auch kaum Vergleichsstudien mit anderen Verfahren. Der einzige Persönlichkeitstest, der geeignet sein soll, Führungsfähigkeiten bereits in frühem Stadium zu erfassen, ist der *Deutsche CPI*; eine ausführlichere Darstellung hierzu gibt Weinert (1991).

Aufgrund dieser Fakten tendieren US-Gerichte zunehmend dazu, bei Persönlichkeitstests Belege für deren teststatistischen Gütekriterien, ihre Fairneß gegenüber verschiedenen gesellschaftlichen Gruppen und ihre Relevanz hinsichtlich der in Frage stehenden Position zu verlangen; eine ähnliche Haltung zeigt sich auch bei deutschen Betriebsräten und Gewerkschaften. Insgesamt muß in jedem Einzelfall der Einsatz von Persönlichkeitstests bei der Personalauswahl genau geprüft werden.

Projektive Verfahren und graphologische Gutachten

Sie gründen auf der Annahme, psychisch individuelle Merkmale, die zum Teil unbewußt sind, seien als Charakteristika der Person zuverlässig als auch valide zu messen und zu interpretieren.

Projektive Verfahren: Darunter werden z. B. der *Thematische Apperzeptionstest* (TAT), der *Rorschach-Test*, der *Zeichne-eine-Familie-Test* oder der *Farbpyramidentest* verstanden. Sie alle gründen auf dem erweiterten Projektionsbegriff von Freud, daß äußere Wahrnehmungen und (verdrängte) seelische Inhalte wie etwa Bedürfnisse, Gefühle und Einstellungen sich weitgehend entsprechen. Daher ist es das Ziel projektiver Verfahren, solch grundlegende Tendenzen hervorzuholen, die sich die Person nicht eingestehen will oder kann (weil sie unbewußt sind). Sie sind relativ leicht durchführbar, verlangen vom Kandidaten einfach zu gebende Antworten (erzählen, deuten, malen usw.) und sind wenig anfällig für Verzerrungen.

Allerdings ist der Bezug zu bestimmten Positionen in aller Regel nicht erkennbar und die Bewerber wissen nicht, wie ihre Reaktionen (Aussagen, Zeichnungen usw.) bewertet werden! Dabei ist die Auswertung häufig abhängig vom klinischen Wissen und der Erfahrung des Psychologen. Über die Güte von Vorhersagen des Berufserfolges projektiver Verfahren liegen im deutschsprachigen Raum u. W. keine Untersuchungen vor. Die gegenüber Persönlichkeitstests im Rahmen der Personalauswahl geäußerten Bedenken gelten gegenüber projektiven Verfahren in noch stärkerem Maße. *Sie spielen im Rahmen der Personalauswahl deutscher wirtschaftlicher Institutionen nur eine geringe Rolle.*

Graphologische Analysen: Graphologische Analysen werden im deutschsprachigen Raum seit langem bei der Personalauswahl verwendet und erfreuen sich auch heute noch einiger Beliebtheit. In der Graphologie versucht ein Leser (der Graphologe) aufgrund der Besonderheiten einer Handschriftprobe (Schriftmerkmale wie z. B. Wortabstand, Druck, Neigungswinkel, Bewegungsrhythmus oder Gliederung) eines Schreibers auf die Persönlichkeit, auch die Fähigkeiten des Schreibers zu schließen. Dabei geht die Graphologie von folgenden Hypothesen aus:

- Die menschliche Handschrift ist individuell (dies ist unbestritten, wie z. B. die weltweite Verwendung der Unterschrift als individuelles Erkennungsmerkmal zeigt)
- Diese Individualität ist vor allem psychisch bedingt (was akzeptiert werden kann, wenn der Begriff »psychisch« auch als motorische Reaktionen, Erlerntes, Veränderung der Muskeln durch Training u.ä. verstanden wird) und
- Aus den Aussagen 1 und 2 ergibt sich, daß aus der Handschrift eine Diagnose der Persönlichkeit und der Fähigkeiten des Schreibers abgeleitet werden kann.

Diese letzte Hypothese ist entscheidend, sie ist weitgehend umstritten, was auch daran zu erkennen ist, daß die Graphologie nur in einigen Staaten in Unternehmen verwendet wird (z. B. in Frankreich und im deutschsprachigen Raum), in anderen aber nicht (z. B. USA).

Wie steht es nun um die Gütekriterien graphologischer Merkmale und Gutachten? Generell ist die Zuverlässigkeit (Reliabilität) graphologischer Schriftmerkmale gut bis sehr gut (.60 bis .90) und zwar bei den verschiedenen möglichen Maßen der Reliabilität (Heinze, 1972). Auch Ökonomie und Objektivität beim Einsatz graphologischer Verfahren können als gegeben angesehen werden. Entscheidend ist die Frage nach der *Gültigkeit der Vorhersagen* bei Normalen (bei psychopathologischen Veränderungen ergeben sich z. T. gültige Diagnosen; Meier, 1978). Bei den vorliegenden Untersuchungen mit multivariaten Methoden zeigte sich immer wieder, daß graphologische Variablen andere Dimensionen charakterisieren als Persönlichkeitsvariablen (die selbst keine hohen Gültigkeiten haben; siehe vorne); dies ändert sich auch nicht beim Einsatz nichtlinearer Methoden wie z. B. der nichtlinearen Faktorenanalyse (Heinze, 1972). Außerdem wurden graphologische Gültigkeiten bisher wenig repliziert.

Insgesamt kann damit festgestellt werden, daß nach statistischen Gütekriterien die Brauchbarkeit der Graphologie für Prognosen über die Persönlichkeit des Schreibers unbefriedigend ist. Trotzdem werden im deutschsprachigen Raum immer wieder graphologische Gutachten zum Zwecke der Personalauswahl in Auftrag gegeben und erstellt. Damit stellt sich die Frage nach den Gründen für die Beliebtheit der Graphologie. Heinze (1972, S. 147) beantwortet sie so: »Die Beliebtheit der Graphologie in der nicht-psychologischen Praxis besonders im deutschsprachigen Raum ist ... dadurch zu erklären, daß der spontane Laieneindruck einer Schrift hochsignifikant mit Merkmalen der Schrift korreliert, und daß Deutungen solcher Merkmale nach graphologischer Standardliteratur inhaltlich dem Laieneindruck entsprechen.« Oder anders gesagt: *Die Graphologie ist zwar nach allen Befunden nicht valide, aber für Laien plausibel. In der betrieblichen Praxis der Personalauswahl dürfte sie keine bedeutsame Rolle spielen.*

Überblick über die verschiedenen Methoden

Vergleicht man die Methoden danach, wie sie nach Sicht der Anwender in der Praxis (Schuler et al., 1991) und nach wissenschaftlichen Befunden zu beurteilen sind, dann zeigen sich deutliche Unterschiede. Diese sind in der folgenden Abbildung *Übersicht über die verschiedenen Methoden* dargestellt.

Danach ist das Interview die beliebteste Methode, wird aber meist in der wenig strukturierten und damit nicht sehr validen Form angewendet. Als weitere Methoden bieten sich für die Praxis unter bestimmten Umständen der biographische Fragebogen und das Assessment-Center an, andere Methoden sollten in Einzelfällen nur nach genauer Prüfung angewendet werden.

Methoden	Anwender erleben die ...[1]			Wissenschaft
	Gültigkeit	Praktikablität	Akzeptanz	Prognosegüte
unstrukturiertes Interview	M	H	H	.14
strukt. aufg.bez. Interview	H	M	H	.30
Intelligenztests	M	M	M	.22
Leistungstests	M	M	M	.14 - .28
Persönlichkeitstests	M	N	M->N	–
graphologische Gutachten	N	N	N	–
biographische Fragebogen	M	M	M	.30
Assessment-Center	H	N	M	ca. .40

[1] nach Schuler, Frier & Kaufmann (1991) H = hoch   N = niedrig   M = mittel

Übersicht über die verschiedenen Methoden (Anwender- und Wissenschaftssicht)

Entscheidungsfindung im Rahmen des Auswahlprozesses

Die wissenschaftlichen Ergebnisse zu den verschiedenen Methoden der Personalauswahl zeigen, es gibt keine allgemeinverbindlich beste Methode zur Informationssammlung. Alle Methoden sind daraufhin zu prüfen, ob sie zum Unternehmen und seiner Kultur passen, zu welchem Zwecke sie eingesetzt werden und welche Informationen sie mit welcher Güte zum Entscheidungsprozeß beitragen können. Für die Anwendung in Unternehmen bieten sich zur Informationssammlung vor allem drei Methoden an, u. U. auch in Kombination miteinander:

⇢ Bei genau abgrenzbaren, großen Bewerbergruppen können sauber entwickelte, unternehmensspezifische und reine biographische Fragebogen die Vorauswahl der Bewerber sinnvoll vereinfachen; insbesondere, wenn immer wieder ein solcher Suchprozeß nötig ist (z. B. nach Außendienstlern). Biographische Fragebogen können auch die Suche unter externen Bewerbern oder Mitarbeitern nach solchen mit kreativem Potential erleichtern. In der Regel sind sie aber nicht alleinige Basis für Entscheidungen, dazu werden noch weitere Methoden herangezogen.

⇢ In den meisten Fällen, in denen es darum geht, unter wenigen Bewerbern den »geeigneten« für eine bestimmte Stelle auszuwählen, sind eine genaue Analyse der Bewerbungsunterlagen und ein darauf folgendes, gut entwickeltes, strukturiertes und verhaltens- wie anforderungsbezogenes Interview (inklusive Arbeitsproben oder kleinem Rollenspiel) angebracht; es stellt die bestmögliche gleichzeitige Berücksichtigung qualitativer wie ökonomischer Aspekte dar.

⇢ Gilt es, unter einer Reihe von externen Bewerbern (z. B. für ein Trainee-Programm) oder Mitarbeitern jene festzustellen, die über Führungspotential verfügen, dann ist – trotz allem damit verbundenen Aufwand – ein sauber entwickeltes und durchgeführtes firmenspezifisches Assessment-Center die beste, fairste Methode. Im Beispiel für das Trainee-Programm wird die Vorauswahl derjenigen, die für das Assessment-Center eingeladen werden, sicherlich anhand der Bewerbungsunterlagen und u. U. auch eines vorgeschalteten Interviews erfolgen. Bei der Auswahl der Mitarbeiter werden sicherlich die Ergebnisse von Beurteilungen durch den Vorgesetzten zur Vorauswahl mit herangezogen.

Entscheidungsvorbereitung

Nachdem die relevanten Informationen gesammelt sind, können sie mit dem Anforderungsprofil verglichen und dann die Entscheidung über die *Eignung* des/der Kandidaten getroffen werden. Im Rahmen von Assessment-Centern ist dies die Aufgabe der Beobachterkonferenz. An diesem Beispiel lassen sich auch einige bedeutsame Merkmale aufzeigen, um die Qualität der Entscheidung zu sichern:

⇢ *Mehr-Augen-Prinzip*: Als Menschen sind wir nicht in der Lage, alle wahrnehmbaren Informationen aufzunehmen und ohne jede Wertung zu verarbeiten. Dies gilt sowohl für die Informationssammlung als auch in noch stärkerem Maße für die Zusammenstellung und Interpretation der Informationen im Entscheidungsprozeß. Daher ist es qualitätssichernd oder gar qualitätssteigernd, wenn mehrere Beobachter und Entscheider möglichst unabhängig an dem Prozeß teilnehmen und die Entscheidung in gemeinsamer Diskussion treffen. Denn sie werden verschiedene Blickwinkel in den Prozeß einbringen und so dafür sorgen, dem/den Kandidaten gerechter zu werden.

⇢ *Trennung von Informationen und Bewertung:* Um alle Informationen angemessen zu berücksichtigen und zu verhindern, daß einzelne Informationen ein Übergewicht erhalten, ist es sinnvoll, die einzelnen Informationen den verschiedenen Aspekten des Anforderungsprofiles zuzuordnen und aufzuschreiben. Dabei sollte jede Einzelinformation nur einem Aspekt zugeordnet werden, sonst erhält sie ein Übergewicht und die Differenzierung zwischen den Anforderungen verschwimmt. Auf den ersten Blick mag diese Arbeit überflüssig erscheinen, sie hilft aber, einen differenzierten Überblick zu gewinnen. Außerdem verhindert sie, daß bestimmte Informationen vernachlässigt und andere übermäßig berücksichtigt werden. Denn wir tendieren dazu, jene Informationen besonders gut zu erinnern und in den Mittelpunkt zu stellen, die entweder unseren zentralen Wertvorstellungen gut entsprechen oder widersprechen (das müssen aber nicht die für eine Entscheidung relevantesten Informationen sein).

⇢ *Bewerten der einzelnen Anforderungen*: Anschließend wird jede Anforderung bei jedem Kandidaten daraufhin bewertet, in welchem Umfang sie erfüllt ist. Diese Einzelbewertungen können dann noch zu einer Gesamtbeurteilung der Eignung zusammengefaßt werden, entsprechend der Bedeutung der einzelnen Anforderungen für die Zielebene/-funktion. Das sollte möglichst aber verbal und nicht zahlenmäßig geschehen, denn Zahlen spiegeln leicht eine Objektivität und auch Unterschiede wider, die real nicht existieren, da es sich um Einschätzungen handelt. Dies sollte von jedem der Beobachter/Entscheider einzeln vorgenommen werden, bevor sie sich zusammensetzen. Anhand dieser Vorarbeiten läßt sich leichter sach- und zielorientiert diskutieren und zu einem gemeinsamen Ergebnis kommen.

Bestand das Ziel des Auswahlprozesses darin, aus einer Reihe von Kandidaten den am besten geeigneten herauszufinden, dann bietet es sich an, die Schritte zwei und drei zusammenzufassen. Dies kann in Form einer Matrix *Anforderungen x Kandidaten* geschehen. So ist dann sofort zu sehen, welcher Kandidat vom einzelnen Beobachter als am besten geeignet eingeschätzt wird.

Trotz aller methodischer Ansätze sollte man sich aber immer vor Augen halten: Entscheidungen über Personalauswahl sind nie absolut sicher und alle Bemühungen sind nur der Versuch, die Anzahl und das Gewicht möglicher Fehler so klein als möglich zu halten. Denn alle Methoden sind fehlerbehaftet und erlauben nur Prognosen unterschiedlicher Güte. Und letztlich handelt es sich bei Personalauswahl um subjektive Entscheidungen, nicht nur weil es sich dabei um Menschen handelt, sondern auch weil es entscheidend um Dinge geht wie »was verstehen wir unter Eignung« und »paßt er/sie zu uns?«. Daher kommt der am Anfang des Prozesses stehenden Analyse der Randbedingungen und Anforderungen die entscheidende Bedeutung für die Qualität der Entscheidungen zu. Sie sollte möglichst eingebettet sein in strategische Überlegungen zur Qualitätssicherung des ganzen Prozesses.

Überlegungen zur Qualitätssicherung

Eine detaillierte Strategie kann nur im jeweiligen Unternehmen erarbeitet werden, denn sie muß dessen Besonderheiten berücksichtigen. Daher können hier nur allgemeine Gesichtspunkte angesprochen werden.

⇢ Ausgangspunkt solcher Überlegungen sind in jedem Falle die Unternehmensziele, mindestens aber eine personalpolitische Aussage darüber, was die Mitarbeiter dieses Unternehmens ganz besonders auszeichnet. Davon lassen sich die grundsätzlich von allen neu einzustellenden Mitarbeitern verlangten Anforderungen ableiten (solche könnten z. B. Eigeninitiative oder Beratungskompetenz gegenüber Kunden sein), aber auch verbindliche Entscheidungsregeln.

⇢ Im nächsten Schritt ist eine Bedarfsprognose zu erarbeiten, d. h. die Daten der quantitativen und qualitativen Personalplanung nach Funktionsarten, Aufgabenbereichen und damit verbundenen allgemeinen Anforderungen zu differenzieren. Bei den Funktionsarten sind insbesondere solche wichtig, die eine Schlüsselstellung für das Unternehmen einnehmen. Dann läßt sich feststellen und festlegen, bei welchen Auswahlprozessen besondere Sorgfalt walten muß, d. h. wo und wann vor allem materiell wie personell und zeitmäßig investiert werden muß, soll langfristig ein positiver Beitrag zum Erreichen der Unternehmensziele beigesteuert werden.

⇢ Vorrangig für die Schlüsselfunktionen ist – zusätzlich zu den allgemeinen Anforderungen – eine Analyse der sie charakterisierenden typischen wie kritischen Situationen vorzunehmen. Diese müssen daraufhin geprüft werden, ob sie auch in Zukunft so bedeutsam sein werden, und sie sind entsprechend zu verändern und zu ergänzen. Das ist besonders wichtig, da sonst die Situationen wie die später dafür erarbeiteten Anforderungen nur den Vergangenheitsaspekt repräsentieren.

⇢ Herrscht Einigkeit darüber, welche Situationen heute wie in Zukunft für die Schlüsselfunktionen typisch wie kritisch sein werden, dann sind für diese Situationen als Anforderungen jene Handlungsmuster und Handlungsweisen zu erarbeiten, mit denen sie gemeistert werden können.

⇢ Anschließend ist abzuklären, welche Auswahlmethoden für das Unternehmen am adäquatesten sind, um bei Kandidaten Informationen zu diesen Anforderungen zu sammeln. Die Ergebnisse werden am einfachsten in einer Matrix dargestellt.

⇢ Diese Anforderungen sollten u. U. ergänzt werden um Aspekte, die für das Unternehmen außerdem bedeutsam sind, z. B. bestimmte Ausprägungen der Fachkompetenz oder Kreativität.

⸺⫸ Auf der Basis dieser Situationen und verhaltensorientierter Anforderungen können nun Methoden unternehmens- und funktionsspezifisch entwickelt werden, z. B. situative und anforderungsbezogene Interviews, biographische Fragebögen oder Assessment-Center.

⸺⫸ Zur Qualitätssicherung gehört auch, daß nach der Auswahlentscheidung für den Kandidaten ein zeitlich wie inhaltlich strukturierter Einarbeitungsplan erstellt wird, der auch eine Betreuung durch eine erfahrene Führungskraft vorsieht. So soll der Kandidat möglichst schnell und reibungslos sowohl mit seiner Aufgabe als auch mit seiner Umgebung vertraut werden.

⸺⫸ Ein solcher Einarbeitungsplan gestattet auch eine differenzierte Beurteilung der Leistungen, der Integration wie auch z.T. des Potentials am Ende der Probezeit. Gleichzeitig wird dadurch auch eventueller Entwicklungsbedarf deutlich.

⸺⫸ Über diese spezifische Kontrolle hinaus sollten auch übergreifend die Erfolge der Personalauswahl regelmäßig überprüft werden, z. B. durch Fortschreibung des quantitativen wie qualitativen Bedarfs wie der vorhandenen Zahl an Potentialkandidaten, die Quote der erwünschten wie unerwünschten Fluktuation, die Gründe für unerwünschte Fluktuation usw.

Erst eine solche umfassendere Strategie stellt sicher, daß die Investitionen in die Personalauswahl finanziell wie von der Qualität her überprüfbar und verbesserbar bleiben, daß sie auf lange Sicht tatsächlich ihren Beitrag zur Erreichung der Unternehmensziele leisten.

Lohnt sich ein systematischer Auswahlprozeß?

Soll Personalauswahl ihren Zweck als Zukunftsinvestition erfüllen, dann ist sie mit einigem Aufwand verbunden, um die Qualität herzustellen und zu sichern. Damit stellen sich aber auch zwangsläufig die Fragen »Was kostet das?« und »Lohnt sich das?«. Beide Fragen lassen sich nur im und vom jeweiligen Unternehmen erfassen und beantworten. Trotzdem soll mit Hilfe von Modellüberlegungen eine näherungsweise Antwort versucht werden. Es sollen zwei verschiedene Funktionen (Sachbearbeiter und Abteilungsleiter) betrachtet und dabei zwei verschiedene Auswahlverfahren (situatives Interview und Assessment-Center) zur Informationssammlung angewendet werden. Bei der Schätzung der Kosten des Auswahlprozesses sollen auch die Opportunitätskosten berücksichtigt werden. Sie werden auf der Basis der Jahresfestbezüge kalkuliert, zu denen noch 40 % Nebenkosten gerechnet werden. Dabei werden 220 Arbeitstage pro Jahr angenommen.

Auswahl externer Bewerber per Interview

Ausgangssituation sei die Suche nach Hochschulabsolventen zur Besetzung einer qualifizierten Sachbearbeiterfunktion. Die Suche erfolgt per Inserat in einer überregionalen Zeitung. Die Vorauswahl unter den Bewerbern aufgrund der Bewerbungsunterlagen soll durch den Personalreferenten, die Entwicklung des situativen Interviews (entscheidende Situationen der Funktion mit zugehörigen verhaltensorientierten Anforderungen) gemeinsam durch Personalreferent und zuständigen Abteilungsleiter erfolgen. Der Interviewleitfaden soll dann wieder durch den Personalreferenten erarbeitet werden. Die Interviews selbst sollen von zwei Teams geführt werden, die jeweils aus einem Personalreferenten und dem Abteilungsleiter bzw. seinem Stellvertreter bestehen. Diese beiden Teams sollen auch gemeinsam die Entscheidung treffen, welcher Bewerber eingestellt werden soll. Dann können sich die in der folgenden Aufstellung *Auswahl per situativem Interview* aufgeführten Kosten ergeben.

Nutzen bei Auswahl per situativem Interview
Kriterium 1 = Jahresbezüge der Zielposition
Zielfunktion = Sachbearbeiter mit HS-Abschluß
- Jahresbezüge incl. Nebenkosten ca. 90.000 DM
- Gesamtkosten der Auswahl ca. 25.000 DM
  (Kosten pro Bewerber ca. 4.200 DM)

Gesamtinvestition : ca. 28% der Jahresbezüge
(Investition pro Bewerber: ca. 5% der Jahresbezüge)

Kriterium 2 = Kosten einer Fehlbesetzung
Zielfunktion = Sachbearbeiter mit HS-Abschluß
- Jahresbezüge incl. Nebenkosten ca. 90.000 DM
- Dauer der Fehlbesetzung = 5 Jahre
  Gesamtbezüge incl. Nebenkosten ca. 450.000 DM
- Fehlbesetzung = nur 80% Leistung
  (ca. 1,5 Stunde/Tag bei 38 Std./Woche)
- Verlust des Unternehmens ca. 90.000 DM

*Gesamtinvestition: ca. 28% des möglichen Verlustes
über einen Zeitraum von 5 Jahren*
(Investition pro Bewerber: ca. 5% des möglichen Verlustes
über einen Zeitraum von 5 Jahren)

Welchen Nutzen bringt ein solches Vorgehen? Da Nutzen auch ein vielschichtiger Begriff ist, sollen hier zwei Kriterien gewählt werden, denen die Kosten des Prozesses gegenübergestellt werden sollen. Als erstes Kriterium bietet sich das Jahresgehalt inklusive der Nebenkosten in der Zielfunktion an (die gleiche Basis wurde bei der Berechnung der Opportunitätskosten verwandt).

Als zweites, wesentlich spekulativeres Kriterium sollen die Kosten einer Fehlbesetzung herangezogen werden, denn ein systematischer Auswahlprozeß wird eingeschlagen, um die Zahl der möglichen Fehlbesetzungen zu minimieren. Hierbei müssen Annahmen darüber gemacht werden, was unter einer Fehlbesetzung verstanden werden soll und wie lange es dauern soll, bis sie als solche erkannt und korrigiert wird. Dann erst kann der mögliche Verlust des Unternehmens durch eine Fehlbesetzung berechnet und den Kosten des Auswahlprozesses gegenübergestellt werden. Beide Kriterien und die dazugehörigen Berechnungen sind in der Aufstellung *Nutzen bei Auswahl per situativem Interview* dargestellt.

Auswahl per situativem Interview
Opportunitätskosten der Beteiligten
- Abteilungsleiter: Bezüge p.a. = 140.000 DM
  Nebenkosten = 64.000 DM
- Personalreferent: Bezüge p.a. = 100.000 DM
  Nebenkosten = 40.000 DM

Entwicklungs- und Durchführungskosten
(Anwendung eines situativen Interviews)
- Annonce in überregionaler Zeitung ca. 12.000 DM
- Vorauswahl beste 6 Bewerber
  PersRef à 1 Tag ca. 650 DM
- Entwicklung des situativen Interviews
  Situationen/Anforderungen: PersRef
  + AL je 2 Tage ca. 3.200 DM
  Leitfaden: PersRef à 1 Tag ca. 650 DM
- Reisekosten für 6 Bewerber ca. 3.100 DM
- Durchführung der Interviews und Entscheidung
  über Geeigneten
  2 Teams à je 1 AL+ 1 PersRef je 2 Tage
  AL à 4 Tage ca. 3.800 DM
  PersRef à 4 Tage ca. 2.600 DM
- **Gesamtkosten der Auswahl** **ca. 25.000 DM**
  (pro Bewerber in Endauswahl ca. 4.200 DM)

Die Gegenüberstellung der Kosten für den Auswahlprozeß zu den Kriterien (dem möglichen Nutzen) zeigt, daß die Investition in den Gesamtprozeß rund 30 % der Jahresbezüge des Stelleninhabers bzw. des möglichen Verlustes des Unternehmens beträgt. Werden die Kosten nur auf den Ausgewählten bezogen, dann betragen sie rund 5 % seines Jahresgehaltes bzw. des möglicherweise entstandenen Verlustes. Diese Investition ist wohl in ähnlichem Rahmen wie die, wenn über eine größere Sachinvestition entschieden wird.

Auswahl von Mitarbeitern mit Entwicklungspotential

Eine zweite Kosten-Nutzen-Modellüberlegung soll die *Auswahl*, besser das Identifizieren von Mitarbeitern mit Potential für gehobene Führungsaufgaben betreffen. Zielebene soll dabei die Abteilungsleiterebene sein und als Methode zur Informationssammlung und Entscheidung soll ein unternehmensspezifisches Assessment-Center zum Einsatz kommen.

Dieses wurde vom eigenen Bildungswesen unter Beteiligung von Hauptabteilungsleitern (als der Ebene über der Zielebene) entwickelt. Es ist konzipiert für jeweils bis zu zwölf Teilnehmer und es wird angenommen, daß es unverändert mindestens fünfmal durchgeführt werden kann. Legt man wieder den gleichen Ansatz zur Berechnung der Opportunitätskosten zugrunde, dann entfallen auf jeden Teilnehmer anteilige Entwicklungskosten von ca. 1.500 DM. Das Assessment-Center soll vier Tage dauern, einschließlich Beobachterkonferenz mit Entscheidung über Potential wie Fördermaßnahmen und anschließende Beratungsgespräche. Es wirken acht Hauptabteilungsleiter als Beobachter, elf Teilnehmer, fünf Bildungsreferenten als Moderatoren und 15 Führungskräfte der ersten Ebene als Rollenspieler mit. Die Durchführung soll in einem Hotel stattfinden. Die anfallenden Hotel- wie Reisekosten werden pauschal zugrunde gelegt. Die einzelnen Posten lassen sich ebenso wie die gesamten Kosten dieses Auswahlverfahrens aus der Aufstellung auf S. 240 *Kosten bei »Auswahl« per AC* entnehmen.

Die so geschätzten Kosten des *Auswahlprozesses* sollen mit drei verschiedenen Kriterien verglichen werden: (a) den Jahresbezügen in der bisherigen Funktion, (b) denen in der Zielfunktion und (c) den möglichen Kosten einer Fehlbesetzung. Die einzelnen Beträge sind in der Aufstellung *Nutzen bei »Auswahl« per AC auf S. 241* dargestellt.

Kosten bei »Auswahl« per AC
Opportunitätskosten der Beteiligten
(incl. Nebenkosten; 220 Arb.tage p.a.)

⇢	Hauptabteilungsleiter	330.000 DM p.a.	1.500 DM/Tag
⇢	Moderatoren	140.000 DM p.a.	650 DM/Tag
⇢	Rollenspieler	110.000 DM p.a.	500 DM/Tag
⇢	Teilnehmer	110.000 DM p.a.	500 DM/Tag

Entwicklungs- und Durchführungskosten

⇢ Dauer eines ACs = 4 Tage
  Hotelkosten pro Person: 250.- DM VP
  Reisekosten pro Person: 300.- DM

⇢ anteilige Entwicklungskosten pro
  Teilnehmer (12 x ca. 1.500 DM) — ca. 18.000 DM

⇢ Beobachter = 8 Hauptabteilungsleiter
  Opportunitätskosten 8 x 4 Tage — ca. 48.000 DM
  Hotelkosten 8 x 4 Tage — ca. 8.000 DM
  Reisekosten 8 Personen — ca. 2.400 DM

⇢ 12 Teilnehmer
  Opportunitätskosten 12 x 4 Tage — ca. 24.000 DM
  Hotelkosten 12 x 4 Tage — ca. 12.000 DM
  Reisekosten 12 x 300 DM — ca. 3.600 DM

⇢ 5 Moderatoren
  Opportunitätskosten 5 x 4 Tage — ca. 13.000 DM
  Vor-/Nachbereitung 5 x 2 Tage — ca. 6.500 DM
  Hotelkosten 5 x 4 Tage — ca. 5.000 DM
  Reisekosten 5 x 300 DM — ca. 1.500 DM

⇢ 15 Rollenspieler
  Opportunitätskosten 15 x 2 Tage — ca. 15.000 DM
  Hotelkosten 15 x 2 Tage — ca. 7.500 DM
  Reisekosten 15 x 300 DM — ca. 4.500 DM

  ca. 169.000 DM
  Kosten pro Teilnehmer = ca. 14.100 DM

1995

Nimmt man die jetzigen Funktion der Teilnehmer auf der ersten Führungsebene als Kriterium, dann stellt die Teilnahme am AC eine Investition von ca. 13 % der Jahresbezüge dar, in der Zielfunktion sind es ca. 7 % der Jahresbezüge, gegenüber dem möglichen Verlust bei einer Fehlbesetzung noch ca. 2,5 % (bezogen auf den Zeitraum von fünf Jahren). Bei der letzten Schätzung blieben mögliche weitere, nur schwer quantifizierbare Folgekosten einer Fehlbesetzung außer acht, z. B. geringere Innovationsfreudigkeit, mangelnde Motivierung der Mitarbeiter, ungünstige Vorbildfunktion mit entsprechenden Auswirkungen auf Kundenorien-tierung und Personalentwicklung usw.

Nutzen bei »Auswahl« per AC
Kriterium 1 = Jahresbezüge bisherige Funktion
⇢ bisherige Jahresbezüge als Gruppenleiter ca. 110.000 DM
(incl. Nebenkosten)
⇢ Kosten der Teilnahme am AC ca. 14.100 DM
Investition pro TN: ca. 13% der bisherigen Bezüge

Kriterium 2 = Jahresbezüge der Zielfunktion
⇢ Jahresbezüge als Abteilungsleiter o.ä. ca. 200.000 DM
(incl. Nebenkosten)
⇢ Kosten der Teilnahme am AC ca. 14.100 DM
Investition pro TN: ca. 7% der künftigen Bezüge

Kriterium 3 = Kosten einer Fehlbesetzung
⇢ Jahresbezüge als Abteilungsleiter o.ä. ca. 200.000 DM
(incl. Nebenkosten)
⇢ Verlust: 5 Jahre bei nur 80% Leistung ca. 200.000 DM
⇢ 5 unterstellte Führungskräfte
à Bezüge (incl. NK) p.a. = 110.000 DM
Leistungsminderung jeweils 10%
Verlust in 5 Jahren ca. 275.000 DM
⇢ Leistung der Mitarbeiter = nicht beeinträchtigt
⇢ Abfindung AL (incl. Altersversorgung) ca. 160.000 DM

Verlust des Unternehmens ca. 635.000 DM
Investition pro TN: ca. 3% des möglichen Verlustes
(über einen Zeitraum von 5 Jahren)

Alternativ sollen die Kosten nur auf die Teilnehmer umgelegt werden, die erfolgreich sind. Geht man von einer Erfolgsquote von zwei Drittel aus und legt die Kosten nur auf diese acht Teilnehmer um, dann handelt es sich bei dem AC um eine Investition von ca. 20 % der jetzigen Jahresbezüge dieser acht Teilnehmer, ca. 11 % der künftigen Jahresbezüge oder ca. 7 % des möglichen Verlustes für das Unternehmen durch vier Fehlbesetzungen im Laufe von fünf Jahren. Alle diese Relationen erscheinen akzeptabel, wenn nicht gar positiv. Wie groß die Kosten systematischer Auswahlprozesse tatsächlich im einzelnen sind und auch wie groß der damit erzielte Nutzen ist, das kann nur im einzelnen Unternehmen genau geprüft werden.

Fazit

Akzeptiert man diese Modellüberlegungen zum Kosten-Nutzen-Verhältnis systematischer Auswahlprozesse, dann gilt, sie sind sowohl nach qualitativen wie auch nach ökonomischen Gesichtspunkten vertretbar und sinnvoll. Danach »lohnt« sich systematische, unternehmensspezifische Personalauswahl. Da es sich bei ihr immer auch um eine Investition in die Zukunft des Unternehmens handelt, müssen die erforderlichen Randbedingungen und eine methodische Sorgfalt gegeben sein, soll sich die Investition rentieren. Nur unter dieser Voraussetzung lassen sich die damit verbundenen Kosten auch in wirtschaftlich prekären Zeiten vertreten. Mögen die Investitionen nach den Modellüberlegungen in Relation zu dem erreichbaren Nutzen auch günstig erscheinen, so handelt es sich doch um beträchtliche Absolutbeträge. Es ist daher unverzichtbar, in regelmäßigen Abständen zu überprüfen, ob das Vorgehen bei der Personalauswahl weiterhin bedarfsgerecht, inhaltlich notwendig und methodisch sauber ist und ob es den erwarteten Nutzen für das Unternehmen erbringt.

Literatur

AMTHAUER, R., *I.S.T. 70. Intelligenz-Struktur-Test*, 4. Aufl., Hogrefe, Göttingen, 1973.
Arbeitskreis Assessment Center (Hrsg.), *Das Assessment Center in der betrieblichen Praxis: Erfahrungen und Perspektiven*, Windmühle, Hamburg, 1989.
Arbeitskreis Assessment Center, *Standards der Assessment Center Technik*, Eigenverlag, München, 1992.
BARON-BOLDT, J./FUNKE, U./SCHULER, H., *Prognostische Validität von Schulnoten*, in: JÄGER, R. S./HORN, R./INGENKAMP, K. (Hrsg.), *Tests und Trends 7*, Beltz, Weinheim, 1989, S. 11–39.

BLIESENER, T., *Ist die Validität biographischer Daten ein methodisches Artefakt? Ergebnisse einer meta-analytischen Studie*, Zeitschrift für Arbeits- und Organisationspsychologie, 36, 1992, S. 12–21.
BOLTE, E. A./JUNG, P., *Konstruktion eines Assessment Centers. Anforderungen, Übungen*, in: Arbeitskreis Assessment Center (Hrsg.), *Das Assessment Center in der betrieblichen Praxis: Erfahrungen und Perspektiven*, Windmühle, Hamburg, 1989, S. 96–113.
CASCIO, W. F., *Applied Psychology in Personnel Management*, Englewood Cliffs, Prentice Hall, 1987.
FAHRENBERG, J./HAMPEL, R./SELG, H., *Das Freiburger Persönlichkeitsinventar (F-P-I)*, 4 überarbeitete Auflage, Hogrefe, Göttingen, 1984.
FAY, E., *Die Rolle der Psychodiagnostik bei der Zulassung zum Studium der Human-, Tier- und Zahnmedizin*, in: Zeitschrift für Arbeits- und Organisationspsychologie, 30, 1986, S. 68–76.
FLANAGAN, J. C., *The Critical Incident Technique*, Psychological Bulletin, 51, 1954, S. 327–358.
GHISELLI, E. E., *The Validity of Aptitude Tests in Personnel Selection*, Personnel Psychology, 26, 1973, S. 461–477.
GRUPPE, G., *Erfahrungen mit Assessment Centers*, in: Schuler, H./Stehle, W. (Hrsg.), *Organisationspsychologie und Unternehmenspraxis: Perspektiven der Kooperation*, Verlag für Angewandte Psychologie, Stuttgart, 1985, S. 139–143.
HEINZE, B., *Faktoren der Handschrift, Persönlichkeit, Interessenrichtung und Leistung*, unveröff. Diss., Universität Hamburg, 1972.
HUNTER, J. E./HUNTER, R. F., *Validity and Utility of Alternative Predictors of Job Performance*, Psychological Bulletin, 96, 1984, S. 72–98.
HUNTER, J. E./HIRSH, H. R., *Applications of Meta-analysis*, in: Cooper, C. L./Robertson, I. T. (Hrsg.), *International Review of Industrial and Organizational Psychology*, Wiley, New York, 1987, S. 321–357.
JÄGER, A. O., *Validität von Intelligenztests*, Diagnostika, 32 [Themenheft], 1986, S. 272–289.
JÄGER, R. S., *Biographische Daten*, in: Jäger, R. S. (Hrsg.), *Psychologische Diagnostik*, Psychologie Verlags Union, München, 1988, S. 292–303.
JUNG, P., *Ein Verfahren zur Erhebung von Anforderungen für Assessment Center*, München, unveröff. Manuskript, 1985.
KAUFMANN, W., *Wie man die »beste« Führungskraft auswählt*, Management Zeitschrift io, 53, 1984, S. 474–476.
KELLY, G. A., *The Psychology of Personal Constructs*, Norton, New York, 1955.
KOMPA, A., *Personalbeschaffung und Personalauswahl*, Enke, Stuttgart, 1989.
MAUKISCH, H., *Erfolgskontrollen von Assessment Center-Systemen – Der Stand der Forschung*, in: Zeitschrift für Arbeits- und Organisationspsychologie, 30, 1986, S. 86–91.
MEIER, M. A., *Untersuchungen zur Handschrift von Schizophrenen*, unveröff. Diss., Universität Zürich, 1978.
NEUBAUER, R., *Stand der Anwenderforschung*, in: Arbeitskreis Assessment Center (Hrsg.), *Dokumentation zum zweiten Kongreß Assessment Center*, Windmühle, Hamburg, 1984, S. 32–98.
NEUBAUER, R., *Erhebung der impliziten Eignungstheorien einer Organisation*, in: Sarges, W. (Hrsg.), *Management-Diagnostik*, Hogrefe, Göttingen, 1990, S. 134–141.

Pibal, D./Neher, R., *Bewerbungsverfahren in Australien, Deutschland und USA, Personal,* 12, 1991, S. 444–446.

Reilly, R. R./Chao, G. T., *Validity and Fairness of Some Alternative Employee Selection Procedures,* Personnel Psychology, 74, 1982, S. 402–410.

Rosenfeld, M./Thornton, R. F., *A Case Study in Job Analysis Methodology. Results Obtained from Analyzing two Positions: Employment Service Interviewer and Employment Service Local Office Manager,* Educational Testing Service, Center for Occupational and Professional Assessment, Princeton, 1976.

Sarges, W., *Interviews,* in: Sarges, W. (Hrsg.), *Management-Diagnostik,* Hogrefe, Göttingen, 1990.

Schmitt, N./Gooding, R. Z./Noe, R. A./Kirsch, M., *Metaanalysis of Validity Studies Published between 1964 and 1982 and the Investigation of Study Characteristics,* Personnel Psychology, 37, 1984, S. 407–422.

Schneevoigt, I., *Aspekte qualitativen Personalmanagements,* in: Henzler, H. H. (Hrsg.), *Handbuch Strategische Führung,* Gabler Verlag, Wiesbaden, 1988, S. 325–352.

Schneewind, K./Schröder, G./Cattell, R. B., *Der 16-Persönlichkeits-Faktoren-Test (16 PF),* 2. berichtigte Auflage, Huber, Bern, 1986.

Schuler, H., *Auswahl von Mitarbeitern,* in: Rosenstiel, L. v./Regnet, E./Domsch, M. (Hrsg.), *Führung von Mitarbeitern,* Schäffer, Stuttgart, 1991, S. 100–125.

Schuler, H./Frier, D./Kaufmann, M., *Validität, Praktikabilität und Akzeptanz eignungsdiagnostischer Verfahren in der Einschätzung der Verwender,* in: Schuler H./Funke, U. (Hrsg.), *Eignungsdiagnostik in Forschung und Praxis,* Verlag für Angewandte Psychologie, Stuttgart, 1991, S. 26–32.

Schuler, H./Funke, U./Moser, K./Donat, M./Barthelme, D., *Konstruktion von Personalauswahlverfahren für industrielle Forschung und Entwicklung,* in: Schuler, H./Funke, U. (Hrsg.), *Eignungsdiagnostik in Forschung und Praxis,* Verlag für Angewandte Psychologie, Stuttgart, 1991, S. 182–190.

Stewart, A./Stewart, V., *Tomorrow's Men Today,* Institute of Personnel Management, London, 1976.

Thornton, G. C./Gaugler, B. B./Rosenthal, D. B./Bentson, C., *Meta-analysis of Assessment Center Validity,* in: Schuler, H./Stehle, W. (Hrsg.), *Assessment Center als Methode der Personalentwicklung,* Verlag für angewandte Psychologie, Stuttgart, 1987, S. 36–60.

Weinert, A. B., *Vom 16 PF zum CPI – Persönlichkeitstests auf dem Prüfstand,* in: Cisek, G. U./Schäkel, U./Scholz, J. (Hrsg.), *Instrumente der Personalentwicklung auf dem Prüfstand,* Windmühle, Hamburg, 1989, S. 74–102.

Weinert, A. B./Streufert, S. C./Hall, W. B., *Deutscher CPI (Standardform 480),* Huber, Bern, 1982.

Beitrag abgedruckt in: Böhm, Hans/Haucke, Christoph (Hrsg.), *Personalmanagement in der Praxis – Unternehmerisches Handeln gestaltet die Zukunft,* Wirtschaftsverlag Bachem, Köln, 1995, S. 48–84.

Auf dem Weg zum Team

Als wir zum Jahreswechsel Absolventen von Universitäten und Hochschulen als Assistentinnen oder Assistenten für die Geschäftsleitung suchten, schrieben wir unter anderem in die Personalanzeige: »Ihr gesellschaftliches Engagement haben Sie unter Beweis gestellt, sei es durch Mitarbeit in einer politischen oder sozialen Institution. Möglicherweise haben Sie auch in einer Schülervertretung bzw. einer studentischen Organisation mitgewirkt.« Die Beschreibung der Anforderung zielt auf soziale Kompetenz.

Diese werden die künftigen Führungskräfte neben fachlicher und methodischer Kompetenz auch dringend brauchen. Denn die Aufgabenstellungen in Unternehmen – gerade auch im Dienstleistungsbereich – werden immer komplexer. Cross-functional ist gefragt. Wie schon heute in Projektgruppen müssen Fachleute aus verschiedenen Bereichen zur Lösung von übergreifenden Problemen an einen Tisch. Die Effektivität ihrer Arbeit ergibt sich dann einerseits aus der Qualität der Lösungsansätze und andererseits daraus, wie gut diese von denen akzeptiert werden, die sie im Alltag umsetzen sollen. Erfolg wird sich also nur dann einstellen, wenn die einzelnen Beteiligten möglichst frühzeitig informiert und einbezogen sind, sie fachlich mehr gefordert werden und wenn sie zugleich mehr Zuständigkeit erhalten.

Die Führungskraft bleibt für den Prozeß verantwortlich. Dann ist die Führungskraft allerdings nicht länger Alleinentscheider, sie wird vielmehr zum Leiter und Moderator des Teams. Natürlich ist dieses nur knapp skizzierte Szenario noch eher Vision als Unternehmensalltag.

Die heute noch dominierende hierarchische Grundidee von Unternehmen mit Abteilungen und Wettbewerbssituation, in der sich der einzelne für den Sprung auf die Karriereleiter mit Ellenbogenkraft erst hervortun muß, sind der Teamarbeit eher hinderlich. Echter Teamgedanke und Gruppenarbeit in der Breite entstehen erst. Praktikable Modelle für eine entsprechend leistungsgerechte Bezahlung und Ausstattung müssen noch entwickelt werden. Teamwork wird aber ohne Frage eine stärkere Bedeutung bekommen.

Deshalb schauen wir bei Bewerbern eben schon heute auf soziale Kompetenz und unterstützen den Teamgedanken bei unserem Führungskräftenachwuchs in Förderkreisen und Projektgruppen. Teamfähigkeit ist erlernbar und für die Führungskraft von morgen ein Muß. Wer sich sperrt, wird wenig erfolgreich sein. Denn Führungskräfte werden künftig Spezialisten sowie weitgehend selbständige Mitarbeiter zu einem Team integrieren müssen, das gemeinsam ein übergeordnetes Ganzes verfolgt.

Es geht also nicht darum, meine ich, neue Gegensätze aufzubauen – etwa pro Team und kontra Individualist. Vielmehr brauchen wir wie im Fußball ein Kollektiv, in dem es Spielgestalter und Mitspieler gibt. Auf die richtige Mischung kommt es an. Und die muß der Teamchef organisieren, dabei das Ziel erläutern und das Team zu dessen Erreichen motivieren.

Erfolgreich wird die Führungskraft sein, der es als Teamleader gelingt, auch aus scheinbaren Gegensätzen Vorteile für alle abzuleiten. Dieser kurze Exkurs wird den Avantgardisten zu mager sein. Auch die Anpassung von Unternehmen an neue Erfordernisse braucht Zeit. Teamarbeit ist heute weder Mythos noch bereits Wirklichkeit – wir sind auf dem Weg dahin.

Beitrag abgedruckt in: *Handelsblatt*, 74/1995 vom 13.4.1995, Seite KD2.

Change-Management

EIM-Report *Im Unterschied zu den vielen wechselnden Moderezepten verbirgt sich hinter dem Begriff Change-Management keine bestimmte Methode, sondern die Notwendigkeit, mit unternehmerischen Mitteln auf die globalen Wettbewerbsbedingungen zu reagieren. Wie definieren Sie den spezifischen Veränderungsansatz Ihrer Versicherungsgruppe?*

Ihno Schneevoigt Mit Unternehmen ist es wie mit Menschen. Normalerweise hält man fest an bewährten Erfolgsrezepten und wechselt ungern mit großer Geschwindigkeit die Orientierung. Gerade die Versicherungswirtschaft tendiert von ihrer Grundstruktur und Werthaltung her zu Kontinuität und Zuverlässigkeit. Das liegt in der Natur unseres Geschäfts. Andererseits verändert sich der Wettbewerb für uns rapide, was die Produktvielfalt, die Produktkonstruktion, die Internationalisierung des Versicherungswesens und die globalisierten Finanzanlagemärkte anbetrifft. Wir konkurrieren heute unmittelbar mit Investmenthäusern, Banken, Fondsgesellschaften.

EIM-Report *Wie kommen Sie damit zurecht, innerhalb Ihrer Organisation die beiden Zielstellungen Kontinuität und beschleunigten Wandel zu verankern?*

Schneevoigt Ich könnte jetzt leicht sagen, daß die Unternehmensstruktur schon den unterschiedlichen Prinzipien entspricht. Lebensversicherung gleich Kontinuität. Asset-Management gleich innovative Produkte und hohe Flexibilität. Sachversicherungen positioniert in der Mitte zwischen den beiden Polen. Aber das wäre zu holzschnittartig. Change-Management muß natürlich in allen Teilen der Organisation greifen.

EIM-Report *Vor allem brauchen Sie die richtigen Managementressourcen, um die neuen und differenzierteren Anforderungen zu bewältigen. Wo nehmen Sie diese her?*

Schneevoigt Zu 95 % aus der Personalentwicklung des eigenen Unternehmens, die anderen Führungskräfte stoßen zu uns in Folge von Akquisitionen innerhalb der Versicherungsbranche oder wir rekrutieren sie am Markt. Bei der Erweiterung der Allianz-Aktivitäten im Asset-Management stützen wir uns verstärkt auf Neuzugänge von außen.

EIM-Report *Was macht denn in turbulenten Zeiten einen bewährten Manager zum erfolgreichen Change-Manager?*

Schneevoigt Auf eine Formel gebracht muß er über drei Faktoren verfügen. Erstens sollte er die Balance zwischen Marktentwicklung und Kundenorientierung beherrschen, zweitens die nötige Umsetzungsschnelligkeit entwickeln, drittens seine Mannschaft zielgerecht motivieren können.

EIM-Report *Stichwort Mannschaft – wie kommen die Mitarbeiter zurecht mit dem schnelleren Veränderungsbedarf?*

Schneevoigt Es ist nicht nur die Geschwindigkeit, mit der sich die Prozesse beschleunigen, auch die zunehmende Größe der Gesellschaften spielt eine Rolle. Mit der Internationalisierung des Geschäfts wächst der Komplexitätsgrad. Das bedingt Streß für die Organisation und für die Mitarbeiter. Da knirscht es an vielen Stellen. Wir begegnen dem mit einer Reihe von Maßnahmen. Der fachliche Know-how-Transfer zwischen den Gesellschaften wird international intensiviert. Einzelne Organisationen sind inzwischen stärker vertikal strukturiert. Das Allianz Management Institute hat die Aufgabe, den Wissensstand der Führungskräfte im internationalen Maßstab zu fördern und ein Netzwerk zu schaffen, das die weltweite interne Kommunikation erleichtert.

EIM-Report *Wie berücksichtigen Sie die unternehmenskulturellen Unterschiede innerhalb der Konzernbereiche? Gibt es im Falle von Akquisitionen oder bei der Neuausrichtung von Aktivitäten bestimmte Managementprogramme oder -methoden, nach denen Sie vorgehen?*

Schneevoigt Im internationalen Asset-Management hatten wir den großen Vorteil, etwas Neues aufzubauen, das wir dann fast missionarisch in die nationalen und internationalen Gesellschaften hineintragen konnten. Bei Zusammenschlüssen oder Übernahmen im Versicherungsbereich stellt sich das sehr viel schwieriger dar. Das Management hat dort die Aufgabe, das Vertrauen der Kunden in den Versicherungspartner zu erhalten und damit auch die Identität der Organisation zu wahren. Der Integrationsprozeß ist daher sehr viel langfristiger. Man darf nichts übers Knie brechen. Erst recht nicht, wenn es sich um internationale Gesellschaften handelt, da der Versicherungsmarkt zum großen Teil noch immer lokalen oder nationalen Charakter hat.

EIM-Report *Globalisierung führt also nicht automatisch zu einer Auflösung nationaler Unternehmensidentitäten oder zu einer Vereinheitlichung der Produkte?*

Schneevoigt Versicherungsprodukte sind nach wie vor stark abhängig von gesetzlichen Regelungen in den einzelnen Ländern, daher ist unser jeweiliger Produktauftritt noch national orientiert. Das kann sich im europäischen Binnenmarkt in den nächsten zehn Jahren vielleicht ändern, wenn die sozialgesetzlichen und rechtlichen Voraussetzungen vereinheitlicht werden.

EIM-Report *Wie wichtig sind Projektmanagement und virtuelle Organisationsformen für den Unternehmenswandel?*

Schneevoigt Die klassische hierarchische, aus der Militärsoziologie stammende Organisation, nach der wir alle im Prinzip heute noch organisiert sind, wird mehr und mehr obsolet, weil die Kommunikationslinien heute anders verlaufen. Um Veränderungsprozesse zu beschleunigen, haben wir für die Projektorganisation ein eigenes Regelwerk entwickelt. Der Begriff des Projektmanagers ist bei uns neben der Führungs- und Fachlaufbahn der dritte Standard. Es gibt fast kein größeres Projekt mehr, das wir nicht interfunktionell angehen. Teams arbeiten über einen bestimmten Zeitraum unter einem Projektmanager, danach gehen die Mitarbeiter wieder zurück in ihre Bereiche.

EIM-Report *Wie definieren Sie das Profil dieser Projektmanager?*

Schneevoigt Es gibt hauptamtliche Projektmanager und Projektmitarbeiter, die freigestellt sind von ihrer Strukturabteilung. Das Anforderungsbild unterscheidet sich nicht wesentlich von einer Linienaufgabe, aber der Projektmanager hat eine andere, nämlich cross-funktionale Verantwortung.

EIM-Report *Muß der Projektmanager als Agent des Wandels nicht doch besondere Fähigkeiten haben, zum Beispiel in puncto Durchsetzungskraft und Konsensbildung?*

Schneevoigt Ich bin vorsichtig mit diesen typisierenden Qualifizierungen, was braucht der eine mehr, was soll der andere besser können. Fest steht nur, daß der Projektmanager cross-funktionaler sein muß, um wirklich erfolgreich zu arbeiten.

EIM-Report *Welche Weiterbildungswege stehen für die verschiedenen Managementprofile zur Verfügung?*

Schneevoigt Im Rahmen des Allianz Management Institute gibt es bestimmte Lernpfade, dem unsere Fachführungskräfte, Projekt- oder Linienmanager folgen. Jeder Lernpfad hat spezifische Ausbildungssequenzen.

EIM-Report *Wie erkennt man die Signale für entstehenden Wandlungsbedarf? Werden Ihre Führungskräfte ermutigt, Marktentwicklungen aktiv zu verfolgen und Veränderungschancen früh zu thematisieren?*

Schneevoigt Nicht in dem Sinne, daß ein materielles Incentive-Paket für Früherkennung besteht. Aber wir verlangen von unseren Führungskräften, nach draußen zu gehen und externe Know-how-Quellen auszuschöpfen. Sie sollen die relevanten Leute kennen, die den Markt ausmachen.

EIM-Report *Die Globalisierung wirkt sich ganz unmittelbar in einer immer höheren Belastung des Topmanagements aus. Wie kann und soll das weitergehen?*

Schneevoigt Was würden wir für die Königsantwort auf diese Frage geben. Die Situation für die Topkräfte spitzt sich nahezu unerträglich zu. Die Flexibilität tendiert gegen Null, wenn Sie Terminplanungen für zwei Jahre haben und jährlich an 220 Arbeitstagen 240 feste Veranstaltungen absolvieren sollen.

EIM-Report *Wo hat man unter diesen Umständen überhaupt noch Freiräume, Unternehmen zu gestalten?*

Schneevoigt Es scheint ein organisatorisches Grundgesetz zu sein, daß mit dem Aufstieg in einem Unternehmen die Verfügbarkeit über die eigene Zeit überproportional abnimmt.

EIM-Report *Leidet darunter auch die Fähigkeit, Visionen zu entwickeln oder strategisch über den Tellerrand von Tagesgeschäft und Branche hinauszudenken?*

Schneevoigt Hier liegt ein großes Problem für die meisten Manager. Ich kenne nur sehr wenige, die das enge Korsett ihres Terminkalenders sprengen können und sich den nötigen kreativen Freiraum für die auf den Unternehmenswandel gerichteten Aktivitäten schaffen.

EIM-Report *Wie bewerten Sie die Entwicklung hin zu befristeteren Arbeitsverhältnissen auch im gehobenen Management?*

Schneevoigt Generell müssen Topmanager heute von ihrem Geschäft so viel verstehen, daß sich diese Erfahrung nicht schnell aneignen läßt. Der Wechsel in ein anderes Unternehmen ist immer eine Riesenherausforderung. Es dauert seine Zeit, bis man dort wieder so effektiv wirken kann, wie es dem eigenen Leistungsvermögen und dem Kompetenzanspruch entspricht. Das setzt der Verkürzung von Managementverträgen schon gewisse Grenzen.

EIM-Report *Wir haben über die Belastungen gesprochen, aber nicht über den Motivationsschub, den das globalere Aktionsfeld zweifellos im Management auslöst.*

Schneevoigt Was durch die Globalisierung geschäftlich notwendig ist, bedeutet für das Management sicher auch eine hochinteressante motivationale Herausforderung. Der Inhalt der Tätigkeit, auch das Aufgabenspektrum verändern und erweitern sich. Das schafft persönliche Chancen und Anreize. Nicht umsonst gibt es keinen Faktor, der für die Attraktivität am Personalmarkt so bedeutsam ist wie die Aussage, daß Sie international tätig sind.

EIM-Report *Herr Dr. Schneevoigt, wir danken Ihnen für das Gespräch.*

Interview abgedruckt in: *EIM-Report*, 04/1998, S. 4–6.

Dezentrale Personalentwicklung im internationalen Umfeld

Neue Strategien als Folge der Globalisierung

Veränderte Märkte verlangen nach veränderten Strategien. Kaum ein Bereich bleibt davon verschont – von der Produktentwicklung über das Marketing bis hin zum Personalmanagement. Immer mehr Global Players tummeln sich auf der Bühne der Weltwirtschaft. Damit entsteht beispielsweise im Bereich der Industrieversicherung eine neue Nachfrage: Weltweit tätige Firmen wollen mit ihren Tochterunternehmen in den einzelnen Ländern nicht mehr mit Dutzenden regionalen Versicherungsunternehmen zusammenarbeiten, sondern mit einem einzigen. Die Allianz-Gruppe hat sich darauf eingestellt und bietet über ihr weltweites Netzwerk, gesteuert durch die »Global Risk Division«, für Industrieunternehmen Versicherungsleistungen aus einer Hand. Entsprechend global müssen Mitarbeiter wie Führungskräfte in diesem Sektor agieren.

Die Internationalisierung ist auch in einem anderen Bereich besonders deutlich zu spüren: dem Vermögensmanagement. Hier ist eine neue Wettbewerbssituation entstanden, in der unter anderem Versicherungen und Banken miteinander konkurrieren. Mit der Allianz Asset Management Gruppe (AAM) stellt sich die Allianz diesem Wettbewerb. Die AAM bündelt die internationalen Vermögens-Management-Aktivitäten der Allianz-Gruppe und stellt ihre Expertise verstärkt auch privaten und institutionellen Anlegern zur Verfügung. Auch hier gilt, daß an Mitarbeiter und Führungskräfte höhere Anforderungen gestellt werden, um im globalen, hochspezialisierten Markt nicht nur Schritt halten zu können, sondern mit an der Spitze zu stehen – ein erklärtes strategisches Ziel der Allianz-Gruppe. Dies kann nur erreicht werden, wenn die verschiedenen Stellen in diesem Bereich eng und koordiniert zusammenarbeiten – sei es in Deutschland, Frankreich, England, den USA oder Hongkong.

Das bestimmende Element der Organisationsphilosophie der Allianz-Gruppe ist die dezentrale, lokale Verantwortung der Geschäftseinheiten. Das bedeutet, die nationalen Geschäftseinheiten behalten ihre Identität und die Verantwortung für ihre Märkte und/oder Spezialgebiete, arbeiten aber eng zusammen und können so auch globale Produkte und Leistungen anbieten. Dahinter steht die Überzeugung, daß im Versicherungsbereich die meisten Geschäfte lokaler Natur sind und daher von Landesgesellschaften besser wahrgenommen werden können, die mit dem für sie heimischen Markt bestens vertraut sind. Daher bezeichnet sich die Allianz selbst als multilokalen Versicherer. Mit diesem Prinzip der Dezentralität ist aber gleichzeitig die Notwendigkeit verbunden, untereinander sehr eng Kontakt zu halten, sich auszutauschen und abzustimmen. Nur dann sind Synergien realisierbar.

Dezentrale, horizontale Strukturen auf der einen Seite und die weltweite Vertikalorganisation auf der anderen erfordern eine Internationalisierung des Führungs- und Fachmanagements in der Gruppe, die in mehr als 60 Ländern vertreten ist. Synergien lassen sich nur dann erreichen, wenn die Mitarbeiter der verschiedenen Länder miteinander kommunizieren können. Damit sind nicht nur die technischen Voraussetzungen gemeint – die sind wohl mittlerweile überall vorhanden. Damit ist gemeint, daß alle eine gemeinsame Sprache sprechen können. Wie auch bei anderen Unternehmen hat sich die Allianz daher entschlossen, Englisch als Konzernsprache zu benutzen und zu fördern. Zumindest bei Führungskräften und Nachwuchskräften mit Potential für höherwertige Aufgaben wird mittlerweile die Beherrschung der englischen Sprache als Corporate Language verlangt. Erst wenn eine gute Kommunikation möglich ist, kann eine enge Zusammenarbeit zugunsten der Kunden erfolgen. Gleichzeitig entsteht durch die Zusammenarbeit auch ein Zusammengehörigkeitsgefühl. Diese Ziele zu fördern, ist eine Aufgabe der Personalentwicklung im internationalen Bereich.

Wozu internationale Personalentwicklung?

Schon bei den Problemen der gemeinsamen Sprache und damit Kommunikation wird deutlich, daß Internationalisierung sowohl den äußeren Markt (die Globalisierung) als auch den inneren »Markt« des Unternehmens betrifft. Die Bedürfnisse des international geprägten äußeren wie inneren Marktes sind mit der Grund, daß Personalentwicklung wieder an Bedeutung gewonnen hat. Mit den weltweit stärker zusammenwachsenden Märkten wurde praktisch in allen Großunternehmen deutlich, daß der Bedarf an qualifizierten Führungskräften deutlich steigt (*war for talents*). Einerseits müssen die Unternehmen auf mehr Märkten vertreten sein und sich im dortigen Wettbewerb behaupten, andererseits wachsen diese Absatzmärkte durch die internationale Verflechtung und damit auch der Wettbewerb zwischen international und lokal tätigen Unternehmen. Gleichzeitig verlangen diese neuen Märkte veränderte oder neue Produkte. Wie stark der Führungskräftebedarf gewachsen ist, belegt z. B. die Mitteilung der Association of Executive

Search Consultants laut *FAZ* vom 18.12.1998. Danach haben im zweiten Quartal 1998 die Suchaufträge in Deutschland um 46%, in Frankreich um 35%, in Südeuropa um 21% und in Österreich um 20% zugenommen.

Auf höheren Ebenen sind Führungskräfte gefragt, die über die üblichen Fähigkeiten und Fertigkeiten hinaus eine Reihe weiterer besitzen. Insbesondere gehören dazu ein Gespür für transnationale und globale Probleme und Märkte; außerdem das Beherrschen nicht nur mehrerer Sprachen, sondern auch ein multikulturelles Verständnis bei gleichzeitig ausgeprägtem unternehmerischem Denken und Handeln in stark wettbewerbsorientierten Situationen. Darüber hinaus sollen sie über das technisch relevante Wissen verfügen und in der Lage sein, zunehmend organisations- und länderübergreifende Strukturen aufzubauen und erfolgreich zu leiten.

Attract the Best

Auch bisher war es schwierig, herausragende Nachwuchskräfte zu gewinnen, denn sie waren immer rar. Absolventen renommierter Hochschulen mit Prädikatsexamen wie z. B. von Insead in Europa, oder Wharton, Harvard, Stern in den USA konnten sich das Unternehmen aussuchen, bei dem sie ihre Berufslaufbahn beginnen wollten. Der Wettbewerb um herausragenden Kandidaten fand in der Vergangenheit eher zwischen nationalen Unternehmen statt. Durch die wachsende Globalisierung wird er heute vermehrt auch durch internationale Unternehmen als Mitbewerber bestimmt. Damit wird es für die Unternehmen schwerer, hochqualifizierte Nachwuchskräfte für sich zu gewinnen. Gleichzeitig wird z.B. in den USA in den nächsten Jahren die Anzahl der Personen in den in Frage kommenden Jahrgängen um mehr als 10% sinken. Dadurch wird der Wettbewerb um herausragende Hochschulabsolventen zusätzlich noch verschärft werden.

Um an diese Umworbenen heranzukommen, muß ein Unternehmen in deren Augen attraktiv sein. Dies trifft einerseits auf renommierte Großunternehmen zu, die in ihrem Sektor eine Spitzenstellung einnehmen – auch hinsichtlich der globalen Stellung im Wettbewerb – und andererseits auf kleine oder mittlere, schnell wachsende Unternehmen, die interessante Aufgaben und Karrieremöglichkeiten versprechen. Ein entscheidendes Merkmal für Erfolg bei der Akquisition solcher Hochschulabsolventen ist das Renommée des Unternehmens – die Frage, ob es Tätigkeiten bietet, die sich bei einem potentiellen Wechsel zu einem anderen Unternehmen für den eigenen Lebenslauf positiv nutzen lassen. Darüber hinaus müssen die Unternehmen sich aber auch an relevanten Hochschulen regelmäßig präsentieren, sei es durch Vorträge, Studentenmessen oder spezielle Events. Nur dann haben sie die Chance, von den Studenten als potentielle Arbeitgeber wahrgenommen zu werden. Und sie werden nur dann in die engere Wahl kommen, wenn sie den Kandidaten interessante Aussichten für deren Tätigkeit und Verantwortung wie auch das weitere Fortkommen glaubhaft machen können. Dazu gehört heutzutage auch, kontinuierliche Möglichkeiten der Weiterentwicklung zu bieten, die die eigenen Kompetenzen systematisch ausweiten und die auch in den entsprechenden Positionen angewandt werden können.

Attraktivität des Unternehmens auch nach innen ist die Voraussetzung, solche Nachwuchskräfte wie auch eigene hervorragende Führungskräfte »bei der Stange« halten zu können. Mit der Enge und dem zunehmenden Wettbewerb attraktiver Unternehmen auf diesem Arbeitsmarkt muß jedes Unternehmen damit rechnen, daß seine Top-Führungskräfte wie auch die vielversprechenden Potentialkandidaten regelmäßig Angeboten vom Markt ausgesetzt sein werden. Spezielle *Retention*-Überlegungen und -Programme sind deshalb zunehmend notwendige Instrumente der Personalentwicklung.

Internationale Personalentwicklung bei Allianz

Auf diese Entwicklungstrends hat sich die Personalentwicklung aller international tätigen Unternehmen einzustellen. Die neuen Anforderungen können nicht durch eine – noch so gute – Einzelmaßnahme eingelöst werden. Erforderlich ist vielmehr eine koordinierte Vorgehensweise, eine genau abgestimmte Prozeßkette. Das klingt simpel. Betrachtet man aber die Entwicklung und mittlerweile entstandene Größe des Allianz-Konzerns mit Tochtergesellschaften in über 60 Ländern und rund 106.000 Mitarbeitern weltweit, so wird deutlich, daß Aufgaben des Personalmanagements, wie etwa die internationale Suche nach Managementtalenten, heute mit erheblich größerem Aufwand zu bewältigen sind als früher. Die Konzernidentität und das jeweils gleich hohe Niveau an qualifizierten Führungskräften bis in die obersten Ebenen und in den weltweiten Geschäftseinheiten zu wahren, ist eine große Herausforderung, der die Allianz mit einem Konzept international abgestimmter Personalentwicklung begegnet.

Ausgangspunkt sind die Ziele, die hierbei verfolgt werden sollen. Damit diese in der gesamten Gruppe anerkannt und von allen koordiniert angestrebt werden, werden sie im sogenannten International Executive Committee diskutiert und gemeinsam verabschiedet. Dieses Gremium besteht aus den Mitgliedern des Holdingvorstandes und den Vorstandsvorsitzenden der großen ausländischen Tochtergesellschaften. Auf der Basis einer Benchmarking-Studie wurde der Beschluß gefaßt, sich in der gesamten Gruppe auf einige wichtige Ziele zu konzentrieren: die Attraktivität der Allianz an internationalen Hochschulen zu verbessern, herausragende Studenten und Absolventen renommierter Hochschulen zu gewinnen, die dazugehörige Einstellungspolitik neu zu definieren, Auswahlverfahren und -vorgehensweisen international zu harmonisieren, die berufliche Entwicklung solcher Absolventen wie auch eigener Nachwuchskräfte mit Potential für Toppositionen deutlich zu beschleunigen und – last but not least – die Führungskräfte der Gruppenunternehmen systematisch zu schulen, um die Integration des Managements und Kenntnisse moderner Führungsmethoden zu verbessern. Die Einzelmaßnahmen werden in einem jährlichen Treffen der Human-Resources-Manager der verschiedenen Gesellschaften abgestimmt und verabredet.

Chefsache: Führungsnachwuchs

Schwerpunkt aller dieser Maßnahmen ist es, das Topmanagement in den Gesellschaften davon zu überzeugen, daß die Gewinnung und systematische Förderung von Nachwuchskräften mit Potential Chefsache ist. Die Personalentwicklungsfunktion agiert dabei supportiv, aber nicht substitutiv. Daher sind die Topführungskräfte in alle Maßnahmen mit einbezogen; sie können nur mit ihrer Hilfe umgesetzt und zum Erfolg geführt werden.

Aufgabe der Personalentwicklungsfunktion ist, ein System zu entwickeln, das geeignet ist, die vereinbarten Ziele anzustreben und das von den damit befaßten Führungskräften einfach anzuwenden ist. Daher wurden bewußt zu jedem der im International Executive Committee vereinbarten Ziele nur ein bis zwei konkrete Maßnahmen erarbeitet, die für das Erreichen des jeweiligen Zieles in der Allianz-Gruppe von Bedeutung sind. Dabei wird zwischen Maßnahmen unterschieden, die von der Zentrale initiiert und koordiniert werden, und solchen, die in der Verantwortung der einzelnen Unternehmen liegen; außerdem zwischen solchen, für die die Linie verantwortlich ist, und solchen, die von der Personalentwicklungsfunktion koordiniert werden.

Um die Attraktivität der Allianz für hochqualifizierte Studenten und Absolventen renommierter internationaler Hochschulen weiter zu verbessern, werden die einzelnen Landesgesellschaften ihre Kontakte zu den in ihrem Lande interessanten Hochschulen in geeigneter Weise ausbauen oder neu knüpfen. Die Art der Kontaktaufnahme und -pflege in den verschiedenen Ländern wird sehr unterschiedlich gehandhabt. Die landestypischen Unterschiede sollen berücksichtigt und genutzt werden, um mit interessanten potentiellen Bewerbern ins Gespräch zu kommen. Dabei soll bewußt auch der im jeweiligen Lande oftmals bekanntere »Markenname« der dortigen Gesellschaft benutzt werden, während durch die Zugehörigkeit zur Allianz-Gruppe gleichzeitig deren Bekanntheitsgrad wächst. Die Unterstützung von Diplomarbeiten oder Dissertationen, mehrmonatige Praktika, internationale Projektgruppenarbeiten etc. ziehen interessierte Bewerber an, und war nicht nur in einer Landesgesellschaft, sondern verstärkt auch international im Rahmen des Allianz-Konzerns. So bietet es sich z. B. für Studenten oder Absolventen aus dem Finanzbereich an, ein solches Praktikum auch bei der »Allianz Asset Management« in München durchzuführen, um die weltweite Steuerung der Finanzanlagen bzw. des Vermögens Dritter im Verbund mit den einzelnen internationalen Gliederungen kennenzulernen.

Es wurde außerdem vereinbart, die Kriterien und Maßnahmen, nach denen intern Potentialkandidaten identifiziert werden, gemeinsam zu überprüfen und zu überarbeiten – und zwar so, daß explizit die Linie als Entscheidungsträger involviert ist. Hier wird ein gemeinsam getragenes Kriterienraster angestrebt. Als Auswahlmethoden haben sich weiterentwickelte Assessment-Center- und Group-Evaluation-Methoden international durchgesetzt. Sie stellen Simulationen der typisch-kritischen Führungssituationen dar, die auf Geschäftsvorfällen aufbauen und deren fachlicher Bezug so vereinfacht wurde, daß ihn alle Teilnehmer nachvollziehen und bearbeiten können (die fachliche Qualifikation muß bereits im Vorfeld des Assessment-Centers durch andere Evaluationsmethoden geklärt sein). In den Übungen geht es um die Führungsfähigkeiten und -fertigkeiten der Teilnehmer. Diese werden von erfahrenen Führungskräften derjenigen Ebene systematisch beobachtet und bewertet, die der Ziel-Führungsebene der Assessment-Centers-Kandidaten vorgesetzt ist. Teilnehmer sind Kandidaten und Kandidatinnen, denen Potential für die nächste Führungsebene zugetraut wird. Dabei messen sich Teilnehmer aus verschiedenen Entwicklungswegen miteinander (z.B. Assistentenprogramm, Traineeprogramm, Fachlaufbahn etc.). Für die Vorauswahl (Zugang zum Assessment-Center) ist weniger der Entwicklungsweg als vielmehr die bisherige berufliche Leistung und das vermutete Potential für höhere Führungsebenen entscheidend. Assessment-Center-Methoden haben sich für die Auswahl und Förderungsberatung der ersten und mittleren Führungsebene durchgesetzt. Sie haben den Nebeneffekt, den Standard der Führungskäftequalifikation zu wahren und das Beobachtungs- und Beurteilungsvermögen des Linienmanagements zu schärfen. Diese Methoden werden für die höheren

Ebenen des Managements ergänzt durch Entwicklungs-Kommissionen, an denen Vorstände der Unternehmenseinheiten teilnehmen.

Beschleunigte berufliche Entwicklung

Weitere Merkmale für die Attraktivität eines Unternehmens sowohl für hochqualifizierte Studenten bzw. Hochschulabsolventen als auch für eigene Potentialkandidaten sind die Möglichkeiten zur eigenen beruflichen Weiterentwicklung und deren Geschwindigkeit. Die Beschleunigung und Systematisierung der Entwicklung liegen auch dann im Interesse des Unternehmens, wenn die Nachfolgeplanung Lücken in der Kontinuität und Alternativenvielfalt für die Besetzung von Positionen anzeigt.

Die Allianz-Gruppe hat deshalb zweierlei Maßnahmen eingeführt, um die berufliche Entwicklung des eigenen Nachwuchses zu beschleunigen. Zum einen handelt es sich um Austauschprogramme zwischen den internationalen Geschäftseinheiten. So ist ein junger Deutscher z.B. seit fast zwei Jahren in der Tschechischen Republik bei der dortigen Gesellschaft »Leiter Finanzen und Controlling«; eine junge Portugiesin hat für voraussichtlich drei Jahre bei der »Global Risk Division« in München Aufgaben übernommen, die ihr später in ihrer Gesellschaft eine höherwertige Führungsfunktion ermöglichen; ein junger Chinese ist für ca. zwei Jahre bei der Zentrale Asia-Pacific in Singapur tätig, um auf eine anspruchsvolle Aufgabe in China vorbereitet zu werden; eine italienische Personalreferentin der Allianz Gesellschaft RAS, Mailand, wurde zur Zentralen Personalabteilung nach München entsandt.

An diesen Beispielen wird deutlich, daß im internationalen Bereich Potentialkandidaten der verschiedenen Gesellschaften miteinander konkurrieren. So sehr die Allianz noch immer als deutsche Gesellschaft erscheinen mag, so hat sie sich doch bereits zu einer Gruppe entwickelt, die von Managern mit multinationaler Erfahrung geführt wird. Diese multinationale Erfahrung ist ein Beförderungskriterium für das Topmanagement geworden.

Das gleiche Prinzip gilt auch für die zweite Art an Maßnahmen, durch die die berufliche Entwicklung junger Potentialkandidaten gefördert und beschleunigt werden soll: Es werden regelmäßig international besetzte Projektgruppen eingerichtet, die für die Dauer von sechs bis zwölf Monaten intensiv ein real in der Allianz-Gruppe aufgetretenes Problem mit internationalen Auswirkungen bearbeiten und eine Lösung vorschlagen sollen. Dabei werden sie von einem Topmanager betreut, der mit dem Problembereich vertraut ist. Diese Führungsnachwuchskräfte sollen durch ihre Arbeit und die Präsentation ihrer Ergebnisse in den Blickpunkt der Topführungskräfte der Gruppe rücken.

Darüber hinaus wird es in allen Gruppengesellschaften ein Mentorenprogramm geben, bei dem die Mitglieder des Vorstandes persönlich ein bis zwei hochqualifizierten jungen Leuten während ihrer beruflichen Entwicklung als Gesprächspartner und Mentor zur Verfügung stehen. In den jährlichen Gesprächen zwischen den Vorständen werden die Entwicklung dieser Nachwuchskräfte diskutiert und unter Umständen weitere geeignete Maßnahmen vereinbart.

Begleitmaßnahmen: systematisches Führungstraining

Begleitet wird diese beschleunigte berufliche Entwicklung durch »Off-the-Job-Maßnahmen«. Hierzu gehört zum Beispiel das systematisch aufgebaute Führungskräftetraining der Allianz in Deutschland. In den ausländischen Unternehmenseinheiten werden die Führungskräfte der ersten Ebene systematisch auf ihre Führungsaufgaben hin vorbereitet. Für Potentialkandidaten für die höheren Führungsebenen im internationalen Bereich entwickelt außerdem das »Allianz Management Institute (AMI)« als Corporate University eigens auf diese Zielgruppen zugeschnittene Qualifizierungsprogramme. Davon gibt es solche für »junge Talente«, denen Potential für die oberen Ebenen zugetraut wird, die aber bisher aufgrund ihres Alters erst eingeschränkte berufliche Erfahrungen haben, solche für »junge Manager«, die bereits über ausgedehntere berufliche Erfahrungen verfügen und schließlich solche für höhere Führungskräfte, die Executive-Aufgaben übernommen haben.

Bei diesen Programmen kommen die Teilnehmer aus den internationalen Gesellschaften der Gruppe zusammen, um gemeinsam zu arbeiten und miteinander Kontakte zu knüpfen. Die Programme werden in Kooperation mit renommierten Managementinstituten – wie USW, Insead, St. Gallen, Berkley – entwickelt und durchgeführt. Die Teilnehmer haben während der gemeinsamen Arbeit Gelegenheit, Topführungskräfte der Allianz-Gruppe als Referenten oder Gesprächspartner kennenzulernen, wie auch letztere die Möglichkeit haben, mit Potentialkandidaten der verschiedenen Gesellschaften persönlich in Kontakt zu treten.

Sowohl »On-the-Job«-Maßnahmen – wie internationale Austauschprogramme oder Projektgruppen – als auch die »Off-the-Job«-Maßnahmen des »Allianz Management Institute« bringen die jungen Nachwuchskräfte aus den verschiedensten Gesellschaften der Allianz-Gruppe zusammen. Damit dienen sie über ihren eigentlichen Lehr-Zweck hinaus auch gleichzeitig einem zweiten Ziel, das von großer Bedeutung in einem dezentral geführten Unternehmen ist: Es entwickelt sich ein »Corporate Spirit«, eine gemeinsame Unternehmensidentität bei den Teilnehmern. Dieser bildet langfristig – trotz aller berechtigten Verschiedenheiten der einzelnen Gesellschaften – die Klammer für das gemeinsame unternehmerische Handeln und signalisiert auch auf eher emotionaler Ebene die Zugehörigkeit zu der Allianz-Gruppe.

Beitrag abgedruckt in: SCHWUCHOW, KARL HEINZ/GUTMANN, JOACHIM (Hrsg.), *Jahrbuch Personalentwicklung und Weiterbildung 1999/2000*, Luchterhand, Neuwied/Kriftel i. Ts., 1999, S. 99–102.

Ist Mitarbeiterzufriedenheit ein Asset? [4]

Shareholder-Value und Mitarbeiterzufriedenheit

In Zeiten, in denen der Zufriedenheit der Kapitalgeber von den Unternehmensleitungen eine zunehmende Beachtung geschenkt werden muß, um den weltweiten Wettbewerb um die angemessene Kapitalverzinsung zu bestehen, kann die Frage, ob die Zufriedenheit der Mitarbeiter ein Asset für die Unternehmen sei, leicht als Kontrapunkt interpretiert werden. Dennoch impliziert die Frage, daß verschiedene Faktoren, die einen Unternehmenswert ausmachen und damit auch in entscheidendem Maße *Shareholder-Value* bestimmen, von Menschen – den Mitarbeitern der Unternehmen, wenn auch in sehr unterschiedlichem Ausmaß – geschaffen werden. Dies gilt für Innovationen, die Herstellung von Produkten wie auch den Service und das Eingehen auf den Kunden und seine Wünsche, die zum Teil wiederum Anregung für die Schaffung neuer Werte darstellen. Gerade in heutiger Zeit, mit ihrem Wechsel von Verkäufer- zu Käufermärkten, dem zunehmenden Anteil an Dienstleistungen und den Umstellungen der Unternehmen hierauf in einem sich räumlich ausdehnenden Markt, kann die Frage nach der Bedeutung der *Human Factors* oder – bezeichnenderweise – oftmals *Soft Factors* neu gestellt werden. In diesem Sinne ist die Frage nach der Zufriedenheit der Mitarbeiter gerade im Zusammenhang mit dem Unternehmenswert aktuell. So betonte der BMW-Vorstandsvorsitzende *Pischetsrieder* ausdrücklich die Bedeutung der Mitarbeiter, als er ausführte: »Der Wert eines Unternehmens steigt aus

---

[4] In Zusammenarbeit mit Peter Jung.

meiner Sicht mit der Qualität der Mitarbeiter und der Qualität der Produkte« (o.V., *Stern*, 1997). Und der *General-Electric*-Chef *Jack Welch* drückte es noch direkter aus: »Wenn Sie Shareholder-Value schaffen wollen, müssen Sie vor allem zufriedene und motivierte Mitarbeiter haben« (o.V., *Der Spiegel*, 1997).

In diesen Aussagen ist eine der gängigen Hypothesen enthalten: Mit der Zufriedenheit der Mitarbeiter sind andere, für das Unternehmen positive Faktoren verbunden. Beide verknüpfen die Motivation der Mitarbeiter mit dem Erfolg der Unternehmen. Häufig geschieht dies auch hinsichtlich der Kundenorientierung (»nur zufriedene Mitarbeiter schaffen auch zufriedene Kunden«), der Identifikation mit dem Unternehmen und damit auch höherer Leistung(sbereitschaft), geringeren Fehlzeiten und Kündigungen u. a.

Was wird unter Zufriedenheit der Mitarbeiter verstanden?

In der Forschung wird von *Arbeitszufriedenheit* gesprochen, um diese Art von Zufriedenheit deutlich von anderen Arten abzugrenzen, z. B. der, die im Freizeitbereich erreicht werden kann, der mit Partner(n), Familie und Freunden, oder der allgemeinen Lebenszufriedenheit. Als Forschungsgebiet erlebte Arbeitszufriedenheit in den 50er Jahren im Zusammenhang mit der *Human-Relations-Bewegung* ihre Blütezeit.

Den meisten der zahlreichen damaligen Untersuchungen lag die Annahme zugrunde, durch eine Steigerung der Arbeitszufriedenheit werde letztlich die Produktivität erhöht (höhere Zufriedenheit ⸺⸺ höhere Leistungsbereitschaft ⸺⸺ weniger Kündigungen und Fehlzeiten ⸺⸺ höhere Produktivität). In ihrem Verständnis von Arbeitszufriedenheit lehnten sie sich an die bekannten Motivationstheorien von Maslow (1970) bzw. Herzberg (Herzberg et al., 1959; Herzberg, 1966) an. Letztere unterscheidet zwischen den Arbeitsinhalten, die als solche motivieren oder demotivieren können (die Motivatoren oder intrinsischen Faktoren) und den äußeren Bedingungen, unter denen die Arbeit ausgeführt wird (den Hygienefaktoren oder extrinsischen Faktoren). Entsprechend wurde Arbeitszufriedenheit verstanden z. B. als Bedürfnisbefriedigung, Erreichen bestimmter Werte, Gleichgewicht oder auch ein ausgeglichener Soll-Ist-Unterschied (als Überblick z. B. Neuberger/Allerbeck, 1978). Die Ergebnisse dieser Untersuchungen waren aber eher enttäuschend: Es fanden sich nur geringe Zusammenhänge zu Kriterien wie Leistung, Abwesenheit usw. (vgl. z. B. Vroom, 1964).

In der Folgezeit wurden dann auch zunehmend Modelle entwickelt, die Arbeitszufriedenheit eher als Kognition verstehen (z. B. das Valenz-Erwartungs-Modell von Vroom, 1964; das von Porter/Lawler, 1968; oder das von Hackman/Oldham, 1975; 1976). Diese Modelle gründen auf der Annahme, menschliche Ansprüche (also auch solche an die Arbeit und Arbeitsumgebung) seien weitgehend durch Lernen im Beruf, aber auch schon in der vorberuflichen Zeit, beeinflußt. Auch sie wurden mit dem üblichen Verfahren untersucht, d. h. durch Befragungen mittels vorher konstruierter Fragebögen (z. B. die *job description survey* von Hackman/Oldham, 1975; oder der *Arbeitsbeschreibungsbogen* von Neuberger, 1976). Aber auch die Ergebnisse dieser Anstrengungen, eine klare Verbindung zwischen Arbeitszufriedenheit und Arbeitsleistung nachzuweisen, waren eher enttäuschend. Meta-Analysen (z. B. Six/Eckes, 1991) zeigten immer wieder nur geringe korrelative Zusammenhänge. Dies veranlaßte Six/Eckes (1991) zu der Feststellung, es sei denkbar, »daß die Untersuchung des Zusammenhanges zwischen Zufriedenheits- und Leistungsmaßen mittels einfacher Korrelationsanalysen keine höheren Ergebnisse erzielen kann, da auf diese Weise die zu vermutenden komplexen, wechselseitigen Einflüsse nicht zu erfassen sind« (S. 37).

Beim Vergleich der Forschungsergebnisse zeigte sich, daß die Bemühungen meist auf einem globalen Verständnis von Arbeitszufriedenheit basierten und daß unterschiedliche Autoren diese unterschiedlich definierten. Damit sind auch die Forschungsergebnisse nur schwer vergleichbar. Es verstärkten sich seit den 70er Jahren die Bemühungen, den Begriff theoretisch besser zu fassen. Ein solcher, bis heute sehr beachteter Ansatz ist der von Bruggemann (1974); vgl. Abbildung S. 262.

Die Forscherin beschreibt eine qualitative Typologie der verschiedenen Formen der Arbeitszufriedenheit, die von progressiver bzw. konstruktiver bis zu resignativer bzw. Pseudoarbeitszufriedenheit reicht. Gleichzeitig geht sie darauf ein, wie diese Formen entstehen. Drei Variablen sind zentral:

⇢ Ein Soll-Ist-Vergleich zwischen den generellen und in der Situation konkreten Bedürfnissen und Erwartungen des Individuums (Soll-Wert) und den von ihm wahrgenommenen generellen und spezifischen Arbeitsbedingungen (Ist-Wert)
⇢ Das Anspruchsniveau der Person, das aufgrund des Soll-Ist-Vergleichs stabilisiert oder verändert (erhöht oder erniedrigt) werden kann
⇢ Die wahrgenommenen Möglichkeiten, die Situation durch eigene Problemlösungsversuche zu verändern (zu bewältigen). Aus dem Zusammenwirken vor allem der letzten beiden Variablen ergeben sich als Konsequenz die verschiedenen Formen der Arbeitszufriedenheit.

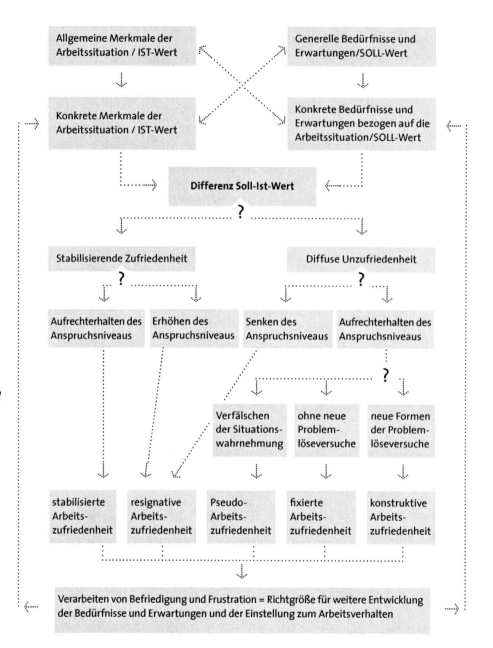

Modell der Arbeitszufriedenheit von Bruggemann

Allerdings konnte auch dieses Modell – wie alle anderen – bisher nicht befriedigend empirisch bestätigt werden. Es hat aber den Vorteil, daß es neben der Motivation auch die Bedeutung der Situation betont und relativ leicht ergänzt werden kann um tätigkeitsbezogene Aspekte, d. h. die Auseinandersetzung des Individuums mit seiner Arbeitsumwelt (Büssing, 1991). Damit sind dann Vorhersagen möglich, unter welchen Bedingungen welche Formen der Arbeitszufriedenheit bzw. -unzufriedenheit zu erwarten sind. Bei Untersuchungen zu diesen verschiedenen Formen der Arbeits(un)zufriedenheit sollte aber eher eine qualitativ-methodische Ausrichtung gewählt werden, um die bekannten Schwächen gruppenorientierter, korrelativer Studien zu vermeiden. Kürzlich wurde eine solche Untersuchung veröffentlicht (Bayard, 1997), die auf dem Modell von Bruggemann aufbaute und die Bedeutsamkeit der verschiedenen Formen der Arbeitszufriedenheit im betrieblichen Umfeld prüfte. Es wurden nicht die üblichen, standardisierten Fragebögen, sondern Interviews und Mitarbeiterbefragungen verwendet. Die Ergebnisse sind ermutigend. Dabei wurde Arbeitszufriedenheit verstanden als »... subjektives, situationsabhängiges und dynamisches Beurteilungsergebnis über die eigene Arbeitssituation« (Bayard, S. 20). Es zeigte sich, daß die so verstandene(n) Arbeitszufriedenheit(en) auch gewisse Hinweise für die betriebliche Personalpolitik zulassen.

Insgesamt ist festzustellen, daß sich aus den vorhandenen Forschungsergebnissen kaum konkrete Empfehlungen für die betriebliche Praxis ableiten lassen, was zu tun wäre, um die Zufriedenheit und/oder die Leistungsbereitschaft der Mitarbeiter in positivem Sinne zu erhalten oder zu erhöhen, oder um die Kündigungs- oder Abwesenheitsquote zu senken (dies sind die gemeinhin im Zusammenhang mit Arbeitszufriedenheit genannten betrieblichen Aspekte). Außerdem ist deutlich geworden, daß gruppenstatistische Erhebungen und (Korrelations-) Analysen wenig geeignet sind, die Zusammenhänge zu erhellen. Arbeits(un)zufriedenheit beruht auf einem Bewertungsprozeß des einzelnen und sollte eher auf einer solchen Basis untersucht werden. Gleichzeitig weisen die Modelle von Bruggemann (1974) und Büssing (1991) einerseits auf die Bedeutung der Motivation des Individuums bei der Untersuchung hin, andererseits auf die der Arbeitsumgebung und der Auseinandersetzung des Individuums mit dieser. Damit lassen sich immerhin Hinweise darauf ableiten, welche betrieblichen Maßnahmen Auswirkungen haben werden und z.T. auch, welcher Art diese hinsichtlich der Arbeitszufriedenheit des einzelnen Mitarbeiters sein könnten. Werden sie anhand von Mitarbeiterbefragungen untersucht, dann ist zu bedenken, daß solche Befragungen selbst einen Prozeß und Veränderungen (mindestens der Erwartungen der Befragten) einleiten.

Was geschah in den letzten Jahren in den Unternehmen?

Seit Anfang der 90er Jahre verändert sich die Wirtschaft in den Industrienationen tiefgreifend, sowohl durch die zunehmende Globalisierung als auch durch die Entwicklung von Verkäufer- zu Käufermärkten und einem stetig wachsenden Anteil an Dienstleistungen. Diese Entwicklung traf viele Unternehmen in Deutschland überraschend und machte deutlich, daß sie unter den veränderten Bedingungen kaum noch wettbewerbsfähig waren. Als Konsequenz richtete sich meist das Augenmerk auf Methoden und Möglichkeiten, Kosten zu reduzieren: es begann die Zeit des *Lean Management*, des *Business-Process-Reengineering*, des *Downsizing*, *Outsourcing*, der Konzentration auf das *Core-Business*. Ein Hauptziel war die Reduktion der Personalkosten durch Personalabbau. Entsprechend hatte sich die Führung diesem Ziel unterzuordnen, d. h. es waren Sanierer für die Unternehmen tätig, die die Aspekte der Mitarbeiterzufriedenheit in den Hintergrund stellten. Mittlerweile zeigen wirtschaftsstatistische Daten, daß es der deutschen Wirtschaft aus diesen und anderen Gründen (z. B. Wechselkursveränderungen) gelungen ist, ihre Wettbewerbsfähigkeit wesentlich zu steigern. Aufgrund der veränderten Marktsituation und Käuferansprüche treten wieder Anforderungen an Innovationen, besseren Service und bessere Qualität der Produkte und Dienstleistungen in den Blickpunkt. Diese Entwicklung ist u. a. an der Bedeutung der Konzepte Kundenorientierung/Kundenzufriedenheit abzulesen. Damit wurde der Mitarbeiter in seiner Funktion als Bindeglied zum Kunden und als derjenige, der hauptverantwortlich für die Zufriedenheit des Kunden ist, wiederentdeckt. Für die Unternehmen stellt sich die Frage, wie der Mitarbeiter dazu bewegt werden kann, in bezug auf seine eigene Einkommenssituation bescheiden, zugleich kostenbewußt für das Unternehmen als auch kundenorientiert zu handeln. Es zeigte sich, daß einfache Ansprachemotivation diesen Dreiklang in den Mitarbeiterschaften als dauerhafte Einstellung und Verhaltensmuster nicht herstellen kann.

Dieses Dilemma artikuliert Sprenger (1997), wenn er gegen die stark appellgeprägten Bemühen der Unternehmen um Kundenorientierung Stellung bezieht. Er stellt heraus, daß Kundenorientierung eine entsprechende Führung voraussetze und eine tief verwurzelte Einstellung sei, zu der seiner Ansicht nach drei Vorbedingungen gegeben sein müssen:

⇢ Eine ausgeprägte interne Kundenorientierung, d. h. jeder im Unternehmen ist gleichzeitig Lieferant und Kunde und als letzterer sollte er – einem externen Kunde entsprechend – auch die Wahlmöglichkeit haben, die *Ware* anzunehmen oder abzulehnen

⇢ Eine ausgeprägte Mitarbeiterorientierung, d. h. der Mitarbeiter muß sich auch in der Führung als Kunde erleben, um glaubwürdig und überzeugt kundenorientiert zu handeln
⇢ Eine positive Selbstorientierung, denn – so sein Argument – nur solche Vorgesetzte könnten die Leistung anderer effizient organisieren und fördern.

Die Grundgedanken einer Personalpolitik, die Führung und Einstellung in diesem Sinne beeinflussen will, müssen also erneut durchdacht werden.

Die Motivation der Mitarbeiter als zu pflegendes Asset

Die vorliegenden Forschungsergebnisse und bisherigen Diskussionen in den Unternehmen geben keinen stringenten Aufschluß über die Notwendigkeit der Pflege. Dazu scheinen die Zusammenhänge zwischen den verschiedenen Formen der Arbeitszufriedenheit und den verschiedenen Kriterien zu komplex. Es scheint aber dennoch immer wieder die Hypothese auf, daß Formen der Zufriedenheit Zusammenhänge zu anderen, personalpolitisch bedeutsamen Aspekten aufweisen (vgl. Bayard, 1997). Gleichzeitig wird festgestellt, daß diese Zusammenhänge eher auf individueller Ebene zu erwarten sind, weniger auf der Ebene ganzer Gruppen von Mitarbeitern. Dann könnte Arbeits- bzw. Mitarbeiterzufriedenheit nur als Asset betrachtet werden, wenn es gelingt, möglichst viele Mitarbeiter des Unternehmens mit Maßnahmen zu erreichen, die für das Unternehmen erstrebenswerte Formen der Zufriedenheit hervorrufen und mit weiteren positiven Aspekten wie Leistungsbereitschaft oder Kundenorientierung verbunden sind.

Bedeutung für die betriebliche Personalpolitik

Personalpolitische Maßnahmen müssen bei den Bedürfnissen und Bewertungen der einzelnen Mitarbeiter ansetzen. Hierfür kann – wie vorher beschrieben – die wissenschaftliche Forschung bisher kaum verwertbare Kausalketten darüber liefern, ob und in welcher Weise Zusammenhänge zwischen Effizienz und Motivation/Arbeitszufriedenheit bestehen.

Damit bleibt ein eher zwiespältiger Eindruck bestehen zwischen einerseits vermuteten direkten Zusammenhängen von Motivation und Leistungsbereitschaft und andererseits den konkreten Beobachtungen aus der Wirtschaft. Letztere zeigen, daß es Unternehmen gibt, die für gutes Betriebsklima und Mitarbeitermotivation bekannt sind, aber nach wirtschaftlichen Kennzahlen nicht sonderlich effizient agieren. Andere Beobachtungen – gerade solche aus der Krisensituation der letzten Jahre – zeigen, daß Unternehmen mit schlechten Ergebnissen ein anderes Management erhielten, das ohne Rücksicht auf die Motivation und Zufriedenheit der Mitarbeiter vorging, aber relativ schnell und messbar die wirtschaftliche Effizienz steigerte. Mit den Methoden des *Lean Management*, des *Business-Process-Reengineering* und der *Gemeinkosten-Wertanalyse* wurden Arbeitsplätze konsequent abgebaut, Arbeitsabläufe systematisch gestrafft und geändert. Durch diese Maßnahmen wurden die Zufriedenheit und das Selbstwertgefühl der Mitarbeiterschaft zutiefst getroffen. Aber die Produktivität der Unternehmen oder Unternehmensbereiche konnte signifikant gesteigert werden. Nach solchen Beobachtungen stellt sich die Frage, wie solche Befunde zusammenpassen könnten.

Eine naheliegende Erklärung, gerade für signifikante Steigerungen der Effizienz trotz gleichzeitiger vermuteter Demotivation der Mitarbeiter, ist wahrscheinlich die Furcht vor Verlust des eigenen Arbeitsplatzes. Durch die in den letzten Jahren stetig steigende Zahl von Arbeitslosen wird eine solche Vermutung untermauert, denn damit besteht für aus Demotivation wechselbereite Mitarbeiter kaum Aussicht auf eine angemessene neue Position. Zudem sind die Aussichten, einen Arbeitsplatz mit Perspektiven zu finden, der Zufriedenheit auslöst, eher gering. Ein Indiz für eine Antriebskraft, die aus Unzufriedenheit und Angst entsteht, ist die in jeder Rezession zu beobachtende Tatsache, daß betriebliche Fehlzeiten sinken. Allerdings gibt es auch begründete Anzeichen, daß die Strukturkrise zu Angstreaktionen unter den Mitarbeiterschaften geführt haben, die Kosten in erheblichem Umfange verursacht haben. Einschätzungen gehen von Aufwendungen von bis zu 100 Milliarden DM aufgrund von Leistungseinbußen durch Konsum von Alkohol, Beruhigungsmitteln und anderen Psychopharmaka aus (*Süddeutsche Zeitung* vom 18.02.1998).

Wie verträgt sich aber eine solche Beobachtung zur Antriebskraft aus Angst mit der stetig wiederkehrenden Hypothese, Mitarbeiterzufriedenheit sei entscheidende Vorbedingung für Produktivitätssteigerung (neuerdings wieder z. B. Haasen/Shea, 1997) und Kundenorientierung und somit besonders den erfolgreichen Vertrieb von Produkten und Dienstleistungen? Es ist wohl unbestritten, daß die konsequenten *Cost-Cutting-Methoden* besonders in den Wirtschaftszweigen nachweisbare Erfolge erbrachten, die in der Regel Produkte herstellen, deren Identität und Qualität für den Kunden konkret und sowohl einfach wie klar differenzierbar war (z. B. Autos). Im Dienstleistungsbereich waren die Effizienzmessungen eines solchen Vorgehens eher umstritten.

Dieser Unterschied legt die Vermutung nahe, daß es die für den Kunden deutlich differenzierbare Qualität der Produkte ist, die den Unterschied ausmacht. Man könnte daher die These aufstellen: Kann der Kunde die Qualität der Produkte leicht und klar differenzieren, dann spielt die Motivation der sie herstellenden und vertreibenden Mitarbeiter nur eine geringe Rolle. Wenn dagegen – wie eher im Dienstleistungssektor – der Kunde die Qualität der Produkte nicht so leicht differenzieren kann, dann müssen die Unternehmen darauf vertrauen, daß die Mitarbeiter diese Qualität erfolgreich vermitteln.

Da Abgrenzbarkeit und Qualität von Hardwareprodukten tendenziell abnehmen, wundert es nicht, wenn dem Mitarbeiter in Zukunft auch hier eine wachsende Rolle bei der Vermittlung von Nutzen und Produktqualität gegenüber dem Kunden zukommen wird, d. h. Mitarbeiterzufriedenheit wieder ein aktueller Faktor wird (vgl. Haasen/Shea, 1997). Allerdings bleibt die Unsicherheit, ob konkrete Vorhersagen möglich sind, wie Zufriedenheit und damit eher Motivation durch innere Befriedigung in der Arbeit zu schaffen und zu erhalten sind (Frey/Osterloh, 1997).

Letztlich fallen wir in der Praxis auf eine Annahme zurück, die auf McGregor (1970) zurückgeht: Welche motivationsrelevanten Maßnahmen in einem Unternehmen angewandt werden, hängt weitgehend von den Einstellungen und Überzeugungen der Unternehmensführung ab. Dabei zeigt die Praxis, daß die Variationsbreite solcher Maßnahmen sehr weit in Richtung Demotivation/Unzufriedenheit gehen kann, bevor destruktive Erscheinungen auftreten; umgekehrt können sie in Richtung Motivation/Zufriedenheit manchmal relativ schnell Bequemlichkeit und Selbstzufriedenheit fördern.

Wenn es richtig ist, um mit Bartlett/Ghoshal (1994, 1995) bzw. Ghoshal/Bartlett (1995) zu sprechen, daß der Dreiklang *Strategien – Strukturen – Systeme* für die Unternehmensentwicklung der 90er Jahre durch den Dreiklang *Ziele – Prozesse – Personen* abgelöst wird, dann gilt es, die Motivation der Mitarbeiter neu zu stabilisieren. Hierbei gelten sieben substantielle Grundregeln der Personalpolitik unverändert, wenn sie auch in der praktischen Durchführung immer neu variiert werden können und sollen. Diese sieben Grundsätze bedürfen in der gegenwärtigen Situation eines neuen und keinesfalls selbstverständlichen Konsenses der Unternehmensführungen:

1. *Der Mitarbeiter erwartet eine verläßliche Beschäftigung.* Obwohl zu beobachten ist, daß bei gesuchten Qualifikationen (z. B. im Bereich des *Investment-Banking* oder – wieder – in der Informationsverarbeitung) Arbeitgeberwechsel ein gewünschter Normalzustand wird und sich auch in anderen Qualifikationen aus der Notsituation heraus Mehrfach- und *flockige* Arbeitsverhältnisse (nach Henzler) weit verbreitet

haben, ist bei der großen Mehrheit der Wunsch nach einer stabilen Beschäftigungssituation ein Schlüsselfaktor der Motivation. Die Personalpolitik hat in den letzten Jahren neue Wege zur Beschäftigungssicherheit in den Unternehmen beschritten. Das ist erforderlich, denn Konjunkturerholung, Innovationsschübe, Abnahme der Steuerlasten und Arbeitskosten (u. a. bei den Lohnnebenkosten) können nicht abgewartet werden. Die Stabilisierung muß jetzt erfolgen. Neue Ideen, die über die Verkürzung der Lebensarbeitszeit hinausgehen und die Formel *Mehr Beschäftigung zu geringeren Pro-Kopf-Arbeitskosten* müssen gefunden werden, wenn dem Grundbedürfnis der Mitarbeiter entsprochen werden soll.

2. *Der Mitarbeiter erwartet eine vergleichsweise gerechte Bezahlung.* Die Einsicht, daß die Variationsbreiten der Einkommen eher steigen als schrumpfen werden, kann nur in einem schwierigen Lernprozeß wachsen. Sie widerspricht in gewissem Ausmaß der allgemeinen Solidaritätserwartung, ist aber Ausdruck unterschiedlicher Nachfrage nach Qualifikationen am Arbeitsmarkt. Deshalb kann die Gerechtigkeit nur im Vergleich liegen. Im Vergleich zu ähnlichen Aufgaben muß das Einkommen stimmen. Und die geschäftliche Situation des Unternehmens muß sich im Einkommen spiegeln. Sind diese Voraussetzungen gegeben, lassen sich Variationsbreiten besser ertragen.

3. *Für das Alter muß vorgesorgt werden.* An der immer geringer werdenden Wahrscheinlichkeit, mit zunehmendem Alter den Lebensunterhalt zu verdienen, wird sich in nächster Zeit kaum etwas ändern. Da die gesetzliche Altersversorgung aus wirtschaftlichen, politischen wie demographischen Gründen in ihrer Leistungsfähigkeit beschränkt ist, müssen betriebliche und private Vorsorge ausgebaut werden. In dem Modellansatz *Total Compensation* kommt es auf die Wettbewerbsfähigkeit des Gesamtaufwandes pro Mitarbeiter für das Unternehmen an. Innerhalb dieses Gesamtaufwandes sollte ein definierter Teil für Altersvorsorge investiert werden. Das dient der Vorsorgeerwartung des Mitarbeiters ebenso wie der des Unternehmens. Denn unversorgte Mitarbeiter werden sich in Zukunft schwerer in Pension schicken lassen, auch wenn die Unternehmen dies aus berechtigten Vitalitäts- oder Personalabbaugründen beabsichtigen.

4. *Die Arbeitsanforderungen müssen herausfordernd sein.* Der Inhalt der Arbeiten und die damit verbundenen Anforderungen an die geistige, emotionale und physische Ausbildung des Mitarbeiters sind ein Schlüsselmotivator. Dies galt in der Vergangenheit und spiegelte sich in den Bewegungen von *Job-Enlargement – Job-Enrichment* wider, dies gilt auch für die Gegenwart und Zukunft und kommt durch das Forcieren von *Job-Empowerment, Intrapreneurship* und teilautonomer Gruppenarbeit zum Ausdruck.

5. *Der Mitarbeiter muß sich lebenslang weiterbilden.* Das Unternehmen als *Learning Organization* im Sinne von Senge (1990) zu einer Institution für gezielte Weiterbildung zu machen, ist eine unverändert drängende Aufgabe in den Unternehmen. Es ist sicher aufwendig, unsere Ausbildungsinstitutionen – von der dualen bis zur Universitätsausbildung – für ein neues Konzept periodischer Weiterbildung zu gewinnen, auch wenn es schon Gedankenbeispiele dafür gibt (vgl. z. B. *Campus-Dortmund-Modell*, 1996). Die Initiative des Mitarbeiters zur Investition in sein Wissen kann nur in einem derartigen, neuen Ausbildungssystem gelegt werden.

6. *Der Mitarbeiter erwartet eine faire Führung.* Rückbesinnung auf ein Beförderungsprinzip, in dem die für das Unternehmen und seine Untereinheiten bestgeeigneten Personen ohne Ansehen ihrer Herkunft, ihrer Beziehungen und ihres Ausbildungsniveaus ge- und befördert werden, ist für die Legitimation und Anerkennung der Führungspersönlichkeit von grundlegender Bedeutung. Hinzu muß die Ausbildung für ein rationales und wertorientiertes Führungsverhalten kommen. In diesem Sinne kann Führung die Motivation der Geführten gewinnen.

7. *Der Mitarbeiter muß im Unternehmen kommunizieren dürfen.* Informations- und Meinungsaustausch zu Aufgaben in der Arbeitsgruppe wie der wirtschaftlichen Situation des Unternehmens gehören zu den Grunderwartungen der Mitarbeiter. Die Organisation dieses Prozesses ist vor allem auch unter dem Gesichtspunkt des einschlägigen Wettbewerbes zwischen Führungskräften und mitbestimmten Gremien eine ständig zu verbessernde Aufgabe.

Eine Personalpolitik, die die Motivation der Mitarbeiter fördern will, wird diese sieben Grundregeln mit sehr unterschiedlichen Programmen und Maßnahmen verwirklichen. Es besteht bereits eine mindestens 2.000jährige Erfahrung darin, wie man auf der Basis von Substanzwerten (*dem Brot*) und Beimischung zirzensischer Elemente (*den Spielen*) motivieren und das Bedürfnis nach Neuigkeiten befriedigen kann. Neues zur Motivation ist aber auf Dauer nur wirksam, wenn es auf den Grundregeln basiert. Die Personalpolitik muß davon ausgehen, daß die Mitarbeiter ein gutes Gespür für den Unterschied zwischen *Brot* und *Spielen* haben.

Neue personalpolitische Aspekte zur Motivation der Mitarbeiter

Auf welche Weise kann die Personalpolitik die beschriebenen förderlichen Aspekte möglichst verwirklichen und gleichzeitig hinderliche vermeiden? Um die individuelle Basis der Mitarbeiterzufriedenheit und -motivation zu erfassen, ist eine – zugegebenermaßen nicht repräsentative – Umfrage unter guten Mitarbeitern durchgeführt worden. Die Ergebnisse lassen sich in zwei Kategorien zusammenfassen:

⇢ Mitarbeiter, die neu im Unternehmen oder einer Stelle sind, erwarten von Vorgesetzen und Kollegen Anleitung, Gesprächsbereitschaft und regelmäßiges Feedback in der für sie neuen und damit tendentiell »unsicheren« Situation, um möglichst schnell Sicherheit und Kompetenz in der Aufgabe zu erlangen.

⇢ Mitarbeiter, die bereits eingearbeitet oder erfahren sind, haben Ansprüche, die mit dem Grad der Erfahrung steigen, und zwar an die eigene Leistung bzw. deren Qualität, an die mit ihnen besprochenen und vereinbarten Ziele wie auch an die ihnen zur Verfügung stehenden Ressourcen, um diese Ziele in angemessener Zeit und Qualität erreichen zu können (dazu gehört auch der Grad an Selbständigkeit bei der Erledigung und die anderen Arbeitsbedingungen), und sie erwarten angemessenes und damit faires Feedback und Anerkennung ihrer Vorgesetzen, sowohl in materieller als immaterieller Hinsicht.

Daraus lassen sich zumindest drei konkrete Maßnahmen ableiten, um die Motivation und Zufriedenheit der Mitarbeiter zu fördern: Zielvereinbarungen, Anforderungsgerechtigkeit des Arbeitsplatzes und die zugehörigen Arbeitsbedingungen.

1. Konkrete, individuell herausfordernde und erreichbare Zielsetzungen und -vereinbarungen sind heute wichtiger als formelle Beurteilungen der Mitarbeiter.

Die Leistungsbereitschaft wie die konkreten Leistungen sind auch abhängig vom Anspruchsniveau des Mitarbeiters an sich selbst. Das bedeutet, er kann in der Regel sehr gut und differenziert beurteilen – u. U. unter Rückgriff auf Vergleiche mit Kollegen –, wie gut die Qualität und Ergebnisse seiner Handlungsweisen sind. Was er braucht, ist keine formale Beurteilung seiner Leistungen durch seinen Vorgesetzten, sondern Horizonte und Zielsetzungen und dann Rückmeldung darüber, ob sein interner Maßstab an die eigene Arbeit auch mit dem des Vorgesetzten/des Unternehmens übereinstimmt. Das differenziert oder stärkt seinen Maßstab und kommt gleichzeitig seinem Bedürfnis nach eigenem Beitrag und Anerkennung entgegen. Unter Anerkennung werden hier sowohl das Zwischenmenschliche, Immaterielle als auch die materielle Anerkennung verstanden, die es dem Mitarbeiter gestattet, sein Privatleben nach seinen Vorstellungen zu gestalten und damit (private) Zufriedenheit zu erlangen, die wiederum den beruflichen Bereich beeinflußt.

Das Zusammenspiel zwischen den Aspekten immaterieller und materieller Anerkennung fair, ehrlich und ausgewogen im direkten Umgang mit seinen Mitarbeitern zu gestalten, ist eine Hauptaufgabe des Vorgesetzten. Hier nimmt er auf Motivation und Zufriedenheit seiner Mitarbeiter in großem Maße Einfluß.

Anders ausgedrückt: Hier kann er durch Ungerechtigkeiten und Fehler zur Demotivation beitragen.

2. Die Anforderungsgerechtigkeit bzw. -fairneß der Stelle wird bedeutsamer als eine methodisch umstrittene Leistungsdifferenzierung.
Hier könnten neue Verfahren Fortschritte bringen: solche, die *Input* (d. h. Kenntnisse und Erfahrungen) und solche, die *Output* (d. h. *Added Value* der Aufgabe) messen. Da die Einkommensvariation ungleich stärker und differenzierter über die Aufgabenbewertung und/oder Karriereschritte erfolgt als über die Leistungsbewertung innerhalb der Aufgabenbewertung, ist hier verstärkte Aufmerksamkeit nötig. Eine Leistungsbewertung sollte sich auf die Zielerreichung konzentrieren. Eine Verlängerung der schulischen oder universitären Beurteilung in das Berufsleben erscheint von der Akzeptanz und der Motivationswirkung her sowohl bei Mitarbeitern wie Führungskräften immer umstrittener. Die Methoden der *360°-Beurteilung* wirken oft eher repressiv als motivierend für die Betroffenen. Regelmäßig wiederkehrende Kommunikation, d. h. beidseitiger Austausch von Informationen über die Erreichung von Zielen und deren Abwägung wirken eher konstruktiv und positiv verstärkend. Diese Kommunikation kann sowohl in der Paarbildung, in der Gruppe, cross-funktional und hierarchieübergreifend verschiedene Aspekte des Fortschritts bei der Erfüllung von Aufgaben und Projektvorgaben angehen und so die Kräfte auf Ergebnisse ausrichten.

3. Die Arbeitsbedingungen, unter denen der Mitarbeiter seine Leistung erbringt, sind ebenso wichtig wie der Umfang des Aufgabengebietes.
Entscheidend bei den Arbeitsbedingungen ist der Grad der Selbständigkeit. Im Sinne der Zielvereinbarungen heißt das, der Mitarbeiter sollte mehr Freiheit erhalten, selbst zu entscheiden, was er unternehmen will, um die mit ihm vereinbarten Ziele zu erreichen. Dazu gehört auch, daß ihm die Ressourcen, z. B. Zeithoheit und die Kompetenzen, zur Verfügung stehen, seine Planungen – für seine Aufgaben und Ziele – zu realisieren. Nur wenn dies gegeben ist, kann und wird er sich für die Ergebnisse verantwortlich fühlen (seien sie positiv oder negativ) und sie seinen eigenen Anstrengungen zuschreiben. Dieses Gefühl, etwas bewegen zu können und verantwortlich zu sein, ist weitgehend unabhängig vom Umfang des Aufgabengebietes. Sind die Ergebnisse negativ, ist es Aufgabe des Vorgesetzten, mit dem Mitarbeiter zu analysieren, woran es lag, damit dieser in Zukunft Erfolg haben kann. Denn solche Erfolge sind die Basis für Motivation aus Interesse an der Sache wie auch dem Streben nach weiterer Bestätigung bzw. Erhöhung des eigenen Anspruchsniveaus.

Ausgewählte Aspekte zur betrieblichen Vergütungspolitik

Die innerbetriebliche Vergütungspolitik der letzten Jahre hat unter dem globalen Lohnkostenwettbewerb gelitten, obwohl die eigentliche Ursache für die Kostennachteile stärker in der Umverteilungskomponente der gesetzlichen Lohnnebenkosten und der Steuerbelastung zu suchen ist. Da die verfügbaren Nettoeinkommen – nach Steuern und inflationsbereinigt – in den letzten Jahren für breite, wenn auch bei weitem nicht alle Mitarbeiterkreise gesunken sind, begannen in den Unternehmen neue Überlegungen darüber, mit welchen Verteilungsmethoden eine bessere Verständlichkeit für Lohn- und Einkommensbemessung erreicht werden könne.

Das Ideal einer vergleichsorientierten Gerechtigkeit der Einkommen muß heute über mehrere, nicht substitutiv wirkende Komponenten erfolgen.

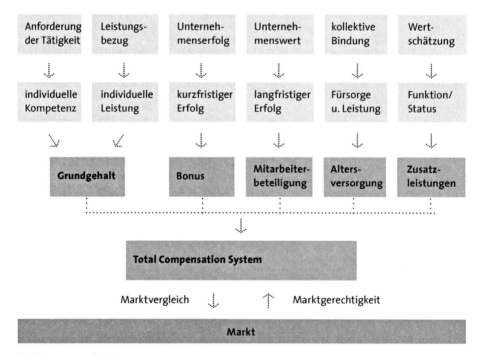

Total Compensation System

Innerbetriebliche Faktoren wie Anforderungsdifferenzierung, Leistungsbezug, kurzfristiger Unternehmens- oder Betriebserfolg, langfristige Steigerung des Unternehmenswertes, kollektive Bindung durch Für- und Vorsorge und Wertschätzung müssen im System abgebildet werden wie auch externe Faktoren, u. a. Marktdifferenzierung nach Berufsqualifikationen.

Ziele und Techniken der Gehaltsfindung zu den einzelnen Faktoren, z. B. Anforderungsmeßsysteme für Grundgehalt, Bonus- und Investitionssysteme für kurzfristige Erfolgsbeteiligung, Aktienkauf- oder -optionspläne für langfristige Erfolgsbeeinflussung, Altersversorgungssysteme und *Fringe-Benefit-Komponenten* werden ausführlich in der Fachliteratur referiert. Marktvergleiche stehen durch graduell verbesserte Gehaltsuntersuchungen zur Verfügung. Wichtig für die Gehaltspolitik der Zukunft sind die Balance zwischen den einzelnen Faktoren, um die Führungskräfte und Mitarbeiter als Stakeholder zu identifizieren, und das Controlling, um im Kostenwettbewerb bestehen zu können.

Besonderer Beachtung bedürfen die Erfolgsbeteiligungsmodelle, die im Rahmen partnerschaftlich organisierter Betriebsstrukturen entwickelt und auf Unternehmen übertragen wurden, die nach dem vorherrschenden *Angestelltenmodell* organisiert sind. Diese Modelle gehen von einer algorithmisch festgelegten Teilhabe an ausschließlich quantitativ bestimmten finanziellen Erfolgsfaktoren aus. Risikobeteiligung, Langfristfaktoren und insbesondere das Nebeneinander von Systemen mit unterschiedlicher Basis im gleichen Unternehmen/Betrieb werfen interessante Fragen der Motivation für die Zukunft auf. Ein Beispiel für die Problematik der Koexistenz solcher Systeme ist die Auseinandersetzung um Aktienoptionen für Geschäftsleitungen/Vorstände oder Angestellte. Ist sie eine Bezahlungskomponente, muß sie gesteuert und begrenzt werden. Ist sie als potentielle Teilhabe am Unternehmen gedacht, um die Identifikation aus Aktionärsinteresse verknüpft mit dem Führungsinteresse zu fördern, sollte sie sich frei am Zuwachs des Unternehmenswertes orientieren können. In diesem Falle sind Begrenzungen wie z. B. Schwellenwerte, um *Windfall-Profits* zu vermeiden, systemfremd. Das Unternehmen, das solche Instrumente anwendet, muß sich also auf eine Philosophie einigen.

Dieses Beispiel zeigt, wie sehr es im Unternehmen darauf ankommt, welchem *code of corporate ethics* (Haasen/Shea, 1996) gefolgt werden soll. Die Überzeugung der Unternehmensleitung entscheidet darüber, ob die Führungskräfte und Mitarbeiter konsistent und konsequent als Stakeholder angesehen oder als Mittel zum Erreichen des Shareholder-Value betrachtet werden. Herrscht eine Unternehmensphilosophie vor, die als *mit und für Menschen* interpretiert werden kann, dann fällt es leichter, Ideen wie Change-Management, Kundenorientierung, kontinuierliche Qualitätsverbesserung, Streben nach Innovation, Gruppenautonomie wie auch Erfolgs- und Kostenwettbewerb zu verwirklichen.

Mitarbeiterzufriedenheit zum Asset machen!

In der jährlichen Kundenbefragung der Allianz über die Qualität des gebotenen Service ist das Antwortmuster seit Jahren stabil: An erster Stelle steht Freundlichkeit, gefolgt von Erreichbarkeit, Verständlichkeit und dem (kompetenten) Eingehen auf die Fragen des Kunden. Dieses Ergebnis gilt auch hinsichtlich der *internen Kunden*.

Akzeptiert man die Hypothese, daß diese Verhaltenskomponenten freiwillig wohl nur Mitarbeiter zeigen, die eher zufrieden und motiviert sind, dann müssen die Unternehmen sehr daran interessiert sein, die Zufriedenheit und Motivation ihrer Mitarbeiter zu erhöhen bzw. zu erhalten. Dabei läßt sich das Ziel zwar idealtypisch beschreiben, aber nie dauerhaft erreichen. Denn die Randbedingungen ändern sich dauernd: Die Mitarbeiter verändern sich im Laufe der Zeit mit ihren Vorstellungen und Ansprüchen, die Ansprüche der Kunden verändern sich ebenso wie die Produkte und der Wettbewerb, es kommen neue Mitarbeiter und Kunden hinzu und andere scheiden aus usw. Das bedeutet, es handelt sich beim Versuch, Mitarbeiterzufriedenheit und Motivation im Betrieb zu beeinflussen, immer um einen Prozeß, dessen Idealziel sich auch im Laufe der Zeit verändern kann. Daher sind kontinuierlich (kleine) Schritte erforderlich, die aufgrund der Reaktionen von Kunden und Mitarbeitern immer wieder neu justiert werden müssen im Sinne eines kontinuierlichen Verbesserungsprozesses. Nur wenn dies geschieht, können sich auch Kundenorientierung und daraus folgend auch Kundenzufriedenheit und wirtschaftlicher Erfolg einstellen. Dann ist Mitarbeiterzufriedenheit ein Asset.

Literatur

BARTLETT, C. A./GHOSHAL, S., *Changing the Role of Top Management: Beyond Strategy to Purpose*, Harvard Business Review, November–December, 1994, S. 79–88.
BARTLETT, C. A./GHOSHAL, S., *Changing the Role of Top Management: Beyond Systems to People*, Harvard Business Review, May–June, 1995, S. 132–142.
BAYARD, N., *Unternehmens- und personalpolitische Relevanz der Arbeitszufriedenheit*, Haupt, Bern, 1997.
BÜSSING, A., *Struktur und Dynamik von Arbeitszufriedenheit: Konzeptionelle und methodische Überlegungen zu einer Untersuchung verschiedener Formen der Arbeitszufriedenheit,*

in: Fischer, L. (Hrsg.), *Arbeitszufriedenheit*, Verlag für Angewandte Psychologie, Stuttgart, 1991, S. 85–113.
BRUGGEMANN, A., *Zur Untersuchung verschiedener Formen von »Arbeitszufriedenheit«*, Arbeit und Leistung, 28, 1974, S. 281–284.
C.A.M.P.U.S. Projektgesellschaft (Hrsg.), *Campus Dortmund: Ganzheitliche Qualifizierung für das dritte Jahrtausend*, Dortmund, 1996.
FREY, B. S./OSTERLOH, M., *Motivation – der zwiespältige Produktionsfaktor*, Neue Zürcher Zeitung vom 29./30. März (Nr. 13), 1997.
GHOSHAL, S./BARTLETT, C. A., *Changing the Role of Top Management: Beyond Structure to Processes*, Harvard Business Review, January–February, 1995, S. 86–96.
HAASEN, A./SHEA, G. F., *A better place to work*, AMA Management Briefings, New York, 1997.
HACKMAN, I. R./OLDHAM, G. R., *Development of the Job Diagnostic Survey*, in: Journal of Applied Psychology, 60, 1975, S. 159-170.
HACKMAN, I. R./OLDHAM, G. R., *Motivation Through the Design of Work: Test of a Theory*. Organizational Behavior and Human Performance, 16, 1976, S. 250–279.
HERZBERG, F./MAUSNER, B./BLOCH SNYDERMAN, B., *The Motivation to Work*, Wiley/ New York, 1959.
HERZBERG, F., *Work and the Nature of Man*, New York/Cleveland, 1966.
MASLOW, A. H., *Motivation and Personality*, Harper, New York, 1970.
MCGREGOR, D., *Der Mensch im Unternehmen*, Econ, Düsseldorf/Wien, 1970.
Neuberger, O., *Der Arbeitsbeschreibungsbogen. Ein Versuch zur Messung von Arbeitszufriedenheit*, Problem und Entscheidung, 15, 1976, S. 1–169.
NEUBERGER, O./ALLERBECK, M., *Messung und Analyse von Arbeitszufriedenheit. Erfahrungen mit dem »Arbeitsbeschreibungs-Bogen (ABB)«*, Huber, Bern, 1978.
o.V., *Sie müssen Extremist sein*, Der Spiegel, Nr. 29, 1997, S. 85.
o.V., *Auch Arbeitnehmer sind ein Unternehmenswert*, Der Stern vom 26.3.1997.
o.V., *Angst im Betrieb kostet 100 Milliarden DM im Jahr*, Süddeutsche Zeitung vom 18.02.1998.
PORTER, L. W./LAWLER, E. E., *Managerial Attitude and Performance*, Dorsey Press, Homewood, 1968.
SENGE, P. M., *The Fifth Dimension: The Art and Practice of the Learning Organization*, Doubleday/Currency, New York, 1990.
SIX, B./ECKES, A., *Der Zusammenhang von Arbeitszufriedenheit und Arbeitsleistung – Resultate einer metaanalytischen Studie*, in: FISCHER, L. (Hrsg.), *Arbeitszufriedenheit*, Verlag für Angewandte Psychologie, Stuttgart, 1991, S. 21–45.
SPRENGER, R. K., *Bodenloses Gerede*, Wirtschaftswoche, Nr. 10 vom 27.02.1997, S. 134.
VROOM, V. H., *Work and Motivation*, Wiley & Sons, New York, 1964.

Beitrag abgedruckt in: SIEBERTZ, PAUL/VON STEIN, JOHANN HEINRICH (Hrsg.), *Handbuch Banken und Personal*, Knapp, Frankfurt/M., 1999, S. 765–779.

Knowledge-Management

Wir leben in einer Welt, in der dem Dienstleistungssektor eine wachsende Bedeutung zukommt. Der Anteil der Industriearbeit am Bruttosozialprodukt geht kontinuierlich zurück, Bildung und Information werden immer wichtiger. Damit rückt zunehmend die Frage in den Vordergrund, wie sinnvoll das vorhandene Wissen eingesetzt, wie effektiv es weitergegeben wird – eine Frage, mit der man sich unter den Stichworten Wissenstransfer und Knowledge-Management auch bei der Allianz intensiv auseinandersetzt.

Bildung und Wissen werden im globalen Wettbewerb des nächsten Jahrhunderts zu den entscheidenden Erfolgsfaktoren zählen. Um nicht ins Hintertreffen zu geraten, muß der Bereich Aus- und Weiterbildung zu einer »Wachstumsindustrie« entwickelt werden – auch in Deutschland. Insbesondere der Dienstleistungssektor, zu dem auch die Versicherungsbranche gehört, ist darauf angewiesen, zumal ihm in den kommenden Jahren eine zunehmende Bedeutung zukommen wird.

Das Beispiel Amerika zeigt, wohin die Reise geht: Während in der Europäischen Union der Anteil der Industriearbeit alter Prägung am Bruttosozialprodukt heute noch 31 % beträgt, liegt er in den USA nur noch bei 25 %. Dafür ist der Anteil des Dienstleistungssektors in Amerika mit knapp 60 % fast neun Prozent höher als innerhalb der EU. Wissen ist das Kapital – das hat die Wirtschaft für sich erkannt und ist zunehmend bereit, mehr Verantwortung zu übernehmen. Auch die Allianz-Gruppe stellt sich dieser Aufgabe: Allein 1998 hat sie für Aus- und Weiterbildung weltweit über 500 Millionen Mark aufgewendet. Eine Investition in die Zukunft.

Wissen und Information werden in den kommenden Jahren in weit höherem Maße Basis und Motor der Entwicklung sein als noch heute. Als weltweites Unternehmen mit rund 700 Tochtergesellschaften in fast 70 Ländern hat die Allianz das Potential, das Beste aus diesem Wissen zu machen, doch dazu müssen wir es noch intensiver ausschöpfen. In immer kürzeren Abständen kommen neue Produkte auf den Markt, die gesetzlichen Rahmenbedingungen ändern sich, Grenzen fallen, die Kundenanforderungen an den Service wachsen – wenn wir bestehen wollen, müssen wir das Tempo mitgehen.

Schon heute befassen sich zahlreiche, länderübergreifende Arbeitsgruppen intensiv mit Fragen des Knowledge-Managements und des Wissenstransfers. Ein wichtiger Schritt in diese Richtung ist auch die Einrichtung des Allianz Management Institute (AMI), das die Entwicklung von qualifizierten Führungskräften begleiten soll.

Globales Knowledge-Management wird in den kommenden Jahren zu einer zentralen Aufgabe. Sein Ziel ist es, Informationsbarrieren abzubauen, den Austausch zwischen den einzelnen Unternehmensteilen zu verstärken und den Wissenstransfer zu fördern – auch über Ländergrenzen hinweg. Ein Grund mehr, warum die Beherrschung der englischen Sprache als gemeinsame Kommunikationsebene immer wichtiger wird.

Das Umfeld ändert sich zusehends und mit ihm Arbeitsinhalte und -instrumente. Um die kommenden Aufgaben zu bewältigen, sind allerdings nicht nur die Führungskräfte gefragt – alle müssen in Zukunft schneller umlernen als früher, und sie müssen bereit sein, Verantwortung für sich und das Unternehmen zu tragen. An die Qualifikation jedes einzelnen Mitarbeiters werden künftig höhere Anforderungen gestellt. Die vielfältigen Angebote des Bildungswesens bieten die Gelegenheit, sich auf diese Anforderungen gezielt vorzubereiten, die sich immer weniger auf den nationalen Rahmen beschränken werden.

Ein effizientes Management des Wissens innerhalb der Allianz-Gruppe ist natürlich nur möglich, wenn die entsprechende technische und organisatorische Infrastruktur vorhanden ist. Sie ist die Voraussetzung dafür, daß Informationen schnell und ungehindert dorthin gelangen, wo sie gebraucht werden. Dazu sind umfangreiche Investitionen in neue Informations- und Kommunikationstechnik wie etwa das Intranet erforderlich – eine Aufgabe, die uns in den nächsten Jahren stark beschäftigen wird.

Die Rechnung ist einfach: Je größer der Wissensvorsprung, desto gefestigter die Marktstellung der Allianz und desto sicherer damit auch der eigene Arbeitsplatz. Darüber hinaus verbessert der ständige Ausbau des Wissensstandes – längst keine Bringschuld des Vorgesetzten mehr, sondern eine Holschuld jedes einzelnen – generell die Chancen des Arbeitnehmers auf dem Arbeitsmarkt.

Die Zeiten, da die Exklusivität von Wissen die eigene Stellung untermauerte und Führungskräfte es nur bruchstückhaft an ihre Mitarbeiter weitergaben, gehören der Vergangenheit an. Heute steht vor jedem die Aufgabe, ein Höchstmaß an Kenntnissen zu erwerben und diese möglichst effizient weiterzugeben – innerhalb der Abteilung, innerhalb des eigenen Unternehmens, innerhalb der Gruppe. Lernen wir zu teilen.

Editorial abgedruckt in: *Allianz Journal*, 03/1999.

The future for learning organisations

I feel honoured to be invited to this conference. I agreed to come and to say some words, because I thought the subject of this conference is important.

So I agreed to address certain aspects of the theme how I view this from a personal standpoint. But when I looked at some papers I learned that the critics on learning in organisations are – at best – mixed. Some are arguing, there has always been the need for learning, so why so much attention. Others like Arie de Geus from Royal Dutch Shell are saying: »The ability to learn faster and better than your competitor will be the only sustainable competitive advantage of the future.« Well, there is a very simple wisdom: We learn to cope with change.

When we analyse the need for accelerated learning, we must ask ourselves: What has changed or – better – what is changing?

If only few things are changing, learning may be a nuisance: For most people and organisations learning is an effort which they don't like too much. The reason is: Learning causes unease and often strain. However: If many things are changing, learning is the only method of survival.

I am 32 years in business and thinking of this address I asked myself: What has changed in these years? What did you have to learn to survive in these monumental headquarters I have worked in – in Stuttgart, New York, Paris and now in Munich.

Today's first question is:
- Has my salary changed? A little! (Too little – my wife is saying.)
- My time/income relationship? Not much!
- Hierarchical decision making? Very little!
- Time for family and my personal interest? Not at all!

Well then, what is interesting about this self experience? The priority of the question has changed. When we started, we didn't ask those questions! Today: I am asked those questions in any recruitment situation. This may be a very personal insight, which doesn't lead very far. But I want to add other personal observations:

1. A young salesman joined me to complain about an old colleague, he is supposed to team up with. Why? He learned in sales school to address the favourable product characteristics in a customer sales situation. His old colleague always retreats to personal relationship methods in the sales situation. He cannot change and disturbs all well trained strategies, complained the young man.

2. When IBM in the late seventies fought (like Microsoft today) the American government for monopolising the DP market, it prepared itself for an unfavourable sentence in court, by dividing the company in two parts:
- the old large system unit
- the new general business unit.

Both units developed well and worked on a very different business focus. But when the organisation won the legal battle, the new company was reintegrated. Well, practically destroyed. Why: The old management didn't accept the new opportunities in new market places. Others like Nixdorf and SAP closed that gap.

Why I am telling those stories: Because I wrestle with the nature of human beings, when I think of learning. The German philosopher Odo Marquard once said: »Man doesn't change, because he doesn't live long enough.«

There is a lot of wisdom in those words:

If organisations as well as human beings have experienced success, they don't like to change. It needs a lot of change and pressure to the organisation from outside to make organisations as well as human beings change their procedures, products, behaviour, attitudes and values. By the way: corporate culture is very often one of the most impeding factors for change.

Is there a corporate culture of change? Can we manage, construct, implement a culture, which comprises change as virtue to pursue?

I have worked in two excellent world-wide acting business organisations, and I am not sure whether and how and to what extent this is possible. I have decided for myself to be much more careful to support the idea of corporate culture, instead I do carefully support the idea of continuous learning of our management and our employees. Why do I believe in this:

Let me express it this way:

1. Change is continuing at a faster pace in the world of business.

2. The business decisions to make have become more complex than before for two reasons:
- Technology has become more complex. Even to handle my telephone today is more complicated than yesterday. I am not explaining this further.
- The relationship of business ethics for example to environmental equation becomes more complicated than ever before.

I will repeat the well known global development directions which the corporate world has to tackle with briefly:

1. There is the end of the notion of distance (products, ideas, money moving fast).

2. The markets are local and global at the same time.

I sell a car insurance to my neighbour only if he gets the service in case of a claim right around the corner. However he wants for his company, operating in 16 countries, coverage out of one hand for all his factories.

3. How survive only, if your market capitalisation allows you to swallow others rather than being eaten by one of your predatory competitors.

This theory leads to adventurous sprains in merging cultures, people, products, prices, procedures, strategies and customer relations. I could tell you some intriguing stories, what my highly esteemed financial engineering colleagues have forgotten when they negotiate the deals. Anyway, fact is, you got to live with the change, mergers and acquisitions bring into the fabric of your home town team.

4. The ubiquitous – on time data, image and voice transmission leads to new considerations to organize our business.

In our business there are two directions we pursue:

⇢ There is certainly the impact of the B2B and B2C relations on our existing sales channels. Although there is no financially sound business in selling insurance products B2C; although there are forecasts, which are hesitating to promise fast opportunities in the B2C sales channel (8-12 % of all retail sales in 2014) we must join the efforts to prepare ourselves for the case to come. Multichannel and e-based customer relations-management becomes a big task for our sales and marketing people.

⇢ We ask ourselves why are we building so large business headquarters. If we connect our insurance factory-employees: home-office to business-office, they don't have to come daily to their factory, save 1 to 2 hours connecting time per day: 150 to 300 hours per year – that's about the equivalent of 20 to 30 business days per year.

Well, how much has the line management to change to make those technically and even financially sound opportunities happen? There is a long way to go: Mankind's organizational history is telling us that leaders like to have their subordinates in face to face relationship. At least »imprisoned« and supervisioned in a stony location. This is also true for teachers and university professors. I think 50 percent of standard propedeutic knowledge could be learned on line. Well, there are relevant efforts to provide those services.

Anyway: Leadership, organisation, attraction, communication, education, performance appraisal, time management, workers representation. All of that has to be reconsidered to implement the new techniques in our world of living.

5. Let me mention a final development we are dealing with which is causing also changes in the organizational structure.

Although we concentrate on key competencies we are open for all kinds of cooperative endeavours.

This – again – sounds well known. However, in all practical terms it causes still a necessary rethinking of management on the operational level. Retraction to key competencies very often means to work with the outsourced units on a new level, or to say on an equal level, compared to formerly subordinated, dependent level. And in joint venture you've got to adapt to more political, compromise laden decision making tactics anyway.

Well, let me close here with these lines of change, we have to face very practically here and now and probably tomorrow.

We in the operational organisations have to manage those changes, provide tools and opportunities for learning to our management and employees.

We in Allianz spend 600 Million DM = equals ~ 6 percent of our personal cost tab on education. German industry spent 34,3 Billions of DM in 1998 for the same reason. Training cost per employee increased from 1.924 DM in 1992 to 2.207 DM in 1998 (ref. Handelsblatt 23.12.99).

We in Allianz, like many other well known companies founded a virtual corporate learning institute, the Allianz Management Institute to foster international training and education. We cooperate with institutes like INSEAD, St. Gallen University, USW Cologne and even Wharton in Philadelphia and the Bosch-Carnegy Institute, to mention some.

Present effort to found a German Business School to cooperate better with universities.

So the platform for this meeting has been set.

Now let us come to the true news learn something about the future of learning organisations.

Vortrag im Rahmen der *7th annual Conference of The Consortium for the Learning Organisation (ECLO)* am 17. Mai 2000 in München.

Arbeit und Arbeitsplätze 1986–1988

Neue Arbeitsplätze durch Innovation, Technik und Qualifizierung

Arbeitsplätze durch Innovation

Wir erleben es in den Unternehmen täglich: Vorhandene Arbeitsplätze erhalten und neue, zukunftssichere Arbeitsplätze schaffen können wir nur durch laufende Bemühungen um Innovation,

- denn die Konkurrenz im internationalen Wettbewerb läßt sich immer etwas Neues einfallen, um noch besser oder billiger zu sein als wir.
- Die Bedürfnisse unserer Kunden ändern sich, und neue Probleme fordern neue Lösungen.
- Politische und weltwirtschaftliche Rahmenbedingungen verschieben sich: der Dollar-Kurs, die Ölpreise, die Handelsbarrieren, die Steuersätze ...
- Neue Techniken bieten neue Möglichkeiten: neue Produkte, neue Dienstleistungen, neue Produktionsverfahren ... Chancen für mehr Beschäftigung, wenn wir sie zu nutzen wissen, Verluste an Arbeitsplätzen, wenn andere sie besser und schneller nutzen als wir.

Rund 2 Millionen Arbeitsplätze gehen in den deutschen Unternehmen in jedem Jahr nach Berechnungen des DIW durch derartige Veränderungen verloren. 2 Millionen Arbeitsplätze müssen jährlich wieder neu entstehen, und noch viel mehr Arbeitsplätze müssen auf die neuen Bedingungen umgestellt werden, wenn der Stand der Beschäftigung auch nur erhalten bleiben soll. Die Veranstalter haben für die Beschäftigungsoffensive mit dem Thema Innovation einen entscheidenden Punkt getroffen. Aber wie machen wir mehr Innovation möglich?

Innovation braucht günstige Rahmenbedingungen

Dazu bedarf es zunächst einmal politischer und gesellschaftlicher Rahmenbedingungen, die Investitionen in die Zukunft, Flexibilität in der Umstellung auf neue Bedingungen, Mut zum Risiko und den Willen zu hervorragenden Leistungen möglich und für möglichst viele Menschen reizvoll machen. Eine Beschäftigungsoffensive der Unternehmen kann deshalb niemals ausgleichen,

- was im gesellschaftlichen Rahmen die Angst vor Veränderungen, das Verteidigen von Besitzständen und die Geringschätzung wirtschaftlich-technischer Leistungen an Innovation verhindert und,

⇢ was im politischen Bereich verfehlte Formen von Mitbestimmung, überhöhte Löhne und Sozialkosten, allzu inflexible Regelungen im Arbeitsrecht oder das Wegsteuern von Investitionsmitteln an Arbeitsplätzen kostet.

Wir können als Unternehmen gesellschaftliches Klima und politische Entscheidungen nur akzeptieren, nicht kompensieren.

Innovation ist mehr als Technik

Aber auch im Unternehmen ist Innovation weit mehr als nur Wissenschaft und Technik. Innovation verlangt vor allem
⇢ einen Blick für neue Bedürfnisse und für neue Chancen,
⇢ verlangt den Willen zur Flexibilität, zur Änderung von gewohnten Einstellungen, Verhaltensweisen und Organisationsformen,
⇢ verlangt den Willen zum Lernen und die Organisation von Know-how-Transfer,
⇢ verlangt Mut zum Risiko und die Kraft zum Verbessern der Fehler, die man auf einem neuen Feld anfangs begangen hat.

Innovation ist aber auch Lernen im Umgehen mit einer neuen Technik und ihre Anpassung an den Menschen. Innovation heißt schließlich, den Menschen zu helfen, mit der Veränderung fertigzuwerden, durch gründliche Ausbildung und Weiterbildung, durch geeignete Arbeitsorganisation, durch eine kooperative Führung.

Neue Werte schaffen neue Arbeitsplätze

Neue Arbeitsplätze kann man nur schaffen, indem man neue Werte schafft, damit die neuen Arbeitsplätze sich selber wirtschaftlich tragen können, anstatt anderswo Löcher aufzureißen, die wieder Arbeitsplätze vernichten. Deshalb bringt es nicht viel, mit neuen Steuern und neuen Staatskrediten einfach neue Gehälter zu schaffen, wie manche fordern. Ebenso wenig würde es helfen, in den Unternehmen einfach neue Planstellen und neue Personalkosten zu produzieren. Wie Herr Stihl kürzlich bei der DGFP gesagt hat: »Wir müssen dabei die Kundenwünsche in den Vordergrund stellen ...«, d.h. wir müssen herausfinden, was die Menschen brauchen und was Nutzen bringt, und dann müssen wir diesen zusätzlichen Nutzen wirtschaftlich und technisch möglich machen. Hier liegt meines Erachtens die Rolle der Unternehmen in der Beschäftigungsoffensive.

⇢ Wir können uns bemühen, neue Arbeit in Gestalt neuer Bedürfnisse, neuer Probleme ausfindig zu machen und diesen durch Entwerfen neuer Produkte und neuer Produktionsverfahren entgegenzukommen
⇢ Wir können versuchen, das erforderliche Know-how dorthin zu bringen, wo es gebraucht wird
⇢ Wir können Menschen helfen, sich für diese neuen Aufgaben zu qualifizieren.

Ich will versuchen, anhand einiger Beispiele aus dem Erfahrungsbereich der Branche Büro- und Informationstechnik und meines Unternehmens zu erläutern, was ich mit diesen drei Wegen meine.

Neue Arbeit durch neue Produkte und Produktionsverfahren

Neue Arbeitsplätze durch neue Produkte und Produktionsverfahren finden wir zunächst durch Bereitstellung der Informationstechnik selbst:
⇢ Rund 95.000 Menschen arbeiten in unserer Branche Büro- und Informationstechnik
⇢ Zwischen 80.000 und 100.000 in der Software-Branche
⇢ Einige 100.000 als DV-Fachleute bei den Anwendern, insgesamt zwischen zwei und drei Prozent der Erwerbstätigen.

Die eigentlichen Beschäftigungswirkungen entstehen jedoch durch die Anwendung der Informationstechnik quer durch die Volkswirtschaft:
⇢ Daß die Mikroelektronik viele Produkte des Alltags billiger und besser macht durch elektronische Steuerungen im Auto, in der Heizung, in Kameras, in Fernseh- und Phonogeräten oder Uhren und
⇢ Daß wir die Mikroelektronik und den Computer in vielen Produktionsprozessen wiederfinden, die dadurch konkurrenzfähig geblieben sind, wie z. B. in der deutschen Automobilindustrie, die 60 % der Roboter in der Bundesrepublik einsetzt, aber in den letzten Jahren seit 1975 trotz japanischer Konkurrenz rund 150.000 neue Mitarbeiter eingestellt hat (BMFT).
⇢ Informationstechnik macht unsere Volkswirtschaft auch im unsichtbaren Bereich der Büroarbeit produktiver durch bessere Entscheidungen, bessere Kommunikation und schnellere Reaktion und
⇢ Durch eine Vielzahl von Dienstleistungen, die es ohne Computer und moderne Kommunikationstechnik entweder überhaupt nicht gäbe – oder nicht in solchem Umfange und zu erschwinglichen Preisen. Denken wir nur an den Publikumsservice von Banken, Versicherungen und Reiseunternehmen.

Die größten Entwicklungen auf diesen Gebieten stehen uns noch bevor; die Anwendungen der Informationstechnik als Basistechnologie zur Modernisierung der ganzen Volkswirtschaft hat eben erst angefangen. Sie wird viel Arbeit einsparen, viele neue Arbeitsplätze schaffen und die meisten Arbeitsplätze erhalten helfen – wenn sie richtig und rechtzeitig angewandt wird. Hier ist unsere Kreativität gefordert, herauszufinden, was die Menschen brauchen und wo die moderne Informationstechnik helfen kann, dies möglich zu machen. Dies könnte eines der größten Arbeitsbeschaffungsprogramme der Geschichte werden, wenn es nicht scheitert an der Angst vor dem Namen und an der Verteidigung gewohnter Denk- und Arbeitsweisen und scheinbar gesicherter Verhältnisse. Es scheitert auch täglich am Mangel geeigneter Fachleute. Es fehlt zum Beispiel an:
- Systemingenieuren und Software-Entwicklern
- Ingenieuren und Facharbeitern, die sich mit computerunterstütztem Konstruieren und Robottechnik auskennen
- Entwicklern für Lernsoftware
- Redakteuren und Grafikern für Bildschirmtext
- Datenbank-Bibliothekaren und Informationsberatern
- Organisatoren und Dozenten.

Die Informationstechnik hängt in ihren Arbeitsplatzwirkungen wesentlich davon ab, daß die erforderlichen Veränderungen in den Qualifikationen unserer Erwerbstätigen in ausreichendem Maße, in hoher Qualität und rasch genug stattfinden; die Maschinenintelligenz wartet darauf, von menschlicher Intelligenz programmiert und organisiert zu werden, sonst tut sie nichts für uns. Deshalb möchte ich mich im Folgenden auf die Fragen von Know-how und Qualifikation konzentrieren.

Neue Arbeitsplätze durch Know-how-Transfer

Know-how und neue Märkte für IBM-Zulieferer

IBM gibt z. B. nach Möglichkeit alle Aktivitäten nach außen, die andere besser oder billiger machen können als IBM intern. Wir stellen sozusagen über unser weltweites Vertriebsnetz die Nachfrage zur Verfügung für Arbeit, die wir an andere weitergeben. 1985 waren dies:
- etwa 14.000 Arbeitsplätze durch Aufträge unseres Einkaufs an Lieferanten, die zudem, wenn nötig, das zur Produktion notwendige Know-how von uns erhalten und

- rund 5.000 Arbeitsplätze durch Zusammenarbeit mit Händlern und Beratern, die IBM-Produkte für uns vertreiben und installieren und die dafür gleichfalls von uns geschult und weitergebildet werden.
- So haben einige Firmen mit Hilfe unseres Know-how neue Produktionsstätten in Berlin aufgebaut zur Herstellung von Produkten, die sie vorher nicht hatten:
- Eine Kabelfirma produzierte z. B. für uns Tauchspulmotoren in einem recht komplizierten Reinraumverfahren,
- eine Heizungsfirma montiert wesentliche Teile unserer modernen Plattenspeicher.
- Eine dritte Firma produziert mit unserer Hilfe zusätzlich zu ihren konventionellen Klimaanlagen moderne Anlagen zur Rückgewinnung von Lösungsmitteln aus der Abluft, hat also den Weg in die Recyclingtechnik gefunden, welche angesichts der wachsenden Notwendigkeit von Umweltschutz und Ressourcenschonung auf einen wachsenden Markt stößt. Manche der von uns »angelernten« Lieferanten haben sich mit unserem Know-how zu weltweit anerkannten Spezialisten qualifiziert und über die Lieferungen an IBM hinaus neue Märkte erschlossen.

Ein neues Software-Entwicklungszentrum für den Mittelstand

Ein weiteres Beispiel für die Schaffung neuer Arbeitsplätze durch Know-how-Transfer ist das Software-Entwicklungszentrum für den Mittelstand, das wir hier in Berlin gegründet haben:
- Dieses Zentrum wird nach der Aufbauphase rund 150 neue Arbeitsplätze umfassen, für die wir die Mitarbeiter zum größten Teil selbst ausbilden werden, weil wir entsprechend qualifizierte Spezialisten am Arbeitsmarkt nicht finden.
- Dieses Zentrum soll dazu beitragen, die Software- und Anwendungslücke bei mittleren Unternehmen zu füllen und diese Unternehmen wettbewerbsfähiger, ihre Arbeitsplätze sicherer zu machen. Dafür stehen weltweite Erfahrungen der IBM auf dem Gebiet der Anwendungssoftware zur Verfügung, die wir über unser Berliner Entwicklungszentrum für unsere Kunden nutzbar machen.

Know-how-Transfer mit den Hochschulen

Beim Thema Know-how-Transfer darf ich unsere Kooperation mit den Hochschulen nicht vergessen. Lassen Sie mich als Beispiel unsere Zusammenarbeit mit der Technischen Universität Berlin (TU) anführen:
- Es laufen Partnerschaftsprojekte (nicht Projekte der Auftragsforschung) der IBM mit der TU auf den zukunftsträchtigen Gebieten des computerunterstützten Konstruierens und der modernen flexiblen Automationstechnik.
- Wir haben der TU für über 7 Millionen DM ein komplettes Halbleiterlabor zur Verfügung gestellt, das zur Entwicklung neuer Schaltkreise dient.
- Und wir haben einen Lehrstuhl für Angewandte Informatik gestiftet, für den wir einen unserer besten Wissenschaftler aus dem Forschungslabor Yorktown Heights zur Verfügung gestellt haben.

Eine ähnliche Zusammenarbeit läuft auch mit verschiedenen Hochschulen des Bundesgebiets: Wir wollen von den Hochschulen lernen, und wir teilen unser Know-how mit den Forschern an den Hochschulen. Vielleicht das beste Beispiel für das gesamte Bundesgebiet ist unser Forschungs-Stipendien-Programm, mit dem wir in den letzten 15 Jahren rund 500 Wissenschaftlern einen Aufenthalt in den Forschungslaboratorien der IBM ermöglicht haben. Ein großer Teil an notwendiger und zukunftsorientierter Arbeit bleibt seit Jahren liegen, weil es an modernem Know-how fehlt; aber was Know-how-Transfer zwischen Organisationen bewirkt, das leistet die Ausbildung und Weiterbildung von Personen: nämlich die Durchführung neuer Arbeit möglich zu machen.

Neue Arbeitsplätze durch Qualifizierung

Qualifizierung für Externe

Hier wäre zu erwähnen, daß wir 1985 rund 44.000 Kundenmitarbeiter aus- und weitergebildet haben; eine Aktivität, die seit Bestehen von Lochkartenmaschinen und Computern für uns beinahe selbstverständlich geworden ist. In diesem Jahr werden wir außerdem rund 2.100 junge Menschen in unserem Unternehmen ausbilden.
- rund 1.000 Auszubildende und Studenten der Berufsakademie, 600 Praktikanten

⇢ und 500 Werkstudenten aus dem Fach Informatik in Ausbildungsprogrammen.

Für die Umschulung arbeitsloser Lehrer haben wir in Zusammenarbeit mit der Landesregierung Baden-Württemberg und der Wirtschafts- und Verwaltungs-Akademie Stuttgart einen neuen Ausbildungsgang zum »Anwendungsinformatiker Wirtschaft« entwickelt, der nicht nur Menschen hilft, einen interessanten Arbeitsplatz zu finden, sondern der auch dem Mangel an Fachkräften in der Anwendung der Informationstechnik entgegenkommt.

Qualifizierung von IBM-Mitarbeitern

Die raschen Veränderungen in den technischen und wirtschaftlichen Bedingungen unserer Branche machen lebenslanges Lernen zur selbstverständlichen Voraussetzung erfolgreichen Arbeitens:

⇢ Unsere Mitarbeiter verwenden im Durchschnitt 11 Arbeitstage pro Jahr für ihre Weiterbildung, d.h. einer von 20 IBM-Mitarbeitern sitzt jeweils auf der Schulbank.

⇢ Zur Zeit schulen wir pro Jahr rund 200 Ingenieure aus unserem Fertigungsbereich in DV-Experten für den Einsatz im hausinternen Bereich Informationstechnik und für die Beratung mittlerer Unternehmen um.

⇢ Hier in Berlin haben wir drei neue Ausbildungsgänge geschaffen, mit denen sich ungelernte IBM-Mitarbeiter qualifizieren können zum Industrie-Fachwirt (IHK), zum Prüfungstechniker oder zur Sekretärin.

Mit diesen Bemühungen um ständige Weiterbildung sichern wir unserem Unternehmen die Flexibilität, die für einen hochwertigen Dienst am Kunden und für das Überleben am Markt erforderlich ist, und wir sichern die Arbeitsplätze unserer Mitarbeiter. Mit diesen umfangreichen Ausbildungs- und Weiterbildungsbemühungen wollen und können wir nicht dem staatlichen Schulwesen Konkurrenz machen. Wir vermitteln vielmehr Kenntnisse und Fähigkeiten, die man anderswo nicht erwerben kann:

⇢ Insbesondere neues Wissen, wie es in den Labors und in der Praxis unseres Unternehmens laufend entsteht und

⇢ Die soziale Kompetenz, die man zu seiner sinnvollen Anwendung braucht und die man nur durch praktische Erfahrung lernen kann, wie sie Aus- und Weiterbildung im dualen System bietet.

Qualifikationsplanung als Teil des Innovationsprozesses

Da Know-how und Qualifikation so zentral wichtig geworden sind, müssen wir uns auch in der Personalplanung um neue Wege bemühen:
- Reine Mengenplanung reicht nicht mehr, Personalplanung wird mehr und mehr zur Qualifikationsplanung, zur Bildungsplanung
- Personalplanung wird auch mehr und mehr zum integrativen Bestandteil jeder großen Innovation im Zusammenhang von Personalbedarf, Qualifikationsbedarf, Finanzbedarf und technischen Planungen.

Innovationen sollten schrittweise erfolgen, damit Sprünge in den Qualifikationsanforderungen an die Mitarbeiter nach Möglichkeit vermieden werden. Ständige und vorausschauende Weiterbildung kann Weiteres dazu beitragen, die Umstellungslast der Mitarbeiter zeitlich zu verteilen und in Grenzen zu halten. Dabei kommt dem Erhalten der Vollbeschäftigung durch zukunftsorientierte Weiterbildung, durch Umsetzung und Umschulung der Mitarbeiter große Bedeutung zu:
- Hier trägt das Unternehmen die Last der Planung, der Umschulung und Umsetzung, der langfristigen finanziellen Verpflichtung
- Der Mitarbeiter trägt die Last der beruflichen Flexibilität und der örtlichen Mobilität als Preis für einen sicheren und interessanten Arbeitsplatz.

Personalpolitik als Innovationsmanagement

Richtiges *Innovationsmanagement* wird so zu einer zentralen Aufgabe der Personalpolitik: Es geht darum, den Mitarbeitern die ständige Umstellung auf neue wirtschaftliche, organisatorische, technische Verhältnisse so leicht zu machen wie möglich und zugleich die Arbeit der Mitarbeiter im gemeinsamen Interesse so produktiv zu machen wie möglich. Nach der Untersuchung von Schmidtchen für die Metallindustrie reagieren die Menschen in ihrer Einstellung zu technischen Neuerungen in erster Linie auf die Art der Führung und auf die Wirksamkeit der Unterstützung, die Unternehmen und Führungskraft ihnen im Umstellungsprozeß geben:

Diese Unterstützung kann beginnen mit offener Information über anstehende Neuerungen und mit diversen Möglichkeiten der Mitgestaltung im Rahmen von Kompetenz und Betroffenheit der Mitarbeiter, vor allem am eigenen Arbeitsplatz.

Innovationsunterstützung sollte einhergehen mit wirksamer Schulung, Beratung und Hilfestellung im Umgang mit der neuen Technik sowie mit einer neuen Arbeitsorganisation, die im Sinne des Job-Enrichment den Mitarbeitern Selbstbestimmungsspielraum und Entwicklungsmöglichkeiten läßt. Die beste Innovationshilfe ist aber sicherlich eine Führung, die das Vertrauen ihrer Mitarbeiter genießt. Dieses Innovationsmanagement im menschlichen Bereich schafft oder erhält viele Arbeitsplätze, weil es wesentlich zum Gelingen von Innovationen beiträgt.

Neues Wissen und neues Denken entscheiden die Zukunft

Ich hoffe, mit diesen kurzen Beispielen deutlich gemacht zu haben, wie man Arbeitsplätze erhalten oder neu schaffen kann,
- indem man neue Bedürfnisse erkennt und neue Werte schafft und
- indem man Know-how dorthin bringt, wo es für die neuen Aufgaben gebraucht wird.

Wir stehen in einem historisch einmaligen Umstellungsprozeß hin zu einer neuen Phase der Industriegesellschaft und zu einer neuen Ordnung der weltwirtschaftlichen Beziehungen, deren Chance und deren mögliche Gestalt wir nur erahnen können. Das Wesentliche an diesem Umbruch sind neues Wissen, eine neue Sicht der Dinge und kreative Vorstellungen für eine Zukunft, die anders sein muß als das, was wir kennen. Wenn wir auf diesem Gebiet aufgeschlossen und lernfähig bleiben, haben wir sehr gute Aussichten, die Chancen der neuen Zeit zu realisieren und ihre Probleme zu lösen, auch das der Arbeitslosigkeit.

Beitrag abgedruckt in: Bundesvereinigung der Deutschen Arbeitgeberverbände (Hrsg.), *Beschäftigungsoffensive der Arbeitgeber*, Dokumentation eines Kongresses am 27./28.10.1986 in Berlin, S. 90–103.

Unsere Arbeitswelt im Jahre 2010 aus Sicht der IBM

Die Entwicklung der Arbeitswelt hängt nicht nur von Entwicklungen der Technik ab, sondern weit mehr davon, welchen Gebrauch die Menschen von dieser Technik machen, d.h. von den Werten und Zielen, für die Menschen Technik einsetzen werden, und von der Kompetenz, mit der sie sie einsetzen, von ihrer fachlichen und menschlichen Qualifikation.

Dies sind Fragen, die sich heute nicht mit Sicherheit beantworten lassen. Mit Futurologie haben wir schlechte Erfahrungen gemacht. Die vergangenen 25 Jahre sind geprägt worden von Trendbrüchen, die selbst seriöse Prognosen zunichte gemacht haben: Denken wir nur an Arbeitslosigkeit, Ölpreiskrisen, Umweltprobleme, Bevölkerungsabnahme.

Eine der wenigen sicheren Prognosen ist die, daß in 25 Jahren die hier im Saale Anwesenden alle 25 Jahre älter sein werden. Eine neue Generation von Führungskräften und Mitarbeitern wird das Jahr 2010 prägen: die heute 15jährigen Schüler werden dann 40 Jahre alt sein.

Was werden ihre Werte und Ziele sein, was ihre Kenntnisse und Fähigkeiten in sachlicher und menschlicher Hinsicht?

Hier müssen grundlegende Entscheidungen für die Zukunft offen bleiben, die wir heute nur in Gestalt von Alternativen oder von Szenarios beschreiben können.

Wahrscheinlich für das Jahr 2010 sind m. E. nur folgende Entwicklungen:

- Der *internationale Wettbewerb* wird härter werden angesichts von über 40 im Prozeß der Industrialisierung begriffenen Entwicklungsländern, die unsere angestammten Märkte erobern und mit uns um die gleichen Rohstoffe und Energieträger konkurrieren
- Dieser internationale Wettbewerb wird sich vor allem an der *Qualifikation der Erwerbstätigen* entscheiden: an ihrem fachlichen Können, ihrer Innovationsfähigkeit, ihrem Sinn für Dienst am Kunden
- Die Probleme von *Umweltverschmutzung, von Rohstoff- und Energieknappheit* werden für ihre Lösung einen weit größeren Teil unseres Volkseinkommens und unserer Kreativität als heute beanspruchen
- Wir werden die wirtschaftlichen Folgen der *Überalterung unserer Bevölkerung* durch zusätzliche Arbeit, Qualifizierung und Automatisierung oder durch Verzicht ausgleichen müssen.

- Wenn wir jedoch intelligent und flexibel arbeiten und Katastrophen ausbleiben, dann kann sich nach Ansicht der Wirtschaftsforscher bei einem jährlichen Wirtschaftswachstum von 2–3 % unser Volkseinkommen bis zum Jahre 2010 noch einmal fast verdoppeln
- Ob wir die Frage der Arbeitslosigkeit bewältigen werden, hängt so sehr von politischen Faktoren ab, daß man heute keine Prognose darüber wagen kann. Zu tun gibt es genug; die Frage ist:
- Ob wir Finanzen und Menschen dorthin bekommen, wo die neuen Aufgaben sind, oder ob wir unsere produktiven Kräfte in alten, unproduktiven Strukturen gefangen halten
- Und ob wir die Menschen richtig und rechtzeitig für neue Aufgaben qualifizieren können, ob wir unsere Art zu arbeiten den neuen Notwendigkeiten anpassen können.

Darüber hinaus lassen sich noch mit einiger Sicherheit Entwicklungstendenzen der Informationstechnik abstecken.

Deshalb möchte ich zunächst die heute bekannten Entwicklungstendenzen der Informationstechnik schildern.

Dann werde ich ein Bild zu zeichnen versuchen von den voraussichtlichen Tendenzen der Arbeitswelt, wie sie von der Informationstechnik und von den wesentlichen nichttechnischen Einflüssen geprägt werden.

Entwicklungstendenzen der Informationstechnik

Zumindest für die nächsten zehn Jahre wird die Mikroelektronik als Basis der Computer-Hardware noch weiterhin kleiner, leistungsfähiger und billiger werden – als Folge der sogenannten *Miniaturisierung*. Damit wird Mikroelektronik technisch und wirtschaftlich für immer mehr Zwecke einsetzbar. Als Folge davon kommt der Computer zur Arbeit, statt daß wir (wie früher) die Arbeit zum Computer bringen müssen. Nach Schätzungen der Gesellschaft für Information und Dokumentation (GID) wird im Jahr 2000 etwa jeder dritte über eine Computer-Arbeitsstation verfügen.

Dies wäre ohne Belang, wenn nicht zugleich die Benutzerfreundlichkeit zukünftiger Computer diese für nahezu jedermann zugänglich machen würde, ohne daß eine Informatikausbildung erforderlich sein wird.

Nachdem die konventionelle EDV im Rechenzentrum und in den Händen von Experten vorwiegend standardisierte Massenarbeiten automatisiert hat, wird der Computer am Arbeitsplatz in Zukunft zum universellen Hilfsmittel für menschliche Informationsarbeiten: in der Fabrik, im Büro, in der Schule und zu Hause. Er wird zum einen den Menschen von Routinearbeiten entlasten, die zu unregelmäßig und in zu kleinen Mengen auftreten, um sie voll automatisieren zu können, wie z. B. in der Textverarbeitung, beim Zeichnen von Grafiken, bei der Reisekostenabrechnung, bei der Terminplanung.

Zum andern wird er Kommunikationshilfe sein und Kreativitätshilfe, Hilfsmittel beim geistigen Arbeiten, z. B. in der Wissenschaft, bei Planungen und Entscheidungsrechnungen, in der Arbeit des Autors, des Grafikers, des Konstrukteurs, ja sogar des Künstlers.

Die technische Entwicklung ermöglicht auch die *Digitalisierung* aller Arten von Informationen, d. h. ihre Umsetzung in den Binärcode von 0 und 1, die Sprache des Computers. Damit können Daten und Text, Stimme, Grafik und Bild mit Hilfe der gleichen Geräte und Leitungen verarbeitet und übertragen werden. Die Folge wird ein unschätzbarer Synergie-Effekt sein: Schranken zwischen Informationsbeständen und Informationsströmen fallen fort, Doppelarbeit wird vermieden.

Das *Multifunktions-Terminal* wird Standardausstattung: mit ein und derselben Arbeitsstation wird man z. B. Daten, Text, Grafiken und Bilder bearbeiten, elektronische Post erledigen und Datenbanken abfragen können.

Die dritte wichtige Entwicklung der Informationstechnik ist die Vernetzung, die *Heirat des Telefons mit dem Computer,* durch die Informatik und Telekommunikation zusammenwachsen zur *Telematik.* Die Vernetzung wird den Zugriff von der einzelnen Arbeitsstation auf die Leistung von Großrechnern möglich machen; sie holt das Rechenzentrum an den Arbeitsplatz. Aber viel wichtiger ist, daß sie den Zugang zu Informationen und den Zugang zu Menschen leichter und schneller möglich machen wird durch Überwindung von Raum und Zeit.

Weitere Fortschritte in der Hardware der Informationstechnik werden erwartet bei der Glasfasertechnik und der Satellitentechnik, in Richtung auf neuartige Bildschirme und Drucker sowie beim automatischen Lesen von gedruckten Texten und bei der Texterstellung mit Spracheingabe.

Aber die Hardware-Entwicklung wird sich im Laufe der Zeit verlangsamen und überholt werden von geistigen Entwicklungen, die den Nutzen der Computertechnik vervielfachen werden:

⇢ *Software-Engineering* wird helfen, den Software-Engpaß abzubauen. Der Engpaß der Zukunft für die Anwendung der Informationstechnik wird nicht mehr beim Codieren liegen, sondern in der menschlichen Fähigkeit, Arbeitsaufgaben so zu durchdenken, daß sie programmierbar werden.

⤑ *Software-Ergonomie* wird den Computer darauf dressieren, ähnlich wie Menschen zu denken, damit Menschen sich nicht der Denkweise des Computers anpassen müssen (eines der Hauptziele der Arbeit an der sogenannten Fünften Generation).
⤑ Vielfältiger Einsatz von Simulationen wird neue Leistungsreserven erschließen für Forschung und Entwicklung, für Planung und Entscheidung, für Bildung und Ausbildung.
⤑ *Informationsbanken und Expertensysteme* werden den Zugang zu Informationen und Wissen erleichtern.
⤑ Neue Arten von Lernprogrammen und *neue Formen des Lernens* werden Wissen vermitteln und erwerben helfen.
⤑ Neue Verhaltensweisen und Organisationsformen der *Kommunikation* werden sich entwickeln, welche »die Welt zum Dorf« machen und Geschäftsprozesse erheblich beschleunigen werden, weil Raum und Zeit geringere Kommunikationshindernisse sein werden als heute.

Welche Anforderungen wird die Informationstechnik des Jahres 2010 an den Menschen stellen, damit er ihre Möglichkeiten einigermaßen ausschöpfen kann? Dabei dürfen wir die Informationstechnik nicht isoliert sehen von den übrigen Einflußfaktoren in der Arbeitswelt.

Neue Berufe, Tätigkeiten und Qualifikationsanforderungen

Die Arbeitsmarktexperten sehen die Auswirkungen der Informationstechnik auf neue Berufe, neue Tätigkeiten und neue Qualifikationen folgendermaßen:
⤑ Die neue Informationstechnik verursacht nur wenige neue Berufe (insbesondere die EDV-Berufe, wie Programmierer, Operator, Systemingenieur)
⤑ Sie schafft relativ wenige neue Tätigkeiten (wie z. B. Btx-Redakteur, Teachware-Entwickler, CAD-Konstrukteur)
⤑ Sie bewirkt vor allem, daß bekannte Tätigkeiten mit der Informationstechnik als Hilfsmittel auf neue Art getan werden.

Das heißt: Die Masse der Erwerbstätigen wird in Sachen Informationstechnik nur einfache Anwendungskenntnisse brauchen. Aber die Kernfrage einer nutzbringenden Anwendung wird sein, wie wir die Informationsinhalte und die Kommunikationsbeziehungen mit Hilfe moderner Informationstechnik gestalten. Deshalb werden Fähigkeiten im Umgang mit Informationen wichtiger denn je. Hier geht es vor allem um Inhalte der Allgemeinbildung, wie zum Beispiel:

⇢ Logisches Denken
⇢ Verstehen von Grundzusammenhängen
⇢ Darstellen und Verstehen von Informationen
⇢ Einordnen von neuem Wissen

Wichtiger werden auch soziale Qualifikationen: Kommunikation und Zusammenarbeit mit anderen, Verantwortung tragen und Entscheidungen treffen. Denn je mehr die Maschine die unqualifizierten Arbeiten übernimmt und je mehr Informationen am Arbeitsplatz zur Verfügung stehen, umso größer wird die Verantwortung am Arbeitsplatz, um so größer wird die Notwendigkeit, selbst Entscheidungen zu treffen. Außerdem gestalten Fortschritte im menschlichen Wissen und Weiterentwicklungen in der Organisation die Arbeitsbeziehungen zwischen Menschen komplexer und vielfältiger. Dadurch werden die Fähigkeiten zur Zusammenarbeit und zur Kommunikation immer wichtiger.

Aufgrund dieser Umstände legen wir bei IBM sowohl in der Personalauswahl wie in der Ausbildung großes Gewicht
⇢ auf die Fähigkeit zur *Zusammenarbeit* (deshalb spielt Teamarbeit eine wichtige Rolle in der Ausbildung),
⇢ auf die Fähigkeit zur *Kommunikation* (wir bieten ein Bündel von Kommunikationsseminaren an für verschiedene Mitarbeitergruppen)
⇢ und auf die Fähigkeit zur *Problemlösung* (deshalb Ausbildung an Projekten).

Zusammenfassend kann man sagen: Gute Allgemeinbildung und breite berufliche Grundausbildung sind zunehmend gefragt; eine eng spezialisierte Ausbildung ohne diese Grundlagen hat immer weniger Chancen. Dabei werden nicht Hightech-Spitzenleistungen von allen verlangt, sondern es geht um die richtige Qualität in der Breite für den weitaus größten Teil der Erwerbstätigen.

Vom Potential der Menschen in Deutschland her brauchen wir uns keine Sorgen zu machen, ob hier alle *mitkommen*, denn 95 % unserer Bevölkerung schaffen es zum Beispiel, im dichten Stadtverkehr Auto zu fahren – eine kognitiv und verhaltensmäßig so komplexe Tätigkeit, daß man sie wahrscheinlich niemals wird programmieren können. Wichtig ist jedoch, daß wir solche Formen des Lernens finden, die möglichst allen den Zugang zu einer befriedigenden beruflichen Tätigkeit öffnen. Dabei wird Lernen nicht immer Schulbank bedeuten: Wir werden in Zukunft weitgehend auch während der Arbeit lernen, von Kollegen, von Informationsbanken und Expertensystemen, durch Ausprobieren neuer Dinge. Schließlich müssen wir unser Leben in einer veränderlichen Welt, in der Wissen und Können zu Schlüsselfaktoren geworden sind, als lebenslange Weiterentwicklung betrachten, in der es keinen endgültigen Abschluß, keinen Stillstand gibt. Fähigkeit und Motivation zum Dazulernen und zum Umlernen werden wichtiger als eine noch so gute, aber einseitige Spezialausbildung. An die Stelle der traditionellen Auffassung, eine einmal abgeschlossene Ausbildung könne Grundlage für ein ganzes Berufsleben sein, tritt die Notwendigkeit geistiger Flexibilität für die Dauer des Berufslebens.

⋯⃗ Die IBM arbeitet in einem technisch und wirtschaftlich besonders rasch veränderlichen Feld. Deshalb nehmen unsere Mitarbeiter im Durchschnitt an elf Arbeitstagen im Jahr an Kursen zur *Weiterbildung* teil.

⋯⃗ Für die Vorausschätzung des zukünftigen Qualifikationsbedarfs haben wir einen *Qualifikationsausschuß* (Skill-Board) eingesetzt, der in Zusammenarbeit mit den verschiedenen Geschäftsbereichen sich ein Bild von den kommenden Anforderungen nach Art und Menge zu machen versucht.

⋯⃗ Aber Qualifikationsprognosen sind außerordentlich schwierig. Wir legen deshalb den Schwerpunkt auf *Flexibilität*: auf Einstellungen und auf Basisqualifikationen, die rasche Zusatzqualifizierung oder Umqualifizierung möglich machen.

Neue Strukturen der Arbeit

Die moderne Informationstechnik ist eine große Herausforderung an die fachliche und soziale Qualifikation der erwerbstätigen Menschen; die zweite große Herausforderung liegt in den Veränderungen für die Gewohnheiten und Strukturen der Arbeit.

Je mehr die Maschinen monotone Arbeiten übernehmen, umso mehr bleiben für die Menschen Aufgaben, die Maschinen nicht übernehmen können: kreative, interpretierende, improvisierende, entscheidungsorientierte, kommunikative Tätigkeiten.

Zunehmender Einsatz der Informationstechnik ermöglicht Arbeitsanreicherung, d. h. die Gestaltung vielseitigerer, interessanterer Arbeitsplätze mit größerem Anteil an Entscheidungsmöglichkeiten und an zwischenmenschlicher Kommunikation. Dies führt zu höheren Qualifikationsanforderungen und zu größerer Verantwortung.

Ferner geht die Tendenz hin zur Arbeitszusammenführung, zu einer weitgehenden Rückführung der Arbeitsteilung vergangener Perioden der Industriegesellschaft. Die Arbeit wird wieder ganzheitlicher, mehr vorgangsorientiert

oder kundenorientiert, die Qualifikationsanforderungen werden vielseitiger und ausgewogener.
- Bei IBM haben wir *uns auf diese Entwicklungen eingestellt durch systematische Förderung von Job-Enrichment und Job-Enlargement.*

Eine dritte sichtbare Tendenz ist die Entwicklung zu größerem Selbstbestimmungsspielraum:
- die Verfügbarkeit von mehr Informationen vor Ort
- leichterer kommunikationstechnischer Zugang zu anderen Menschen
- breitere Arbeitsinhalte und größere Verantwortung
- zunehmende Notwendigkeit zu rascher Reaktion an der »Front« der Fertigung oder des Vertriebs.

All dies führt zu größeren Entscheidungsspielräumen, für den einzelnen und für die Arbeitsgruppe.

Zunehmende Möglichkeiten raum-zeitlicher Flexibilität verstärken gleichfalls den persönlichen Gestaltungsspielraum.

Die Möglichkeiten einer neuen Technik erzwingen jedoch keine neue Arbeitswelt. Die Informationstechnik läßt für die Gestaltung der Arbeit aufgrund ihrer großen Flexibilität großen Spielraum.

Der Druck auf eine bessere Arbeitsgestaltung kommt von zwei anderen Faktoren: von Produktivität und Motivation, von den Anforderungen zur Verbesserung der Leistung und zur Verbesserung der Arbeitsbedingungen.

Auch hier brauchen Innovationen ihre Zeit. Im Bereich der Arbeitsorganisation beim Einsatz moderner Büro- und Fertigungstechnik stehen wir in einem großen Lernprozeß erst am Anfang.

Für die konventionelle EDV im Rechenzentrum, die zumeist vor langer Zeit ausgereift standardisierte Massenarbeiten automatisiert hat, brauchen wir nur Daten zu organisieren.

Heute müssen wir Informationsströme und Informationsbestände, menschliche Arbeit und menschliche Kommunikation gleichzeitig mit dem Einsatz neuer Informationstechnik organisieren, und dies zunehmend in Bereichen mit noch nicht standardisierten oder überhaupt nicht standardisierbaren Aufgaben.

Während auf der einen Seite die Möglichkeiten der Informationstechnik die Arbeitsinhalte anspruchsvoller und interessanter machen, die Arbeitsbeziehungen kommunikativer, bietet auf der anderen Seite die Informationstechnik eine Fülle von Möglichkeiten zur Flexibilisierung und Individualisierung der Arbeit, die ohne diese Technik organisatorisch gar nicht bewältigt werden könnten.

Das Thema Flexibilisierung wird in der Öffentlichkeit vor allem unter dem Schlagwort *Tele-Heimarbeit* diskutiert. Ich glaube jedoch nicht, daß wir in Zukunft alle gleichförmig zu Hause arbeiten werden; diese Vorstellung stammt aus unseren Erfahrungen mit den gleichförmigen Strukturen der alten Industriegesellschaft. Die neuen Tendenzen gehen in Richtung auf individuelle Lösungen.

Wir werden wahrscheinlich flexiblere Arbeitszeiten bekommen als heute und auch erweiterte Möglichkeiten, an verschiedenen Orten zu arbeiten, zum Teil zu Hause, zum Teil im Zentralbüro, zum Teil beim Kunden oder auf Dienstreisen.

Überall könnten wir durch moderne Technik mit den Menschen und den Informationen verbunden bleiben, die wir für unsere Arbeit brauchen.

Aber es wird noch lange Zeit dauern, bis die technischen Voraussetzungen für eine solche flexible Tele-Arbeit in der Breite gegeben sind.

Wie die neue Organisation der Arbeit dann im Detail aussehen wird, läßt sich heute nicht vorhersagen; es gibt viele mögliche Formen der Ausgestaltung technischer Flexibilitätsspielräume, und es wird sicherlich verschiedene Lösungen nebeneinander geben.

⇢ Bei IBM untersuchen wir zur Zeit im Zusammenhang mit Gleitzeit und anderen Elementen flexiblerer Arbeitszeit verschiedene Möglichkeiten zur Nutzung von Terminals zu Hause, insbesondere für Mitarbeiter im Außendienst, die viel unterwegs sind und auf diese Weise manche Fahrt in die Zentrale sparen können.

⇢ Wir tasten uns jedoch sehr behutsam an diese neuen Möglichkeiten heran, unter Berücksichtigung von geltendem Arbeitsrecht, Privatsphäre des Mitarbeiters, Datenschutz- und Datensicherungsfragen und anderen Faktoren.

Die wichtigeren Neuerungen hinsichtlich einer Flexibilisierung und Individualisierung der Arbeit geschehen zur Zeit jedoch auf anderen Gebieten als Tele-Arbeit:

Erstens ermöglicht die Informationstechnik eine weitgehende Entkopplung von Mensch und Maschine: In der Fabrik bedeutet dies die Befreiung des Menschen von der Bindung an den Maschinentakt. Während die Roboter arbeiten, kann man sich um die Arbeitsplanung kümmern, um Steuerprogramme oder Besprechungen mit anderen Abteilungen.

Zweitens begünstigt die moderne Informationstechnik vielfältige Tendenzen zur Dezentralisierung: Die örtliche Dezentralisierung der Arbeit in Richtung einer stärkeren Bildung oder Inanspruchnahme von Niederlassungen wird ebenso erleichtert wie die organisatorische Dezentralisierung von Information, von Arbeitsaufgaben, von Befugnissen. Hier wirken allerdings auch wirtschaftliche Notwendigkeiten und gesellschaftliche Tendenzen mit.

Drittens werden wir von den starren Mustern der Lebensphasen fortkommen. Bis fast 30 auf der Schulbank zu sitzen und vor 60 zwangsweise in Rente zu gehen, wird sich nicht mehr durchhalten lassen,
- aufgrund der Finanzprobleme in der Altersversorgung,
- wegen der Flexibilitätsbedürfnisse der Wirtschaft, z. B. für den Ausgleich von Arbeitsmarktschwankungen,
- aus der Notwendigkeit lebenslangen Lernens heraus
- und aus Gründen der Selbstbestimmung und Lebensqualität heraus.

Kürzere Schul- und Ausbildungszeiten, dafür Lernen während der Arbeit und periodische Rückkehr auf die *Schulbank*, gleitender Beginn und gleitendes Ende der Berufstätigkeit werden sich durchsetzen müssen.

Neue Anforderungen an die Führung

Was ist nun angesichts einer neuen Bedeutung von Qualifikation und einer neuen Art zu arbeiten die Rolle der Führungskraft, die Rolle der Personalpolitik?

Hier haben wir es einmal mit den Einflüssen der neuen Informationstechnik zu tun, zum anderen mit den gesellschaftlichen Tendenzen in der Arbeitswelt, vor allem dem sogenannten *Wertewandel*.

Das Verhältnis *Führungskräfte und Informationstechnik* hat zwei Seiten: Einerseits sind die Führungskräfte Promotoren des Wandelns, Innovationsmanager, welche eine effiziente und sinnvolle Nutzung der Informationstechnik möglich machen sollen. Andererseits sind sie selbst potentielle Benutzer und Betroffene:

- Als solche wünschen sie sich *Entlastung* durch die Technik, insbesondere in der Kommunikationsflut und von den vielen kleinen »Zeitfressern« des Büroalltags, wie Abstimmen von Terminen, Suchen von Informationen und dergleichen
- Sie klagen darüber, keine Zeit zum Lernen zu finden, um sich mit den dazu notwendigen Anwendungen vertraut zu machen
- Manche haben eine heilige Scheu vor dem vermeintlichen Prestigeverlust bei Benutzung einer »Maschine«, noch dazu mit Tastatur, aber sie sprechen es nicht aus

⇢ Und manche haben Angst vor dem Verlust ihrer Position, obwohl dies in den meisten Fällen unbegründet ist, wenn die Führungskräfte sich ihren neuen Aufgaben stellen.

Neue Führungsaufgaben ergeben sich bereits aus den beiden genannten Herausforderungen der Informationstechnik an die Arbeitswelt:
⇢ Einmal aus der neuen Dringlichkeit von Qualifikation und
⇢ Zum anderen aus der Notwendigkeit, die gewohnte Art der Arbeit zu ändern.

Was die Qualifizierungsaufgabe angeht, so können wir sicherlich nicht den Mitarbeiter von der Verantwortung für seine eigene Qualifikation freistellen.
Aber auf den Schultern der Führungskraft liegen die Aufgaben,
⇢ Die qualitativ richtigen Mitarbeiter zu bekommen und zu erhalten
⇢ Die vorhandenen Mitarbeiter in ihren Qualifikationsbemühungen zu motivieren und zu unterstützen
⇢ Sowie die künftigen Qualifikationsanforderungen herauszufinden und zu berücksichtigen.

Was die neue Art zu arbeiten betrifft, so sind die Führungskräfte Katalysatoren, Motivatoren in einem Suchprozeß, in dem am einzelnen Arbeitsplatz, in der Fachabteilung und schließlich für das gesamte Unternehmen die optimalen Verhaltensweisen und Organisationsformen ständig neu gefunden werden müssen. Hier müssen die Führungskräfte beitragen durch ihr Vorbild, durch Vermeiden oder Lösen von innovationsbedingten Konflikten, durch Abbau von Ängsten und Verunsicherung, durch Information und Beteiligung der Mitarbeiter, durch menschengerechte und aufgabengerechte Gestaltung der Arbeit. Diese Entwicklungen bedeuten nicht Statusverlust oder gar Funktionsverlust für die Führungskraft, sondern eine neue Rolle der Führung:
⇢ Diese Rolle erfordert weniger Fachwissen, denn unter den geschilderten Umständen ist fachliche Führung im Detail weniger möglich und weniger erforderlich
⇢ Die Führungskraft wird in ihrer Arbeit entlastet durch qualifizierte Mitarbeiter und leistungsfähige Informationstechnik
⇢ Stattdessen wird sie mehr Zeit und Energie benötigen für die menschliche Führung der Mitarbeiter, für Fragen der Zusammenarbeit und Kommunikation mit anderen Teilen der Organisation und für das Management von Veränderungen.

Deshalb kann ich mich nicht vorbehaltlos den Stimmen anschließen, die behaupten, das Mittel-Management werde von der Technik der modernen Bürokommunikation weitgehend überflüssig gemacht.

Auch die gesellschaftlichen Tendenzen verändern die Rolle der Führungskraft: Die Art der Zusammenarbeit verändert sich. Sie wird immer stärker geprägt von der höheren Qualifikation der Erwerbstätigen, aber auch von veränderten Einstellungen zu Arbeit und Autorität. Qualifizierte Mitarbeiter, die zudem von moderner Informationstechnik unterstützt werden, wissen vieles, was ihr Chef nicht weiß – und auch nicht mehr zu wissen braucht. Ihre Arbeit ist oft so komplex, daß selbst ihr direkter Vorgesetzter sie oft nicht mehr versteht. Schon deshalb kann nicht mehr im früheren Ausmaß durch Anordnung im Detail geführt werden. Kooperativer Führungsstil und Führen nach Zielen statt durch Anordnungen werden zur Notwendigkeit.

Moderne Mitarbeiter haben zudem andere Einstellungen zu Arbeit und Autorität, und nicht immer schlechtere als früher. Die »alten preußischen Tugenden« Fleiß, Gehorsam, Pünktlichkeit verringern sich zu Gunsten von neuen kommunikativen Tugenden, die Kommunikation, Teamarbeit, Verantwortung und Selbstbestimmung in den Vordergrund stellen – neue Arbeitstugenden als Antwort auf neue Anforderungen der Arbeitswelt (so Prof. Gerhard Schmidtchen in seiner Studie über die deutsche Metallindustrie).

Der Wertewandel hat vor allem einen großen Zuwachs in der Wertschätzung von Freiheitsspielräumen, von Selbstbestimmung gebracht. Die Mitarbeiter von heute und vielleicht noch stärker die von 2010 erwarten Mitwirkung an Entscheidungen, die sie betreffen, z. B. in der Einführung neuer Arbeitsplatztechniken, in der Neuorganisation der Arbeit. Aber der Schwerpunkt liegt hier auf persönlicher Mitwirkung, nicht auf kollektiver Mitbestimmung durch Funktionäre.

Schließlich legen die Mitarbeiter tendentiell mehr Wert auf die Frage nach dem ethischen Inhalt, nach dem Sinn der Arbeit. Sie arbeiten lieber für ein Unternehmen, dessen Ziele und Werte sie mit ihren eigenen und den gesellschaftlich akzeptierten Werten in Einklang bringen können.

Wir werden deshalb den Mitarbeitern die Werte und Ziele des Unternehmens deutlicher machen, den gesellschaftlichen Beitrag seiner Produkte und Dienstleistungen besser erklären müssen. Es muß klar werden, daß Gewinn zwar notwendige Voraussetzung des Geschäfts, aber kein Selbstzweck ist, daß die Arbeit des Mitarbeiters und die Leistung des Unternehmens darüber hinaus einen Sinn haben.

Aber diese Überlegungen zu den zukünftigen Werten des Jahres 2010 stoßen an die Grenzen menschlicher Voraussicht. Wir dürfen hier nicht die Tendenzen vergangenen Wertewandels einfach verlängern – sie können unter veränderten Umständen, wie die Erfahrung zeigt, auch ins Stagnieren geraten oder gar »umkippen«. So könnten zum Beispiel härtere wirtschaftliche Bedingungen wieder eine konservative Einstellung zur Arbeit begünstigen. Ich vermute jedoch, daß diejenigen neuen Einstellungen, die den neuen Notwendigkeiten der Arbeit und den neuen Möglichkeiten der Technik entsprechen, auch in Zukunft Bestand haben werden.

Dann wird sich zeigen,
- daß einerseits die neue Informationstechnik in der Arbeitswelt weit mehr verändern wird als Produktivitätsziffern,
- und daß andererseits die Einstellungen und Fähigkeiten der Menschen die wesentlichen Faktoren sind, die das Gesicht der Informationstechnik prägen.

Beitrag abgedruckt in: KNEBEL, HEINZ/ZANDER, ERNST (Hrsg.), *Neue Arbeitswelt und neue Führungsorganisation*, Haufe Verlag, Freiburg i. Breisgau, 1987, S. 23–40.

Aspekte qualitativen Personalmanagements

304 Neue Aufgaben für das Personalmanagement durch veränderte Wettbewerbsbedingungen

Der internationale Wettbewerb zwischen führenden Industrienationen entscheidet sich vor allem an qualitativen Kriterien, wie Know-how-Gehalt von Produkten und Diensten, flexible Reaktion auf Veränderung von Märkten und Technologien, individuelles Eingehen auf Kundenwünsche, Termintreue, Anbieten kompletter Problemlösungen.

Während einfache Arbeiten zunehmend auf Maschinen verlagert werden, müssen Menschen angesichts dieser Anforderungen das einbringen, was Maschinen nicht können: Kommunikation und Zusammenarbeit, kreatives Problemlösen und Gestalten, flexibles Reagieren auf veränderliche Bedingungen. Damit wird die Qualität der Mitarbeiter zur entscheidenden Größe im Wettbewerb. Für ein Unternehmen steht daher im Mittelpunkt des Personalmanagements die Frage: »Wie können wir erreichen, daß wir jederzeit diejenigen Mitarbeiter haben, die wir brauchen?«

Dabei verdient der Sektor der hochqualifizierten Angestellten besondere Aufmerksamkeit. Fach- und Führungskräfte werden zur wichtigsten unter den kritischen Ressourcen. Qualitative Personalplanung in diesem Sinne kann nicht rationalistisch perfekt betrieben werden, aber sie führt andererseits ohne Systematik nicht zum Ziel. Aspekte eines solchen unfertigen, in ständiger Entwicklung begriffenen Systems sollen im Folgenden am Beispiel der IBM Deutschland beschrieben werden.

Das Unternehmen geht dabei von der Voraussetzung aus, daß eine Deckung des veränderlichen Qualifikationsbedarfs über den Arbeitsmarkt allein einerseits sich nicht mit den heutigen sozialen Vorstellungen vereinbaren läßt, andererseits häufig gar nicht möglich ist.

Die Basis des qualitativen Personalmanagements ist deshalb eine Kombination aus Einstellung neuer Mitarbeiter und Entwicklung vorhandener Mitarbeiter (siehe Abbildung S. 305). Ausgehend von einer Vollbeschäftigungspolitik wird dabei dem Mitarbeiter – im Rahmen des Möglichen – ein sicherer Arbeitsplatz geboten und als Gegenleistung von ihm fachliche Flexibilität und räumliche Mobilität erwartet. Diese Konzeption setzt auf Seiten des Unternehmens die Bereitschaft voraus, den Mitarbeitern die Möglichkeit zu einer fachlichen und persönlichen Entwicklung zu bieten, mit der sie den jeweiligen Anforderungen gewachsen sein können.

Management der Prozesse –
Einstellung und Entwicklung

Um die Aufgabe qualitativen Personalmanagements erfüllen zu können, muß das Unternehmen zunächst einmal zu klären versuchen, welche Qualifikationen in Zukunft benötigt werden und wo sie zu finden sind. Dann müssen die Prozesse der Einstellung und Personalentwicklung gestaltet werden. Schließlich darf der wichtigste der qualitativen Faktoren, die Motivation der Mitarbeiter, nicht vernachlässigt werden.

Langfristige Qualifikationsanalyse

Eine fundierte Analyse des zukünftigen Qualifikationsbedarfs und des erwarteten Qualifikationsangebots ist Voraussetzung für eine aussagefähige Planung. Auf der Basis einer solchen Planung lassen sich frühzeitig Maßnahmen einleiten, um auch bei knappen Fach- und Führungskräften Engpässe zu vermeiden (vgl. Bundesarbeitgeberverband Chemie e. V., 1986; Posth, 1983; Drucker, 1987).

Zukünftiger Qualifikationsbedarf

Einmal wird der Qualifikationsbedarf abhängen von der *technischen Entwicklung*:
- einerseits von der Technik der hergestellten Produkte und Dienstleistungen, z.B. ob elektronische anstatt elektromechanischer Bauteile eingesetzt werden,
- andererseits von der Produktionstechnik in der Fertigung, wie z. B. dem Einsatz von CAD/CAM, und von der angewandten Bürotechnik, wie z. B. dem Einsatz von vernetzten Arbeitsstationen.

Die zukünftigen Qualifikationsanforderungen werden ferner abhängen von den *Anforderungen der Märkte*. Wir müssen uns also fragen: Was werden die Kunden von uns verlangen, was wird der Wettbewerb tun, welche Leistungen können wir gut und preiswert von außen beziehen, welche können wir besser selbst erstellen, wie werden politische Rahmenbedingungen die Märkte beeinflussen, wie z. B. wachsende Handelsrestriktionen oder weiter zunehmende Internationalisierung des Geschäftes?

Es ist jedoch wichtig zu wissen, daß Technik und Märkte den Qualifikationsbedarf nicht völlig bestimmen. Die Arbeitsorganisation kann sich in gewissen Grenzen anpassen, sowohl an vorhandene Qualifikationspotentiale und Mentalitäten wie an die Organisationsphilosophie und die Wertordnung eines Unternehmens. Deshalb ist es auch wichtig zu fragen: Was für ein Unternehmen wollen wir in fünf oder in zehn Jahren sein? Die *Unternehmensstrategie* ist damit die dritte Einflußgröße des zukünftigen Qualifikationsbedarfs.

Erwartetes Qualifikationsangebot

Wenn wir (soweit möglich) definiert haben, welche Qualifikationen wir in der Zukunft benötigen, zielt die zweite Frage darauf, ob und wie diese Qualifikationen gefunden werden können.

Bei der zugrundegelegten Strategie, Entwickeln der vorhandenen Mitarbeiter, geht dabei der erste Blick auf die im Unternehmen *vorhandenen Potentiale* an Qualifikationen. Eine wertvolle Hilfe hierbei ist ein aussagefähiges Personaldatensystem, z. B. für die Betrachtung des Personalstandes und wichtiger Mitarbeitergruppen nach formalen Bildungsabschlüssen, Fachrichtungen, betriebsbezogenem Weiterbildungsstand, Altersstruktur und anderen Merkmalen.

Ein solches Informationssystem könnte zum Beispiel Aufschluß darüber geben, welche Qualifikationen aller Voraussicht nach durch Pensionierung verloren gehen werden und rechtzeitig durch Neueinstellungen ersetzt werden müssen.

Der zweite Blick geht auf den *Arbeitsmarkt*. Hierbei ist einmal von Bedeutung, wie sich das Gesamtangebot entwickeln wird. Für ein einzelnes Unternehmen kommt die Frage hinzu, welcher Teil dieses Angebots durch das Unternehmen erreichbar ist. Bei der Betrachtung des Gesamtangebots interessieren vor allem die demographische Entwicklung, die Leistungen des Bildungswesens und die Neigungen der jungen Menschen.

Wie viele junge Menschen in welchem Alter gibt es, und wann werden diese die verschiedenen Stufen des Bildungswesens durchlaufen, wann werden wie viele auf den Arbeitsmarkt kommen?

Wie viele der jungen Menschen werden diejenigen Ausbildungsgänge besuchen, deren Absolventen wir benötigen? Können Schulen und Hochschulen genügend junge Menschen in diesen Fachrichtungen ausbilden? Werden wir zum Beispiel genügend Ingenieure oder Wirtschaftler bekommen, oder müssen wir größere Zahlen von arbeitslosen Geisteswissenschaftlern umschulen? Es ist zum Beispiel bekannt, daß zur Zeit bei Informatikern zwischen Angebot und Nachfrage eine Lücke von 30.000–40.000 Personen klafft; auf der anderen Seite gibt es immer mehr arbeitslose Akademiker vor allem geisteswissenschaftlicher Fachrichtungen.

Prognosen über das mögliche Gesamtangebot reichen nicht; man muß auch fragen, wie viele der erwarteten Absolventen von anderen Unternehmen auf dem Arbeitsmarkt gesucht werden, wie die Relation von Gesamtangebot und Gesamtnachfrage auf den interessierenden Segmenten des Arbeitsmarktes sein wird. So mußte kürzlich ein deutsches Großunternehmen bei der Schätzung seines Einstellungsbedarfs an Elektroingenieuren für 1995 feststellen, daß dieser die Gesamtzahl der für dieses Jahr (bei geburtenschwächeren Jahrgängen) erwarteten Absolventen übertroffen hätte.

Ein Angebot, das den Qualifikations- und Ausbildungserfordernissen eines Unternehmens entspricht, ist aber noch kein Garant für die Deckung des zukünftigen Qualifikationsbedarfs. Die Neigungen der jungen Menschen werden (neben den beruflichen Chancen) darüber entscheiden, was sie lernen oder studieren sollen. Wer wird zum Beispiel in zehn Jahren zu einer Branche gehen, die aufgrund der Umwelt- oder Friedensdiskussionen ein schlechtes Image hat? Wie viele wollen überhaupt zu einem Wirtschaftsunternehmen oder zu einem großen Unternehmen gehen? Wie ist das Image unserer eigenen Firma unter den potentiellen Bewerbern?

Qualifikationsplanung

Eine Qualifikationsplanung braucht außer Informationen über diese Determinanten eine organisatorische Struktur. Dazu gehören mindestens:
- Eine Managementfunktion, die für die Qualifikationsplanung verantwortlich ist und die Ergebnisse in Aktionen und Entscheidungen umsetzen kann oder die guten Zugang zu den Entscheidungsträgern hat
- Eine Stabsfunktion, welche die notwendigen externen und internen Informationen über Qualifikationsbedarf und -angebot sammelt, fachkundig interpretiert und für die Führung aufbereitet
- Und nicht zuletzt eine organisatorische Infrastruktur, die das Sammeln und Austauschen von Informationen ebenso ermöglicht wie das Kommunizieren von Prioritäten und Entscheidungen.

Als Beispiel sei das Modell des *Qualifikationsbeirats* (Skill-Board) der IBM Deutschland angeführt. Aus allen Geschäftsbereichen ausgewählte Führungskräfte erarbeiten die Einschätzung der Qualifikation der Mitarbeiter heute und zukünftig. Der Leiter des Bereiches Weiterbildung fungiert als Geschäftsführer und Sekretariat des Qualifikationsbeirats.

Der Schwerpunkt der Planung wird in den drei Tätigkeitsbereichen Informatik, Technik und Wirtschaft sowie Anwendungen gesetzt. Jedes Fachgebiet ist in Teilbereiche (Softwareentwicklung, Elektronik, Elektrotechnik, Finanzwesen etc.) aufgeteilt. Die Qualifikationsplanung umfaßt folgende Größen:
- Den Qualifikationsbedarf im Fachgebiet und in dessen Teilgebieten in den nächsten fünf Jahren im Vergleich zum gegenwärtigen Bestand (siehe Abbildung S. 309)

⋯⇢ die Veränderungen des Qualifikationsbedarfs nach Qualifikationsbreite und -tiefe (siehe Abbildungen S. 310 und 311).

Aus diesen Größen ergeben sich Überschüsse oder Defizite, die durch Einstellungen, Umschulungen oder Weiterbildung abzudecken sind.

Management des Einstellprozesses

Das Gewinnen neuer Mitarbeiter beginnt mit dem Anziehen und Anwerben von geeigneten Kandidaten. Der Managementprozeß der Einstellung soll den Erfolg sicherstellen. Besondere Aufmerksamkeit ist dem Auswahlprozeß zu schenken. Systematische Erfolgskontrollen können Schwachstellen aufzeigen und zu Verbesserungen führen.

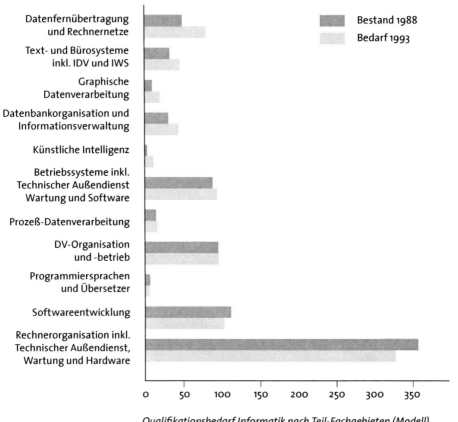

Qualifikationsbedarf Informatik nach Teil-Fachgebieten (Modell)

Firmenimage und Anwerbungsprozeß

Wenn wir wissen, was wir auf dem Arbeitsmarkt suchen und was wir möglicherweise bekommen können: Wie erreichen wir dann, daß sich die richtigen Leute in ausreichender Zahl bei uns bewerben? Der beste Einstellprozeß kann zu keinem guten Ergebnis führen, wenn die Ausgangsbasis der Bewerber nicht diejenigen Personen enthält, die wir uns als Mitarbeiter wünschen.

Der Bekanntheitsgrad des Unternehmens beeinflußt vor allem die Anzahl der Bewerbungen; die Qualität des Firmenimage ist dagegen wichtig für das Anziehen der »richtigen« Bewerber. Denn der Tendenz nach bewerben sich Menschen zum einen dort, wo sie Chancen sehen, zum anderen dort, wo sie erwarten, daß sie ihre Neigungen verwirklichen können. Organisationen ziehen deshalb tendentiell diejenigen Menschen an, deren Wertvorstellungen sich mit dem Firmenimage decken: Ein Image der Leistungsorientierung beispielsweise wirkt

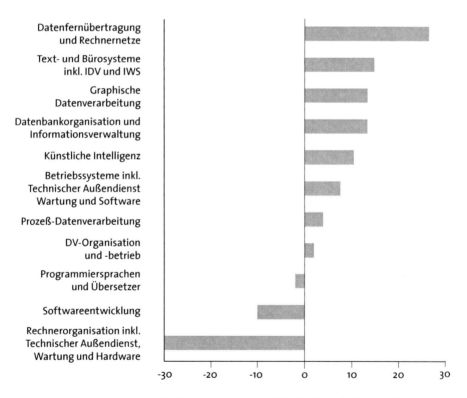

Veränderungen des Qualifikationsbedarfes Informatik nach Teil-Fachgebieten (Modell)

positiv auf leistungsorientierte Personen. Das Herausstellen von Sicherheiten (Sozialleistungen, Altersabsicherung, Beschäftigungssicherheit) kann Menschen entgegenkommen, deren Interesse auf eine stabile Umwelt gerichtet ist. Die Pflege von Bekanntheit und Image spielt deshalb für die Anziehungskraft auf dem Arbeitsmarkt eine wichtige Rolle.

Bekanntheitsgrad und Image eines Unternehmens werden von der Gesamtheit der Unternehmensaktivitäten geprägt, vom äußeren Erscheinungsbild des Unternehmens, vom Auftreten seiner Mitarbeiter und nicht zuletzt von den Aktivitäten des Bereiches Öffentlichkeitsarbeit.

Die Personalfunktion muß in der Zusammenarbeit mit diesem Bereich die notwendigen Maßnahmen ergreifen:
- ⟶ Imagestudien unter besonderer Berücksichtigung der Arbeitsmärkte und der Gruppen potentieller Bewerber
- ⟶ Eine Gestaltung von Personalanzeigen, die die gewünschten Personen anspricht
- ⟶ Die Gestaltung von Informationsbroschüren über die Ausbildungswege, Karrieremöglichkeiten und Arbeitsbedingungen des Unternehmens.

Eine Imagestudie unter Studenten der gewünschten Berufsrichtungen kann man z. B. wie folgt aufziehen: Eine repräsentative Anzahl junger Menschen wird nach den Zielen und Erwartungen gefragt, die sie ihrer zukünftigen Berufstätigkeit zugrundelegen. Hierbei könnte sich folgende Rangfolge von Zielen einstellen: anspruchsvolle Tätigkeit, Entscheidungsspielraum, gute Weiterbildung, kooperativer Führungsstil, gutes Einkommen sowie Aufstiegschancen.

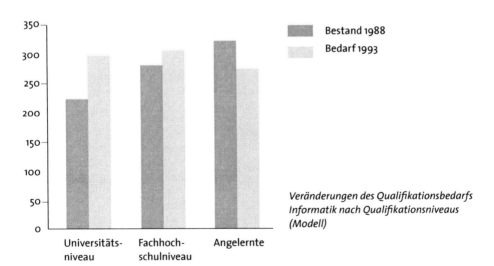

Veränderungen des Qualifikationsbedarfs Informatik nach Qualifikationsniveaus (Modell)

Dann werden die gleichen Personen danach befragt, wo nach ihrer Meinung hinsichtlich dieser Kriterien das eigene Unternehmen steht im Vergleich zu anderen Unternehmen, die am Arbeitsmarkt nach der gleichen Art von Nachwuchs suchen (siehe Abbildung unten).

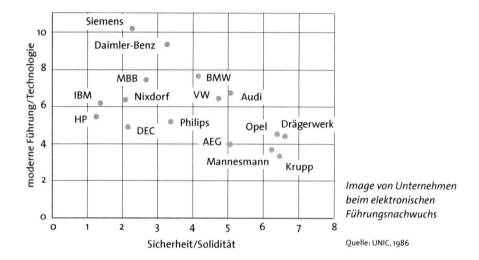

Image von Unternehmen beim elektronischen Führungsnachwuchs

Quelle: UNIC, 1986

Über allgemeine Maßnahmen der Öffentlichkeitsarbeit hinaus gibt es Maßnahmen, um mit bestimmten Gruppen potentieller Bewerber oder mit einzelnen Personen in direkten Kontakt zu kommen. Langfristige, systematische Kontaktpflege zu bestimmten Gruppen wird betrieben über Messekontakte (z. B. berufliche Information am Messestand), durch das Anbieten von Betriebsbesichtigungen für Schüler und Studenten, über Vortrags- und Besuchsprogramme an Schulen und Hochschulen. Werkstudenten- und Praktikantenprogramme »zur Ausbildung« sind hervorragend geeignet, um Nachwuchskräfte auf breiten Gebieten zu gewinnen. Dem gleichen Zweck dient die Betreuung von Studenten, die ihre Diplom- oder Doktorarbeit über empirische Themen aus dem Bereich des Unternehmens schreiben.

Um kurzfristig geeignete Kandidaten für bestimmte Positionen oder Nachwuchs mit ganz bestimmten Qualifikationen zu finden (wie z. B. Toxikologen oder CAD/CAM-Fachleute), haben sich Anzeigen und die Zusammenarbeit mit Personalberatern bewährt.

Neue Informationstechniken wie Bildschirmtext werden auf verschiedene Art genutzt: für die allgemeine Imagewerbung, für speziellere Information über berufliche Chancen bei einem Unternehmen, aber auch für konkrete Stellenanzeigen.

Managementprozeß der Einstellung

Das Ergebnis der Einstelltätigkeit hängt wesentlich ab von der Organisation des Einstellprozesses. Dieser sollte unter anderem den Irrglauben der folgenden »natürlichen« Auswahlkriterien kritisch ausgleichen:
- *Ich* (= der *Erfolgreiche*) suche jemand, der wie ich ist.
- Erfolgreiche Qualifikationen der Vergangenheit sind Vorbilder für die Zukunft.
- Hierarchische Stellung und hohe Selbsteinschätzung in Menschenkenntnis sind Garanten des Auswahlerfolges.

Im Vordergrund der organisatorischen Überlegungen steht die Frage: Wer stellt ein? Wer trägt die *Verantwortung* für die Einstellentscheidung? Bei der IBM Deutschland ist diese Frage so geregelt, daß grundsätzlich die Linie einstellt. Die Personalfunktion steht dabei beratend und unterstützend zur Seite. Denn es ist wichtig, daß sich die Linie mit den bei ihr neu eingestellten Mitarbeitern identifiziert. Mangelnde Identifikation der Linie mit der Qualifikation der Eingestellten kann eines der Grundhindernisse für eine Personalpolitik der Motivation bilden.

Die zweite organisatorische Frage ist die nach dem rechten Maß zwischen Zentralisierung und *Dezentralisierung*. IBM hat diese Frage so gelöst, daß Personalmarketing und Bewerbungseingang zentral wahrgenommen werden. Die eigentliche Einstellung von Bewerbern, meist Absolventen von Hochschulen und Fachhochschulen, wird hingegen dezentral abgewickelt, unter Beteiligung des direkten Vorgesetzten, eines höheren Vorgesetzten und der Personalfunktion. Ausnahmen hiervon gelten bei der Einstellung von Mitarbeitern mit speziellen Qualifikationen, wie z. B. CAD/CAM-Fachleuten. Hier wählt ein zentrales Einstellgremium aus, dem ein Vertreter des Linienmanagements der einstellenden Funktion, ein Vertreter des Personalbereichs und ein »Qualifikationsbeauftragter« mit entsprechenden Fachkenntnissen angehören.

Auswahlprozedur

Wenn es gelingt, genügend Bewerber der gewünschten Qualität anzuziehen, dann müssen die richtigen ausgewählt werden. Hierzu ist eine sorgfältige Definition der Auswahlkriterien erforderlich. Die Kriterien zur Auswahl von Mitarbeitern umfassen nicht nur die gewünschte Fachrichtung, sondern auch eine Verteilung zwischen Berufserfahrenen und Hochschulabgängern sowie zwischen weiblichen und männlichen Bewerbern. Eine Personalpolitik der Beschäftigungssicherheit und Motivation wird zur Optimierung der Fluktuation eine stetige

Altersverteilung anzustreben haben. Die frühzeitige Prognose der zukünftigen Altersstruktur gestattet die rechtzeitige Einleitung von Maßnahmen.

Die folgende Abbildung zeigt die Altersverteilung 1988 im Modell deutliche Alterungserscheinungen. Dies kann bedeuten: geringere Innovationsfähigkeit des Unternehmens; Pensionierung eines großen Teils der erfahrenen Mitarbeiter innerhalb weniger Jahre und damit Zwang zu einer Welle forcierter Neueinstellungen; Probleme mit Erfahrungsverlust, Know-how-Verlust, Kontinuitätsverlust; Gefahr schockartigen Umschlagens der Unternehmenskultur. Das heißt, das Unternehmen muß aktiv gegensteuern.

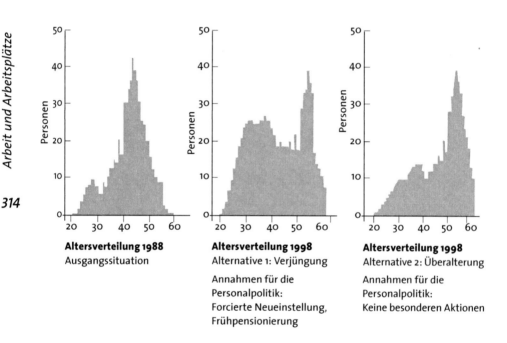

Altersverteilung 1988
Ausgangssituation

Altersverteilung 1998
Alternative 1: Verjüngung

Annahmen für die Personalpolitik:
Forcierte Neueinstellung, Frühpensionierung

Altersverteilung 1998
Alternative 2: Überalterung

Annahmen für die Personalpolitik:
Keine besonderen Aktionen

Altersverteilung und langfristige Projektion von Durchschnittsalter in einem Geschäftsbereich (Modellbetrachtung)

Die beiden alternativen Kurven »Durchschnittsalter« (siehe Abbildung S. 315) und die beiden Altersverteilungen für 1998 zeigen Verläufe unter den Annahmen, daß (1) ab sofort sowohl Frühpensionierungen wie Neueinstellungen forciert werden, (2) daß beide Aktionsparameter nicht geändert werden. Im Falle (1) normalisiert sich die Altersstruktur bis zum Jahre 1998 weitgehend, im Falle (2) wird das Problem der Überalterung bis zum Jahre 2000 laufend größer.

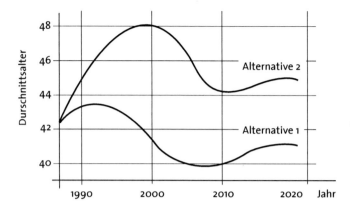

Altersverteilung und langfristige Projektion von Durchschnittsalter in einem Geschäftsbereich (Modellbetrachtung)

Bei der Auswahl geeigneter Personen ist unter der zugrundeliegenden Strategie der Mitarbeiterentwicklung mindestens so viel auf Potential zu achten wie auf vorhandene Qualifikationen, wie sie zum Beispiel aus Abschlußzeugnissen hervorgehen. Die Einstellung eines jungen Mitarbeiters ist unter der Strategie lebenslanger Beschäftigung eine Investition auf rund 30 Jahre – eine Zeit, in der sich die Qualifikationsanforderungen mehrmals ändern können, vor allem in fachlicher Hinsicht. Erste Priorität muß deshalb sein, Menschen zu gewinnen, die als Persönlichkeit in das Unternehmen passen und die entwicklungsfähig sind.

Als weitere Einstellkriterien sind von Bedeutung:
- Gute Allgemeinbildung und fachliche Kompetenz
- Kognitive Fähigkeiten, wie z. B. die Fähigkeit zum logisch-abstrakten Denken, Vorstellungsvermögen, Ausdrucksfähigkeit
- Soziale Fähigkeiten, wie z. B. Kommunikationsverhalten, Fähigkeit zur Zusammenarbeit, Motivation zur Führung
- Weitere Persönlichkeitsmerkmale, wie z. B. Zielstrebigkeit und Durchsetzungsfähigkeit, geistige Flexibilität, Selbstvertrauen, Arbeitsmotivation, Leistungsorientierung.

Die verschiedenen Auswahlmethoden sind ausführlich in der Literatur beschrieben. Abschlußzeugnisse sind unentbehrliche, aber begrenzt aussagefähige Hilfsmittel. Der Interviewfragebogen ist Standardhandwerkzeug für alle Einstellungen. Ausführliche Interviews und Gruppengespräche sind unverzichtbare Instrumente. Der Schulung der Interviewer kommt dabei große Bedeutung zu. Für bestimmte Gruppen von Bewerbern empfiehlt sich die Assessment-Center-Methode. Mehrfachbewertung der Bewerber (»Mehr-Augen-Prinzip«) ist eine Frage der Beurteilungssicherheit, aber auch der Gerechtigkeit.

Psychologische Tests verwendet IBM mit Vorsicht, Persönlichkeitstests werden wegen ihrer begrenzten Gültigkeit und vor allem aus Gründen des Arbeitsrechts und der Privatsphäre nicht benutzt. Fähigkeitstests eignen sich in ihrer Aussagekraft für Qualifikationen, die sich relativ klar definieren und erkennen lassen; sie werden deshalb zum Beispiel eingesetzt als Test auf logisch-abstraktes Denken bei Bewerbern für Berufe der Informatik.

Eine vielversprechende Vorbereitung für eine Einstellentscheidung ist die Mitarbeit eines potentiellen Bewerbers in der Unternehmung als Praktikant, Werkstudent, Auszubildender, Diplomand, in einem wissenschaftlichen Kooperationsprojekt oder in anderen zeitlich begrenzten Tätigkeiten. Exegese von Zeugnissen, unvollkommene Simulation von Verhaltensreaktionen in Form von Tests, Eindrücke durch zeitlich begrenzte Gespräche, d. h. »Interviews«, können so durch längere Zusammenarbeit zugunsten einer besseren Entscheidungsfindung auf beiden Seiten, der des Unternehmens und der des potentiellen Kandidaten, ersetzt werden.

Erfolgskontrolle

Die spätere Erfolgskontrolle der Personalauswahl sollte Aufschluß geben über die Anziehungskraft des Unternehmens für relevante Qualifikationen und über die spezifizierte Verfügbarkeit geforderter beruflicher Qualifikationen in den Geschäftsbereichen (die Übereinstimmung mit den definierten Einstellzielen). Sie sollte aber auch Unterschiede in den Erfolgen der Einstellungsgremien registrieren, aus denen man Verbesserungsmöglichkeiten ableiten kann.

Im Rahmen derartiger Erfolgskontrollen kann man beispielsweise die Leistungsbewertungen neu eingestellter Mitarbeiter über die Jahre in ihrer Relation zum Durchschnitt aller Mitarbeiter verfolgen. Wenn die Bewertungen der neuen Mitarbeiter gut waren, dann waren die entsprechenden Einstellungen offensichtlich erfolgreich. Man kann die neu eingestellten Mitarbeiter über die Jahre in der Entwicklung ihres Führungspotentials verfolgen: ausgehend von der entsprechenden Bewertung der Einstellgremien, über die entsprechenden Bewertungen ihrer Vorgesetzten, über die Beurteilungen im Rahmen des Interviewprogramms für potentielle Führungskräfte sowie in entsprechenden Auswahlseminaren. Wertvolle Hinweise über Stärken und Schwächen im Einstellprozeß ergeben sich auch aus Interviews von Mitarbeitern, die die Firma verlassen. Vergleiche zwischen den Erfolgsquoten der dezentralen Einstellgremien zeigen Unterschiede, die zum Teil andere Ursachen haben als die Qualität der Auswahlentscheidung, z. B. Differenzen in der Zeit der Einstellung oder Verschiedenheiten der regionalen oder fachlichen Arbeitsmärkte.

Aber soweit sich Hinweise auf unternehmensinterne Ursachen zeigen, sollte man die Vergleichsergebnisse den Betreffenden zur Kenntnis geben, wenn möglich zusammen mit konkreten Hilfen für Verbesserungen. Generell sind Erfolgskontrollen nur dann von Nutzen, wenn ihre Ergebnisse denen zur Kenntnis gelangen, die es angeht, und wenn die richtigen Schlüsse aus ihnen gezogen werden.

Personalentwicklung

Im Rahmen der zugrundegelegten Strategie lebenslanger Beschäftigung spielt die Entwicklung der Mitarbeiter eine zentrale Rolle. Wir müssen uns dabei noch stärker als bisher bewußt werden, daß Investitionen in Mitarbeiter ebenso wichtig sind wie Investitionen in Maschinen und daß finanzielle Aufwendungen erforderlich sind, die für viele Unternehmen über das traditionelle Maß hinausgehen. Aber auch hier ist die Qualität entscheidend, nicht die Menge. Dies gilt für alle Gebiete der Personalentwicklung: Einführung, Ausbildung, Weiterbildung und Umschulung (vgl. Drucker, 1987; Naisbitt/Aburdene, 1986).

Einführung in das Unternehmen

Die Voraussetzungen für eine erfolgreiche Personalpolitik der Motivation werden zu einem nicht zu unterschätzenden Ausmaß am Beginn der Zusammenarbeit im Unternehmen gelegt. Oft dienen später notwendige Personalprogramme der Reparatur früherer Versäumnisse.

Die Entwicklung des Mitarbeiters beginnt nach der Einstellung mit seiner Einführung in das Unternehmen. Hier dürfen wir nicht nur auf den fachlichen Teil schauen: Zwar ist die Vermittlung von »Organisationswissen« Voraussetzung für effiziente Zusammenarbeit im Unternehmen, die Vermittlung von Fachwissen für die fachliche Leistung am neuen Arbeitsplatz. Aber zugleich legt die Einführungsphase einen wichtigen Grundstein für die künftige effektive Beziehung des Mitarbeiters zum Unternehmen; hier kann viel Positives bewirkt, aber auch viel verdorben werden. Für Berufsanfänger ist die Einführungsphase zugleich die Zeit ihrer *Sozialisierung* in die Eigenarten der Arbeitswelt und oft ihre erste Begegnung mit praktischen Arbeitsaufgaben nach langen Jahren theoretischer Bildung; der Verlauf dieser Phase ist für sie deshalb besonders wichtig.

Bei Auszubildenden oder Trainees wird die Einführungsphase durch den Ausbildungsgang bereits vorgezeichnet. Bei Neueinstellungen für einen bestimmten Arbeitsplatz hingegen empfiehlt sich eine individuelle Einführung.

Diese beginnt mit einem allgemeinen Einführungsseminar über das Unternehmen. Die weitere menschliche und fachliche Einführung ist vor allem Aufgabe der Führungskraft. Sie kann zu ihrer Unterstützung einen »Paten« für den Neuling bestimmen. Aber für die Führungskraft wie für den Paten sollte die Aufgabe der Betreuung der Neulinge Teil ihrer Arbeitsziele sein; sie sollten sich dessen bewußt sein, daß diese Aufgabe Zeit und Energie kostet, und dieser Aufwand sollte auch vom Unternehmen gefördert und anerkannt werden.

Berufliche Ausbildung

Die berufliche Ausbildung darf sich nicht auf die Vermittlung von Fachkompetenz beschränken. Fachlich ist eine breite und gründliche berufliche Erstausbildung wichtig, die ein Verstehen von Arbeitszusammenhängen ermöglicht und die als Basis für eine lebenslange Weiterbildung dienen kann.

Darüber hinaus sollten »Sozialkompetenz«, z. B. Fähigkeiten zur Kommunikation, zur Zusammenarbeit, gegebenenfalls zur Führung, ebenso trainiert werden wie »Handlungskompetenz«, d. h. Fähigkeiten zur Entscheidung, zum selbständigen Problemlösen und Gestalten im Rahmen der übertragenen Verantwortung. Nur dann werden entwicklungsfähige Mitarbeiter gefördert.

Deshalb gibt es in der IBM-Berufsausbildung für Auszubildende kaufmännischer und technischer Fachrichtungen kaum noch Frontalunterricht der üblichen Art. Teamarbeit steht im Vordergrund beim Erarbeiten des theoretischen Stoffes und in der Prüfungsvorbereitung. Ein weiterer Schwerpunkt der Ausbildung liegt in selbständiger Projektarbeit. Moderne Techniken des Selbstunterrichts werden gleichfalls genutzt.

Aus dem gleichen Grunde findet bei IBM die *Assistentenausbildung* zum Systemingenieur oder zum Vertriebsbeauftragten in einem zwölfmonatigen Wechsel zwischen Theorie und Übungen im Schulungszentrum und praktischer Mitarbeit auf der Geschäftsstelle statt. Die Ausbildung zum *Anwendungsinformatiker Wirtschaft* im Informatikkolleg folgt einem ähnlichen Muster.

Qualifizierende Weiterbildung

Einführung und Ausbildung sollten ohne Bruch übergehen in eine lebenslange Weiterbildung. Diese sollte vor allem folgende *Ziele* erfüllen:
- Im Interesse des Unternehmens und seiner Kunden die fachliche und soziale Kompetenz der Mitarbeiter ständig auf einem hohen Stand halten und verbessern sowie den gewünschten Qualifikationsveränderungen anpassen und

⤑ Im Interesse der Mitarbeiter Sicherheit des Arbeitsplatzes, erfolgreiche Bewältigung von Veränderungssituationen, beruflichen Aufstieg und persönliche Weiterentwicklung ermöglichen.

Hinsichtlich der *Inhalte* liegt die dringlichste Anforderung im Vermitteln neuen Wissens und dem Erlernen neuen Verhaltens, wie es technische Weiterentwicklung und die Veränderung der Kundenbedürfnisse erfordern. Dabei ist es wichtig, erstens rasch und zweitens in hoher Qualität das zu erreichen, was die Erhaltung der Leistungsfähigkeit und Wettbewerbsfähigkeit verlangt.

Ein spezielles Problem ergibt sich dabei in der Vermittlung neuen Wissens; dieses ist zum einen in der Regel noch nicht so durchdacht und pädagogisch aufbereitet, daß es in Kursen, Büchern, PC-Lernprogrammen etc. vermittelt werden könnte, zum anderen sind die ersten Know-how-Träger wenige und viel beschäftigte Leute. Hier hilft nur ein Schneeballsystem der Wissensweitergabe, Lernen durch Abgucken, durch Tun, durch eine Vielzahl von Vermittlungskanälen, kombiniert mit hoher Motivation und großer Lernfähigkeit der Mitarbeiter.

Vor allem wegen dieser unschätzbaren Eigenschaft der »Lernfähigkeit« sollte Weiterbildung nicht auf den unmittelbaren Nutzen für den Arbeitsplatz beschränkt bleiben. Einen wichtigen Platz sollte vielmehr das Training sogenannter Schlüsselqualifikationen (Mertens, 1974) einnehmen, wie die Fähigkeit zum logischen Denken, sprachliche Fähigkeiten, Verständnis von Grundzusammenhängen.

Während Schlüsselqualifikationen das Lernen erleichtern, den Erwerb neuer Qualifikationen, die Selektion und Verarbeitung neuer Informationen ermöglichen, erleichtern übertragbare Qualifikationen den Wechsel von einem Arbeitsplatz zum anderen, weil man sie von einer Aufgabe zur anderen übertragen, weil man sie fast überall nutzen kann. Dazu rechnen Fähigkeiten und Fertigkeiten, wie z. B. Fremdsprachenkenntnisse, Maschinenschreiben, Endbenutzerinformatik, Kenntnisse über das Unternehmen, Kommunikationsfähigkeit.

Weiterbildung dient der kontinuierlichen Entwicklung der Mitarbeiter; sie sollte deshalb einen guten Teil »vorausschauender Qualifizierung« umfassen, z. B. in Gestalt von »übertragbaren Qualifikationen« und »Schlüsselqualifikationen«. Sie sollte neben dem Dringlichen, das immer rasch und in guter Qualität vermittelt und erworben werden muß, einen Sockel langfristig orientierter Bildungsaktivität darstellen, an dem nicht gespart werden darf, wenn sich nicht fatale Folgen zeigen sollen, wie sinkende Kompetenz und Wettbewerbsfähigkeit für das Unternehmen und abnehmende Anpassungsfähigkeit für die Mitarbeiter.

Die IBM Deutschland hat aus diesem Grunde die *Hochschulprogramme* ins Leben gerufen, die der kontinuierlichen Weiterbildung der Fachleute naturwissenschaftlicher und wirtschaftswissenschaftlicher Disziplinen dienen sollen.

Die Grundphilosophie besagt, daß jede Fachkraft mindestens alle zwei Jahre einen zweiwöchigen Kurs besuchen soll, der sie auf einem bestimmten Fachgebiet mit dem neuesten Stand der Wissenschaft vertraut macht.

Bei den *Methoden* moderner Weiterbildung darf nicht nur an die Schulbank im traditionellen Sinne gedacht werden; die Weiterentwicklung des Mitarbeiters geschieht in erster Linie am Arbeitsplatz. Lernen durch Tun und Lernen in der Gruppe sind als Lernwege für viele Menschen geeigneter als theoretischer Unterricht. Der Lerneffekt am Arbeitsplatz kann durch sinnvolle Arbeitserweiterung und Arbeitsanreicherung ausgebaut werden. Planvolle Rotation erweitert nicht nur den Erfahrungshorizont, sondern trainiert auch die Lernfähigkeit, die Flexibilität. Es gibt sicher keine festen Regeln, aber junge Fachleute und Führungskräfte sollten alle fünf bis sieben Jahre ihre Aufgabengebiete wechseln. Das gilt umso eher, je weiter die Arbeitsteilung in der Organisation vorangeschritten ist.

Auch »Qualitätszirkel« oder »Lernstatt« sind Wege zum Lernen an der Arbeitsaufgabe, in der Gruppe. Bei der IBM Deutschland gibt es sicherlich über 100 Qualitätszirkel, aber es existiert keine formale Berichterstattung über sie, weil man gerade die Motivation und die Fähigkeit zu Innovation und Lernen nicht bürokratisch verwalten darf. Beispiele für die Arbeit von Qualitätszirkeln sind zum Beispiel Verbesserungen in der telefonischen Erreichbarkeit für Kunden, in kundenfreundlicher Rechnungsschreibung, in der Reorganisation von Geschäftsvorgängen, die immer wieder zu Fehlern geführt haben, in vielfältigen Kostensenkungen oder Qualitätsverbesserungen in der Fertigung.

Der zukünftige Weiterbildungsbedarf wird sich auch von seinen Mengenanforderungen und Kosten her (wie z. B. beim Einarbeiten ganzer Belegschaften in die Nutzung von Computern am Arbeitsplatz oder von modernen Fertigungstechniken) nicht mit herkömmlichen Methoden decken lassen. Dies macht neue organisatorische und technische Lösungen erforderlich. Neue Informationstechniken sollten deshalb genutzt werden, wo sie inhaltlich und pädagogisch angemessen sind. Dabei geht es beispielsweise um Videofilme, um Lernprogramme in Verbindung mit dem PC (Tischcomputer) oder mit PC und Bildplatte, es geht um Lernmaterial auf Datenbanken, die der Mitarbeiter über sein Terminal erreichen kann.

Für den Erfolg von Schulungsmaßnahmen in der Weiterbildung ist die Beachtung der Grundregeln der Erwachsenenbildung Voraussetzung, z. B. der Wichtigkeit von Anerkennung und greifbarem Nutzen, des Vorrangs von praktischem Üben und aktiver Gruppenarbeit im Gegensatz zum weitgehend üblichen Frontalunterricht mit Theorie.

Die Art der angewandten Weiterbildungsmaßnahmen wird sich immer nach den Eigenarten und Möglichkeiten des Unternehmens richten; unverzichtbar aber ist immer ein *Klima*, das Wissen, Können, Lernen und Bessermachen einen hohen Wert beimißt und derartige Bemühungen honoriert.

Erkennbar wird die Qualität dieses Klimas daran, wieweit sowohl Lehrbemühungen des Managements und der Fachleute im Unternehmen als auch Lernaufwand der Mitarbeiter als selbstverständliche Bestandteile eines normalen Geschäftsganges angesehen werden, für die zum Beispiel keine zusätzliche Bezahlung erwartet wird. Tarifliche Auseinandersetzungen darüber, ob jede Weiterbildungsmaßnahme mit einer tariflichen Höherstufung zu honorieren sei, wären überflüssig, wenn die Weiterentwicklung von Wissen und Können in den Unternehmen bereits langfristig organisierter Bestandteil der Personalpolitik wäre.

Weiterbildung bei der IBM Deutschland

Antriebskräfte der Weiterbildung
Geschäftliche Notwendigkeiten
⤳ Technologische Entwicklung
⤳ Anforderungen des Marktes
⤳ Unternehmensstrategien

Personalpolitische Leitlinien
⤳ Sicherheit der Beschäftigung
⤳ Entwicklung der individuellen Fähigkeiten
⤳ Beförderung aus den eigenen Reihen

Erwartungen des Mitarbeiters
⤳ Dauerhafte persönliche Entwicklung
⤳ Arbeitszufriedenheit
⤳ Arbeit als Lernprozeß

Formen der Weiterbildung
Schulbesuch
⤳ Fachschulen
⤳ Hochschulprogramme
⤳ Führungsakademie

Selbststudium
⤳ Am Arbeitsplatz: durch die Arbeit, mit Hilfe von PC-Lernprogrammen, mit Hilfe von Datenbanken
⤳ Fachschule in der Freizeit

Umschulung

Sprünge in der Entwicklung des Unternehmens machen häufig größere Umschulungsaktionen erforderlich. Solche Sprünge können ausgelöst werden durch Marktveränderungen oder durch neue Technologien.

Ein Beispiel aus der Computerbranche bieten die Wechsel der Computergenerationen, mit denen sich jeweils sowohl das Produkt als auch die Produktionstechnik veränderten. In den vergangenen 35 Jahren mußten Vertriebsbeauftragte, Systemingenieure und Technischer Außendienst mit den neuen Produkten vertraut gemacht werden, die Fabriken mußten sich auf die Arbeit mit neuen Produkten und Produktionsverfahren umstellen.

Die IBM Deutschland hat diese großen Veränderungen in den Qualifikationsanforderungen mit Hilfe von laufender Weiterbildung, von Umschulungs- und Umsetzungsprogrammen bewältigt, ohne Mitarbeiter zu entlassen. Die Abbildung unten zeigt exemplarisch den Wandel von Lochkartenmaschinen (Feinmechanik) über Röhrencomputer (Elektronik/Elektrotechnik) und die verschiedenen Stufen der Miniaturisierung von Silizium-Bauelementen bis zur weitgehend fotochemischen Fertigung von heute.

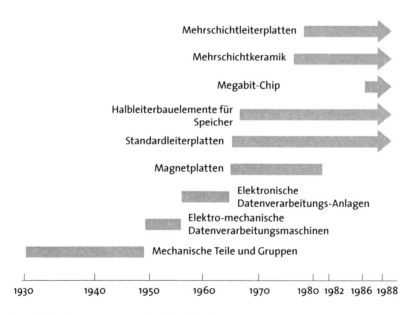

Wandel Fertigungsprogramme Werk Sindelfingen

Die Veränderungen in Markt und Technik gehen weiter: In der Branche Informationstechnik ist ein aktuelles Beispiel die Verschiebung des Schwerpunkts in Richtung Dienstleistungen. Im Zuge dieser Strukturveränderungen löst die IBM in den Jahren 1987/90 eines ihrer vier deutschen Werke, das Werk Hannover, auf. Für die meisten der rund 1.200 Mitarbeiter wird neue Arbeit nach Hannover gebracht: Es entstehen dort ein Softwarehaus, das Anwendungsprogramme entwickelt, und eine Reihe von Steuerungsfunktionen: Auftragsdisposition, Warenverteilung und Rechnungssteuerung. Rund 900 Mitarbeiter werden allein im Rahmen dieser Veränderungen umgeschult.

Hinsichtlich der *Voraussetzungen* erfolgreicher Anpassung an neue Qualifikationsanforderungen haben sich wiederholt ähnliche Erfahrungen gezeigt. Vor allem haben sich kritische bis negative Einschätzungen über die Umschulbarkeit durchweg nicht bewahrheitet. Im Gegenteil konnten erstaunliche Ergebnisse erzielt werden. Allerdings erscheinen einige Voraussetzungen notwendig:

- Die Umschulungsaktionen müssen in einem unterstützenden Klima aller beteiligten betrieblichen Institutionen erfolgen
- In iterativen Programmen muß mit Erfolgen begonnen werden. *Dropouts* bedürfen der gezielten Betreuung
- Es ist weniger das Lebensalter als die Gewohnheit zu lernen, die den Erfolg bzw. den pädagogischen Aufwand bestimmt
- Eine gute Allgemeinbildung und eine gründliche berufliche Erstausbildung verbessern die Chancen der Umschulung erheblich; laufende und vorausschauende Weiterbildung der Mitarbeiter stärken dieses Fundament.

Besonderheiten der Führungskräfteentwicklung

Entsprechend der Wichtigkeit der Führungskräfte für die Leistungsfähigkeit eines Unternehmens werden an sie besondere Anforderungen gestellt, und qualitatives Personalmanagement sollte ihnen besondere Aufmerksamkeit schenken. Während die bisherigen Überlegungen für alle Mitarbeiter gelten, müssen daher für die Entwicklung von Führungskräften einige Besonderheiten erwähnt werden. Auch die qualitative Führungskräfteplanung geschieht in einem besonderen Modell.

Einstellen von Führungspotential

Manche Unternehmen, wie z. B. die IBM, folgen dem Grundsatz der »Beförderung aus den eigenen Reihen«. Dies bedeutet: Führungskräfte sollen nicht als solche von außen eingestellt werden; es muß vielmehr bei Neueinstellungen auf Führungspotential geachtet werden, und das neu eingestellte Potential muß dann zu Führungskräften entwickelt werden.

Drei Dinge machen eine Führungskraft aus:
- Neigung oder Motivation zur Führung
- Führungswissen
- Führungsverhalten

Von diesen drei Voraussetzungen kann man in kurzfristigen Einstellungssituationen die Motivation zur Führung mit einiger Sicherheit, das Führungswissen mit erheblichen Abstrichen, fast kaum das Führungsverhalten erkennen. Für die Erkennung von Führungspotential haben sich ungeführte Gruppendiskussionen bewährt, in denen man Kommunikations- und Teamfähigkeit sowie Führungsfähigkeit und Führungsmotivation bis zu einem gewissen Grade erkennen kann. Es muß deshalb ein »Überschuß« an vermutetem Führungspotential eingestellt werden, um später ausreichend Kandidaten für Führungspositionen zur Verfügung zu haben.

Führungskräfteentwicklung

Bei der Entwicklung von Führungskräften geht es um die Entfaltung von Führungswissen und Führungsverhalten.

Führungswissen kann unter anderem durch Schulungskurse vermittelt werden oder durch schriftliche Unterlagen. *Führungsverhalten* dagegen kann nur gefördert und trainiert werden. Dies geschieht am besten durch verschiedene praktische Führungstätigkeiten, die eine dem individuellen Mitarbeiter angemessene Entwicklung gestatten. Die IBM beispielsweise versucht dies in Gestalt von individuellen Entwicklungsplänen, in denen unter anderem folgende Gesichtspunkte berücksichtigt werden:
- Aufbau geschäftsbezogenen Wissens innerhalb und außerhalb des Unternehmens
- Funktionsübergreifende Bewährung
- Internationale Erfahrungserweiterung

Verantwortlich für die Entwicklung einer Führungskraft ist in erster Linie der direkte Vorgesetzte. Dabei sollte akzeptiert sein, daß Training, Feedback und Entwicklungsplanung Zeit kosten. Das Vorbild von Führung spielt bei der Formung des Verhaltens von angehenden oder jungen Führungskräften eine wesentliche Rolle.

Inhaltlich betrachtet, müssen die jungen Führungskräfte dazu befähigt werden, den Führungsstil des Hauses zu übernehmen sowie generell die Traditionen und die Werte des Unternehmens, kurz: den Kern unserer *Unternehmenskultur*. Diese kann man nur in sehr begrenztem Maße durch schriftliches Material oder durch Reden vermitteln; der Geist des Unternehmens überträgt sich vor allem in der täglichen Praxis, durch Vorbild, Signale, Anreize.

Führungskräfte brauchen zweitens in besonderem Maße ein *strategisches Verständnis* für das Unternehmen und für die Arbeitsaufgabe; wer sonst sollte dies den Mitarbeitern vermitteln? Es werden Mitarbeiter gewünscht, die in neuen Situationen von sich aus wissen und tun können, was das Unternehmen braucht – aber am notwendigsten ist dies bei den Führungskräften. Sie müssen wissen, wohin sie führen sollen. Sie müssen dies den Mitarbeitern erklären können.

Dieses »strategische Verständnis« wird gleichfalls über verschiedene Kanäle vermittelt: über schriftliche Richtlinien und Pläne, über mündliche Äußerungen der Geschäftsleitung, aber vor allem durch Kontinuität und strategischen Gehalt von Entscheidungen und Aktionen. Eine Strategie, die nur dem Wort nach existiert, ist rasch entlarvt; niemand wird sich nach ihr richten.

Besonderer Wert wird im Rahmen der zugrundeliegenden Strategie des Personalmanagements wiederum auf Potential und Entwicklung von Flexibilität gelegt. Nicht nur fachliche, auch menschliche Anforderungen ändern sich. Neue Einstellungen der Mitarbeiter zur Arbeit, zur Autorität, zum Unternehmen generell verlangen eine andere Art von Führung.

Änderungen von Technik und Märkten erfordern neue Formen der Zusammenarbeit, neue Strategien und neue Mentalitäten. Ein Beispiel dafür ist die Einführung von flexibler Automatisierung in der Fertigung, die eine neue betriebswirtschaftliche Betrachtungsweise und eine neue Art von Ingenieurdenken erforderte. Ein weiteres Beispiel ist der Übergang vom Marketing von Großcomputern an wenige Kunden zum Vertrieb relativ preiswerter Massenprodukte (PCs, mittlere Systeme und Peripherie) an eine große Zahl von Kunden, der eine ganz andere logistische Organisation, einen anderen Stil des Verkaufens und einen anderen Typ von Verkäufer erforderlich macht und dementsprechend andere Führungsaufgaben stellt.

Mitarbeiter kann man in solchen Fällen häufig von außen einstellen, z. B. CAD/CAM-Spezialisten, aber ohne eigene Führungskader wird man den neuen Geschäftszweig nicht aufbauen können. Deshalb wird von den Führungskräften ein ganz besonderes Maß an Flexibilität verlangt.

Die *Entwicklung von Führungskräften* benötigt für ihre erfolgreiche Durchführung neben Zielen und Inhalten ein Managementsystem und ein Minimum an Infrastruktur. Dazu gehört einmal ein systematisches Aufspüren und Entwickeln von Führungspotential, zum andern eine Vorausschau über die zu erwartenden

Bestimmungsgrößen des Angebots von Führungspotential und der Nachfrage nach Führungskräften.

Führungskräfteplanung

Es empfiehlt sich deshalb, für Führungskräfte eine spezifische quantitative Planung aufzubauen, die mindestens folgende *Determinanten* berücksichtigen müßte:
1. die *Angebotsseite,* die unter anderem abhängig ist
   - von der Anzahl des Nachwuchses,
   - vom Entwicklungsstand des Potentials nach Struktur- und Zeitkriterien,
   - von der Verwendbarkeit der vorhandenen Führungskräfte in verschiedenen Funktionen und Bereichen,
   - von der Effizienz und vom Zeitbedarf der Führungskräfteprogramme, gerechnet von der Einstellung von Führungspotential über den Arbeitsmarkt bis zum Abschluß der Entwicklungsmaßnahmen;
2. die künftige *Bedarfsseite,* die abhängig ist unter anderem
   - von den wirtschaftlichen und technischen Entwicklungen,
   - von der Altersstruktur der tätigen Führungskräfte,
   - von organisatorischen Entwicklungen, zum Beispiel: Kontrollspannen, Einflüssen der technischen Kommunikation im Unternehmen, Organisationstiefe (»Berichtsebenen«) Grad von Zentralismus oder Dezentralisierung.

Eine entsprechende *quantitative Vorausschau* könnte folgendermaßen aussehen:

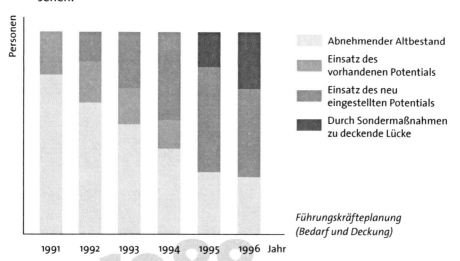

Führungskräfteplanung (Bedarf und Deckung)

1. für die *Angebotsseite*
   ⇢ der vorhandene Altbestand an Führungskräften
   ⇢ und das bereits im Unternehmen vorhandene Führungspotential, das zu Führungskräften entwickelt werden kann;
2. für die *Bedarfsseite*
   ⇢ die Entwicklung des Altbestandes, der durch Pensionierung, Wechsel in die Fachlaufbahn und anderer Einflüsse laufend abnimmt
   ⇢ die Ergänzung der Führungskader für zusätzliche Aufgaben.
3. Aus der Differenz zwischen Angebot und Bedarf ergibt sich dann die dritte Größe: die erforderlichen Einstellungen von Führungspotential über die nächsten Jahre.

Dabei werden als Vorbereitungszeit für einzustellendes Potential mindestens vier bis sechs Jahre zugrundegelegt.

Je nach Umfang des vorhersehbaren Führungskräftebedarfs müssen die verschiedenen Maßnahmen zur Entdeckung und Entwicklung von Führungspotential mehr oder weniger dringlich durchgeführt werden.

Motivation

Zu Anfang wurde gesagt: Qualitatives Personalmanagement ist die Antwort auf die lebenswichtige Frage: Wie bekommen wir jederzeit diejenigen Mitarbeiter, die wir brauchen?

Dafür sind qualitative Personalplanung, Mitarbeitereinstellung und -entwicklung zwar notwendige, aber keineswegs hinreichende Voraussetzungen.

Wenn die Mitarbeiter von sich aus wissen und tun sollen, was das Unternehmen in einer bestimmten Situation benötigt, dann müssen sie nicht nur »können«, sondern auch »wollen«, d. h., sie müssen sich mit den Zielen des Unternehmens und mit ihrer Arbeitsaufgabe identifizieren.

Dafür braucht es Mitarbeiter mit der richtigen Einstellung, aber Unternehmensziele und Arbeitsaufgaben sollten auch so konzipiert sein, daß sich positiv eingestellte Mitarbeiter mit ihnen identifizieren können.

Notwendigkeit intrinsischer Motivation

Das Wesentliche in der »richtigen« Qualität von Mitarbeitern liegt nicht in Alter, Geschlecht, Bildungsgrad oder Fachgebiet, sondern in ihrer Einstellung zur Arbeit und zum Unternehmen: im Engagement für Lernen, Wissen und Können, für

Qualität; in der Freude an guter Leistung; in dem Engagement für die Kunden, die diese Leistung brauchen und sich auf diese Qualität verlassen; in der Identifikation mit dem Unternehmen und seinen Zielen.

Erst wenn eine solche Haltung den Geist eines Unternehmens prägt, dann bringen Weiterbildungsmaßnahmen über Kosten und Teilnehmertage hinaus auch qualifizierte Mitarbeiter; dann erst bedeutet Flexibilität mehr als neue Organigramme und Versetzungen.

Wir bekommen jedoch immer stärker zwei neue Probleme, welche diese Frage noch dringlicher machen:

⇢ Neue Technologien und Organisationsformen eliminieren immer mehr Routinearbeit und machen die verbleibende Arbeit anspruchsvoller; der Abteilungsleiter oder Meister kann der Menge und der Komplexität wegen nicht mehr alles im Detail übersehen oder kontrollieren. Die alten Kontrollmethoden funktionieren deshalb immer weniger.

⇢ Die heutigen Mitarbeiter sind immer besser qualifiziert; sie können mehr Verantwortung übernehmen, selbständiger arbeiten als frühere Generationen. Zudem hat der Wertewandel in der Arbeitswelt verstärkte Skepsis gegenüber institutioneller Autorität mit sich gebracht sowie höhere Wertschätzung für persönlichen Gestaltungsspielraum. Das heißt, die alten Kontrollmethoden sind weniger notwendig, werden aber auch weniger akzeptiert.

Aus beiden Gründen sind wir zunehmend darauf angewiesen, daß die Mitarbeiter von sich aus wissen und tun wollen, was in einer bestimmten Situation im Interesse des Unternehmens ist.

Führen durch Werte

Für die Identifikation mit dem Unternehmen ist das *Verständnis des Unternehmens,* seiner Struktur, der wichtigsten Geschäftsabläufe und Strategien eine wesentliche Voraussetzung. Menschen können sich nur mit etwas identifizieren, das sie zu verstehen glauben, das sie als vertraut empfinden.

Noch wichtiger ist die Art der *Führung*:

⇢ Eine Führung, die die Wertordnung der Mitarbeiter beispielsweise dadurch respektiert, daß sie ihnen den begehrten Gestaltungsspielraum nach Möglichkeit schafft

⇢ Eine Führung, die beim Mitarbeiter eine positive Einstellung zum Unternehmen und zur Aufgabe voraussetzt – entsprechend der »Theorie Y« von McGregor (1986)

⇾ Eine Führung, die Mitwirkungsmöglichkeiten einräumt, wo sinnvoll und möglich, einschließlich der zugehörigen Verantwortung und entsprechender Anreize.

Dazu gehört auch eine *Organisation der Arbeit*, welche Gestaltungsspielräume ermöglicht und interessante Aufgaben bietet. Wo die Anreizfunktion von Bezahlung und Arbeitsplatzsicherheit schwächer wird, verlagert sich das Schwergewicht auf »intrinsische Arbeitsmotivation«: Die Befriedigung der vorrangigen Mitarbeiterbedürfnisse muß nach Möglichkeit zu einem großen Teil durch die Arbeit selbst erfolgen.

Dies wird unter anderem gefördert durch eine ganzheitlichere Gestaltung von Arbeitsinhalten, durch eine Rückführung der Arbeitsteilung, wie sie sich in den vergangenen zwei Jahrhunderten der Industrialisierung als Folge starrer Technik, niedrigen Bildungsniveaus und einer anderen Mentalität herausgebildet hat. Diese Vorgehensweise ist seit langem bekannt unter Stichworten wie »Arbeitsanreicherung« und »Arbeitserweiterung«.

Beitragen können weiterhin:
⇾ Größere Selbstbestimmungsspielräume in der Arbeit, wie z. B. im Zusammenhang mit dem Prinzip des »Führens durch Ziele« (Management by Objectives)
⇾ Größere Möglichkeiten für Eigeninitiative in der Weiterbildung und Weiterentwicklung, wie z. B. im Zusammenhang mit modernen Lernmedien oder mit mehr Möglichkeiten für Selbststeuerung und Selbstverantwortung in der persönlichen Entwicklung
⇾ Ein Konzept der Mitarbeiterentwicklung, das Voraussetzungen für selbständiges Handeln, wie z. B. Verstehen von Unternehmensstrategien und Arbeitszusammenhängen, vermittelt, das Problemlösungsfähigkeit und Kommunikationsfähigkeit trainiert und
⇾ Nicht zuletzt Formen der Mitarbeiterbeteiligung, sei es an den Entscheidungen, die ihre Arbeit betreffen, sei es an den Ergebnissen, an der erhaltenen Anerkennung, am Firmenkapital etc.

Das Wichtigste ist jedoch die Pflege der *Unternehmenskultur*, insbesondere der Wertordnung eines Unternehmens. Werte steuern menschliches Verhalten (vgl. u. a. Rüttinger, 1986; Kobi/Wüthrich, 1986; Watson, 1964; Drucker, 1987; Peters/Waterman, 1984). Die Pflege der Unternehmenskultur beginnt mit dem Bemühen, die richtigen Mitarbeiter einzustellen, die zu den hauseigenen Werten, wie z. B. Leistung und Dienst am Kunden, passen. Diese Werte müssen aber auch weiterentwickelt und den Mitarbeitern nahegebracht werden. Erwünschte Werte und Verhaltensweisen müssen propagiert und verstärkt werden, und dies geschieht am besten durch das Beispiel der Führung sowie durch entsprechende Signale und Anreize. Fast jeder verfolgt über längere Zeit ein Verhalten, das er bei anderen belohnt sieht.

Gesellschaftliche Forderungen an das Unternehmen ändern sich, und die Mitarbeiter bringen diese gesellschaftlichen Wertveränderungen mit in den Betrieb (vgl. Bertelsmann Stiftung, 1985). Bei der Führung liegt die Entscheidung, ob und wieweit das Unternehmen den neuen Werthaltungen von Gesellschaft und Mitarbeitern folgen sollte. Wertekongruenz zwischen Unternehmen und Mitarbeitern ist der beste Boden für die Identifikation der Mitarbeiter mit den Zielen des Unternehmens.

Literatur

Bertelsmann Stiftungsinstitut/Institut für Wirtschafts- und Gesellschaftspolitik (Hrsg.), *Unternehmensführung vor neuen gesellschaftlichen Herausforderungen*, Gütersloh, 1985.
Bundesarbeitgeberverband Chemie L. V. (Hrsg.), *Personalplanung im Betrieb*, Wiesbaden, 1986.
DRUCKER, P. F., *Die Chance des Unternehmens. Signale für das Management von morgen*, Düsseldorf/New York, 1987.
KOBI, J.-M./WÜTHRICH, H. A., *Unternehmenskultur verstehen, erfassen, gestalten*, Landsberg, 1986.
MCGREGOR, D., *Der Mensch im Unternehmen*, Hamburg, 1986.
MERTENS, D., *Schlüsselqualifikationen, Mitteilungen aus der Arbeitsmarkt- und Berufsforschung*, Jg. 7, Nr. 1, Nürnberg, 1974.
NAISBITT, J./ABURDENE, P., *Megatrends des Arbeitsplatzes*, Bayreuth, 1986.
PETERS, TH. J./WATERMAN, R. H., *Auf der Suche nach Spitzenleistungen*, 8. Aufl., Landsberg, 1984.
POSTH, M., *Personalplanung unter veränderten gesellschaftspolitischen Rahmenbedingungen*, in: Institut der Deutschen Wirtschaft (Hrsg.), *Personal-Wirtschaft in Zeiten des Umbruchs*, Beiträge zur Gesellschafts- und Bildungspolitik, Köln, 1983.
Rüttinger, R., *Unternehmenskultur. Erfolg durch Vision und Wandel*, Düsseldorf/Wien, 1986.
UNIC-University Connection Institut für Management und Marketing GmbH, *Unternehmensattraktivität beim technischen Führungsnachwuchs/Elektroingenieure*, Bonn, 1986.
WATSON, TH. J., *Ein Unternehmen und seine Grundsätze*, Berlin, 1964.
Weiterbildung – Herausforderung und Chance, Bericht der Kommission »Weiterbildung«, erstellt im Auftrag der Landesregierung von Baden-Württemberg, Stuttgart, 1984.

Beitrag abgedruckt in: HENZLER, H. A. (Hrsg.), *Handbuch strategische Führung*, Gabler Verlag, Wiesbaden, 1988.

Altersversorgung 1995 – 2001

Wir brauchen eine betriebliche Altersversorgung!

Die betriebliche Altersversorgung (AV) zählte in den letzten Jahrzehnten zu den unbestrittenen Sozialleistungen im Rahmen der Personalpolitik der Unternehmen. Ihre Bedeutung basiert auf dem Wunsch der Mitarbeiter/-innen nach besserer Versorgung im Alter wie auf wichtigen personalpolitischen und betriebswirtschaftlichen Vorteilen für die Unternehmen.

Die Leistungen der betrieblichen AV haben erheblich an Bedeutung gewonnen; zwischen 1980 und 1992 verdreifachten sich die jährlichen Zahlungen von 12 Milliarden DM auf 35 Milliarden DM. Im Vergleich dazu verdoppelten sich die Leistungen der gesetzlichen Rentenversicherung *nur* von 120 Milliarden DM auf 256 Milliarden DM. Rund zwei Drittel aller Arbeitnehmer/-innen der gewerblichen Wirtschaft sind in das System der betrieblichen AV einbezogen.

Durch die Öffnung des Weltmarktes wurden die Personal- und Sozialkosten zunehmend zu Wettbewerbsfaktoren. Das führte in allen Unternehmen auch zur Überprüfung der Belastungen durch die betriebliche AV. Als Ergebnis wurde vielfach der Leistungsumfang gekürzt oder gar das Versorgungswerk für neue Mitarbeiter/-innen geschlossen. Viele junge Unternehmen zweifeln gar, ob sie sich überhaupt mit AV belasten sollen. Der Verbreitungsgrad der betrieblichen AV ist auf das Niveau der 80er Jahre zurückgefallen. Das löst die Grundsatzfrage aus: Warum ist betriebliche AV auch in Zukunft unverzichtbar?

Es gilt: Wir müssen unsere Personalkosten am Wettbewerb orientieren. Setzen wir hohe Preise am Markt durch, können wir uns mehr leisten, konkurrieren wir über den Preis, müssen wir die Kosten trimmen. Sobald aber feststeht, was wir unseren Mitarbeiter/-innen insgesamt zahlen können, fragt sich, wieviel in bar und wieviel für ihre AV? Wir handeln als Personalpolitiker klug, diese Entscheidung zu Gunsten der AV zu fällen. Unsere Mitarbeiter/-innen werden in Zukunft verstärkt die Entscheidungsfreiheit brauchen, ob sie mit 55 oder mit 65 Lebensjahren in Pension gehen wollen. Eine verspätete Entscheidung für die AV nachzuholen ist aufwendig und teuer.

Auch die Unternehmen werden künftig eine AV brauchen. Die Abmagerung der Stellenpläne wie die Verjüngung der Belegschaften zu Innovationszwecken wurden erst durch rechtzeitige finanzielle Vorsorge möglich. Auch zukünftig wird die Belastung durch die sinkende Halbwertszeit der beruflichen Qualifikation in vielen Wirtschaftszweigen eine differenzierte Spannbreite der Pensionsgrenze erforderlich machen. Innovation und »High/Tech/Chem/

Finance«-Förderung vertragen sich schlecht mit einer generellen Anhebung des Rentenalters.

Ich meine, gerade deshalb müssen wir zu einem ausreichenden Versorgungsniveau unserer Mitarbeiter/-innen durch die betriebliche AV beitragen. Ganz zu schweigen von den einschlägigen Wünschen unserer Mitarbeiter/-innen nach Vorsorgeleistungen, auch unter den steuerlichen Aspekten der aufgeschobenen Vergütung.

Personalpolitische Voraussicht und Wunschdenken ersetzen natürlich nicht vernünftige Finanzierungsformen. Wir haben spezifische und unübersehbare Probleme:

Die Altersstruktur in den Unternehmen führt zu einer Umkehr der Proportionen: Die Pensionszahlungen beginnen die Zuführungen der Aktiven zur AV zu übersteigen. Das führt zu besonderen Anforderungen an die Liquidität der für die Pensionsverpflichtungen vorhandenen Deckungsmittel.

Die beschleunigt steigende Lebenserwartung der Älteren verlängert die Pensionszahlungen. Das löst einen erheblichen Nachfinanzierungsaufwand aus.

Die Belastungen durch die Rentenanpassungen und durch eine sich schnell ändernde Rechtsprechung zur betrieblichen AV sind bekannt.

Wir brauchen also neue Überlegungen,
- wie wir die AV gestalten wollen,
- ob wir die Außenfinanzierung stärken müssen,
- ob wir mitarbeiterfinanzierte Ergänzungspläne einführen wollen,
- ob wir den steuerlichen/rechtlichen Rahmen günstig beeinflussen können,
- wie wir die Verwaltungskosten z. B. durch Outsourcing senken können,
- ob wir schließlich die Kosten anderer Nebenleistungen zu Gunsten der AV umschichten wollen.

Trotz alldem bin ich der Überzeugung, daß wir eine betriebliche AV brauchen, um eine aktive Personal- und Sozialpolitik überhaupt erst betreiben zu können.

Editorial abgedruckt in: *Personalführung*, 04/1995.

Betriebliche Altersversorgung

Die Spitzenverbände der deutschen Wirtschaft haben jetzt in einer gemeinsamen Erklärung eine Verbesserung der Rahmenbedingungen für die betriebliche Altersversorgung gefordert. Und man kann ihnen nur recht geben: Ohne eine solche Verbesserung der arbeits- und steuerrechtlichen Bedingungen wird sich der rückläufige Trend bei neuen Versorgungszusagen nicht stoppen und die betriebliche Altersversorgung nicht weiter ausbauen lassen. Eine Stärkung der betrieblichen Altersversorgung ist aber gerade in Deutschland nicht zuletzt wegen der großen Finanzierungsprobleme der gesetzlichen Rentenversicherung dringend nötig.

Die Einrichtung einer betrieblichen Altersversorgung ist für viele Unternehmen inzwischen keine Selbstverständlichkeit mehr. Die Arbeitgeber sind äußerst zurückhaltend, neue Versorgungsverpflichtungen einzugehen oder bestehende Versorgungseinrichtungen auszubauen.

Als Spezialisten der betrieblichen Altersversorgung müssen wir uns bei Allianz Leben auf diese Situation einstellen. Wir müssen von unserer Seite alles unternehmen, um den Firmen mit flexiblen und auf den individuellen Bedarf zugeschnittenen Lösungen den Einstieg zu ermöglichen. Das Stufenmodell z. B. bietet hierfür einen interessanten Ansatzpunkt.

Doch nicht nur Produktinnovationen und Flexibilität der Versorgungslösungen sind gefragt. Wir sehen es auch als unsere Aufgabe an, für den Wert einer betrieblichen Altersversorgung zu werben und bei Gesprächen im Bekanntenkreis, bei Diskussionen mit Kolleginnen und Kollegen anderer Unternehmen stärker als bisher auf die Möglichkeiten eines solchen modernen Instruments des Personalmanagements hinzuweisen, das für beide Seiten, für Arbeitnehmer und Arbeitgeber, interessante Vorteile bietet.

In diesem Zusammenhang sollten wir uns bewußt machen, wie leistungsfähig und attraktiv das System der betrieblichen Altersversorgung unseres eigenen Unternehmens ist und wie wertvoll es für unsere Mitarbeiterinnen und Mitarbeiter ist. Wir haben unsere betriebliche Altersversorgung in den letzten Jahren sorgfältig gepflegt. In den letzten drei Jahren haben die Allianz-Gesellschaften über 48 Millionen DM aufgewandt, um die Deckungsmittel der steigenden Lebenserwartung anzupassen. Im Zusammenhang mit der Änderung der steuerlichen Rahmenbedingungen haben wir eine flexible Lösung bei der Finanzierungssystematik der Allianz Versorgungskasse gefunden, die es uns erlaubt, das Leistungssystem der AVK unverändert beizubehalten und für Mitglieder und Trägergesellschaften die Steuerbelastung zu reduzieren.

Die betriebliche Altersversorgung ist für uns eine freiwillige Sozialleistung besonderer Art. Mit unserem Beitragsanteil leisten wir einen wichtigen Baustein für die Absicherung unserer Beschäftigten und ihrer Familien im Alter und bei Berufsunfähigkeit. Welchen Wert diese Sozialleistung hat, zeigt ein einfacher Vergleich: Wer den Schutz durch die Betriebsrente über eine ergänzende private Vorsorge selbst finanzieren wollte, der müßte weit mehr aufwenden als er heute über seinen eigenen Mitgliedsbeitrag zur Allianz Versorgungskasse leisten muß. Der Beitragsanteil, den die Allianz als Arbeitgeber zur Allianz Versorgungskasse übernimmt, entspricht einer zusätzlichen Gehaltszahlung in Höhe von rund 10 %.

Im eigenen Hause ein Beispiel für zuverlässige und kosteneffektive betriebliche Altersversorgung zu geben, ist eine soziale Leistung für unsere Mitarbeiter und eine Ermunterung für unsere Kunden.

Editorial abgedruckt in: *Allianz Leben Live*, 03/1997.

Ruhestand mit 60

Beschaulich, beschützt, bescheiden – so sah über viele Jahre das gesellschaftliche Bild vom Leben im Alter aus. Inzwischen erscheinen solche Vorstellungen von Rentnern und Pensionären überholt: Aktivität und Leistungsfähigkeit, das zeigt die Titelgeschichte dieser *Leben Live*; sind längst nicht mehr nur ein Privileg der Jungen. Die Senioren von heute stehen mitten im Leben. Dennoch – oder vielleicht gerade deshalb – möchten ältere Menschen heute frühzeitig aus dem Berufsleben ausscheiden.

Vier von fünf Erwerbstätigen gehen inzwischen bereits vor Erreichen der offiziellen Altersgrenze in den Ruhestand. Viele wollen den neuen Lebensabschnitt dazu nutzen, endlich einmal wieder Interessen nachzugehen, die sie lange Zeit vernachlässigt haben oder sie nehmen sich vor, eine ganz neue Aufgabe außerhalb der Berufswelt anzugehen.

Die Frage, die sich für sie in Zukunft immer dringlicher stellen wird, lautet: Wie können sie sich einen solchen Schritt überhaupt leisten?

Die umlagefinanzierte gesetzliche Rentenversicherung kann einen vorzeitigen Ruhestand künftig mit Sicherheit nicht mehr finanzieren. Bereits heute ist die Situation der Rentenkassen zum Teil auch deshalb angespannt, weil in der

Vergangenheit der vorgezogene Ruhestand relativ großzügig zugelassen wurde. Die gesunkenen Geburtenzahlen und die steigende Lebenserwartung werden die Finanzlage langfristig dramatisch verschärfen. Ein vorzeitiger Ruhestand wird daher nur noch dann möglich sein, wenn die Arbeitnehmer entsprechende Abschläge bei ihrer Rente akzeptieren. Wer heute beispielsweise mit 60 Jahren in Rente geht, muß im Vergleich zu einem Ruhestand ab 65 eine um 18 % geringere Rente akzeptieren. Bei derartigen Abschlägen ist der Lebensstandard kaum zu halten. Um den vorgezogenen Ruhestand dennoch attraktiv zu halten und somit auch den Arbeitsmarkt zu entlasten, schlug Bundesarbeitsminister Walter Riester im vergangenen Herbst vor, sogenannte Tariffonds einzurichten, die von den Arbeitnehmern durch Verzicht auf Gehaltserhöhung finanziert werden sollten. Aus Mitteln dieser Fonds, so Riester, könnten dann Zuschüsse gezahlt werden, die eine volle Rente mit 60 ermöglichen. Die Probleme der gesetzlichen Rente hätten sich damit freilich nur verlagert: Denn auch die Tariffonds wären nach dem Umlageverfahren finanziert worden, das heißt, junge Arbeitnehmer hätten durch ihren Gehaltsverzicht die Hauptlast tragen müssen, ohne dafür künftig verläßliche eigene Leistungsansprüche zu erwerben.

Die Versicherungswirtschaft hat deshalb Anfang dieses Jahres ein eigenes, wirtschaftlich tragfähiges Modell für einen Ruhestand mit 60 vorgeschlagen, das wir in den Allianz-Gesellschaften bereits vorher erprobt hatten. Im Tarifabschluß haben wir für unsere eigene Branche die notwendigen Voraussetzungen dafür geschaffen. Auch unser Modell sieht einen Ruhestand mit 60 vor, zur Finanzierung wird jedoch ein eigener Kapitalstock aufgebaut. Die Altersteilzeitregelung wird kombiniert mit einem privaten Rentenergänzungsplan; beide Elemente haben wir zeitgleich vereinbart.

Wie funktioniert dies konkret? Mitarbeiter im Innendienst können mit 57 Jahren in eine vorgezogene sechsjährige Altersteilzeit gehen. Dabei arbeiten sie bis zum 60. Lebensjahr in Vollzeit und beziehen zwischen 80 und 85 % ihres letzten Nettoeinkommens. Mit 60 wechseln sie dann in den Ruhestand, beziehen jedoch weiter das Einkommen in der zuvor genannten Höhe. Während der dreijährigen arbeitsfreien Altersteilzeitphase werden weiterhin 90 % der Beiträge an die Rentenversicherung abgeführt. Mit 63 gehen die Mitarbeiter dann in Rente. Der Abschlag bei ihren gesetzlichen Rentenbezügen liegt bei 7,2 %.

Denjenigen Mitarbeitern, die bereits im rentennahen Alter sind und daher keine Möglichkeit haben, noch Kapital anzusparen, bieten die Versicherungsunternehmen an, die Hälfte der Rentenabschläge – maximal 3,6 % – zu übernehmen.

Jüngere Mitarbeiter können – neben den attraktiven Leistungen unseres Allianz-Versorgungswesens – weitere Möglichkeiten nutzen, um ihren Lebensstandard für das Alter zu sichern. Zum Beispiel mit unserem Produkt Pensionszusage durch Gehaltsverzicht (PZG), über das wir Sie vor einigen Tagen informiert haben.

Die Tarifpartner haben mit dem Modell »Ruhestand mit 60« neue Wege aufgezeigt, die auch für andere Wirtschaftszweige Vorbildcharakter haben können. Für die Versicherungswirtschaft haben sie damit auch über die eigenen Grenzen hinaus ein wichtiges Zeichen gesetzt: Als Spezialisten der Altersvorsorge entwickeln wir zukunftsweisende Lösungen für den schwierigen Umbau unseres Sozialsystems.

Editorial abgedruckt in: *Allianz Leben Live*, 02/1999.

Plädoyer für eine betriebliche Altersversorgung[5]

Betriebliche Altersversorgung im Wandel der Zeit
Von der Fürsorgeleistung zum Vergütungsbestandteil

Der Ursprung der betrieblichen Altersversorgung reicht zurück in das frühe 19. Jahrhundert. Prominente Namen der deutschen Wirtschaft haben aus *patriarchalischer Fürsorgepflicht* und *christlichem Verantwortungsbewußtsein* bei Krankheit, Invalidität und im Alter Vorsorge für ihre Mitarbeiter getroffen – übrigens lange vor Einführung der gesetzlichen Rentenversicherung.

Die betriebliche Altersversorgung wurde dann mehr als ein Jahrhundert als *Fürsorgeleistung* des Arbeitgebers für seine Arbeitnehmer angesehen und war zudem von bestimmten Voraussetzungen – wie z.B. jahrzehntelanger Betriebszugehörigkeit – abhängig.

Erst in den letzten Jahrzehnten trat die Vorstellung hinzu, daß betriebliche Altersversorgung auch eine *Gegenleistung* aus dem arbeitsvertraglichen Austauschverhältnis ist, also zugleich *Entgeltcharakter* besitzt. Zeitgleich entwickelte sich die betriebliche Altersversorgung zu einer unbestritten besonders wichtigen Sozialleistung im Rahmen der Personalpolitik der Unternehmen. Motiv für die

---

[5] In Zusammenarbeit mit Erich Götz, Peter Jung, Peter Roedern und Boris Scharfschwerdt.

Einführung und »Gewährung« einer betrieblichen Altersversorgung war jedoch für die Unternehmensleitungen immer noch in erster Linie die *Belohnung des Arbeitnehmers für erbrachte bzw. erwartete Betriebstreue.*

Mit Inkrafttreten des Betriebsrentengesetzes im Jahr 1974, insbesondere der Bestimmungen zur Unverfallbarkeit (§§ 1, 2) und zur Anpassungsprüfungspflicht (§ 16) sowie der Rechtsprechung des Bundesarbeitsgerichtes zu diesem Gesetz wurde der Entgeltcharakter stärker betont, zeitgleich trat das Fürsorgeelement in den Hintergrund. Diese Entwicklung hat sich in der Rechtsprechung des Europäischen Gerichtshofs in den 90er Jahren verfestigt und konkretisiert. Betriebliche Altersversorgung ist *Entgelt* im Sinne von Art. 119 EWG-Vertrag und unterliegt daher dessen strengen Anforderungen für die Lohngleichheit von Frauen und Männern.

Mit dem Wandel von der *Fürsorgeleistung zum Entgeltbestandteil* hat die betriebliche Altersversorgung einen neuen Stellenwert erreicht. Parallel zu dieser Entwicklung entstand auch die Diskussion »Sozialklimbim oder Leistungsanreiz und Motivationsfaktor?«

Durch die Öffnung des Weltmarkts wurden die Personal- und Sozialkosten in den 80er und 90er Jahren zunehmend zu Wettbewerbsfaktoren. Das führte in allen Unternehmen auch zur Überprüfung der Belastungen durch die betriebliche Altersversorgung. Häufig wurde der Leistungsumfang gekürzt oder das Versorgungswerk für neue Mitarbeiter geschlossen. Viele junge Unternehmen zweifelten gar, ob sie sich überhaupt mit diesem Thema belasten sollten. Der Verbreitungsgrad der betrieblichen Altersversorgung ist deshalb bis Ende der 90er Jahre auf das Niveau der 80er Jahre zurückgefallen. Neben der Kostenbelastung haben auch die ungünstigen rechtlichen und steuerlichen Rahmenbedingungen zu dieser Entwicklung beigetragen.

Gleichzeitig mußte sich jedoch die Gesellschaft vom Generationsvertrag in der gesetzlichen Rentenversicherung verabschieden.

Fast drei Jahrzehnte hindurch funktionierte er vorzüglich nach dem Motto: Die Jungen finanzieren die Alten, erstere können ihrerseits aber dasselbe erwarten, wenn sie eines Tages in Rente gehen. Die Zahl der Rentner im Vergleich zu den Erwerbstätigen war relativ gering, die Beiträge bewegten sich zunächst im einstelligen Bereich. Dennoch kam durch die boomende Wirtschaft so viel Geld in die Rentenkassen, daß die Politiker der Versuchung nicht widerstehen konnten, vor allem in Wahlzeiten immer neue Leistungsverbesserungen draufzusatteln.

Die ersten Probleme zeigten sich Mitte der 80er Jahre, als die Arbeitslosigkeit anschwoll und sich die ersten Anzeichen einer demographischen Verschiebung hin zu mehr alten Menschen einstellten. Die Möglichkeit, dies über steigende Beiträge aufzufangen, stieß an Grenzen – Reformen waren unumgänglich.

Jede der vielen Reformen erwies sich jedoch schnell als zu kurz gesprungen, harte Schnitte waren politisch aber nicht opportun. Dem sozialen Alterssicherungssystem haftet seither der Makel der Unfinanzierbarkeit an. Die Ursachen für diese Misere sind vielgestaltig, aber es gibt eine Kernthese, die lautet: Die Gesellschaft hat den Generationenvertrag selbst gekündigt. Sie hat anders reagiert, als man hätte meinen können. Sie hat den zunehmenden Wohlstand nicht in Kinder, sondern in materielle Güter investiert. Die Folge ist, daß immer weniger Erwerbstätige einer wachsenden Zahl von Rentnern gegenüberstehen. Da die demographische Entwicklung über Jahrzehnte hinweg ziemlich sicher zu berechnen ist, läßt sich schon jetzt absehen, wohin dies führt. Heute stehen 100 Beitragszahlern zur Rentenversicherung 43 Rentner gegenüber, im Jahr 2030 werden es bereits 61 Rentner sein. Diese Entwicklung wird natürlich auch durch den medizinischen Fortschritt begünstigt.

Die jetzt beschlossenen Rentenreform-Pläne machen Schluß mit dem politisch zu lange gepflegten Irrglauben, das derzeitige Rentenniveau ließe sich bei etwa stabilen Beiträgen aufrechterhalten. Das grundlegend Neue ist das Eingeständnis, daß die gesetzliche Rentenversicherung angesichts der demographischen Entwicklung nicht mehr einen materiell hinreichend gesicherten Lebensabend gewährleisten kann. An ihre Seite muß flankierend die betriebliche oder private, staatlich geförderte Altersversorgung treten.

Sie ist umso notwendiger, als Fachleute glauben, daß auch mit den jetzt vorgesehenen Korrekturen, in deren Mittelpunkt die Absenkung des Rentenniveaus bis 2030 von derzeit 70 auf 67 % steht, die Rentenversicherung nicht dauerhaft bestandsfest gemacht werden kann. Wegen des fehlenden demographischen Faktors, der in der Blümschen Rentenreform enthalten war, wird eines Tages wieder nachjustiert werden müssen. Dann bieten sich im wesentlichen drei Parameter an: Die Beitragssätze, das Rentenzugangsalter oder das Leistungsniveau. Niemand sollte also blind darauf vertrauen, daß 67 % schon das letzte Wort sind.

Seitdem die gesetzliche Rentenversicherung einer »immerwährenden Baustelle gleicht und ein Rentenreformgesetz das nächste jagt«, werden Betriebsrenten wieder attraktiv. So erhalten derzeit (Stand: 9/2000) rund 3,6 Millionen Personen in Deutschland Monat für Monat eine Firmenpension. Hinzu kommen mindestens 4,1 Millionen Beschäftigte, die eine Anwartschaft auf eine Betriebsrente haben.

Vom Anbieter- zum Nachfragemarkt: war for talent

Bis Ende der 90er Jahre haben die Unternehmen im Zuge von Lean Management oder (Rück-)Besinnung auf die Kerngeschäfte ihre älteren Belegschaften eher abgebaut, weil am Arbeitsmarkt genügend potentielle Mitarbeiter vorhanden waren. Inzwischen hat sich der Arbeitsmarkt in einigen Qualifikationen von einer Anbieter- zu einer Nachfrageorientierung gewandelt. Das gilt sowohl für qualifizierte Fachkräfte als auch für den Führungsnachwuchs. Dem zugrunde liegt die demographische Entwicklung in praktisch allen hoch industrialisierten Ländern: Die Zahl der 20–40jährigen nimmt in den nächsten Jahrzehnten dramatisch ab, und die Zahl der 50–60jährigen steigt überproportional an.

Unter dem Begriff New Economy wurde in allen hochindustrialisierten Ländern im Umfeld des Internets eine Vielzahl neuer Unternehmen gegründet. Diese Startups zahlen ihren Mitarbeitern in der Regel eher ein geringeres Grundgehalt, bieten auch keine betriebliche Altersversorgung, dafür aber attraktive Aktienoptionspläne. Parallel zu dieser Entwicklung kann in den »alten« Unternehmen häufiger von jungen Mitarbeitern gehört werden, sie hätten kein Interesse an betrieblicher Altersversorgung als Form der Deferred Compensation, sondern wollen stattdessen lieber höhere variable Gehaltsbestandteile oder Aktienoptionen. Durch die Entwicklung der letzten Monate an den Börsen, speziell bei den Unternehmen der New Economy, haben sich solche Ansprüche aber relativiert, und die »klassischen« Gehaltsbestandteile erhalten wieder eine neue Wertschätzung. Das muß aber kein grundsätzlicher Umschwung sein, sondern kann als temporäres Phänomen auch von der Marktlage indiziert sein.

Motivationsinstrumente für Recruiting und Retention

Monetäre Motivationsinstrumente

Ist eine solche Reserviertheit der Unternehmen und der jungen Mitarbeiter bzw. Bewerber ein Signal für die schwindende Bedeutung der betrieblichen Versorgungsleistungen? Bevor dies beantwortet werden kann, sind genauere Analysen nötig, z. B. ist zuerst einmal ein Blick auf die verschiedenen Vergütungsbestandteile und deren personalpolitische Zielsetzungen sinnvoll.

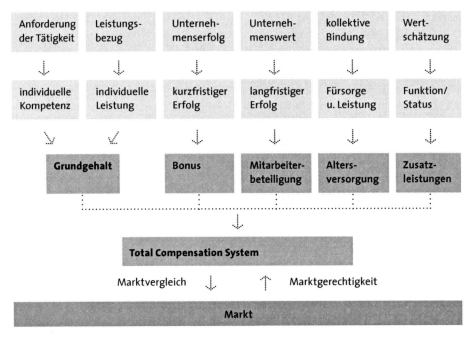

Vergütungsbestandteile und personalpolitische Zielsetzungen (aus: Schneevoigt/Jung, 1999, S. 777)

Die Grundvergütung: Heute stellen Unternehmen ebenso wie die von ihnen umworbenen Hochschulabsolventen und jungen Berufsanfängern oder Mitarbeitern individuelle Leistung und deren »gerechte« Bezahlung in den Mittelpunkt. Dies wird in den Unternehmen in der Regel mit dem Instrument einer jährlichen – individuell festgelegten – Zielvereinbarung und deren Überprüfung realisiert. Dabei orientieren sich die Ziele an den Anforderungen der Stelle, der individuellen Kompetenz des Stelleninhabers sowie dessen Erfahrung in der betreffenden Tätigkeit. Ferner orientiert sich die auf das Jahr bezogene Vergütung an der Wertigkeit der Stelle und der individuell erbrachten Leistung – diese spiegelt sich im *Grundgehalt* und dessen Entwicklung wieder.

Variable Vergütungsbestandteile: Das Grundgehalt wird durch die *variable Vergütung* ergänzt. Darunter können sowohl Bonifikationen wie auch Mitarbeiterbeteiligungen verstanden werden. Die individuelle Bonifikation wird von zwei Faktoren bestimmt: Erstens von einem insgesamt zur Verfügung stehenden Betrag, der sich in der Regel am Jahresertrag orientiert, und zweitens von der individuellen Leistung und Zielerfüllung des Mitarbeiters.

Mitarbeiterbeteiligungsprogramme: Mitarbeiterbeteiligungsprogramme sind Spiegelbild der längerfristigen Wertentwicklung des Unternehmens und der Absicht, die eigenen Mitarbeiter daran teilhaben zu lassen. Es kann sich dabei um eine Vielzahl verschiedener Möglichkeiten handeln, die oftmals auch miteinander gekoppelt oder additiv sind; die heute wohl bekanntesten Instrumente der Mitarbeiterbeteiligung sind neben Prämien für längerfristige positive Unternehmensertäge (Erfolgsbeteiligung) Equity-based-Compensation-Programme wie die Mitarbeiter-Aktienkauf-Programme (in denen Mitarbeitern Aktien des eigenen Unternehmens meist mit einem Abschlag gegenüber dem aktuellen Börsenkurs zum Kauf angeboten werden) und die bereits erwähnten Aktienoptionsprogramme (deren Ausübung oftmals erst möglich ist, wenn der Aktienkurs des Unternehmens in einem definierten Zeitraum eine Benchmark übertrifft). Mit diesen Programmen soll das Interesse der Mitarbeiter an der Wertentwicklung des Unternehmens gestärkt und ihre Loyalität und Bindung an das Unternehmen gefördert werden.

Altersversorgung und Altersvorsorge: Auch bei der *betrieblichen Altersversorgung* ist die Bindung der Mitarbeiter an das Unternehmen eines der personalpolitischen Ziele. Es ist aber auch ein personalplanerisches Steuerungsinstrument – sofern die steuerlichen Rahmenbedingungen und die Finanzierungsmöglichkeiten des Betriebes gegeben sind. Es vermittelt dem Unternehmen den Freiraum, in Grenzen beeinflussen zu können, wann ein Mitarbeiter altersbedingt ausscheiden sollte. Dies wird für den Mitarbeiter nur dann möglich sein, wenn seine Gesamt-Altersversorgung »stimmt«, d. h. er oder sie den Ruhestand auch finanzieren kann, ohne größere Abstriche am Lebensstandard in Kauf nehmen zu müssen. Das wird künftig noch wichtiger, denn die demographischen Daten – wie erwähnt – belegen, daß in Zukunft der Anteil der Älteren an der Bevölkerung stark steigen wird. Teilweise führt diese Tatsache heute schon zu der Forderung, verstärkt ältere Mitarbeiter zu beschäftigen. Andererseits wird der Gedanke verfolgt, das gesetzliche Pensionsalter zu erhöhen.

Kollektiven Einheitsregelungen liegt aber die irrige Annahme zu Grunde, alle individuellen Alterungsprozesse verliefen in gleicher Weise, so daß in vergleichbarem Alter alle Menschen auf demselben Leistungsniveau seien. Einerseits ist bekannt, daß individuelle körperliche und geistige Alterungsprozesse sehr unterschiedlich verlaufen, andererseits ist es aber auch eine Frage der Motivation, ob ältere Mitarbeiter ihr vorhandenes Leistungspotential vollständig einbringen. Auf beide Möglichkeiten – verringertes körperlich-geistiges Leistungsvermögen und/oder verringerte Leistungsmotivation – müssen die Unternehmen reagieren können, wollen sie nicht Gefahr laufen, auf Dauer in ihrer wirtschaftlichen Wettbewerbsfähigkeit Schaden zu nehmen. Denn betriebliche Aufgaben in größerem Umfang entsprechend der Leistungsfähigkeit Älterer zu gestalten und anzupassen, ist – wenn überhaupt – nur schwer möglich. In dieser Situation schafft die betriebliche Altersversorgung den nötigen unternehmerischen Spielraum. Ist sie ausreichend hoch, so daß sie zusammen mit der gesetzlichen Rente ein zufriedenstellendes Auskommen bietet, werden in solchen Fällen Mitarbeiter das Angebot des Unternehmens auf Übergang in den Ruhestand auch akzeptieren (können).

Zusatzleistungen: Letztes monetäres Motivationsmittel im Rahmen der Total Compensation sind die betrieblichen Zusatzleistungen, die die Wertschätzung des Unternehmens zum Ausdruck bringen sollen. Sie sind oftmals an Titel, Arbeitswert oder Funktion gekoppelt. Hier gibt es eine Vielzahl von Möglichkeiten, die häufiger zu Cafeteria-Systemen zusammengefaßt werden; eine moderne und auch bei den Jüngeren begehrte Zusatzleistung ist jede Art von Dienstfahrzeugprogrammen.

Nicht monetäre Motivationsinstrumente

Der Vergütungsaspekt, dessen Marktgerechtigkeit regelmäßig überprüft werden muß und der im Total-Compensation-Ansatz in verschiedene Elemente aufgeteilt wird, ist eine der »klassischen« personalpolitischen Grundregeln, mit denen die Motivation und Zufriedenheit der Mitarbeiter gefördert werden soll. Alle gehen von den individuellen Erwartungen der Mitarbeiter aus. Die anderen sind:

⇢ Die Erwartung eines großen Teils der Mitarbeiter oder Bewerber, eine verläßliche Beschäftigung zu erhalten. Dazu werden in den Unternehmen viele Anstrengungen unter der Überschrift »mehr Beschäftigung zu geringeren Pro-Kopf-Arbeitskosten« unternommen.

⇢ Die Arbeitsinhalte und die damit verbundenen Anforderungen müssen der Ausbildung und den emotionalen und physischen Möglichkeiten des Mitarbeiters entsprechen. Dem versuchen die Unternehmen durch Job-Enlargement, Job-Empowerment oder Intrapreneurship zu entsprechen.

⇢ Mitarbeiter müssen sich lebenslang weiterbilden (können), wenn Unternehmen in der heutigen globalen Wettbewerbssituation zu »lernenden Unternehmen« im Sinne von Senge (1990) werden und sich den dauernd verändernden Marktbedingungen erfolgreich anpassen wollen.

→ Die Mitarbeiter erwarten faire Führung, die sich am deutlichsten in Förderung und Beförderung der am besten geeigneten Personen ohne Ansehen von Herkunft, Beziehungen oder Ausbildungsniveau manifestiert.

→ Und schließlich erwarten die Mitarbeiter, daß die Kommunikationsprozesse im Unternehmen so organisiert sind, daß ein offener Meinungsaustausch zu Aufgaben innerhalb der Arbeitsgruppe und zur wirtschaftlichen Situation des Unternehmens möglich ist.

→ Speziell neue Mitarbeiter erwarten von Kollegen wie Vorgesetzten Gesprächsbereitschaft und in diesem Zusammenhang Feedback, Anleitung, auch Betreuung im Sinne von Mentoring und speziell von den Vorgesetzten auch Weiterbildungsangebote, die es ihnen erleichtern können, möglichst schnell Sicherheit und Kompetenz in der Aufgabe zu erlangen, damit sie ihre angestrebten Leistungen zeigen können.

→ Besitzen sie bereits Kompetenz in ihren Aufgaben, dann erwarten sie ihren steigenden Leistungen entsprechende angemessene Ziele und die notwendigen Ressourcen, um ihre Ziele zeitgerecht und in guter Qualität erreichen zu können. Dazu gehören auch zunehmende Selbständigkeit bei der Durchführung und »flankierende« Arbeitsbedingungen, wie etwa faires Feedback und Anerkennung der Vorgesetzten, in materieller wie immaterieller Hinsicht.

Wichtiger als formelle, systematisierte Beurteilungen sind heute konkrete, für den Mitarbeiter herausfordernde und erreichbare Zielvereinbarungen zusammen mit der dazugehörigen Rückmeldung und Anerkennung zu Qualität und Umfang der erbrachten Leistungen. Nur so kann der Mitarbeiter überprüfen, inwieweit sein Anspruchsniveau mit dem Maßstab des Vorgesetzten bzw. des Unternehmens übereinstimmt. Das kommt seinem Bedürfnis nach einem eigenen, erkennbaren und anerkannten Beitrag entgegen. Anerkennung wird hier sowohl immateriell als auch materiell verstanden, denn die Möglichkeit, das eigene Privatleben befriedigend gestalten zu können, wird gerade heute immer mehr geschätzt.

Die Angemessenheit der Stellenanforderungen wird in diesem Zusammenhang immer bedeutsamer. Sie muß sowohl auf den »Input« des Mitarbeiters (seine Kenntnisse und Erfahrungen) als auch dessen »Output« (seine Leistungen und den Added Value der Stelle) abgestimmt sein. Dies ist im Rahmen der Gespräche über die Zielerreichung regelmäßig zu überprüfen, wenn gute Mitarbeiter gehalten und motiviert werden sollen.

Damit eine eigenständige Leistung erbracht und damit Stolz darüber entwickelt werden kann, sind die Arbeitsbedingungen wie auch der Umfang des Aufgabengebietes wichtig. Entscheidend ist dabei der Grad der Selbständigkeit bei der Realisierung der Ziele. Dazu müssen auch die erforderlichen Ressourcen – etwa Zeithoheit und Kompetenzen – zur Verfügung stehen.

Betriebliche Altersversorgung als Motivationsinstrument

Unternehmen, die eine betriebliche Altersversorgung anbieten bzw. angeboten haben, nennen die *Mitarbeitermotivation* am häufigsten (72 %) als Grund »pro« betriebliche Altersvorsorge. Für 68 % spielt die *Mitarbeiterbindung* eine entscheidende Rolle. – Aus Sicht der Unternehmen ist die betriebliche Altersversorgung damit in erster Linie ein personalpolitischer *Motivationsfaktor.*

Betriebliche Altersversorgung aus Sicht der Mitarbeiter

Gründe für betriebliche Altersversorgung aus Sicht des Mitarbeiters
Befragte, die eine betriebliche Altersversorgung haben

- Finanzielle Sicherheit im Alter   39 %
- Ergänzung zur gesetzlichen Rente   35 %
- stärkere Bindung an den Arbeitgeber 10 %
- zusätzliche finanzielle Motivation   7 %
- günstiges Angebot vom Unternehmen   3 %
- Steuervorteile   3 %

Quelle: Emnid Inst., Bielefeld, 1999

Die »Gründe für betriebliche Altersversorgung« belegen insbesondere den Wunsch der Mitarbeiter nach besserer Versorgung im Alter. Durch die dargestellte Situation der gesetzlichen Rentenversicherung und die ungünstige Prognose wird sich dieser Wunsch weiter verstärken und damit zugleich die Bedeutung der betrieblichen Altersversorgung als personalpolitischem Motivationsfaktor deutlich steigen. Ein betriebliches Versorgungswerk, das in der Vergangenheit von Bewerbern und Mitarbeitern überwiegend als *nice to have* bewertet wurde, wird damit zu einem wichtigen Baustein der betrieblichen Entgeltpolitik und zugleich zu einem entscheidenden Wettbewerbsfaktor bei der Gewinnung und Bindung qualifizierter Fach- und Führungskräfte.

Der Wert eines Anspruchs auf betriebliche Altersversorgung läßt sich am ehesten deutlich machen, wenn man untersucht, welches zusätzliche Gehalt erforderlich wäre, um die vom Arbeitgeber finanzierten Rentenbezüge privat versichern zu können. Dieser nicht ohne weiteres sichtbare *Versorgungslohn* stellt im Vergleich zum *Barlohn* eine steuerbegünstigte Art der (aufgeschobenen) Vergütung dar.

Besonders bei höheren Bezügen wird jede Anhebung durch die Steuerprogression zu einem erheblichen Teil aufgezehrt. Gibt man deshalb anstelle des Barlohns einen zusätzlichen Pensionsanspruch, so ergänzt man dem Arbeitnehmer indirekt dadurch das Nettogehalt.

Alternativ läßt sich der finanzielle Wert einer Versorgungszusage mit folgender Faustregel angeben: Eine vertragliche Altersrente ab 63 von 1.000 DM monatlich, mit Anspruch auf 600 DM monatliche Witwen- und Witwerrente, hat derzeit im Alter 63 einen Kapitalwert von rund 180.000 DM. Sofern die Zusage auch noch eine einprozentige jährliche Anpassung einschließt, beträgt der Kapitalwert rund 200.000 DM.

Der Informationsstand der Mitarbeiter in den Unternehmen über diesen Wert der betrieblichen Altersversorgung ist jedoch sehr unterschiedlich ausgeprägt. Zum Teil liegt dies an der Komplexität der Materie, zum Teil an den mangelnden Informationsangeboten durch die Unternehmen.

Betriebliche Altersversorgung aus Sicht der Mitarbeiter

Um die Leistungs- und Wettbewerbsfähigkeit auch zukünftig sicherzustellen, ist es für einen Marketleader unabdingbar, junge Talente für das Unternehmen zu gewinnen und langfristig zu binden. Wie wird nun betriebliche Altersversorgung von der jüngeren Generation wahrgenommen?

Junge Menschen und betriebliche Altersversorgung

Wie schätzen Studenten die Notwendigkeit privater Vorsorge ein? In einer Untersuchung des Deutschen Institutes für Altersvorsorge zusammen mit dem Lehrstuhl für Versicherungswissenschaft der TH Karlsruhe und Psychonomics im Wintersemester 1999/2000 wurden insgesamt 300 Studenten der Universitäten Karlsruhe, Mannheim, Mainz und Köln befragt (Deutsches Institut für Altersvorsorge, 2000). Nach diesen Ergebnissen sehen die Studenten mit 92 % die Situation der gesetzlichen Rentenversicherung sogar kritischer als die Gesamtbevölkerung (mit 83 %), und diese Einsicht wächst von 58 % bei den unter 22jährigen stetig auf 68 % bei den über 25jährigen. Fast jeder Dritte (28 %) hat sich sogar bereits konkret über die verschiedenen Möglichkeiten einer eigenen Altersversorgung informiert.

Ein ähnliches Bild zur privaten Vorsorge in der Gesamtbevölkerung zeigt eine Studie von *Emnid* (2000): Danach wären sogar 76 % dieser Altersgruppe zu einem Konsumverzicht bereit zugunsten einer privaten Vorsorge (1997 waren es erst 55 %).

Diese Daten müßten eigentlich vermuten lassen, daß auch die betriebliche Altersvorsorge bei Jüngeren positiv gesehen wird. Eine entsprechende Studie von Emnid (1999) bestätigt dies auch: Auf die entsprechende Frage wäre für 52 % der 18–29jährigen eine betriebliche Altersversorgung attraktiver als eine Gehaltserhöhung! Und auch bei der Frage, wie wichtig ihnen – neben einem angemessenen Gehalt – das Angebot des potentiellen Arbeitgebers für eine betriebliche Altersversorgung wäre, antworteten insgesamt 77 % der 18–29jährigen, dies sei ihnen sehr wichtig oder wichtig. Sie sehen dies zu 78 % als eine bedeutsame Absicherung der Angehörigen zusätzlich zur eigenen Vorsorge, in 93 % der Fälle aber auch als eine Absicherung der eigenen Person gegen die finanziellen Probleme, die mit einer Berufsunfähigkeit einhergehen könnten.

Aufgrund dieser Ergebnisse kann man also feststellen, daß – neben der privaten Vorsorge – auch und gerade die betriebliche Altersversorgung in der Gruppe der jüngeren Bewerber oder Mitarbeiter ein hohes Ansehen genießt. Die anfangs zitierten Äußerungen, Jüngere hätten daran kaum Interesse und möchten lieber für sich selbst vorsorgen, sind wohl doch eher Einzelstimmen. Allerdings muß hier auch erwähnt werden, daß die Arbeitgeber das Angebot einer Betriebsrente bei der Gewinnung neuer, qualifizierter Mitarbeiter nicht einheitlich sehen: 48 % sehen darin ein wichtiges Instrument des Personalmarketings, 49 % halten es dagegen für nicht wichtig.

Mitarbeiter und betriebliche Altersversorgung

War die Skepsis hinsichtlich der späteren Rentenhöhe bei den Jüngeren schon zwischen 1997 und 2000 deutlich gewachsen (18–29jährige auf 84 %), so ist es kaum verwunderlich, daß sich dieser Trend bei den älteren Bevölkerungsgruppen auch wieder findet: Bei den 30–39jährigen wuchs sie zwischen 1997 und 2000 um 9 % auf insgesamt 90 %, bei den 40–49jährigen betrug der Anstieg 8 % auf 82 % und bei den 50–60jährigen zwischen 1998 und 2000 gar um 21 % auf 68 % (Emnid, 2000).

Entsprechend steigt auch die Bereitschaft (oder soll man sagen: die Einsicht), daß ein Konsumverzicht nötig sein wird, um die eigene Altersversorgung zu sichern. Auch hierbei entsprechen die Steigerungsraten der Älteren zwischen 1997 und 2000 denjenigen der Altersgruppe der 18–29jährigen (+21 %).

Auch bei der Frage, ob eine betriebliche Altersversorgung attraktiver wäre als eine Gehaltserhöhung, bejahen dies die Mehrzahl der 40–49jährigen (61 %) und der 50–60jährigen (73 %). Lediglich bei den 30–39jährigen ist die Zustimmung (47 %) kleiner als die Ablehnung (49 %). Dies könnte mit in dieser Lebensphase unterschiedlichen Bedürfnissen zusammenhängen, vielleicht verbunden mit der Tatsache, daß 46 % der Altersgruppe bereits eine betriebliche Altersversorgung besitzen (bei den 40–49jährigen sind dies 46 %; bei den 50–60jährigen mit 60 % wie zu erwarten die Mehrzahl; Emnid, 1999).

Insgesamt kann aus diesen Ergebnissen geschlossen werden, daß die betriebliche Altersversorgung in allen Altersgruppen der Mitarbeiter ein hohes Maß an Attraktivität aufweist, das tendenziell mit steigendem Lebensalter noch zunimmt.

Moderne Personalpolitik für einen Sieg im *war for talent*

Der erste Schritt einer modernen Personalpolitik, die sich dem *war for talent* stellt, besteht daher zunächst darin, die Ansprüche, Wünsche und Vorstellungen dieser Zielgruppe zu erkennen.

Ansprüche der jungen Generation: Gemeinsames Kennzeichen dieser Generation ist eine geringere Status- und Hierarchieorientierung, verbunden mit einem hohen Streben nach Unabhängigkeit. Der persönlichen Entwicklung wird große Bedeutung beigemessen, außerdem ist eine Balance zwischen Arbeit und Privatleben wichtig. Die Hochschulabsolventen sind sich ihres Marktwertes sehr bewußt, so daß sich die Unternehmen mit hohen Geldforderungen konfrontiert sehen. Zudem ist das Denken und Planen häufig kurzfristiger geworden: Nicht die langfristig geplante Karriere ist das Ziel, sondern eine schnelle Abfolge unterschiedlicher Aufgaben, Einsatzorte und Unternehmen. Eine McKinsey-Studie sagt unter dem Titel Increasing Mobility of Workforce, daß die durchschnittliche Zahl der »Jobs« während des Berufslebens von 2,9 in 1990 auf 6,9 in 2010 steigen wird (Schneevoigt, 2000). Naturgemäß resultiert hieraus auch eine geringere Loyalität zum Unternehmen.

Aber auch die Vorstellungen von ihrem beruflichen Einstieg haben sich bei hochqualifizierten Absolventen verändert. Stand in den 80er Jahren die Karriere im Großunternehmen auf der Wunschliste ganz oben und folgte Anfang der 90er

Jahre der Einsatz als Unternehmensberater, so spricht sich heute die Vielzahl für die unternehmerische Selbständigkeit oder – zumindest bis zum Kursverfall am Neuen Markt – dem Einstieg bei einem Startup-Unternehmen aus.

Nach dieser Bestandsaufnahme stellt sich die Frage, wie ein Unternehmen junge Leistungsträger anziehen kann. Neben gezieltem Hochschulmarketing und Recruiting ist es entscheidend, Entwicklungsmöglichkeiten offerieren zu können, die anspruchsvolle und abwechslungsreiche Aufgaben beinhalten. Erforderlich ist außerdem eine leistungsorientierte und marktgerechte Vergütung. Welchen Wert besitzen nun Leistungen der betrieblichen Altersversorgung vor diesem Hintergrund?

Wert betrieblicher Altersversorgung: Zunächst läßt sich beobachten, daß dieser Personenkreis Leistungen vorzieht, die sofort sichtbar sind. Hohe Barbezüge und ein Dienstwagen stehen daher in der Gunst ganz oben. Die betriebliche Altersrente erscheint auf den ersten Blick für einen 30jährigen zunächst vergleichsweise unattraktiv, da zwischen der Zusage und der Inanspruchnahme der Altersrente ein Zeitraum von mehreren Jahrzehnten liegt. Wie aus der mikroökonomischen Theorie hinreichend bekannt, wird im allgemeinen der heutige Konsum dem Konsum von morgen vorgezogen, so daß es gute Gründe geben muß sich anstelle eines Dienstwagens für eine betriebliche Altersversorgung zu entscheiden.

Bei näherer Betrachtung liegen diese Gründe jedoch auf der Hand: Bei einer unterstellten steilen Karriere mit einer entsprechenden Einkommensentwicklung muß die Finanzierung der Altersversorgung so früh wie möglich begonnen werden, um einen ausreichenden Versorgungsgrad gemessen an den letzten Bezügen zu erreichen. Für Einkommensbestandteile oberhalb der Beitragsbemessungsgrenze werden bekanntlich in der gesetzlichen Rentenversicherung keine Ansprüche erworben. Umso mehr gewinnt die private und/oder betriebliche Vorsorge gerade bei steigendem Einkommen an Bedeutung. Diese Tatsachen werden erkannt und führen auch zu einer entsprechenden Wertschätzung der betrieblichen Altersversorgung. Auch läßt sich beobachten, daß spätestens mit der Familiengründung dem Thema Zukunftssicherung im allgemeinen und der Absicherung der Hinterbliebenen im Besonderen verstärkt Aufmerksamkeit geschenkt wird.

Besondere Beachtung findet eine betriebliche Berufsunfähigkeitsrente. Da im allgemeinen erst nach einer Wartezeit von fünf Jahren Leistungen aus der gesetzlichen Rentenversicherung zu erhalten sind und die Arbeitskraft häufig das wertvollste Kapital darstellt, besteht hier ein erhöhter Absicherungsbedarf. Besonders attraktiv sind Pensionsregelungen, die in Form einer Zurechnungsrente im BU-Falle nicht nur die zurückgelegten Dienstjahre, sondern auch beispielsweise die möglichen Dienstjahre bis Alter 55 leistungssteigernd berücksichtigen. Da andererseits das Durchschnittsalter bei der Familiengründung laufend ansteigt, steht nur noch ein entsprechend kürzerer Finanzierungszeitraum zur Verfügung, wenn man dann erst mit der (privaten) Vorsorge beginnt. Vielfach übersteigen dann die für eine angemessene Absicherung der Familie erforderlichen Prämien die finanziellen Möglichkeiten des Familienoberhaupts. Eine betriebliche Hinterbliebenenversorgung kann hier mit solidarischem Risikoausgleich statt konsequenter Individualisierung sehr wertvoll sein. Selbst High Potentials schätzen diese Form der Solidargemeinschaft, die es dem einzelnen erlaubt, seine persönliche Lebensplanung auch noch in fortgeschrittenem Alter zu ändern, ohne sich um die finanzielle Sicherheit seiner potentiellen Hinterbliebenen sorgen zu müssen.

Auch dieses biometrische Risiko läßt sich in einem betrieblichen Versorgungsplan kollektiv erheblich leichter tragen als über eine private Versicherung. Bei kleinen und mittleren Unternehmen bietet sich dafür der Abschluß einer Direktversicherung oder – in Verbindung mit Pensionszusagen – einer Rückdeckungsversicherung an.

Inhaltliche Anforderungen an eine betriebliche Altersversorgung: Die aktuellen Diskussionen zur gesetzlichen Rentenversicherung haben aber auch dazu geführt, daß sich immer mehr junge Menschen Gedanken über ihre Altersversorgung machen. Auch wenn die aktuelle Rentenreform sicherlich nicht die letzte sein wird, zeigt sie dennoch mit dem Einstieg in die kapitalgedeckte Alterssicherung zum ersten Mal deutlich die Grenzen des umlagefinanzierten Rentensystem auf. Für einen heute 30jährigen Mitarbeiter stellt sich daher die Frage nach der geeigneten Vorsorge für das Alter.

Kritisiert werden von den jungen Leuten häufig die »geringere Performance« betrieblicher Altersversorgung im Vergleich zu einer alternativen Anlage in Investmentfonds sowie die fehlende Flexibilität einer Versorgungsregelung. Hierbei wird häufig übersehen, daß Altersversorgung mehr leisten muß als eine reine Kapitalakkumulation. Sie muß nicht nur biometrischen Risiken wie Langlebigkeit und Berufsunfähigkeit gerecht werden, sondern auch zusätzlichen Schutz für Hinterbliebene bieten. Der Wunsch junger Mitarbeiter, auch bei der Altersvorsorge an den Chancen der Aktienmärkte verstärkt teilhaben zu können, ist verständlich. Durch Anlagekonzepte, die sich an dem Lebenszyklus des Mitarbeiters orientieren, lassen sich Schwankungen der Erträge reduzieren. Wird ein solches Anlagekonzept der Sparbeiträge zum einen mit der Absicherung der biometrischen Risiken und zum anderen mit der nachgelagerten Besteuerung verknüpft, so würde ein Produkt der betrieblichen Altersversorgung entstehen, das für einen jungen Leistungsträger hochattraktiv ist. Insgesamt soll aber der Charakter der Altersversorgung – mit Leistungsgarantie auf Lebenszeit, Einschränkung auf den Versorgungszweck und Nichtvererbbarkeit – gewahrt bleiben. Im Gegensatz dazu hat eine reine Vermögensbildung zwar den *Vorteil*, jederzeit frei verfügbar und vererbbar zu sein, sie bietet aber keine uneingeschränkte Sicherheit im Versorgungsfall.

Außerdem fordern junge Mitarbeiter mehr Flexibilität bei der Ausgestaltung der betrieblichen Altersversorgung. So wollen sie oft selbst entscheiden, welche biometrischen Risiken zu decken sind, welche Beiträge für Altersversorgung aufgewandt werden bzw. ab wann sie sich mit eigenen Beiträgen beteiligen. Dem kann ein modernes Unternehmen durch mehr Wahlmöglichkeiten begegnen, zum Beispiel durch eine freiwillige Entscheidung des Mitarbeiters für eine Pensionszusage durch Gehaltsverzicht. Dabei muß man allerdings berücksichtigen, daß bestimmte Versorgungsziele zu einem späteren Zeitpunkt nicht mehr realisiert werden können: Schließt etwa ein Mitarbeiter mit 26 Jahren als überzeugter Single eine fakultative Hinterbliebenenversorgung aus, so können bei einer Familiengründung 15 Jahre später deutliche Versorgungslücken entstehen. Dies spricht dafür, eine gewisse Flexibilität vorzusehen, andererseits aber auch verpflichtende Komponenten aufzunehmen.

Nicht zu vergessen ist die Signalwirkung, die von der Existenz der betrieblichen Altersversorgung in einem Unternehmen ausgeht. Die ursprüngliche Funktion der Betriebsrente als besondere Fürsorgeleistung des Unternehmens wird durchaus auch von jungen Mitarbeitern als solche wahrgenommen und mit entsprechend hohem Engagement »belohnt«.

Betriebliche Altersversorgung in den Allianz-Gesellschaften

Die Allianz hält die betriebliche Altersversorgung seit jeher für ein Schlüsselprogramm ihrer Personal- und Sozialpolitik. Allianz-Mitarbeiter können auf ein sehr modernes Konzept zurückgreifen, um die finanzielle Lücke nicht nur im Alter, sondern auch im Fall vorzeitiger Erwerbs- bzw. Berufsunfähigkeit zu schließen. Es beinhaltet als Ergänzung zur sogenannten ersten Säule des Alterssicherungssystems, der gesetzlichen Rente, eine betriebliche Rente (zweite Säule) sowie flexible Möglichkeiten zur Eigenvorsorge (dritte Säule).
Allianz-Mitarbeiter erhalten eine obligatorische Basisversorgung, außerdem

eine Versorgung, die von der jeweiligen beruflichen Entwicklung abhängt, sowie drittens fakultative Angebote, die steuerlich besonders günstig sind. Mit diesem innovativen System der Altersvorsorge ist die Allianz ein höchst attraktiver Arbeitgeber.

Basisversorgung

Zur Allianz Versorgungskasse (AVK) tragen die Mitarbeiter mit drei Prozent ihres Monatseinkommens bei (analog zur gesetzlichen Rentenversicherung). Der Arbeitgeber stockt dies durch einen noch höheren Betrag (ca. 4,8 %) weiter auf, und zwar über den Allianz Pensionsverein (APV), eine rückgedeckte Unterstützungskasse.

Die Mitgliedschaft in der AVK ist für alle Allianz-Mitarbeiter Pflicht. Der Wert der betrieblichen Altersversorgung wird immer dann besonders hoch geschätzt, wenn sich der Mitarbeiter mit Eigenbeiträgen beteiligt hat. Die Erfahrung zeigt, daß eine solche Eigenbeteiligung auch zu einer stärkeren Identifizierung mit dem Unternehmen führt, abgesehen davon, daß die Finanzierungslast verteilt wird. Betriebliche Altersversorgung ist damit auch ein Faktor der Corporate Identity. Die Beiträge zur AVK, soweit sie im Rahmen der steuerlichen Höchstbeträge bleiben, werden nicht aus dem individuell versteuerten Einkommen, sondern bisher im Wege der sogenannten Barlohnumwandlung gezahlt. Vorteil dieses Systems für die Mitarbeiter: Sie müssen lediglich die niedrigere pauschale Lohn-, Kirchensteuer sowie den Solidaritätszuschlag tragen. Die Höchstgrenze für die Beiträge zur AVK richtet sich nach der Beitragsbemessungsgrenze der gesetzlichen Rentenversicherung. Die Leistungen aus der AVK werden wie bei einer privaten Lebensversicherung nach dem Kapitaldeckungsprinzip finanziert und sind daher zukunftssicher.

Zusatzversorgung

Im Rahmen ihres Gesamt-Vergütungssystems schließt die Allianz außerdem individuelle Pensionsverträge ab. Ergänzend zur Mitgliedschaft in der AVK bzw. zur Versorgungsberechtigung aus dem APV ergibt sich daraus ein weiterer Pensionsanspruch. Art und Umfang dieser Verträge richten sich nach der beruflichen Karriere, sind also leistungsbezogen und dienen einer zusätzlichen Motivation.

Darüber hinaus haben die Mitarbeiter die Möglichkeit, ihre Altersversorgung durch eine Pensionszusage weiter aufzubessern. Hierfür können Sie auf Teile ihres Gehaltes und/oder ihrer Gratifikation verzichten. Das Besondere dabei: Die Wahl bzw. Kombination dieser beiden Elemente ist völlig variabel (so kann die Höhe des Gehaltsverzichts monatlich gleich oder unterschiedlich sein), und die Mitarbeiter können jedes Jahr neu darüber entscheiden. Das angelegte Geld arbeitet für die Mitarbeiter und kann sowohl für eine verbesserte Altersversorgung als auch für den Ausgleich von Rentenabschlägen durch Altersteilzeit genutzt werden.

Mit diesem Programm der Altersvorsorge nimmt die Allianz Grundideen einer individuellen kapitalgedeckten Zusatzrente, wie sie in der Rentenreform beabsichtigt sind, vorweg.

Resümee

Die betriebliche Altersversorgung ist unverzichtbar. Grundvoraussetzung bleibt, daß die Personalkosten wettbewerbsfähig sind.

Sobald feststeht, was den Mitarbeitern insgesamt gezahlt wird, erfolgt eine Aufteilung in bar und für die betriebliche Altersversorgung. Personalpolitiker handeln klug bei dieser Entscheidung, die Altersversorgung zu berücksichtigen. Mitarbeiter werden in Zukunft verstärkt die Entscheidungsfreiheit brauchen, wenn sie zwischen 55 und 65 Lebensjahren in Pension gehen wollen. Eine verspätete Entscheidung für die Altersversorgung nachzuholen, ist jedoch aufwendig und teuer.

Auch die Unternehmen werden die betriebliche Altersversorgung künftig verstärkt brauchen. Abmagerung von Stellenplänen sowie die Verjüngung der Mitarbeiterschaft werden erst durch rechtzeitige finanzielle Vorsorge möglich. Die individuelle Arbeitsbelastung, die in vielen Wirtschaftszweigen auch durch die sinkende Halbwertszeit der beruflichen Qualifikation beeinflußt wird, erfordert weiterhin eine differenzierte Spannbreite der Pensionsgrenze. Innovation und »High/Tech/Chem/Finance«-Förderung vertragen sich schlecht mit einer generellen Anhebung des Rentenalters.

Die immer drängender werdenden demographischen Probleme lassen sich nur theoretisch mit einer allgemein verlängerten Lebensarbeitszeit lösen. Denn die geistigen Alterungsprozesse verlaufen individuell sehr unterschiedlich. Es wäre verfehlt anzunehmen, »altersgerechte« Jobs in ausreichender Zahl beschaffen zu können.

Deshalb muß zu einem ausreichenden Versorgungsniveau der Mitarbeiter sowie zu einem flexiblen Leistungsbeginn aus der betrieblichen Altersversorgung beigetragen werden. Die Wünsche der Mitarbeiterschaft nach Vorsorgeleistungen bestehen im wesentlichen unverändert.

Schließlich bedarf es einer betrieblichen Altersversorgung auch, um eine aktive Personal- und Sozialpolitik im *war for talent* am Arbeitsmarkt betreiben zu können. Dieses Etikett ist vor dem Hintergrund einer nachhaltigen Abnahme des Potentials der Erwerbspersonen in Deutschland mehr als berechtigt. Demgegenüber steigt der Bedarf an qualifizierten Kräften ständig an. Um junge Nachwuchskräfte gewinnen zu können, müssen die Unternehmen deshalb neben einer marktgerechten Barvergütung zusätzliche Leistungen – wie eine attraktive Altersvorsorge – bieten, wenn sie am Arbeitsmarkt erfolgreich sein wollen.

Wichtig ist es, den Wert betrieblicher Altersversorgung für den Mitarbeiter transparent zu machen. Die Kosten, die dem Arbeitgeber für die betriebliche Altersversorgung entstehen, sind hier keine geeignete Größe. Vielmehr ist das Bruttoäquivalent der Leistung darzustellen. Diese Größe gibt die fiktive Gehaltserhöhung an, die der Mitarbeiter erhalten müßte, um aus seiner Nettogehaltserhöhung die Leistung aus betrieblicher Altersversorgung als Versicherungsleistung am Markt zu kaufen. Hierbei muß die individuelle Steuersituation berücksichtigt werden. Ein leistungsfähiges Tool stellt das von der Dr. Dr. Heissmann GmbH entwickelte Programm VARICOMP dar, mit dem diese Berechnungen durchgeführt werden können. Mit VARICOMP lassen sich die Zusatzleistungen des Arbeitgebers auf ihre Kosten und ihren Wirkungsgrad in Form eines Nutzen-Kosten-Vergleichs darstellen.

Betriebliche Altersversorgung ist heute attraktiver und wichtiger für junge Leistungsträger als je zuvor. Die Unternehmen sind hier gefordert, für ihre Nachwuchskräfte maßgeschneiderte Lösungen zu entwickeln, diese steuerlich zu optimieren und entsprechend zu kommunizieren.

Literatur

CHAMBERS, E. G./FOULON, M./HANDFIELD-JONES, H./HANKIN, S. M./MICHAELS III, E. G., *The War for Talent*, The McKinsey Quaterly, (3), 1998, S. 44–57.
Deutsches Institut für Altersvorsorge, *Studenten und ihre Altersvorsorge*, Köln, 2000.
EMNID, *Betriebliche Altersversorgung. Arbeitgeber und Arbeitnehmer*, Bielefeld, 1999.
SCHNEEVOIGT, I., *Wir brauchen eine betriebliche Altersversorgung!*, in: Personalführung, 1995 (4), S. 259.
SCHNEEVOIGT, I., *Entwicklungen im Human Resources Management*, Forum WHU, Beiträge aus der Otto-Beisheim-Hochschule, Nr. 4, 2000.
SCHNEEVOIGT, I./JUNG, P., *Ist Mitarbeiterzufriedenheit ein Asset?*, in: SIEBERTZ, P./STEIN, J. H. V. (Hrsg.), Handbuch Banken und Personal, Fritz Knapp, Frankfurt/M., 1999, S. 765–779.
SENGE, P. M., *The Fifth Discipline: the Art and Practice of the Learning Organization*, Doubleday, New York, 1990.
TNS EMNID, *Private Vorsorge 2000*, Bielefeld, 2000.

Beitrag abgedruckt in: Andresen, BOY-JÜRGEN/RÖßLER, NORBERT/RÜHMANN, JÜRGEN (Hrsg.), *Betriebliche Altersversorgung im 21. Jahrhundert – Rechtliche, personalpolitische und finanztechnische Herausforderungen*, Festschrift für Wolfgang Förster zum 60. Geburtstag, Otto Schmidt, Köln, 2001, S. 355–372.